廖芮茵（廖美雲）著

唐伎研究

臺灣學生書局印行

自序

在中國漫長的古代社會中，延續了將近三個世紀的李唐王朝一直是人們引以爲驕傲的輝煌盛世。這不僅是因爲它在政治上先後出現「貞觀」、「開元」之治的盛況，留給後世追求國家民族興盛的每一個中國人無限之深思與借鑑的寶貴歷史遺產，而且更因爲它在文學、藝術等方面之發達堂皇，豐美壯偉，爲各代之冠，不但下啓宋明之隆盛，亦且對它國異族之學藝產生深鉅影響之緣故。

唐代文學與藝術之輝煌成就，並非全爲上階層君王士大夫之功勞。相反的，身分地位雖屬卑賤的衆多娼妓們，她們以其豐富之創造力，不但爲唐代歌舞戲樂等藝術締造了絢麗璀璨之局面和高深之水準，而且她們也寫作不少質樸溫婉、清慧恬雅之文學作品，爲詩壇上增添一股有別於貴婦雍容虛華的細膩淒婉之風格。而當唐代上自君王權貴，下至文士大夫皆普遍享受妓樂的同時，娼妓們更在無形中擴展、激發彼輩之生活情境，提供彼輩詩文寫作之素材，因此在囊括四萬九千四百零三首的《全唐詩》中，有關妓女之篇章就有兩千餘首之多，若將這些作品捨棄不顧，我們可以想見《全唐詩》的意蘊將失去旖旎妍麗而繽紛不再。可見娼妓們有形之創造力與無形之激發力，是使唐代文學、藝術隆盛的一大功臣。換言之，唐代文學藝術有豐碩之成就和高深之水準，可說是唐代社會娼妓業發達下的珍貴產物。

爲深入了解唐代社會妓樂狀況與娼妓在文學、藝術之才能技藝，因此撰作了「唐伎研究」一文。

本文自研擬開始，即承蒙葉師慶炳、羅師聯添之詳加解說，剴切指導，學校先輩蕭登福老師亦時惠賜參考資料，提供珍貴意見，皆使晚學受益良多，於此並致最深摯之謝忱，而外子朱紋藤於本文寫作期間，除自身教學研究外，尚兼操持家務，備極辛勞，仍不時對拙作投以相當之關注與協助，此情亦衷心銘記。

本文雖已完成，然而遺憾的是葉師慶炳於八十二年九月先往生極樂，拙作未能經恩師斧正，誠使晚學惶恐不已。念及學問之路，深廣無涯，唯賴師長教導，親朋鼓勵與己身努力不懈，始能致其功。余雖有心志焉，然難免因才識不足，加以本文寫成時日匆促，而有疏陋偏失之處，懇祈博雅君子，海內方家，不吝賜教，以匡不逮，則幸甚焉。

廖美雲 謹序

中華民國八十三年十月廿五日

唐伎研究

目次

自序……I
序說……一
一、本文研究之旨意……一
二、本文研究之內容……六
第一章 「娼妓」詞義之衍變與唐前娼妓之發展……九
第一節 「娼妓」詞義之衍變……九
第二節 唐前娼妓之發展與角色特徵……十六
壹、殷商與楚國巫娼——由宗教服務轉爲世俗享樂……十六
貳、春秋戰國女閭女樂——娛君待士或滅國亡宗之工具……十九
叁、漢魏六朝營妓家妓——供君王貴冑聲色之娛……二四

第二章　唐代狎妓風盛之背景因素……………………三五
第一節　經濟繁榮城市商業發達……………………三五
壹、政經中心──長安與洛陽……………………三六
貳、商賈輻輳──襄陽與揚州……………………四四
叁、江南勝地──蘇州與杭州……………………四八
第二節　君王官吏宴集冶遊頻繁……………………五一
壹、君主帝王之宴遊聲色……………………五二
貳、貴戚顯吏之冶遊狎邪……………………六一
第三節　進士浮薄與功名補償心態……………………七一
壹、尊崇進士致驕矜浮薄……………………七二
貳、功名宦途之補償心態……………………八三
第四節　胡風禮教與仕婚愛情之衝擊……………………九七
壹、胡風侵入與禮教之束縛……………………九七
貳、士大夫之仕婚與愛情難兩全……………………一〇五
第五節　道教房中術促進蓄妓女色之風……………………一二〇

第三章　唐代娼妓類型分析與生活境遇探究……一二九
第一節　宮妓……一三〇
壹、來源與名目等級……一三〇
貳、生活境遇與解籍情況……一三七
第二節　官妓、營妓……一四六
壹、來源別稱與地理分布……一四六
貳、官吏之掌控與解籍條件……一五三
第三節　家妓……一六一
壹、來源……一六一
貳、生活境遇……一六六
第四節　民間職業娼妓……一七五
壹、民間妓館分布與北里妓館環境……一七五
貳、假母與妓女來源及其生活境況……一七八
叁、妓館冶遊費用與狎客身分……一八四
肆、民妓遲暮後之出路……一九一
第五節　女冠式娼妓……一九七

壹、女子入觀動機與道觀狎冶之習……一九七
貳、女冠式娼妓之生活風貌……二〇五
第四章　唐代娼妓才藝特色研究……二一三
第一節　敏慧巧談與嫻習酒令飲材……二一三
壹、敏慧巧談……二一三
貳、嫻習酒令飲材……二一九
第二節　精湛歌藝與熟練器樂演奏……二三二
壹、精湛歌藝……二三二
貳、熟練器樂演奏……二四五
第三節　曼妙舞容與出色歌舞戲……二五六
壹、曼妙舞容……二五六
貳、出色歌舞戲……二六八
第四節　生動說唱變文與卓絕雜技……二七五
壹、生動說唱變文……二七五
貳、卓絕雜技……二七八
第五節　高古書法與神奇妝飾技能……二八五

壹、高古書法……二八五
貳、神奇妝飾技能……二八九
第五章　唐代名妓詩歌特色研究……二九七
第一節　關盼盼等妓之詩作特色分析……二九九
壹、以抒情爲主調……二九九
貳、輕豔纖巧之宮體詠物……三〇八
參、詩格體式與字詞技巧……三一〇
第二節　薛濤之詩作特色分析……三二〇
壹、揚而不媚與深情寬慰之酬唱詩……三二一
貳、託諷寄意與巧構形似之景物詩……三二八
參、擅長七絕，精於徵事引詞……三三七
第三節　李冶之詩作特色分析……三四三
壹、以澹逸雋語表達摯情……三四三
貳、靈動摹聲與詠志寫物……三四七
參、擅長五言，工鍊格對字句……三五二
第四節　魚玄機之詩作特色分析……三五八

壹、情意艷發之酬寄詩……三五八
貳、漫遊詠景與雄渾詠史詩……三六四
叁、多樣體式與精琢字句……三六八
第六章 唐代娼妓對詩詞之貢獻與影響……三七九
第一節 妓歌對唐人詩詞流傳之貢獻……三七九
第二節 詠妓詩之風格轉變……三八九
壹、初盛唐詠妓詩——題材單純，情感淺淡……三九〇
貳、中唐詠妓詩——內容豐富，情感濃烈……三九六
叁、晚唐詠妓詩——描摹體態，旖旎浮艷……四〇一
第三節 妓筵酒令著辭對詞體形成之影響……四〇八
壹、初唐時期——依調著辭，初步形成詞之曲調風格……四〇九
貳、盛唐時期——常用胡部新聲，著辭與教坊曲相配合……四一二
叁、中唐時期——強調曲拍改令，建立詞之豐富格律……四一四
肆、晚唐五代時期——奠定輕新艷發與體制短小之規格形式……四一八

第七章　結　論……四二五
附圖(一)　唐開元長安左右敎坊、宜春院與梨園位置圖……四三一
附圖(二)　平康坊北里圖……四三二
附錄　唐代娼妓稱謂一覽表……四三三
重要參考書目……四三六

序說

一、本文研究之旨意

中國古代長期以來都是男尊女卑的社會。在這個以男性爲主的舞臺裏，他們以其當然之優勢，所取得的成就自然較大，也較容易爲時人或後世所聞見。然而古代女性即使長久處於不平等的地位，但她們在各種文學或藝術上的成就卻是不讓鬚眉，有目共睹的。尤其是在女性族群中，佔著極爲重要組成部分的「娼妓」們，在這一方面的創作與貢獻，更是卓犖出衆，耀人眼目。

中國古代的妓女並非完全僅是爲了金錢而賣身的女子。她們本身是黑暗社會的產物，是社會醜惡的體現者，但她們同時又是社會罪惡的受害者。因此在她們當中，不乏「出污泥而不染」的追求純潔者，其動人的情韻雖經常以悲怨的形式流露，但她們推崇眞情，注重氣節的美德，卻時而表現得比大家閨秀還要出色；甚至在時局動亂，敵我存亡的關鍵時刻，也有不少妓女勇於挺身而出，表現堅持正義，忠貞不屈的精神❶，其人格品行之高尚，遠勝於鄙俗無恥之王公倖臣。此外，中國古代妓女中，也不乏才藝精妙者，尤爲可貴的是她們在受盡壓迫卑視時，往往把滿心苦衷，轉化爲追求文學或藝術的永恆動力，在艱辛苦難的環境下，創造出絢麗璀璨的作品，展現細膩淒婉、清慧恬雅且尚巧翻新的風格，達到極高的藝術水準與造詣。

然而儘管她們的表現與成就出類拔萃，也往往是文人騷客所喜聞樂道的話題，但因中國古代文士大夫在心理上常自以爲清高，在現實生活又時受功利思想之影響，因此娼妓的出現，雖然滿足了他們靈與肉的審美需求，但另一方面娼妓卻又時遭文士大夫的卑視和玩弄，還有不少人帶著異樣的眼光看待她們，或以輕蕩神情道其風流逸事，渲染誇張妓女之仙姿美貌；或者擺出一副道學面孔，視之爲妖魔禍水而痛加撻伐。在如此偏頗的心態下，當然對娼妓們嘔心瀝血的創作，非但不可能有公正客觀的評價，甚至因人廢言的結果，完全漠視她們的成就與貢獻。這種情形不獨古人如此，就是時至今日也還有不少人將妓女作品有意或無意地置於思想法庭和道德法庭上，予以不公的判決，這無寧是更深一層的遺憾。

問題是：若捨棄對古代娼妓文學或藝術特色的探討，那麼中國女性文藝史的研究就必然會留下許多空白；而且若刪去娼妓的藝文成就，那麼整部中國古代文藝史也必因陽剛之氣太盛，而頓減溫柔絢麗的特質。因此，揭開長期以來娼妓神祕的面紗，摒除不公正的態度，忠實客觀的探討娼妓課題，並且挖掘抬揚她們在藝文方面的成就與貢獻，才是實事求是的基本研究精神。

不論古今中西，娼妓問題是整個時代社會的問題。推究其起源與興盛，都和政治、經濟、社會、文化等因素無不有密切的關係。但在娼妓課題的研究上，我國比西方起步較晚，這或許是受到正統儒家思想對歌妓女樂始終採取嚴厲限制的觀念影響❷，尤其孔子具體主張君王要「好德不好色」（《論語》「衛靈公」），丈夫對妻子要「賢賢易色」（「學而」），青年人特別要注意「戒之在色」（「季氏」），甚至連歌頌男女愛情的鄭、衛民歌也大加貶斥，告誡人們「放鄭聲，遠佞人；鄭聲淫，佞人殆」（「衛靈公」）等思想的薰陶，所以，儘管在每個朝代狎妓宿娼的情形司空見慣，但若要公然討論此課題，則恐怕不免被道學之士譏爲道德墮落之人，因此，我國學者對娼妓研究之專著並不多見。民國二十五年，王書奴作《中國娼妓史》一書，這是學者第一次用科學的態度，有系統的從殷商巫娼闡述到清末以來，三、四千年娼妓演變的史迹，書中所述嘉惠士林頗衆；近年來大陸學者嚴明撰「中國名妓藝術史」，在王作的基礎上，把觸角延伸到對歷代名妓「藝術」的考察，在論述的範圍上雖然較前者寬廣，也值得後來者參考，但本質上仍偏向娼妓藝術發展的史迹概述，在處理不少相關問題時，多異中求同的簡略綜論，因此對於在各個時代，不同的環境背景下所造成的狎妓風尚之研析，以及娼妓來源、種類之釐辨，娼妓才藝特色探索與對後世之貢獻、影響等方面，則未能淸楚凸顯其中的個別差異性與特徵。

在中國古代娼妓發展史中，唐代具有以下幾個特點，不僅超越前代，亦且深遠影響後世，値得專題深入研究：

其一：唐代由於胡風輸入，娛樂享受深入人心，而政治經濟的穩定繁榮，促使城鎭商業高度發展，君王官吏宴集冶遊頻繁，更爲近古所未有，宴席上以妓樂歌舞助興是當時十分普遍之現象。中唐以後禮教轉嚴，限制上層婦女的活動，娼妓正遞補空缺，活躍在社交場合，與達官貴人飛觴舉杯；加上唐代朝野尤重進士，彼輩當仕途春風得意時，找妓女一同歡樂，若功名舛蹇或愛情婚姻不如意時，則交往娼妓是他們慰情療傷的最佳方式，而他們在坊曲中浮薄狎昵之豔史，還經常被傳爲佳話；另外，道教的盛行，房中養生術也深深影響納妾蓄妓的風氣——舉凡以上這些政治、經濟、社會、文化、心理等等因素的大融合，使得唐代狎妓風尚不論在程度或層面上，都遠較前朝興盛廣泛。上自君王宰執，下至地方牧守，無不競染此風，就是一般文人士子、富商巨賈，也動輒攜妓登山玩水，或宿娼於青樓，社會上瀰漫著濃厚的狎邪風氣。章太炎於《太炎文錄初編》卷一「五朝學」即說：

唐代荒淫累代獨絕，播在記載，文不可誣。又其浮兢慕勢，尤南朝所未有。南朝疵點專在帝室，唐乃延及士民。

這個證點概略指出唐代狎妓盛於前朝之情形。

其二：唐代娼妓業呈現蓬勃發展的景象，近代式商業性妓女即始於唐。爲了規範管理這些種類繁多且數量龐大的娼妓，唐朝逐漸形成一套嚴明的管理制度。後代的政治社會即使有所變革，但對娼妓的管理仍大致承襲沿續這套體制與方法，因此唐代在中國古代娼妓史上，具有明顯承先啓後的代表意義。

其三：唐代娼妓多才多藝，其成就不但輝耀於當時，亦深得後世之高度肯定。諸如慧辯巧談、嫻習酒令飲材、精湛歌藝、曼妙舞容、生動說唱、卓絕雜伎、高古書法、神奇之妝飾術等，都令人深深矚目和讚賞；而在詩歌寫作上，或質樸溫婉或託意深遠，在抒情、詠物、寫景等方面，都有相當傑出的成績表現，這些成就爲唐代藝術與文學締造隆盛的局面和高深的水準，足以傲視前代，影響後世。

基於以上這幾個特點，對唐代娼妓及其才藝做一個詳細嚴整的分析探討，是相當有意義且必要的課題。因此定本文之題目爲「**唐伎研究**」。

之所以於題目中用「唐伎」字眼，而不作「唐妓」，乃因唐人在史料或詩文中所出現的「伎」字，有時指伎（妓）人，有時指伎（技）藝，而且兩者之間時有混同的緣故。如盛唐玄肅之世的崔令欽在《教坊記》的序中，「內人」一稱「內伎」；而「筋斗、竿木」一條則有「教坊小兒，雜於內伎」之語，曾慥《類說》亦以「內伎」作「內妓」。尋繹「妓」字本當作「伎」，俗用爲技巧之「技」，古代妓女不論歌舞或其他才藝表演，都是她們賴以謀生的技能。由於本文不但闡述唐代娼妓之類型與生活狀況，且亦深入分析探討其才藝特色，既兼及伎（妓）人論述與伎（技）能探討，因此乃以「唐伎研究」爲題。

二、本文研究之內容

全文共分七章，研究之內容大致如下：

第一章釋論「娼妓」之詞義與唐代以前娼妓之發展，下分二節。第一節從原始的「倡」「伎」到後來的「娼」「妓」之文字演變所代表的意義，探索古代娼妓之內涵。第二節歷述唐代以前娼妓發展之歷史過程，以呈現她們在不同的時代環境下，所扮演的角色特徵。藉此「振葉以尋根，觀瀾而索源」❸，以進一步了解唐代娼妓在角色上之淵源傳承與變革。

第二章考察唐代狎妓風盛之背景因素，下分五節。透過歷史載籍與文學資料所傳遞之訊息，從經濟繁榮，城鎮商業發達，君王官吏宴集冶遊頻繁，進士浮薄與功名補償心態，胡風禮教與仕婚愛情之衝突，道教房中術的流行等五個方面，詳細而深入的探究在這些因素下所造成上自君王貴冑，下至文士大夫與娼妓密切往來之情形，藉以呈顯唐代狎妓風盛並非單一因素，而是由政治、經濟、社會、文化、風俗及心理各層面雜揉所形成的緣故。

第三章闡述唐代娼妓類別及其生活風貌，亦分五節。除了全面通盤了解各類型娼妓之來源名目、地位等級、組織規制、解籍條件與遲暮後之出路等生活情形外，並從中透視唐代不同類型間之娼妓身分有互相轉換變動的特性。

第四章爲唐代娼妓才藝特色之表現，主要著重在藝術技能之表現，亦分五節。從慧辯巧談、酒令飲材、歌藝舞容、器樂彈奏、歌舞戲、說唱、雜伎、書法、妝飾等方面，以彰顯她們在筵間佐興或舞臺表演之外，所締造出高水準的藝術成就。

第五章爲唐代名妓詩歌特色之研究，下分四節。從各妓所作詩歌之內涵、題材、風格、體式、技巧之剖析，以展現唐代名妓詩作之共相與殊相。

第六章言唐代娼妓在詩詞文學之貢獻與影響，亦分三節。第一節論述妓歌方式對唐人作品流傳，產生「速、廣、遠」之貢獻。第二節從唐代詠妓詩踵事增華之一因，在文士與娼妓交往頻仍而影響了整個文苑狎冶風尚中，探究初盛中晚唐四個時期的詠妓詩作在題材內涵、寫作手法等方面所呈顯風格特色的轉變。第三節闡釋妓筵酒令藝術對詞形成之影響，將唐代新聲音樂與社會妓筵風尚二者聯繫並觀，說明詞形成之過程，以釐清前人多認爲詞係因應文體或音樂改變而形成之片面偏頗觀念，以抉揚文學社會性之特質。

第七章結論，總結本文之研究所得。

注釋

❶ 如南宋高郵歌妓毛惜惜，正色斥罵叛將而被害。事見《宋史》「烈女傳」、《隨隱漫錄》、《三

朝野史》。又如金代許州歌妓張鳳奴，當北兵攻城之際，於城下高呼軍士努力爲國堅守，言畢投濠而死，事見《金史》。再如明末江南名妓柳如是，在清軍大兵壓境之危急關頭，勸士大夫錢謙益盡忠殉國，然而錢氏畏死拒之，屈辱迎降，柳則投水自盡被救免死。事見鈕琇《觚賸》、顧苓《河東君小傳》、沈虬《河東君記》、徐芳《柳夫人小傳》，近人陳寅恪《柳如是別傳》，考訂其事跡甚爲詳確。

❷ 儒家雖不排斥女性美，且在某種程度上也樂於欣賞女性美，但在根本上仍認爲只有那些利於怡情養性或仁政道德的女色，才是眞正的美，《詩經》「周南、關雎」中的「窈窕淑女」與「衛風、碩人」裏的莊美，即爲儒家眼中理想女性，否則空具美貌而無賢慧德行，輒被斥之爲「殃國禍水」。

❸ 見劉勰《文心雕龍》卷十「序志」。

第一章「娼妓」詞義之衍變與唐前娼妓之發展

娼妓在我國存在已久，它的詞義不但迭經轉變，古今對娼妓的內涵也有相當大的差異。因此當我們今日在大加撻伐娼妓問題時，實有必要從學術性的角度，以嚴肅、宏觀的心態，將原始的「倡」「伎」，到後來的「娼」「妓」這種文字演變所代表的意義，做一深入研究。此外，娼妓在歷史發展的軌跡中，必受時代環境與社會生活之支配而出現在各個時期不同的角色特徵。大致說來，在唐代以前娼妓發展有下列幾個重要階段：㈠殷商與楚國的巫娼，由原本祀神祭祖的宗教歌舞服務，一變而爲世俗權貴之享樂。㈡春秋戰國之女閭女樂，則淪落爲娛君待士或爲滅國亡宗之工具。㈢漢魏六朝之營妓家妓，專供爲君王貴冑聲色之娛。到了唐代，已無爲宗教服務之巫娼，天下既歸一統，則利用娼妓女樂作爲滅國亡宗工具之因素，也不復存在，但不論唐代的宮妓、官妓、營妓、家妓、民間職娼、女冠式娼妓等，其主要任務在娛悅君王權貴或文人士子，則是一貫不變的角色特徵。

第一節　「娼妓」詞義之衍變

娼妓即娼女、妓女，但「娼」字鮮見於唐以前的古籍。就文字學上說，「娼」是

「倡」的孳乳字，《說文》有「倡」字而沒有「娼」字，其釋「倡」曰：「樂也」，段玉裁於此下注云：

漢有黃門名倡，常從倡秦倡，皆鄭聲也。東方朔傳有幸倡郭舍人，則倡即俳也。

由此可知，所謂的「倡」即俳，樂也。

另外，《說文》又釋「優」字云：「饒也，一曰倡也」；釋「俳」字云：「戲也」。段玉裁《說文解字注》對這兩字分別解釋說：

倡者，樂也。謂作妓者即所謂俳優也。

以其戲言之，謂之俳；以其音樂言之，謂之倡，亦謂之優，其實一物也。

指出古代「優」、「倡」、「俳」不分，大抵都與音樂演戲有關。而根據《三國志‧蜀志》「許慈傳」云：

慈與胡潛忿爭，矜己妬彼。先主使群僚大會，使倡家假爲二子之容，倣其訟鬩之狀，酒酣樂作，以爲嬉戲。初以辭義相難，終以刀杖相屬，用感切之。

據此可知在三國時代，仍然保存者古代倡優不分的風氣。

古代「倡」的身分也不分男女。如《史記》「趙世家」云：

> 趙王遷，其母倡也。

又如《漢書》「外戚傳」云：

> 孝武李夫人本以倡進。

這都是指女性的倡。而《史記》「滑稽列傳」載：

> 優旃者，秦倡侏儒也。

所指的是男性的倡。至於《漢書》「李延年傳」云：

> （延年）中山人，身及父母兄弟皆故倡也。

則全家男女都曾是倡的身分。再如《漢書》「梁冀傳」載：

> 冀、壽共乘輦車，……游觀第內，多從倡伎，鳴鐘吹管，酣謳竟路。

凡此皆足見古代的倡優都含男性在內，並不專指女倡；否則即在「倡」字之前，特別冠以「女」字，以資區別。如《後漢書》「盧植傳」云：

> （馬）融外戚豪家，多列女倡，歌舞於前。

「娼」字之出現，始見於南朝梁顧野王的《玉篇》，並說：「娼，婸也」。然則

「婸」作何解？據《說文》云：

婸，放也，一曰淫戲。

自後，宋丁度的《集韻》云：

倡，樂也，或從女。

明人《正字通》也說：

倡，倡優女樂，別作娼。

都將「倡」「娼」兩字藉由音樂的關係連繫起來。而清代最大的類書《古今圖書集成》「藝術典」卷八二四娼妓部引賢奕，則更直接的解釋說：

古優女曰娼，後稱娼，老婦曰鴇，考之鯧魚爲衆魚所淫，鴇鳥衆鳥所淫，相傳老娼呼鴇，意出於此。

不但將「娼」字界線於女子，指出與音樂戲劇有關，而且還指出其淫佚的性質。然而古代娼女雖不脫賣淫本色，但音樂舞蹈的表演仍是她們主要技能。

至於「妓」字，本當作「伎」，俗用爲技巧之技❶，意即有才藝之謂。但《說文》釋「伎」曰：「伎，與也」，此與妓女或才藝之義毫不相干。而《說文》中另有釋「妓」

之義曰：「婦人小物也。」何謂「婦人小物」？段玉裁注云：「小物，謂用物之瑣屑者。」可見「妓」字原義是指婦女用品，與現今妓女或才藝的意思也沒有直接關聯。

王書奴《中國娼妓史》一書以為「妓」字後代用為女妓之稱，實始魏晉六朝，為後起之義。以此語稽之典籍，則三國魏劉劭的「趙都賦」有：

爾乃進中山名倡，襄國妓女。

此賦中將妓女和倡並舉為文，可見魏晉時人確已將「妓」字用為妓女之稱。此外，《華嚴經音義》上引魏張揖「埤蒼」亦云：

妓，美女也。

同書又引隋陸法言《切韻》說：

妓，女樂也。

再看六朝人著書也習以「妓」為美女之專稱，如梁劉孝標《世說新語注》引干寶《晉紀》云：

石崇有妓人綠珠。

梁沈約《宋書》「杜驥傳」云：

> 家累千金，女妓數十人。

從這些資料之顯示，則王書奴云「妓爲女妓之稱，實始魏晉六朝」之說，確可採信。而「妓」字由《說文》所云「婦人小物」之原義，到六朝其義已晦，在家妓制度盛行的魏晉六朝時期，妓女已是專門表演歌舞以娛樂他人的女子了。

就唐代來說，時人對「娼妓」的觀念，也是指善於歌舞的女子，在名稱上則「倡」、「娼」、「妓」、「伎」等字都曾出現於載籍中。一般而言，「娼」、「妓」固指女性，但「倡」字則男女皆混用。如《新唐書》卷七十六「玄宗貞順武皇后傳」：「趙麗妃以倡幸，有容止，善歌舞。」又卷二〇二「張旭傳」：「觀倡公孫舞劍器」，兩者之「倡」都指善歌舞之女性；但卷九十八「馬周傳」：「王長通、白明達，本樂工輿皁雜類。……騶豎倡子，鳴玉曳履。」與卷一三四「韋堅傳」：「倡人數百，皆巾𢅥鮮冶，齊聲應和，鼓吹合作。」兩者之「倡」則是指男性而言。雖然「倡」字有時不分男女，但摭拾唐人資料，仍以稱女伎人爲多。尤其「娼」字，更在晚唐大量且普遍的使用，除了房千里小說「楊娼傳」中，有一位長安名妓被人逕呼做楊娼而不名者外，李商隱《義山雜纂》「不相稱」條也有「老翁入娼家」之句，另外，范攄《雲溪友議》卷中「辭雍氏」條云：

> 崔涯每題詩於娼肆，無不誦之於衢路。

趙璘《因話錄》云：

陳嬌如，京師名娼。

可以說，自唐開始，娼女俱以指能歌善舞的女性了。

事實上唐人對娼妓並無固定稱謂，出現於文獻資料者有：營妓、飲妓、宮妓、官妓、教坊內人、官使婦人、風聲婦人、聲妓、郡君、妓女、娼妓、倡女、校書、美人、仙、神女等十餘名之多（見附錄），這些名稱或因其身分而定，或以其才能不同而呼之。大體而言，唐人在詩歌裏喜歡用妓、倡或妓女，小說中則多見娼、妓字，而「仙」字則在詩歌或小說裏都曾出現，所指的仍是娼妓之義❷。

唐代娼妓並非專靠美貌做爲招徠客人之首要條件，孫棨《北里志》一書時常載及姿容平凡，但以擁有慧辯巧談，善章程歌令等才能的妓女，卻能廣受狎客之喜愛，當然也難免有陪宿賣身的妓女，這類應以民間職業娼妓爲多，例如唐人傳奇中的李娃、霍小玉等皆是，至於宮廷教坊內人在盛唐則僅獻伎不賣身，有如日本之藝妓，但中唐以後此情形稍有變化，如德宗興元間，詔取散失內人，陸贄諫書有曰：

> 夫以內人爲號，蓋是中壼末流。天子之尊，富有宮掖，如此等輩，固繁有徒，但恐傷多，豈憂乏使。……備耳目之娛，選巾櫛之侍，是皆宜後不可先也。（全唐文卷四七一）

由德宗詔取散失內人，欲託以婢妾執宮中巾櫛之侍，則其時之教坊內人可能已非僅獻藝而已了。

總之，唐代娼妓不論在類型與數量上，都較前代爲多，她們雖以歌舞表演爲主要技能，但也有獻身賣淫的妓女，這也就是一般學者認爲近代式商業性妓女始於唐朝的原因。

注釋

❶ 段玉裁《說文解字注》於許慎《說文》釋「妓，婦人小物也」之下，注云：「今俗用爲女伎字。」又於《說文》釋「伎，與也」之下，注云：「舁部曰：與者，黨與也，此伎之本義也，廣韻曰侶也，不違本義。俗用爲技巧之技。」就段氏觀點，「妓」字本當作「伎」，俗用爲技巧之「技」，而在唐人史料詩文中，也常用女「伎」之稱，或指妓女，或指其才藝。

❷ 唐人每喜稱「妓」爲「仙」，詳見《陳寅恪先生論文集》下「讀鶯鶯傳」一文。

第二節　唐前娼妓之發展與角色特徵

壹、殷商與楚國巫娼——由宗教服務轉爲世俗享樂

從現存的史料和出土文物考察，中國最早娼妓的蹤跡可以上溯到三千年前的殷商女巫。由於商代正處於從母系社會進入父系社會的轉變過程中，隨著奴隸社會的逐漸形

成，婚姻制度確定，性的關係日受限制，因此女子也漸漸變成男子的奴隸和財產，社會也有產生娼妓的可能性。加上在殷商時代的部落中，若能行巫術者，即能受衆人信仰而被擁戴爲酋長，但這些部落的酋長仍得依靠原始宗教來維繫人心，達到統治的目的❶，而其主要方式即是藉由各種「祝巫」以祭神顯靈。《說文》釋「祝」義爲「祭主贊詞者，从示从儿口，一曰从兌省。易曰：兌爲口爲巫。」指的是以人口交神之意；而《說文》又釋「巫」義爲「祝也，女能事無形，以舞降神者也，象人兩褎舞形。」此字在龜甲文作（殷虛書契後編四頁）（鐵雲藏龜四十三頁），商承祚說：「此從象巫在神幄中，兩手捧玉以事神。」從這兩字的形義解釋，可知祝巫在巫風特別發達的殷商時代之各項祭祀中，都是主要的人物。

殷代女巫既在各項祭祀中是主要的人物，也可說她們是身負原始宗教使命的職業舞女。她們用口頭語言和身體舞姿，表現天神降臨的信息，這在遠古先民看來是非常神聖，也是十分靈驗的事，因此女巫被當時人們視如神女而加以敬重，不論祭神、戰爭、慶典、災荒等重要時刻，總不離巫女載歌載舞的表演，而原始宗教與藝術融爲一體的結果，使得殷商女巫成爲智慧與美麗之神的化身，有時連掌握至高權力的部落首領也得虔誠地向女巫請示迷津❷，顯示了此期女巫地位的崇高。而她們工於言語，善於媚男子之秘術，以及妝飾美麗，歌舞動人的特徵，與近代具備「才、情、色、藝」的娼妓，亦十分相似，因此早在殷商建國之初，商湯就看到巫風可以賞心悅目，也可以有毀家滅國的雙重作用。據《尚書》「伊訓」篇云：

（湯）制官刑，儆於有位，曰：「敢有恆舞於宮，酣歌於室，時謂巫風；敢有殉於貨色，恆於游畋，時謂淫風。……唯茲三風十愆，卿士有一於身，家必喪；邦君有一於身，國必亡；臣下不匡，其刑墨，具訓於蒙士。」

由此可見當時狎昵巫娼之淫風已十分盛行於卿士大夫之中，而且這些原本爲祭神的女巫，也已逐漸變成酣歌恆舞的巫娼了。

其後殷商雖被周武王所滅國，但女巫之風卻未曾稍減，反而透過楚國巫娼之興盛而得到更大的發展。她們表演歌舞的情景，歷歷展現於屈原筆下：

蕙肴蒸兮蘭藉，奠桂酒兮椒漿。揚枹兮拊鼓，疏緩節兮安歌，陳竽瑟兮浩倡。靈偃蹇兮姣服，芳菲菲兮滿堂。五音紛兮繁會，君欣欣兮樂康。（九歌「東皇太一」）

文中所說的「靈」，就是女巫，她們在絲竹雜陳，芳香滿堂的宴席上，服飾鮮麗，舞姿姣柔，令座上貴客觀者心神搖動，如入仙境，這與唐人對舞妓樂女的描寫，同樣是色彩絢麗，形象生動。

楚國巫娼歌舞表演的目的，已漸由祭祖拜神轉向世俗享樂，因此達官貴族在欣賞巫娼表演時的輕昵神情，和巫娼的容貌身姿、歌舞之美等等，也紛紛浮現於當時文人之篇什中，宋玉「小招」、屈原「大招」皆爲代表之作：

美人既醉，朱顏酡些。娭光眇視，目曾波些，被文服纖，麗而不奇些。長髮曼鬋，豔陸離些。二八齊容，起鄭舞些。衽若交竿，撫案下些。竽瑟狂會，搷鳴鼓些。宮庭震驚，發激楚些。吳歈蔡謳，奏大呂些。士女雜坐，亂而不分些。放敶組纓，班其相紛些。鄭衛妖玩，來雜陳些。（宋玉「小招」）

姱脩滂浩，麗以佳只。曾頰倚耳，曲眉規只。滂心綽態，姣麗施只。小腰秀頸，若鮮卑只。魂乎歸徠，思怨移只。易中利心，以動作只。粉白黛黑，施芳澤只。長袂拂面，善留客只。魂乎歸徠，目娛昔只。青色直眉，美目媔只。靨輔奇牙，宜笑嗎只。豐肉微骨，體便娟只。魂乎歸徠，恣所便只。（屈原「大招」）

在這些細微的描寫中，流露出對巫娼舞女之美艷及其高超舞技的驚歎和贊美，而從她們與席上賓客狎戲調笑，甚至還可薦枕侍宿的情形看來，可說和近代娼妓幾無二致了。

貳、春秋戰國女閭女樂——娛君待士或滅國亡宗之工具

周朝是奴隸鼎盛的時期，考甲骨文中奴隸之名目繁多，諸如：奴、奚、婐、嬖、勻、俘等等❸，數量極爲驚人。其來源除以敵國俘虜充當奴隸外，據《周禮》云：「司厲掌盜賊之任……，其奴男子入于罪隸，女子入于舂稾。」鄭司農注曰：

> 謂坐爲盜賊而爲奴者，輸於罪隸，舂人稾人之官也。由是觀之，今之爲奴婢，古之罪人也。

因此國內犯罪之人，男者爲官奴，女者爲官婢。而當時執法嚴酷的結果，也有因一人犯法，妻女皆連坐變成官婢者，如《呂氏春秋》「精通篇」就有：楚鍾子期之父殺人，其母爲「公家酒」（即官婢）之記載。

在周朝官婢中，有等級之區分。才智高者亦以負責工作之不同而各有其名稱。如：女稾、女饎、女酒、女漿、女籩、女醢、女冪、女繼、女祧、女府等等，而才智較差者，則稱爲「奚」❹，大概從事粗重工作。這些人數衆多的官婢，完全沒有人身自由的權利與女性之人格尊嚴可言，且容貌美麗，才能翹楚之官婢，往往被供給天子笑樂，其性質有如後代的「御妓」、「宮妓」。

春秋初葉，齊之管仲設「女閭」。據《東周策》載，管仲治齊時，曾建議桓公在宮中設「女市七，女閭七百」。這種在宮中設市閭，使女子居之，收男子過夜錢入官庫，以佐國家軍費之需，就是我國國營娼妓的開端，較西方雅典的梭倫開設國家妓院還早了五十年，因此管仲創設的「女閭」制，堪稱為全世界官娼鼻祖。

考管仲之所以設「女閭」，其原因大概有如下數點：㈠供齊桓公冶遊娛樂。《史記》「齊太公世家」說桓公「好色，多內寵，如夫人者六人。」《韓非子》「外儲說右上」則云：「昔桓公之伯也，內事屬鮑叔，外事屬管仲。被髮而御婦人，日游於市。」此之「市」，當為宮中之女市女閭，而管仲此舉，可謂極善投君王之所好。㈡使國家租稅增加。清朝褚學稼說：「管子治齊，置女閭七百，徵其夜合之資，以充國用，此即花粉錢之始也。」（《堅瓠集續集》）㈢為容納衆多奴隸。齊桓公為春秋五霸之一，其稱霸時，南征北討，俘虜之異國女子必多，因此以罪犯女奴隸充當女閭中的娼妓亦不少。例如《管子》「小匡」篇說：「女子三嫁，入於春穀。」春穀即一種罪犯女奴隸。㈣為優待游士。管仲相齊，已開布衣卿相之局，因此處於世卿鼎盛之時，當亟思引用這些權奇倜儻，不拘繩量的游說之士，以婦女醇酒羈縻他們，因此管仲設「女閭」當與燕太子丹相同❺，都是鼓舞英雄的一種手段。

早在春秋戰國以前，中國便有了「女樂」，她們犧牲色相，出賣肉體，實為「巫娼」演進的產物。《管子》「輕重甲」曾載夏桀時有女樂三萬人，端噪晨樂聞於三衢，終以女樂亡其國。所說的女樂人數或許誇大了些，但由此也可知夏桀享用的女樂之多令人作咋。

春秋時代的女樂，不僅是各國國君聲色享樂的對象，君王還利用這些聲容並茂，足以搖蕩人心的女樂，來消磨敵國君王意志，離間君臣之間的關係，或者挑撥兩國而亡其宗社。例如秦繆公爲了疏離戎王與其賢臣由余，乃送女樂二列給戎王，使得戎王「張酒聽樂，日夜不休，終歲婬縱，卒馬多死」，由余數諫不聽，去之秦而被拜爲上卿，遂併國十二，辟地千里。（《韓詩外傳》）；又如齊人憂心孔子爲政，魯必霸，懼齊地爲魯所併，因此「選齊國中女子好者八十人，皆衣文衣而舞唐樂，文馬三十駟，遺魯君，陳女樂馬於魯城南高門外，季桓子微服往觀，再三將受，乃語魯君可周遊往觀，終日怠於政事。季桓子卒受齊樂，三日不聽政，孔子遂行」，而魯遽衰。（《史記》「孔子世家」）其他如晉獻公贈虢國女樂，以熒其心，亂其政（《韓非子》「外儲說上」）；鄭賂晉侯女樂，晉侯以樂之半賜魏絳，而鄭國乃得以保全（《左傳》襄公十一年）。凡此皆可見列國贈送女樂，以制服強國，亡其宗社，其力量遠比十萬雄兵之功效尤大。

從春秋末到秦統一，是動蕩不安的戰國時期。此時祭神女巫之遺風幾已絕跡，代之而起的是官妓、私娼的興起。戰國女樂中即有屬於「官妓」性質者，如《吳越春秋》載：

> 越王勾踐輸有過寡婦於山上，使士之憂思者游之，以娛其意。

《越絕書》更引申其意云：

> 獨婦山者，勾踐將伐吳，徙寡婦置山上，以爲死士，未得專一也。後之說者，蓋

勾踐所以游軍士也。

這二書所說的「游軍士」、「使士之憂思者游之，以娛其意」等，其實就是管仲「女閭」的變相和漢代「營妓」的先聲。而再根據《商君書》「墾令篇」有：「令軍市無有女子，……輕惰之民，不游軍市，……則農民不淫。」之記載看來，可知「軍市」本有女子，爲行軍時臣妾，役罷則別設市區，仍以軍名，農民也可往游，這簡直和漢代「軍市」、「營妓」相同。

另一種仍屬「官妓」性質的，是君王掠取異國女子或由他國貢獻者。如《韓詩外傳》所載，楚樊姬遣人之梁鄭之間，求美人進之於王；越攻吳時，「諸侯畏其威，魯往進女監門之女嬰，其姐與焉。兄往視之，道畏而死……」等等，諸如此類之事，在當時極爲普遍。

還有類似「私娼」之性質者。據《史記》「貨殖列傳」云：

今夫趙女鄭姬，設形容，揳鳴琴，揄長袂，躡利屣，目挑心招，出不遠千里，不擇老少者，奔富厚也。

《漢書》「地理志」亦云：

趙中山地薄人衆，猶有沙丘紂淫亂餘民。丈夫相聚遊戲，悲歌忼慨，起則椎剽掘家，作姦巧，多弄物，爲倡優。女子彈弦跕躧，游媚富貴，徧諸侯之後宮。由此可見當時游士之多，蕩娼也不少。看她們「彈弦跕躧，游媚富貴」、「目挑心招，不擇老少奔富厚」的行爲，和後代以色藝悅人換取金錢之妓女，在本質上已無區別了。

叁、漢魏六朝營妓家妓——供君王貴胄聲色之娛

漢武帝以武功稱世，而他激勵軍心的妙法，就是正式設立「營妓」。據明人《正字通》轉引《萬物原始》說：「古未有妓，至漢武始置營妓，以待軍士之無妻室者，見漢武外史。」表面上看「營妓」是創始於漢武，實則仍襲用勾踐「游軍士」，管仲「女閭」之遺意而已。漢武帝就是將罪犯妻兒或官奴婢配置於軍隊中，組成樂戶，隨軍而行，除滿足將士發洩性的需要外，也吹奏歌舞以悅將士。由於軍中女樂的大量存在，所以漢代軍營新聲中以「橫吹曲」最爲發達。這種雄偉悲壯的聲調音節，容易喚起將士激昂情緒，用於軍中無疑具有強大的鼓舞作用。因此由漢代軍營「橫吹曲」之發達與樂府詩中「橫吹曲」詩之繁多，亦可見漢代營妓與漢樂府詩的發展有密切關係。

漢代營妓發達是當時整個社會蓄婢成風、女樂盛行的一種反映，但享受的除軍營高級將領外，也僅限於王公貴胄等特殊階級。《漢書》「禮樂志」載：

是時（漢成帝），鄭聲尤甚，黃門名倡丙彊、景武之屬，富顯於世。貴戚五侯定陵、富平外戚之家，淫侈過度，至與人主爭女樂。

又《後漢書》「馬融傳」云：

融才高博洽，爲世通儒，教養諸生，常有千數。……善鼓琴，好吹笛，達生任性，不拘儒者之節。居宇器服多存侈飾，常坐高堂，施絳紗帳，前授生徒，後列女樂。

請看爲人臣者，竟敢與君王爭女樂，就連當代大儒馬融也「前接生徒，後列女樂」，這種公然堂皇的情形，也許讓後世道學者驚訝莫名吧！再據《漢官舊儀》載，尚書郎宿留臺中，則「給尚書郎伯二人，女侍史二人，皆選端正者從直。伯送至車門還，女侍史執香爐薰從入臺護依。」可見漢代官府中的女侍史，不僅要求容貌端正，還要護執香爐，相伴陪夜，此情景有如妓妾❻。漢武帝曾多取好女至數千人，以塡後宮，因此漢代文武官員之鋪張女樂，實是上行下效的結果。

總之，以廣蓄奴婢爲榮耀，欣賞女樂爲人生最大樂趣的觀念，普遍存在於漢代上階層社會中。至於中下層的文士書生因無權無勢，所以對一些身價百倍的美妓名娼也只能慕其艷名，而難有機緣親近，但這種隔閡感，有時卻促使他們擴大想像空間，以浪漫的筆調，極力贊頌形容這些歌妓舞女，漢賦中諸如「美人賦」、「神女賦」等類的作品，可以說曲折地反映了漢代文人對歌妓舞女之美的激賞神往。

魏晉南北朝時期世道之混亂是很突出的。戰火連綿不斷與政權的更替不迭，使自漢以來形成的儒家經學思想、道德倫理觀念，到了此期受到巨大的衝擊，傳統權威崩潰，代之而起的是佛教思想廣泛傳播，老莊玄學的自由發展與道教房中養生術的興起，社會風氣的變化是顯而易見的。

在這一個時代紛亂的世局裏，令人頓覺生命鄙賤無常，於是一般文人如「竹林七賢」等，莫不有滿腹的苦悶與憤世疾俗的感情，因此由憤世轉爲厭世，再由厭世趨於玩世，就成爲當時士大夫思想傾向發展的基本軌跡。

既然人的生命財產在亂世中朝不保夕，那麼自然就注重生前的享受，於是從魏晉文人「斗酒相娛樂，極宴娛心意」（古詩十九首之一）、「爲樂當及時，何能待來茲」（之十），到南朝文人「祗疑落花謾去，復道春風不還。少年惟有歡樂，飲酒那得留錢」（庾信「舞媚娘詩」）、「綉帳羅帷隱燈燭，一夜千年猶不足。惟憎無賴汝南雞，天河未落猶爭啼」（徐陵「烏棲曲」）的詩句所透顯醇酒尋歡，及時行樂之人生觀，在魏晉南北朝的士大夫階級裏就轉化爲放浪形骸與豪侈聲色的具體行動。如《晉書》「五行志」載，「惠帝元康中，貴遊子弟相與爲散髮裸身之飲，對弄婢妾」，而鄧粲《晉紀》更云，王導與周顗及朝士到尙書紀瞻府觀伎時，周顗卻露其醜穢，顏無怍色地欲當衆私通主人之妾，當有司奏免周顗之官時，皇帝竟還「詔特原之」，其他如劉伶縱酒放達，在屋中脫衣裸形之情狀，也歷歷見載於《世說新語》「任誕」篇裏。

貴族品官的豪奢侈靡，相競成風也於魏晉南北朝時幾至極點。例如：何曾日食萬錢，猶云無下箸處（《晉書本傳》），王愷與石崇爭豪鬥富，鋪張浪費，「並窮綺麗以飾輿服」（《世說新語》汰侈篇）；而孫瑒「居家頗失於侈，家庭建築，極林泉之致，歌鐘舞女，當世罕儔」（《南史本傳》），夏侯道遷則「好筵宴，京師珍羞，罔不畢有。……大起園囿，殖列蔬果，延致秀彥，時往游過，妓妾十餘，常自娛樂國。」（《北史本傳》），從這些記述看來，當時豪侈聲色的風氣，流布既廣，流傳已久。飽暖思淫欲，乃人之常情，再加上道教房中術以男女交接，採陰補陽的方式延生享樂，因此爭豪鬥富的達官顯貴們，更競相在蓄養家妓方面一比高下，使得魏晉南北朝的家妓蓬勃興起。

所謂「家妓」是指蓄養在家庭中之妓女，有別於皇宮掖庭或青樓坊曲間的女妓。從本質上說，家妓是屬於家庭奴婢的一種，地位大約介於「婢」與「妾」之間。雖然在漢代即已有貴族蓄養家妓女樂，但有能力爲之者並不多，然而魏晉南北朝則廣蓄妓妾的現象卻是普遍存在，甚且以此相互炫耀。例如高陽王雍「妓侍盈房，諸子端冕，榮貴之盛，昆弟莫及。……后多幸妓，侍近百許人」（《魏書本傳》）；又如謝安在東山蓄妓，每出游，必以女妓從（《晉書本傳》），陶侃「媵妾數十，家僮數千，奇巧寶貨，富於天府」（《晉書本傳》）。這些高官厚祿者蓄養妓妾，當然是圖自身的快樂，《洛陽伽藍記》即云：「魏高陽王雍，第宅匹於帝宮，僮僕六千，妓女五百，隋珠照日，羅衣從風。自漢晉以來，諸王豪侈未之有。」由此可見魏晉王公貴族之豪奢風尙與銷魂於聲色之習。

到了南北朝時期，讌樂家妓更是空前發展。朝野王公士大夫皆沈湎於酒色歌舞，清廉高潔之風蕩然無存，而輕浮綺靡之習卻愈趨熾烈，這可由宮體詩之風靡於當時而見其概況。梁簡文帝蕭綱是此類詩歌之代表性作者，其作品如「戲贈麗人」、「詠美人觀畫」、「車中見美人」、「聽夜妓」、「春夜看妓」等，都以華麗雕琢的文筆，表現其放蕩淫靡之玩妓生活，風格之輕豔放肆，前所未有，這充分顯現當時宮廷內性生活之荒淫無恥。

在君王的親自倡導下，豪門世家及各級品官也群起效尤的追逐聲色，淫靡成風。茲列數則載於史冊者以觀：

《南史》「徐君蒨傳」：

> 善弦歌，爲梁湘東王鎭西諮議參軍，頗好聲色，侍妾數十，皆佩金翠，曳羅綺，服玩悉以金銀。……有時載妓肆意遊行，荆楚山川　靡不畢踐。

《宋書》「沈慶之傳」：

> 妓妾數十人，競美容工藝。慶之優游無事，盡意歡愉，非朝賀不出門。

《宋書》「徐湛之傳」：

貴戚豪家，產業甚厚，室宇園池，貴游莫及。妓樂之妙，冠絕一時。……時安成公何勗，無忌之子也，臨汝公孟靈休，昶之子也。競各奢豪，與湛之共以餚膳器肥車馬相尚。京邑爲之語曰：「安成食，臨汝飾，湛之二事之美兼何、孟。」

其他士大夫類似聲色之娛，載於史書難以殫數。有些豪族世家所擁有的家妓美色，在當時經常是獨領風騷，不僅引起整個社會的忻慕模仿，就是尊貴無比的皇帝也會自嘆弗如。例如《宋書》「杜驥傳」即云：

第五子幼文，薄於行。……幼文所莅貪橫，家累千金，女妓數十人，絲竹晝夜不絕。……帝微行夜出，輒在幼文門牆之間，聽其管弦。

連皇帝都時常在杜驥家的門牆外偷聽絲竹歌曲，其家妓表演藝術水準之高超精湛即可想而知了。

北朝貴族豪門在蓄養家妓，酣醉於聲色享樂方面，並不落於南方之後。這從原初仕於南朝梁，後歷仕西魏北周的庾信作品裏，也可看到北朝世族的家妓歌舞表演，如「和趙王看妓」詩：

綠珠歌扇薄，飛燕舞衫長。琴曲隨流水，簫聲逐鳳凰。細縷纏鍾格，圓花釘鼓床。懸知曲不誤，無事畏周郎。（《庾子山集》卷四）

「看舞」詩云：

鸞迴不假學，鳳舉自相關。到嫌衫袖廣，恆長礙舉鬟。（《庾子山集》卷四）

「聽歌一絕」詩云：

協律新教罷，何陽始學歸。但令聞一曲，餘聲三日飛。（《庾子山集》卷四）

儘管在歌舞的藝術水準上，北方家妓不如南方家妓之高妙，但在廣蓄家妓，普及成風的程度上，北方實不比南方遜色。這從六朝時代北方墳墓壁畫裏經常出現主人燕居行樂圖，有幾位穿著長袖的家妓在琴瑟伴奏下，身姿優美，翩翩起舞的歌舞場面❼，就清楚可知北朝貴族享受女樂歌舞的情形。

魏晉南北朝家妓的主要任務是滿足主人聲色之欲，成爲主人招待賓客，炫耀富貴的工具。張率「白紵歌辭二首」即云：

歌兒流唱聲欲清，舞女趁節體自輕，歌舞並妙會人情。依弦度曲婉盈盈，揚蛾爲態誰目成。

妙聲屢唱輕體飛，流律染面散芳菲，俱動齊息不相違。令彼嘉客憺忘歸，時久玩夜明星稀。（《玉臺新詠》卷九）

家妓們妙聲屢唱，歌舞並妙，芳菲盈室，美目傳情，竭盡心力的表演只爲了主人臉面有光，使賓客心動神迷，深夜忘歸，在瑤席盛宴間迴蕩著賓主的歡笑，而翠帳低垂中卻隱藏著許多家妓的痛苦悲哀。

魏晉南北朝之家妓在性質上，僅爲豪門貴族手中的玩物而已。其中色藝俱佳，既能滿足主人聲色之欲，且能使主人聲名大噪者，則可受到優待寵幸，她們平日佩金翠，曳羅綺，飲食居住皆至上品，但若拂逆主人心意，則隨時招致殺身之禍。《世說新語》「忿狷」篇載：

> 魏武有一妓，聲最清高而情性酷惡，欲殺則愛才，欲置則不堪。於是選百人，一時俱教。少時，還有一人聲及之，便殺惡性者。

所謂的「酷惡」不過是指家妓的性情倔強，不肯曲從於主人淫威而已，而主人的「愛才」卻不過是愛其聲色，一旦發現他妓才能勝過此妓，立刻撲殺毫不眷戀，因此眞正性情酷惡者，反倒是魏武曹操。

又如「汰侈」篇載：

> 石崇每要客燕集，常令美人行酒。客飲酒不盡者，使黃門校斬美人。王丞相與大將軍嘗共詣崇。丞相素不能飲，輒自勉強至於沈醉。每至大將軍，固不飲，以觀其變。已斬三人，顏色如故，尚不肯飲，丞相讓之。大將軍曰：「自殺伊家人，何預卿事？」

魏晉時期的權貴們是如此地冷酷殘忍，毫無人性，歌妓樂女輾轉於他們的魔爪中，其痛苦悲慘之命運是可想而知的。

家妓地位類同奴婢，比「妾」稍低。《北史》「高聰傳」云高聰「唯以聲色自娛，有妓十餘人，有子無子，皆注籍為妾，以悅其情」。由此看來，當時的家妓只有在生子後才能升為妾，妾是需要正式注籍的，其在家中的地位和權利比不需正式注籍的妓還稍有保障些，而高聰破例把所有妓都升格為妾，無非想藉此以激勵家妓。然而，「及病，欲不適他人，並令燒指吞炭，出家為尼」，可見高聰表面上雖優待家妓，但根本上還是把家妓看成自己的私有財產，或寵或毀，全決意於自己的一念之間。魏晉南北朝人動輒輕率殘害家妓生命，較之唐人於老病後放妓妾、嫁妓妾之舉，在忍情程度上雖有深淺之異，但家妓的主要任務與鄙賤地位，則不論在那一個朝代都是一致相同的。

注　釋

❶ 根據《墨子》「兼愛」、《荀子》「大略」篇曾載，商湯代夏桀後，大旱七年，湯以身為犧牲，剪爪斷髮，著布衣，嬰白茅，禱於桑林，天乃大雨。可見商湯以此巫術獲得擁戴而統理人民。

❷ 《藝文類聚》卷二有輯存「黃帝問玄女兵法」之一段記載，文中之「玄女」一說為天帝之女，一說為西王母之化身，然而這些神話形象實際上即為當時社會中測天占卜巫女之寫照。

❸ 甲骨文有奴、奚、娸、嬖、匄、俘等字，見羅振玉《殷虛書契》，《說文》以奴為古罪人，而亡人為匄，軍所獲為俘。鄭玄《周禮注》云：「奚，猶今（指漢）官婢。」漢趙岐《孟子注》

謂：「娽爲侍，嬖爲愛幸小人。」這些都是古代奴隸。

❹ 這些名稱散見於《周禮》「天官、酒人」及「地官、春人」、「春官、守祧」、「天官、世婦」之下。漢鄭玄「酒人」注云：「古者從坐，男女沒入縣官爲奴，其少才知者爲奚。」

❺ 燕太子丹，養勇士，不愛後宮美女，民化以爲俗，賓客相過，有婦侍宿。詳見《漢書》「地理志」。

❻ 所引《漢官舊儀》之引文據孫星衍《平津館叢書漢舊儀輯本》，淸人兪正燮認爲漢代這種女侍史（官奴婢）的生活是：「事同妓妾而無常夫。」見《癸巳類稿》「除樂戶考」。

❼ 例如酒泉丁家閘出土的五號壁畫墓是東晉時北方十六國時代的遺跡，其中的西壁畫爲墓內主人燕居行樂圖，主人跽坐於廳內榻上，身後有男女侍者，前有穿著長袖家妓在琴瑟伴奏下，翩翩起舞及百戲伎對之表演。

第二章　唐代狎妓風盛之背景因素

娼妓之產生與存在恆受當代政治、社會、經濟、文化與心理觀念之影響，簡言之，即離不開物質基礎與時代氛圍。唐代狎邪風盛，無論公私娼妓業之發展皆達昌盛。究其背景因素，蓋有如下數端：㈠經濟繁榮，城市商業發達㈡君王官吏宴集冶遊頻繁㈢進士浮薄與功名補償心態㈣胡風禮教與愛情仕婚之衝擊㈤道教房中術激發蓄妓女色之風。透過這些因素考察，期能清楚凸顯唐代獨特之社會風貌。

第一節　經濟繁榮城市商業發達

隋末紛爭擾攘，李淵父子乘亂挺身而出，以武力削平群雄，開創基業。太宗以曠世英雄繼攝君統，有鑑於「馬上得天下，不能以馬上治之」之旨，乃引用名臣賢相以爲股肱，相與輔弼❶。人民於厭亂之餘，四海一旦歸於一統，施行仁政，休養生息，遂奠定初唐盛業之基礎。其後雖有武韋之亂，但不久回復唐胤，禍消於無形，因此並未對社會秩序和國本元氣帶來嚴重破壞。而後玄宗即位，勤政愛民，文德武功均臻極致，尤其開元天寶年間，社會安定，民生樂裕，杜甫在其「憶昔」詩詠曰：

憶昔開元全盛日，小邑猶藏萬家室。稻米流脂粟米白，公私倉廩俱豐實。九州道路無豺虎，遠行不勞吉日出。齊紈魯縞車班班，男耕女織不相失。……（其二，全唐詩卷二二〇）

此時唐代所呈現的是河清海晏，物殷俗阜，一片太平富裕的景象。

由於政局穩定，國勢鼎盛，水陸交通之建設也較前期完備，這些因素都造就了經濟的繁榮與商業發達，城鎮街坊的熱鬧繁華，豐富了市井生活，也爲娼妓的產生和發展提供必要的物質條件。娼樓妓館，舞榭歌臺，在唐代大都會中到處林立，妓女的地理分布也各有其特色。

長安與洛陽因是唐代政經中心，爲教坊官妓所在，長安且更是民妓最大集中地，因此兩京娼妓亦最盛。其次，襄陽與揚州（廣陵）則爲商業中心，中外貿易頻繁，巨商富賈不惜一擲千金，此地娼妓之善於應對酬酢甚爲有名；至於蘇州、杭州本就是佳麗誕生之地，因此青樓妓院更是文人士子們留戀忘返的天堂。茲就上述幾個較爲重要且聲妓聞名之城市，分別加以探述，以見其繁榮熱鬧之景況。

壹、政經中心——長安與洛陽

長安位於渭河平原中部，由於土地肥沃，氣候溫和，農業生產發達，在古代即曾是全國最富庶的地區之一，再加上四面關隘形勢險要，自古以來就稱爲「關中之地」。在唐代，它不僅是帝都所在，也是亞洲政治文化中心，文物制度之璀璨，直可睥睨秦漢，而示範宋明，其地形之特色與城闕樓閣建築之弘偉壯麗，從駱賓王「帝京篇」中可略窺一、二。詩云：

> 山河千里國，城闕九重門，不睹皇居壯，安知天子尊。皇居帝里崤函谷，鶉野龍山侯甸服。五緯連影集星躔，八水分流橫地軸。秦塞重關一百二，漢家離宮三十六。桂殿嶔岑對玉樓，椒房窈窕連金屋。三條九陌麗城隈。萬戶千門平旦開，複道斜通鳷鵲觀，交衢直指鳳凰臺。劍履南宮入，簪纓北闕來。……朱邸抗平臺，黃扉通戚里。……（全唐詩卷七十七）

居住於此者，除君王外，以皇親國戚、高官顯要、富商胡賈爲主。彼輩生活之豐饒豪奢自不待言，因此長安狎妓風尚之盛亦冠於全國。初唐四傑之一的王勃對長安市里娛樂之盛，即有如下的描述：

> ……旗亭百隧開新市，甲第千甍分戚里。朱輪翠蓋不勝春，疊榭層楹相對起。復有青樓大道中，繡戶文窗雕綺櫳。……鴛鴦池上兩兩飛，鳳凰樓下雙雙度。物色正如此，佳期那不顧？銀鞍繡轂盛繁華，可憐今夜宿娼家。……（「臨高臺」，全唐詩卷五十五）

而盧照鄰「長安古意」一詩，則將豪門貴族日夜行樂的情形和娼家妓女的儀態才貌，作一生動的敘述：

長安大道連狹斜，青牛白馬七香車。玉輦縱橫過主第，金鞭絡繹向侯家。龍銜寶蓋承朝日。鳳吐流蘇帶晚霞。……羅幃翠被鬱金香，片片行雲著蟬鬢。纖纖初月上鴉黃，鴉黃粉白車中出。含嬌含態情非一，妖童寶馬鐵連錢。娼婦盤龍金屈膝，御史府中烏夜啼，廷尉門前雀欲栖。……俱邀俠客芙蓉劍，共宿娼家桃李蹊，娼家日暮紫羅裙，清歌一囀口氛氳。北堂夜夜人如月，南陌朝朝騎似雲。南陌北堂連北里，五劇三條控三市。……羅襦寶帶爲君解，燕歌趙舞爲君開。……自言歌舞長千載，自謂驕奢凌五公。……（全唐詩卷四十一）

類似這種京城狎遊妓院的盛況，也同時出現在駱賓王的「帝京篇」一詩裏：

……小堂綺帳三千户，大道青樓十二重。寶蓋雕鞍金絡馬，蘭窗繡柱玉盤龍。繡柱璇題粉壁映，鏘金鳴玉王侯盛。王侯貴人多近臣，朝遊北里暮南鄰。陸賈分金將讌喜，陳遵投轄正留賓。……俠客珠彈垂楊道，倡婦銀鉤采桑路。倡家桃李自芳菲，京華遊俠盛輕肥。……（全唐詩卷七十七）

在盧、駱二詩中都同時提及「北里」一詞，而唐代有一本記載娼妓的專書就名爲《北里志》，作者孫棨在此書「海論三曲中事」即云：「平康里入北門，東回三曲即諸妓所居之聚也。」又據王仁裕《開元天寶遺事》「風流藪澤」條載：「長安有平康坊，妓女所居之地，京都俠少萃集於此。」可見位居長安皇城東第一街從北算來第五坊的平康坊，大概就是豪富們經常狎妓尋樂的地方吧！

除了到定點的妓館尋歡外，長安人在良辰美景時的遊樂，更少不了娼妓歌舞的助興，尤其每至正月十五日，全城月色燈光閃爍，人們攜妓遊玩，歌聲雜沓。蘇味道「正月十五夜」詩云：

> 火樹銀花合，星橋鐵鎖開。暗塵隨馬去，明月逐人來。游伎皆穠李，行歌盡落梅。金吾不禁夜，玉漏莫相催。（全唐詩卷六十五）

元月十五長安城不宵禁，以遂人們通宵狂歡。當平旦即將到來時，人們卻仍留戀忘歸，就如崔液「上元夜」詩云：

> 星移漢轉月將微，露灑煙飄燈漸稀。猶惜路旁歌舞處，躊躇相顧不能歸。（其六、全唐詩卷五十四）

長安之所以冶遊狎妓風盛，這與它擁有多處風景名勝，諸如芙蓉園、杏園、大小雁塔、慈恩寺、曲江池等有密切的關係。因爲面對著令人沈醉的明媚風光，美酒佳人與歌舞是怡目怡情不可或缺的條件，所以杜甫「樂遊園歌」就說：

樂遊古園崒森爽，煙綿碧草萋萋長。公子華筵勢最高，秦川對酒平如掌。長生木瓢示眞率，更調鞍馬狂歡賞。青春波浪芙蓉園，白日雷霆夾城仗。閶闔晴開詄蕩蕩，曲江翠幕排銀牓。拂水低徊舞袖翻，緣雲清切歌聲上。……（全唐詩卷二一六）

另外，白居易在「上巳日恩賜曲江宴會即事」一詩中也說：

賜歡仍許醉，此會興如何？翰苑主恩重，曲江春意多。花低羞艷妓，鶯散讓清歌。共道升平樂，元和勝永和。（全唐詩卷四三七）

由於長安城郊多處的遊覽勝地引來豪門顯貴的玩賞，因此五陵年少與長安麗人也隨著奔競狂飲，尤其新科進士的曲江宴更是移樂遊舟，狎妓調情盛況空前。從這些情形都可清楚看出長安以其爲唐代政經中心，積聚全國財富的城市，加上有不少遊宴勝地，因此狎妓風尚之興盛自然遠在其他城市之上。

洛陽爲唐朝東都。由於帝王貴臣經常往來長安、洛陽間主持政務，加以洛陽地處大運河中點，從江南運來之糧食布帛等財賦集中於此，聞名的巨倉如含嘉倉、回洛倉等貯存之物資堆積如山，經濟的繁榮，促使城市商業高度蓬勃發展，因此到倡樓妓館娛樂自是普遍尋常的事。劉希夷之「公子行」曰：

天津橋下陽春水，天津橋上繁華子，馬聲迴合青雲外，人影動搖綠波裏。綠波蕩漾玉爲砂，青雲離披錦作霞，……此日遨遊邀美女，此時歌舞入娼家，娼家美女鬱金香，飛來飛去公子傍，的的珠簾白日映，娥娥玉顏紅粉妝，花際徘徊雙蛺蝶，池邊顧步兩鴛鴦。……（全唐詩卷八十二）

由於洛陽也是唐朝政經中心，所以此地達官貴族生活之豪奢享樂，亦不比長安遜色。李白古風十八首之「天津三月時」一詩云：

天津三月時，千門桃與李。……雞鳴海色動，謁帝羅公侯。……衣冠照雲日，朝下散皇州，鞍馬如飛龍，黃金絡馬頭。……入門上高堂，列鼎錯珍羞，香風引趙舞，清管隨齊謳。七十紫鴛鴦，雙雙戲庭幽，行樂爭晝夜，自言度千秋。……

（全唐詩卷一六一）

詩題的「天津」是指穿過洛陽城洛河上的天津橋，此處借指洛陽城。本詩雖意在諷刺，但由詩文所述達官顯貴在下朝後，回到家中廳堂前大擺華筵，前列山珍海味滿案，堂下歌兒舞女樂聲紛紛，亦可見彼輩尋歡作樂，不捨晝夜的情景。

唐代風俗例於陰曆三月三日，到洛水濱舉行修禊禮。在這種王公貴臣、文人雅士咸集的場合裏，自然少不了妓樂歌舞。王維有一首「奉和聖制上巳於望春亭觀禊飲應制」之作，曰：

長樂青門外，宜春小苑東。樓開萬井上，輦過百花中。畫鷁移仙妓，金貂列上公。清歌邀落日，妍舞向春風。渭水明秦殿，黃山入漢宮。君王來祓禊，灞滻亦朝宗。（全唐詩卷一二七）

這是由君王親自主持的祓禊禮，排場之熱鬧自不待言。而由地方官所舉行的禊祭也同樣歡樂，如洪邁《容齋隨筆》「裴令公禊事」條載：唐開成二年三月三日，河南尹李待價以人和歲稔，在洛水之濱舉行禊祭。前一日啓留守裴令公，次日公召太子少傅白居易、太子賓客蕭籍、李仍叔、劉禹錫、中書舍人鄭居中等十五人合宴於舟中。白居易曾敘及此次的行程和情景說：

由斗亭歷魏堤，抵津橋。登臨泝沿，自晨及暮，簪組交映，歌笑間發。前水嬉而後妓樂，左筆硯而右壺觴。望之若仙，觀者如堵；盡風光之賞，極遊泛之娛，美景良辰，賞心樂事，盡得於今日矣！（「三月三日祓禊洛濱序」，全唐詩卷四五六）

由此可見地方長官出面舉行的禊祭，達官顯吏都熱情參與的情形。首先嬉水為樂，然後妓樂助興，並仿照東晉王羲之集會蘭亭修禊故事，與會者皆賦詩爲記，白居易就抽毫奉詩以獻云：

> 三月草萋萋，黃鶯歇又啼。柳橋晴有絮，沙路潤無泥。禊事修初畢，遊人到欲齊。金鈿耀桃李，絲管駭鳧鷖。轉岸迴船尾，臨流簇馬蹄。鬧於揚子渡，蹋破魏王堤。妓接謝公宴，詩陪荀令題。……水引春心蕩，花牽醉眼迷。……舞急紅腰凝，歌遲翠黛低。……（「三月三日祓禊洛濱」，全唐詩卷四五六）

劉禹錫亦賦云：

> 洛下今修禊，群賢勝會稽，盛筵陪玉鉉，通籍盡金閨，波上神仙妓，岸傍桃李蹊，水嬉如鷺振，歌響雜鶯啼。……（「三月三日與樂天及河南李尹奉陪裴令公泛洛禊飲各賦十二韻」，全唐詩卷三六二）

這兩首詩可說是將唐人在洛陽修禊的歡樂與席中妓樂歌舞的景況，作一詳實的記載。

在唐代娼妓中，洛陽的妓女也頗享盛名。李愿罷鎮家居時，每一令酒，女妓百餘人，其中就有專門侍酒的飲妓與歌女。此外，大曆中有張紅紅者曾入宮爲才人，凡此皆可見洛陽娼妓與狎遊之盛況。

貳、商賈輻輳——襄陽與揚州

唐代水路交通相當暢達，襄陽之大堤就因地處南北交通幹線（荆襄道）與大江水運之會，附近之宜城盛產美酒，加上此地又多西南蠻夷和西域商胡流寓，因此艷歌聲妓極爲興盛，襄陽女與大堤妓遂經常被寫入詩中吟詠，張柬之「大堤曲」就有「南國多佳人，莫過大堤女」之句，而楊巨源「大堤曲」亦云：

二八嬋娟大堤女，開壚相對依江渚。待客登樓向水看，邀郎卷幔臨花語。細雨濛濛濕芰荷，巴東商侶挂帆多。自傳芳酒涴紅袖，誰調妍妝回翠蛾。珍簟華燈夕陽後，當壚理瑟矜纖手。月落星微五鼓聲，春風搖蕩窗前柳。歲歲逢迎沙岸間，北人多識綠雲鬟。……（全唐詩卷三三三）

詩中傳神的描寫大堤女當壚侍酒，彈箏理瑟以待客，且含蓄婉約的托出她們侍夜南來北往商侶的情形。

另外，劉禹錫「堤上行」之三云：

春堤繚繞水徘徊，酒舍旗亭次第開。日晚上樓招估客，軻峨大艑落帆來。（全唐詩卷三六五）

同樣描繪夕陽西下，船隻紛紛停泊，酒舍旗亭陸續開張，而大堤女也上樓慇懃招呼上門之賓客。

再如施肩吾「襄陽曲」云：

> 大堤女兒郎莫尋，三三五五結同心。清晨對鏡冶容色，意欲取郎千萬金。（全唐詩卷四九四）

以警誡的語氣，告訴兒郎莫尋大堤女，因爲她們打扮得冶艷，意在賺取兒郎白花花的銀兩，此大堤女爲娼妓身分自不言而喻了。

襄陽之大堤，拜交通便利之賜，車水馬龍，來往熙攘之多金商賈，促使酒樓旗亭四處林立，孟浩然「大堤行」詩所謂：「大堤行樂處，車馬相馳突。」富商巨賈不惜拋擲千金，以買笑尋歡，此地因而呈顯聲妓娛樂之盛況。

至於揚州亦因地居運河與大江交匯處，交通便利，商業貿易繁盛。尤其中唐以後，北方經濟大衰，一切仰給於南方，於是淮漢以南，西自岷峨，南至嶺表之財貨，皆匯聚揚州爲轉運口。中央政府中規模最大，且權高宰相之鹽鐵轉運使署即常駐於揚州，以利財貨之搜徵與轉運，諸道節度使亦在此設邸店貿利，而漢胡商旅也競趨於此。據洪邁《容齋隨筆》卷九「唐揚州之盛」條云：

> 唐世鹽鐵轉運使在揚州，盡斡利權，判官多至數十人，商賈如織，故諺稱揚一益

二，謂天下之盛，揚爲一而蜀次之也。

文中的益州是成都，自唐代薛濤以容色才調馳名西川，於是有「蜀出才婦」（《鑒戒錄》）之稱，此後「蜀娼能文，有薛濤遺風」（《齊東野語》），但成都游宴聲妓之風，至宋始鼎盛❷，因此在唐代南方第一繁盛之商業都市，仍非揚州莫屬，青樓妓館四處可見，于鄴於《揚州夢記》即云：

> 揚州勝地也，每重城向夕，娼樓之上常有絳紗燈萬數，輝羅耀列空中，九里三十步，街中珠翠塡咽，邈若仙境。

將此文和宋王楙《野客叢書》裏所謂「十里珠簾，二十四橋風月」之語並觀，則揚州市景之美與娼樓妓院之多皆可得印證。唐人即曾對此留下不少膾炙人口的詩篇，如權德輿「廣陵」（揚州）詩曰：

> 廣陵實佳麗，……八方稱輻輳，五達如砥平……層臺出重霄，金碧摩顥清，交馳流水轂，迥接浮雲甍，青樓旭日映……蟬蛾價傾城，燈前互巧笑……。（全唐詩卷三二八）

而王建「夜看揚州市」則云：

> 夜市千燈照碧雲，高樓紅袖客紛紛。如今不似時平日，猶自笙歌徹曉聞。（全唐

詩卷三〇一）

唐朝在歷經安史之變與藩鎮之亂後，國勢雖大不如前，但人們習於狎遊卻已成風俗，因此揚州妓館建築依舊高聳，而其不論晝夜生意之興隆，都使這個城市平添了無數的風韻與魅力，難怪徐凝會發出「天下三分明月夜，二分無賴是揚州」（憶揚州）的贊歎；而另一位詩人張祜於「縱遊淮南」則更進一步說：

十里長街市井連，月明橋上看神仙③。人生只合揚州死，禪智山光好墓田。（全唐詩卷五一一）

這首詩不僅描述揚州熱鬧的市景，還認為人應死在揚州才幸福，因此提出趕緊在附近的禪智山買一塊墓地的建議呢！這十足的反映唐人對揚州狎遊生活的嚮往。

揚州以其交通便利，商業發達，促使聲妓鼎盛，因此充滿了妖媚瑰麗的色彩，而唐人冶遊於此的艷史也特多。如中唐風流詩人杜牧早年任職揚州時，不但對「街垂千步柳，霞映兩重城，天碧臺閣麗」的旖旎風光嘖嘖讚賞，尤其對此地「風涼歌管清，纖腰間長袖，玉珮雜繁纓」（揚州三首之三）的情景，更是留戀不已。于鄴《揚州夢記》就說他「常出沒馳逐其間，無虛夕」、「供職之外，唯以宴遊為事」，所以當他「十年一覺揚州夢」時，對自己「贏得青樓薄倖名」（遣懷），似乎還有些沾沾自喜呢！

可以說正是揚州這樣的勝境，造就了杜牧這樣的詩人和動人詩篇。然而也因唐人常在揚州冶遊，將美景風情形諸於歌詠者日多，因此揚州乃成爲歷史上著名的煙花粉黛之地了。

叄、江南勝地——蘇州與杭州

「千里鶯啼綠映紅，水村山郭酒旗風」（杜牧「江南春絕句」）、「日出江花紅勝火，春來江水綠如藍」（白居易「憶江南」），這些如風景畫般的優美詩句，所描寫的就是江南麗景。由於這一帶多水，氣候溫暖濕潤，河溪縱橫，唐時因長期的安定，農業生產和蠶桑都十分發達，成爲國家財賦的主源，自然帶動城市商業的興盛。張籍「江南曲」一詩云：

> 江南人家多橘樹，吳姬舟上織白苧。……江村亥日長爲市，落帆度橋來浦裏。……長干午日沽春酒，高高酒旗懸江口。娼樓兩岸臨水柵，夜唱竹枝留北客。江南風土歡樂多，悠悠處處盡經過。（全唐詩卷三八二）

以清新的筆調，描繪出江南水鄉悠然自得的風情畫，實令人忻慕不已。

以蘇州而論，此地自唐歷五代，數百年不見兵革。據《吳郡圖經續記》就言蘇州：

> 自本朝承平，民頗饒澤，垂髫之兒，皆知翰墨，戴白之老，不識干戈。原野腴沃，常獲豐穰。澤地沮洳，寖以耕稼。境無劇盜，里無奸人，所謂天下之樂土

也。

由於百姓耕耘常獲豐收，加以商賈聚集，城市熱鬧繁華，而吳娃美色又是天下聞名，因此蘇州的秦樓楚館、歌妓舞女也隨之昌盛發展，成爲唐人留戀忘返的天堂。白居易「憶舊游」一詩云：

> 江南舊游凡幾處，就中最憶吳江隈。長洲苑綠柳萬樹，齊雲樓春酒一杯。閶門曉嚴旗鼓出，皋橋夕鬧船舫迴。修娥曼臉燈下醉，急管繁絃頭上催。六七年前狂爛熳，三千里外思徘徊。李娟張態一春夢，周五殷三歸夜臺。虎丘月色爲誰好？娃宮花枝應自開。（全唐詩卷四四四）

詩中的李娟、張態都是蘇州官妓。由於蘇州有多處名勝古蹟，如靈巖寺爲古代吳國的館娃宮，尚有響屧廊、硯池、採香徑等遺跡，因此蘇州素爲文人雅士喜愛流連之地，而好狎遊者亦常至此尋訪美女。《唐語林》卷七就曾載杜牧恃其才名，頗縱聲色，嘗自言有鑒別之能，聞吳興郡有佳色，遂罷宛陵幕而往觀之情事。

唐代蘇州最著名的妓女，當推眞娘，時人曾比之於錢塘的蘇小小。死後葬於吳宮之側，唐代有不少墨客騷人如白居易、李紳、張祜、李商隱等人在逛遊虎丘時，總忘不了憑弔眞娘墓，用詩篇表達一番憐香惜玉之情，而這正是名城勝景與美女佳人相得益彰的最佳寫照吧！

至於杭州在唐代也因經濟繁榮，商業發達，加以景色的秀麗，也頗多聰靈的聲妓。白居易「餘杭形勝」詩云：

餘杭形勝四方無，州傍青山縣枕湖。遶郭荷花三十里，拂城松樹一千株。夢兒亭古傳名謝，教妓樓新道姓蘇。獨有使君年太老，風光不稱白髭鬚。（全唐詩卷四四三）

這首詩描繪了清麗富庶的杭州風貌，尤其三十里荷花、千株拂城松樹與妓女綽約的風姿，更令人有無限浪漫的遐思。因此唐代文人遊杭州時，每被西湖之湖光山色所吸引，而與畫舫的紅袖聲妓酬唱狎遊。

當然若能夠永遠沈醉於溫柔鄉，固爲人生一大享受，但是如果得和美景佳人分離，就難免會流露出難分難捨的深厚情感了。就如白居易於長慶四年，杭州刺史任滿時所寫的那首「西湖留別」：

征途行色慘風煙，祖帳離聲咽管絃。翠黛不須留五馬，皇恩只許住三年。綠藤陰下鋪歌席，紅藕花中泊妓船。處處回頭盡堪戀，就中難別是湖邊。（全唐詩卷四四六）

詩中充分流露出對西湖絲竹歌席與翠黛美妓依依不捨之離情。

從白居易對江南摯情的留戀中，足以看出唐人風流倜儻的狎樂與妓女們嫵媚動人的情韻。然而這一切都產生於穩定富饒的物質基礎上，若無興盛的城鎮經濟，就沒有豐富多彩的文化生活，更不會應時出現大量的娼妓。因此經濟的繁榮與都市商業的發達，是造成唐代社會瀰漫著濃厚的狎妓風尚，娼妓業在此時趨於鼎盛的重要因素。

注釋

❶ 詳見《舊唐書》卷二「太宗本紀」。

❷ 有關成都宴游之盛，詳見宋費著《成都宴游記》。又宋代士大夫往往留戀成都娼妓，例如張淵於南宋高宗時爲江東副總管，居建康，卻每以高價往成都買美妾，見《夷堅志》所載。又如陸放翁不論在蜀或出蜀，皆流連眷戀西川美人，詳見周密《齊東野語》所載。

❸ 唐代「仙」之一名，多用作妖艷婦人或風流放蕩之女道士代稱，亦有稱倡伎者，如「霍小玉傳」中長安媒人鮑十一娘即介紹「一仙人」予博求名妓的李益；又如施肩吾「及第後夜訪月仙子」詩及贈「仙子」詩等，所指皆是娼妓之意。

第二節　君王官吏宴集冶遊頻繁

在封建時代，君權至上，因此君王之好惡對社會風尚之良窳，具有極大的影響力。唐代君王十之八九好宴遊聲色，在「上有好者，下必甚焉」的情形下，君王官吏普遍耽於逸樂，狎妓風氣遂充塞全國。

壹、君主帝王之宴遊聲色

唐自立國以來，競爲奢侈。或以衣裘、僕馬、亭榭、歌舞相尙；或以鬥雞、賞花、擊鞠、百戲爲能事。宋張端義《貴耳集》卷下即云：「晉人尙曠好醉，唐人尙文好狎。」眞乃實言。雖然太宗初年提倡儉約，曾因時人以太平豐稔，耽於酣宴，朋遊無度，乃敕令禁止❶。但遊宴之習並未因此而斷絕，據《唐語林》卷七「補遺」載：

舊制三二歲，必於春時，內殿賜宴宰輔及百官，備太常諸樂，設魚龍曼衍之戲，連三日，抵暮方罷。

這種在朝廷裏舉行的大型宴集，除了提供君王本身聲色之娛外，趁此宴請宰輔百官更可收君臣同歡之效；當然在這類場合中，奇珍豐厚的膳食與召宮婢或教坊內人獻歌舞，是極爲常見的景況。

太宗以後，因唐朝國勢經濟日趨強盛，諸帝的宴遊妓樂也相對頻繁。《唐詩紀事》卷四「長孫無忌」條說，「中宗詔群臣曰：『天下無事，欲與群臣共樂。』於是回波豔辭，妖冶之舞，作於文字之臣。」於是四年夏四月乙未，幸隆慶池結綵爲樓，宴侍臣，泛舟戲樂（《舊唐書》「中宗紀」）；而睿宗則比之更爲狂歡且壯觀了，據張鷟《朝野僉載》卷三云：

> 睿宗於先天二年正月十五夜，於宮城西南隅安福門外作鐙輪，高二十丈，衣以錦綺，飾以金銀鐙，五萬盞鐙望之如花樹。宮女千數衣羅綺，曳錦繡，耀珠翠，施香粉。一花冠，一巾帔皆至萬錢，裝束一妓女皆至三百貫，妙簡長安，萬年少女婦千餘人，衣服、花釵、媚子亦稱是。於鐙輪下踏歌三日夜，歡樂之極，未始有之。

睿宗時這種歡樂的情景固然可說是空前，但還稱不上絕後。

在唐史中，最受歷代史論家所矚目的是玄宗時代，而其開元之治又係一重要因素。此期人煙之稠密，物質之豐盈，使得王船山也發出「開元之盛，漢宋莫及焉」（《讀通鑑論》卷二十二）的贊語。正由於到此時，唐興既已百年，都市富實，財貨輻輳，四方交通日盛，社會也益趨於繁榮，因此上自王侯之邸宅，池館園囿之壯麗；下至閭巷鹹里，花柳冶遊之情態，皆處處可見太平駘蕩之盛況。溫庭筠「過華淸宮二十二韻」即云：

> 憶昔開元日，承平事勝遊。……鬥雞花蔽膝，騎馬玉搔頭。繡轂千門妓，金鞍萬戶侯。……（全唐詩卷五八〇）

而玄宗在國勢強盛達到顛峰後，也不免一般帝王尙縱驕奢的心理，尤其宴集冶遊之多，節慶之盛，享樂之至，皆冠於唐代諸帝。

事實上，當玄宗還是太子的時候，即已「頻遣使訪召女樂，命宮臣就率更署閱樂，多奏女妓」（《舊唐書》「賈曾傳」）。等到他即位後，由於對宴集冶遊的愛好與提倡，使得臣下亦披靡奢華成風，因此唐人狹邪風氣之助長，玄宗實難辭推波助瀾之咎。詳考玄宗影響唐代妓風之盛者有四：

㈠**好宴遊並提倡與民同樂**

《資治通鑑》多次載及玄宗遊宴盛況，如卷二一〇「玄宗先天元年」云：

> 二月，庚子夜，開門然燈，又追作去年大酺，大合伎樂。上皇與上御門樓臨觀，或以夜繼晝凡月餘。（注：帝之侈心蓋已發露於此矣。）

又如卷二一六「玄宗天寶十一年」云：

> 上晚年自恃承平，以爲天下無復可憂，遂深居禁中，專以聲色自娛，悉委政事於林甫。

由以上資料記載，可見玄宗不論即位之初或至晚年，對宴遊伎樂之好，並無二致。此外，《唐語林》卷五也記載：「天寶中，天下無事，選六宮風流艷態者，名花鳥使，主飲宴。」這種借著曲江盛會以推廣宮妓遊宴制度，就是由玄宗開始。

唐初諸帝曾以天下太平，國富民殷，每遇國家舉行特別大典時，必許全國人民飲酒作樂，此即所謂的「賜酺」。玄宗既是最提倡與民同樂的君王，因此酺宴時人肩雜遝，聲樂鼎沸的盛況就如王維「奉和十五夜燃燈繼以酺宴之作應制」所言：

> 上路笙歌滿，春城漏刻長。遊人多晝日，明月讓燈光。魚鑰通翔鳳，龍輿出建章。九衢陳廣樂，百福透名香。仙妓來金殿，都人遶玉堂。……（全唐詩卷一二七）

玄宗這種好與民同樂的舉措，固然勝於歷代有樂獨享的君王，但其誇耀與虛榮之心理，則是不容忽視之內因，所以當玄宗賜酺之日，其鋪張揚厲尤令人歎爲觀止。鄭處誨《明皇雜錄》卷下即載曰：

> 每賜宴，設酺會，則上御勤政樓，金吾及四軍兵士，未明陳仗，盛列旗幟，皆被黃金甲，衣短後繡袍，太常陳樂，衛尉張幕後，諸蕃酋長就食。府縣教坊大陳山車，旱船、尋橦、走索、丸劍、角抵、戲馬、鬥雞。又令宮女數百，飾以珠翠，衣以錦繡，自帷中出，擊雷鼓爲破陣樂、太平樂、上元樂；又列大象、犀牛入場，或拜舞，動中音律。……每正月望夜，又御勤政樓觀作樂，貴臣戚里，官設看樓；夜闌，即遣宮女於樓前歌舞以娛之。

在這種新聲曼歌，百戲並陳的場合，必然吸引數千萬衆的觀賞，而人聲與樂聲之嘈雜塵囂當亦難免。《樂府雜錄》「歌」條就說玄宗有一日御勤政樓大酺時，縱士庶觀看百戲，結果人物塡咽，喧嘩聚語卻莫得魚龍百戲之音，玄宗一怒之下欲罷宴，最後終賴歌妓許永新，以其「直奏曼聲，至是廣場寂寂，若無一人」，這才平息了喧鬧嘈雜的場面。

玄宗除了在勤政樓賜酺外，也曾在東洛賜宴於五鳳樓下，並且還「命三百里內縣令刺史，率其聲樂來赴闕」（《明皇雜錄》卷下），當時君臣歡樂之情景在洪邁《容齋隨筆》卷四敘述說：「賜禊東城下，頒酺曲水旁。樽罍分聖酒，妓樂借仙倡。」玄宗挾其盛世，以個人喜好倡導遊宴，而底下臣民景從附麗的結果，對唐代社會的狎邪風氣產生莫大的鼓勵作用。

(二)擴大宮妓組織

唐高祖武德年間曾在禁中設置敎坊，以掌管俳優雜伎，按習雅樂❷。玄宗因精曉音律，認爲太常乃禮樂之司，不應典倡優雜伎，乃別爲設置左右敎坊，從太常寺獨立出來，以妓樂爲主體，提供他在宮中的耳目之娛。但是玄宗並未因而滿足，在執政之餘，還召集太常寺坐部伎之樂工子弟三百人於梨園，謂之「皇帝梨園弟子」，親自敎習他所喜愛的法曲；除此之外，玄宗還揀選樂妓置於宜春院，以表演歌舞❸，可說盡萃國中之色藝於宮廷了。

玄宗這一連串擴張樂制的措施，使宮中樂舞藝人多達數萬，而衆多的宮妓在提供他的聲色享樂外，也使唐代胡俗樂爲之隆盛。然而當安史之亂動地而起時，玄宗則倉皇奔蜀避難，六宮星散，不少左右教坊與宜春院的樂工伎人皆四處零散❹，如擅舞的謝阿蠻，善歌的許永新，她們都曾習藝於教坊或宜春院，天寶亂後流落民間，以賣藝爲生。這使得宮中妓樂漸漸普及於民間，對唐代妓館的形成有十分密切的關係。

(三)鼓勵百官尋勝讌樂

玄宗除自身享樂極爲豪奢外，也鼓勵臣子尋勝讌樂。此種資料載於史籍文獻者不勝枚舉，茲列數則以觀：

> (開元)十七年八月癸亥，帝降誕之日，大置酒張樂，宴百僚於花萼樓三日，命侍臣及百僚每旬暇日尋勝地讌樂，仍賜錢，令所司供帳造食。(《冊府元龜》卷一一〇，「帝王部、宴享二」)

> (開元)十八年二月癸酉，初令百官於春月旬休，選勝行樂，自宰相至員外郎凡十二筵，各賜錢五千緡，上或御花萼樓，邀其歸騎留飲，迭使起舞，盡歡而去。(《資治通鑑》卷二一三)

> (開元)十九年二月丁亥，詔曰：「……中書門下及供奉官、嗣王、郡王……諭德、中郎率蕃官三品以上，至春末已來，每置暇日宜准去年正月二十九日勅，賜錢造食，任逐遊賞。」(《冊府元龜》卷一一〇、「帝王部、宴享二」)

> (開元)二十年壬辰，許百僚於城東關亭子尋勝，因置檢校尋勝，以厚其事。文

官三品以上及兩省供奉官、侍郎、中丞、御史咸預焉。(同前)

(開元)二十三年正月乙亥時，命三百里內刺史、縣令，各帥所部音樂，集於樓下，各較勝負。(《資治通鑑》卷二一四)。

(天寶)十載正月詔曰：「……今郊廟精禋，大禮克舉，萬方無事，九有忻心，屬獻盡芳春，上元望日，既當行慶之序，式廣在鎬之恩。自今後，非惟旬休及節假，百官等曹務無事之後，任追逐宴樂。」(《冊府元龜》卷一一〇、「帝王部、宴享二」)

由以上各條所載玄宗不斷放寬百僚官員參與尋勝讌樂之品秩和遊賞的時間看來，這位慷慨爲臣僚賜錢造食的天子，在與衆臣同樂樂的作風上顯然是初盛唐諸帝中，頗爲獨特的一位君王。

唐人宴集，必有歌舞助興。當然這也是由君王所帶頭示範的，《資治通鑑》卷二一二載開元十三年二月，玄宗命宰相諸王及諸司長官臺郎御史，餞於洛濱，「供張甚盛，賜以御膳，太常具樂，內坊歌妓……」就是一個常例，而風行草偃的結果，就連帶造成官吏狎妓冶遊的習氣，因此《文苑英華》卷二一四至二一六所收近兩百首宴集詩裏，絕大部分爲唐人作品，從詩中內容多不離歌舞妓樂的描寫看來，可見君王倡導聲色的態度，對妓樂的風行具有相當大的推力。

㈣賜臣下女樂並聽任蓄妓

玄宗本人不僅風流自許，還進一步慫恿臣下縱情於聲色享受，如李林甫爲相時，賜其女樂二部（《舊唐書》本傳）。由於君王正面的鼓勵，使得諸王官吏幾無不廣爲流行蓄妓。

按唐初朝廷對官吏蓄妓的數量本有限制。如中宗神龍二年九月敕：

> 三品以上聽有女樂一部，五品以上女樂不過三人。皆不得有鍾磬樂師。（《唐會要》卷三十四「論樂、雜錄」）

玄宗則聽任其自由，蓄妓多寡，法所不禁。例如天寶十載九月二日敕曰：

> 五品以上，正員清官，諸道節度使及太守等，並聽當家蓄絲竹，以展歡娛，行樂盛時，覃及中外。（同前）

玄宗如此的放任官吏蓄妓，導致官妓、家妓的人數大量增加，因此唐代妓女業蓬勃發展，玄宗之作爲實爲一重要關鍵。

安史之亂爆發，唐室由盛轉衰，幸經君臣將相努力戡亂，社稷雖一息尚存，根基業已動搖，昇平富庶之景況也大不如從前。然而在動亂初定，四海仍窮困時，君王卻經常大手筆的賞賜功臣寵將以田園宅第或聲色女樂。如名將郭子儀就蒙代宗：

前後賜良田美器，名園甲館，聲色珍玩，堆積羨溢，不可勝紀。（《舊唐書》卷一二〇本傳）

又如德宗時，藩鎭大規模叛亂，京師長安再發生兵變❺，德宗出奔奉天避難。等到亂事平定後，爲了酬庸靖亂功臣，德宗親賜李晟、渾瑊以第宅妓樂。此事詳載於《舊唐書》「德宗本紀上」：

> 德宗興元元年秋辛卯，御丹鳳樓，大赦天下，賜李晟永崇里第，女樂八人。甲午，命宰臣諸將送晟入新賜第，教坊具樂，京兆府供帳食饌，鼓吹導從，京城以爲榮觀。
>
> 九月庚午賜渾瑊大寧里第，並女樂五人。詔宰臣諸將賜樂饋贈如送李晟入第故事。

君王以妓樂致贈臣屬，無異於直接鼓勵聲色享樂。因此李肇《國史補》「叙風俗所侈」條曰：「長安風俗，自貞元侈於遊宴。」而中唐詩人杜牧亦有：「至於貞元末，風流恣綺靡。」（感懷）之語。史籍文獻中也時載德宗賜宴群臣的資料，如《舊唐書》「德宗本紀下」云貞元十四年二月壬子朔：「戊午，上御麟德殿，宴文武百僚。初奏破陣樂，遍奏九部樂，及宮中歌舞妓十數人列於庭……日晏方罷。」至於在馬璘山池之賜宴，更是頻繁。自此以後，上自帝王官吏，下至文士庶民，酒酣高歌或廣陳妓樂，作狎邪之遊者，殆已相沿而漸成風俗了。

晚唐之文宗即位十年後，「天眷稍迴，留神妓樂。教坊百人、二百人，選試未已。莊宅司收市，亹亹有聞！」（《舊唐書》「魏謨傳」）；武宗也曾數次幸教坊作樂，據《唐語林》卷三所載，「優倡雜進，酒酣作伎，諧謔於民間宴席」，當宦者請令揚州選擇妓女時，武宗且樂得順勢即「詔揚州監軍取解酒令妓女十人進入」；晚唐的宣宗在音律的鑽研與造詣上，也不遜於玄宗，《唐語林》卷七「補遺」言「宣宗妙于音律，每賜宴前，必製新曲，俾宮婢習之。至日，出數百人衣以珠翠緹繡，分行列隊，連袂而歌，其聲清怨，殆不類人間。」當然，在倡優妓樂的嬉戲上，宣宗亦深有此好，他本人就常微服狎遊民間，尤其他對進士之愛慕寵重，遠甚於其他君王，但進士舉子卻經常留戀於長安的煙花柳巷，宣宗對彼輩之優寵，自必對當時狎邪風氣更加助長。因此，可以說唐代自玄宗以降，歷任君王對妓樂愈趨追求提倡，這也是造成唐代娼妓大盛於中晚唐的原因。

貳、貴戚顯吏之冶遊狎邪

唐初妓樂享受大體而言，尚頗有節制。唐太宗以國基始創，提倡儉約，對臣下縱情於聲色享樂並不贊同，即使是太子承乾也一樣。據《舊唐書》「恆山王承乾傳」說：承乾「及長，好聲色，慢遊無度。……有太常樂人年十餘歲，美姿容，善歌舞，承乾特加寵幸，號曰稱心。太宗知而大怒，收稱心殺之，坐稱心死者又數人。」這已是太宗對他褻狎行爲的一種警告了，但他仍「常命戶奴數十百人專習伎樂，學胡人椎髻，剪綵爲舞衣，尋橦跳劍，晝夜不絕，鼓角之聲，日聞於外。」由於承乾侈縱日甚，且意圖謀反，因此這位年幼深得太宗寵愛的皇太子，最後終被廢爲庶人。從太宗的處置，顯現了他對聲色狎樂不表贊同的態度❻。

盛唐時，由於玄宗對妓樂持聽任，甚至是倡導、縱容的態度，因此皇親國戚或達官顯吏之狎邪蓄妓，亦從此漸趨興盛，如太平公主就「供帳聲妓，與天子等」（《新唐書》本傳）；而玄宗之兄弟更以狎妓爲人生樂事。《開元天寶遺事》一書中，就詳細記載這些王公貴族的狎邪行徑云：

> 申王每醉，即使宮妓將錦綵結一兜子。令宮妓輩擡舁歸寢室，本宮呼曰「醉輿」。（「醉輿」條）
>
> 申王每至冬月，有風雪苦寒之際，使宮妓密圍於坐側，以禦寒氣，自呼爲「妓圍」。（「妓圍」條）
>
> 岐王少惑女色，每至冬寒，手冷不近於火，惟於妙妓懷中，揣其肌膚，稱爲暖手，當日如是。（「香肌暖手」條）

看這些既驕貴又淫靡放蕩的皇親們，每遇酣醉或苦寒時，只是將宮妓當作個人玩物，恣意玩樂於掌中，絲毫不見對彼等弱女子的憐惜之情。

在玄宗兄弟中，最風流蘊藉者當推寧王。他「好聲色，每至夜筵，賓妓間坐，酒酣作狂」（同上書，「妖燭」條）。既然貴爲皇親，當然擁有大量妓女，但他還不滿足而奪人妻妾。孟棨《本事詩》云：

寧王憲貴盛，寵妓數十人，皆絕藝上色。宅左有賣餅者妻，纖白明媚，王一見屬目，厚遺其夫，取之。

雖然環歲後，寧王將賣餅妻歸還原夫，卻也顯現了王公貴族倚仗著皇家盛勢的凌人氣燄。

至於以裙帶關係，一躍成爲國戚而權傾天下的楊國忠兄妹，更是放浪形骸，肆意狎遊。《開元天寶遺事》載：

楊國忠於冬月，常選婢妾肥大者，行列於前，令遮風。蓋藉人之氣相暖，故謂之「肉陣」（「肉陣」條）

楊國忠子弟，恃妃族之貴，極於奢侈。每遊春之際，以大車結綵帛爲樓，載女樂數十人，自私第聲樂前引，出遊園苑中。長安豪民貴族皆效之。（「樓車載樂」條）

而同上書又謂：

> 明皇與貴妃每至酒酣，使妃子統宮妓百餘人，帝統小中貴百餘人，排兩陣於掖庭中，目爲風流陣，以霞帔錦被張之爲旗幟，攻擊相鬥，敗者罰之巨觥以戲笑。
>
> （「風流陣」條）

這幅帝妃暨妓的宮中行樂圖，不僅充滿了風流香艷，排場也十分壯觀。然而卻令人不得不感慨君臣如此耽於狎樂，國家豈有不危之理？

在上層君王貴戚的帶引下，自後官吏們也競染此風，爭相狎遊，連自許爲儒生典型、縉紳模範的權德輿也以不到揚州妓院一遊，而謂「書窗誤一生」❼，因此中唐以後百官追逐於歌舞妓樂的資料，史籍文獻中隨處掬手即是。如元載在「城中開南北二第，室宇奢廣，當時爲冠。……膏腴別墅，疆畛相望，且數十區。名姝異技，雖禁中不逮。」（《新唐書》本傳）；又如李錡宗屬，「亟居重位，頗以尊豪自奉，聲色之選，冠絕於時」（《本事詩》「事感補遺」）；另外，路侍中嚴鎮守成都時，「委政於孔目吏邊咸，日以妓樂自隨，宴於江津，都人士女懷擲果之羨，雖衛玠、潘岳不足爲比……以官妓行雲等十人侍宴，移鎮渚宮日，于合江亭離筵，贈行雲等感恩多詞。有『離魂何處斷，煙雨江南岸』，至今播於倡樓也。」（《唐語林》卷四）；而楊慕巢爲東川刺史，雖然「蜀妓如花坐遶身」（白居易「寒食日寄楊東川」），但他的家人卻還想爲他買歌妓，他覺得於心不安，白居易則寫詩勸他：「富貴大都多老大，歡娛太半爲親賓。如愁翠黛應堪重，買笑黃金莫訴貧。他日相逢一盃酒，樽前還要落梁塵。」（慕巢尙書書云：「室人欲爲買置一歌者，非所安也。」以詩相報，因而和之）。

由前所述，可見中唐以後官吏狎妓之風盛極一時，但若論排場與名堂之多，則《雲仙雜記》「鳳窠群女」條所載，最足以令人大開眼界：

> 姑臧太守張憲，使娼妓戴拂壺中錦仙裳，密粉淡妝，使侍閣下。奏書者號傳芳妓，酌酒者號龍津女，傳食者號仙盤使，代書札者號墨娥，按香者號麝姬，掌詩藁者號雙清子。諸倡曰鳳窠群女，又曰團雲隊曳雲仙。

從這位姑臧太守賦予職司不同的娼妓各種文雅的名號裏，可見他妓樂之盛。

至於在中晚唐以文人出身的官員裏，狎遊妓樂最著名者當推元稹、白居易與杜牧。其中尤以元白和妓女過從最密，唱酬最多。他們共同的特點是都有聲妓之好，都對衆多妓女傾注過深摯的感情，有些妓女如秋娘、商玲瓏、楊瓊、薛濤等，還都是他們兩人共同的風塵密友，而在與這些娼妓詩酒流連的過程中，兩人的表現又因各自性情的差異而有所不同，概括地說：較之白居易，元稹顯得輕佻矯情，這從以下文獻對其行徑的記載，就可明白。

元稹在「酬翰林白學士代書一百韻」中曾自坦「密攜長上樂，偸宿靜坊姬。」而據

《舊唐書》「元稹傳」載元稹好冶遊的情況說：

移任越州刺史浙東觀察使，會稽山水奇秀，……而鏡湖、秦望之遊，月三四焉。

又說：

稹既放志娛游，稍不修邊幅，以瀆貨聞於時。

而他每到一地就與當地官妓來往密切，如以監察使蜀，

則聞西蜀樂籍有薛濤者，能篇詠、饒詞辯，即常悄悒於懷抱也。及爲監察，求使劍門，以御史推鞠，難得見焉。及就除拾遺，府公嚴司空綬，知微之之欲，每遣薛氏往焉。臨途訣別，不敢挈行。洎登翰林，以詩寄之。（《雲溪友議》卷下「艷陽辭」條）。

這是他既愛薛濤，又怕他人說閒話，一付畏縮模樣。其後元稹廉問浙東，別濤已逾十載，正擬馳使往蜀取濤，卻見容華美艷的劉採春自淮甸而來，則又似忘薛濤而贈詩於採春。

在浙河七年因「醉題東武」詩曰：

役役閑人事，紛紛碎簿書。功夫兩衙盡，留滯七年餘……因循未歸得，不是戀鱸

魚。（全唐詩卷四二三）

元稹因循未歸得的眞正原因，據《類說》卷五十六引《古今詩話》云：

元稹廉察浙東，喜官妓劉採春。稹嘗有詩云：「因循未歸得，不是戀鱸魚。」人注之曰：「戀鏡湖春色耳，謂劉採春也。」

當他仕宦越州時，聞杭州名妓商玲瓏色藝雙絕，乃以重金邀去，月餘始還（《堯山堂外紀》）。如此的狎遊行徑與他在「誨姪等書」中說自己「未嘗識倡優之門，不曾於喧嘩處縱觀」（元稹集卷三十）相較，無異有十萬八千里之遙！

另一攜妓遊宴能手白居易，除了曾勸楊慕巢買妓，勸裴度開春遊宴外，自己更狎遊北里。一首題爲「江南喜逢蕭九徹因話長安舊遊戲贈五十韻」的詩裏，就詳細描繪他狎遊長安城妓女集中地—平康里的風流經歷云：

憶昔嬉遊伴，多陪歡樂場。寓居同永樂，幽會共平康。師子尋前曲，聲兒出內坊。花深態奴宅，竹錯得憐堂。……急管停還奏，繁絃慢更張。雪飛迴舞袖，塵起繞歌梁。舊曲翻調笑，新聲打義揚。名情推阿軟，巧語許秋孃。風暖春將暮，星迴夜未央。宴餘添粉黛，坐久換衣裳。結伴歸深院，分頭入洞房。綵帷開翡翠，羅薦拂鴛鴦。留宿爭牽袖，貪眠各占床。綠窗籠水影，紅壁背燈光。索鏡收

花鈿，邀人解袷襠。暗嬌妝靨笑，私語口脂香。怕聽鐘聲坐，羞明映縵藏，眉殘蛾翠淺，鬟解綠雲長。……（全唐詩卷四六二）

詩中所寫的是他初登省臺時的經歷，在平康坊尋歡作樂，聆聽急管繁弦之音，欣賞歌女婆娑舞姿，在筵席上與態奴、阿軌、秋孃等名妓競行酒令，當星迴入夜時，諸妓牽客留宿侍寢。全詩充滿香艷旖旎的穠麗色彩。藉由這篇作品，一方面可以了解白居易的狎樂生活，另一方面也讓後人對當時妓院風情有更進一步的認識。

當白居易任杭州刺史，與諸醉客攜妓飲酒而遊時，有感於「謝安山下空攜妓，柳惲洲邊只賦詩」都只是單一的樂趣，不夠完美，遠比不上今日湖亭之會，既攜妓又詠詩，「嘲花詠水贈娥眉」（候仙亭同諸客醉作），他的官府生活可說是十分清閑愜意。

敬宗寶曆元年，白居易除蘇州刺史，在政事公餘之暇還是不忘「攜觴領妓處處行」，征歌逐舞，陶情風月的作風。從「夜遊西武丘寺八韻」一詩，可見他狎遊之樂：

不厭西丘寺，閑來即一過。……搖曳雙紅旆，娉婷十翠娥。香花助羅綺，鍾梵避笙歌。領郡時將久，遊山數幾何？一年十二度，非少亦非多。（全唐詩卷四四七）

詩中的十翠娥就是他夜遊西武丘寺時所攜帶一同遊山玩水的十名蘇州官妓，若照白居易自言一年有十二次攜妓冶遊，那麼在他任蘇州刺史共一年半的時間，就約有近二十次的攜妓遊樂，次數之頻繁，令人既訝異且忻羨。

綜觀白居易自中書舍人出守杭州至徙蘇州，首尾五年。曾自云：「兩地江山遊得遍，五年風月詠將殘。」可謂極宦游之樂，在寄元稹之詩云：「報君一事君應羨，五宿澄波皓月中。」泛舟竟連五日夜而流連忘返。就白居易爲外吏時之資料看來，他在公餘閒暇不是遊山玩水賦詩歌，即是飲酒狎妓，在唐代官吏之冶遊中可說是極爲浪漫了，因此宋人龔明之《中吳紀聞》曰：「爲見當時郡政多暇，吏議甚寬，使在今日，必以罪聞矣！」而清人趙翼「題白香山集後詩」則更加艷羨的說：

> 風流太守愛魂消，到處春翹有舊游。想見當時疏禁網，尚無官吏宿娼條。

唐代沒有宿娼的禁令，或許就是官吏好冶遊的原因之一吧！

　至於晚唐的杜牧更以風流而聞名。據《詩人玉屑》卷十六云：「大和末，仕宣城，聞湖卅爲浙西名都，風物妍好，且多麗色，乃往游之，時刺史崔君亦牧之素所厚者，頗諭其意，凡籍之名妓，悉爲致之，牧殊不愜所望。」能隨心所欲的狎遊，難怪杜牧深樂此道而不疲。

　另外，《本事詩》「高逸」條還記載杜牧狎邪狂妄，頗令人爲之側目的行徑說：李司徒（愿）罷鎮閒居，聲伎豪華，爲當時第一，洛中名士咸謁見之。李乃大開筵席，當時朝客高流無不臻赴，但以杜爲御史持憲而不敢邀置，詎知杜牧不以爲然，反而遣人達意，自請參與斯會。既至，則見會中女奴百餘人皆絕藝殊色，杜牧毫無拘束，恣意怡情，初則瞪目注視，繼則開口相問，終則請以妓女紫雲相贈見惠，意氣閑逸，傍若無人，已渾不知風憲爲何物了。

杜牧於登科後，狎遊飲酒，曾賦「遣懷」詩曰：

落拓江湖載酒行，楚腰纖細掌中輕。十年一覺揚州夢，贏得青樓薄倖名。（全唐詩卷五二四）

後又「題禪院」詩曰：

觥船一棹百分空，千載青春不負公。今日鬢絲禪榻畔，茶煙輕颺落花風。（全唐詩卷五二二）

這幾首詩實即道盡杜牧一生浪跡風月之感慨，而他另外在「念昔遊」中有此自白：「十載飄然繩檢外，樽前自獻自爲酬。」這是唐代官吏狎遊之樂的又一明證。

注　釋

❶ 太宗貞觀六年詔曰：「比年豐稔，閭里無事，乃有墮業之人，不顧家產，朋遊無度，酣宴是耽，危身敗德，咸由於此，自非澄源正本，何以革茲弊俗。」見《通志》卷四十四「禮略三・鄉飲酒」。

❷ 詳見《舊唐書》「職官志・中書省」之條文及《新唐書》「百官志・太樂署」之條文所載。

❸ 有關玄宗左右教坊、梨園與宜春院等設置，詳見《資治通鑑》卷二一一、二一二；《舊唐書》「禮樂志」與《新唐書》「禮樂志」等。

❹ 《明皇雜錄》「補遺」曾載：「天寶末，群賊陷兩京，大掠文武朝臣及黃門宮嬪樂工。……于旬日，獲梨園弟子數百人，群賊因相與大會於凝碧池，宴僞官數十人，大陳御庫珍寶，羅列於前後，樂既作，梨園舊人不覺歔欷，相對泣下……。」

❺ 詳見《舊唐書》卷十三「德宗本紀上」及《資治通鑑》卷二二七。

❻ 太宗「廢皇太子承乾爲庶人詔」云：「倡優之技，晝夜不息，狗馬之娛，盤遊無度……鄭聲淫樂，好之不離左右，兵凶戰夷，習之以爲戲樂……」（全唐文卷七）。

❼ 權德輿「廣陵詩」云：「廣陵實佳麗，……蟬蛾價傾城，……曲士守文墨，達人隨性情，……肯學諸儒輩，書窗誤一生。」（全唐詩卷三二八）

第三節　進士浮薄與功名補償心態

唐代進士科興盛，朝野社會對及第進士之尊崇禮遇，使得力學苦讀，驟得功名的進士志得意滿，驕矜浮薄之行呈現在挾妓冶遊的行動上；此外，進士們在歷經宦途的浮沉進退後，對人生抱持遊戲行樂的補償心態，這也是促使中晚唐狎邪風氣瀰漫整個社會的重要因素。

壹、尊崇進士致驕矜浮薄

唐代進士之所以驕矜浮薄，與該科考試科目性質之改變、帝王對進士之榮寵，以及社會對進士普遍尊崇等方面，都有非常密切的關聯。

高祖統一天下後，雖於武德四年下詔恢復進士科❶，但這只是高祖文治政策之一，而且進士也僅為貢舉諸科的其中一種而已，因此進士在此時並未受到帝王特別的眷顧與培植。至太宗時，為網羅英彥以治天下，並欲藉進士科所拔擢之寒俊子弟以抑制高門豪族，維護李唐皇權之獨尊❷，於是特別拔擢重用進士，不但提昇進士之地位，也奠定進士興盛之根基。

然而太宗雖尊寵進士，但他也銳意整理經籍，重視儒學，在進士科考上經文並重，不專主文詞，對進士人才之拔擢，則尤重舉子德行，浮華無實之士皆被摒退❸，因此初唐進士無浮薄之徒者。

高宗即位後，偏重文吏，學校始廢，儒學寖微❹。永徽二年詔停秀才科，進士科遂成獨盛之局面。風氣所被，不僅士人舉子競集於此科，甚至產生「搢紳雖位極人臣，不由進士者終不為美」（《唐摭言》卷一「散序進士」條）的觀念，於是朝臣顯貴若非出身於進士，則視為終生憾事。如《唐語林》卷四「企羨」條載薛元超謂所親曰：

> 吾不才，富貴過人，平生有三恨，始不以進士擢第，不娶五姓女，不得修國史。

他將不以進士擢第，當成人生遺憾之一，可見進士在此時已受時人之推崇與忻慕了。

高宗晚年，政權益衰，永隆二年又下詔「進士試雜文兩首，識文律者然後並令試策」，進士科遂轉以詩文爲主，而士風則「醇醲日去，華競日彰」了。

武后專政，爲鞏固己身政權，排除關隴權貴之威脅，遂大量獎拔進士，並使其居朝中顯貴之位，選士乃漸趨浮濫，且不論地方貢士或禮部取人，皆重文藝而疏德行，於是造成進士舉子「重詞賦而不重經學，尙才學而不尙禮法」❺的情性。如此一來，朝堂上漸漸出現不少浮薄無行之進士。如閻朝隱曲中悅媚於武后，不但爲后禱疾於少室山，還沐浴伏身於俎盤以爲犧牲，請代后病苦（《舊唐書》卷一九〇本傳）；宋之問則傾附武后倖臣張易之，甚至甘心爲之奉溺器（同前）；而每當帝王遊宴饗會時，長於文藝的進士們則侍從屬和於淫靡浮夸，《文苑英華》有不少描寫妓樂的奉和應制詩，就是此類場合下的產物。宋歐陽修即批評此輩爲「皆狎猥佻佞，忘君臣禮法，惟以文章取幸」（《新唐書》卷二〇二「李適傳」），武后時士風之澆薄可以略見。

玄宗繼統，開元之治海內晏然，四方無事，士人失去立功獻策等入仕之機會，因此多參加科舉以取祿位。由於開元以後朝廷用人多獨崇進士❻，於是更加確立進士及第乃爲入仕之最佳途徑。在此鼓舞下，士人爭相奔赴京師以求仕祿。然而自高宗起，官額已滿，加上武后大力擢用進士的結果，更使進士數量劇增，玄宗時仕途愈形壅塞，爲解決此一問題，雖然朝廷有計劃的抑制進士及第名額，但參加進士科考的人數卻仍日益增加，因此科舉競爭也日趨劇烈。在這種僧多粥少的情形下，進士愈成爲稀有珍寶，廣受人們的重視。代宗時禮部員外郎沈旣濟即曰：

> 是時進士爲士林華選，四方觀聽，希其風采。每歲得第之人，不浹辰而周聞天下。（《通典》卷十五·「選舉三·歷代制」下註引）

當時以進士登科爲登龍門，且謂「進士初擢第，頭上七尺焰光」，（《封氏聞見記》卷三）好事者更紀及第者之姓名爲「進士登科記」，蓋欲昭示前良而發起後進。進士張繟爲漢陽王柬之曾孫，當他於天寶中落第時，竟兩手捧登科記頂戴之曰：「此千佛名經也」，充分流露其企羨之情。

唐代進士旣備受朝野之尊重與榮寵，於是逐漸形成彼輩驕矜浮薄的心態，而化爲具體行動則是耽於蒱酒狎邪的行徑。如《舊唐書》卷一九〇「文苑傳」云：

> 王澣，……少豪蕩不羈。登進士第，日以蒱酒爲事。……拜通事舍人，遷駕部員外，櫪多名馬，家有妓樂，澣發言立意自比王侯，頤指儕類。……改仙州別駕，至郡，日聚英豪，從禽擊鼓，恣爲歡賞。
>
> 崔顥者，登進士第，有俊才，無士行，好蒱博飲酒。及遊京師，娶妻擇有貌者，

稍不愜意，即去之，前後數回。

另外《開元天寶遺事》也記載數則進士放蕩狎邪的情形云：

長安進士鄭愚、劉參、郭保衡、王沖、張道隱等十數輩，不拘禮節，旁若無人。每春時選妖妓三五人，乘小犢車指名園曲沼，藉車躶形，去其巾帽，叫笑喧呼，自謂之顛飲。（「顛飲」條）

長安有平康坊，妓女所居之地，京都俠少，萃集於此，兼每年新進士以紅牋名紙遊謁其中，時人謂此坊爲風流藪澤。（「風流藪澤」條）

開元天寶之際，進士之豪蕩狎邪，賭博顛飲者，不在少數。

唐代進士之狂妄狎邪，與當時曲江盛宴有關。曲江宴始自神龍而盛於開元末，原是爲了安慰下第舉人而設，鋪陳甚是簡單，其後卻變成慶祝新科進士的宴集，而且聲勢越來越大[7]，必有樂人演奏，妓女侑觴，因此屆時進士挾妓攜酒，極盡歡樂[8]。林寬「曲江」詩有云：

曲江初碧草初菁，萬轂千蹄匝岸行。傾國妖姬雲鬢重，薄徒公子雪衫輕。……，
柳絮杏花留不得，隨風處處逐歌聲。（全唐詩卷六〇六）

關於曲江遊宴程序之繁複與排場之隆重，在《唐摭言》卷三裏，記載得最爲詳盡，其

云：

（進士）大凡謝（恩）後便往期集院，院內供帳宴饌，卑於輦轂。其日，狀元與同年相見後，便請一人爲錄事，其餘主宴、主酒、主樂、探花、主茶之類，咸以其日辟之，主樂兩人，一人主飲妓。……逼曲江大會，則先牒教坊請奏。上御紫雲樓，垂簾觀焉，時或作樂，則爲之移日。……敕下後，人置被袋，例以圖障、酒器，錢絹實其中，逢花即飲。故張籍詩云：「無人不惜花園宿，到處皆攜酒器行。」……曲江之宴，行市羅列，長安幾於半空。公卿家率以其日揀選東床，車馬闐塞，莫可殫述。（卷三，「散序」條）

進士題名，自神龍之後，過關宴後，率皆期集於慈恩塔下題名。

曲江亭子，……進士關宴，常寄其間。既徹饌，則移樂泛舟，率爲常例。宴前數日，行市駢闐於江頭。其日，公卿家傾城縱觀於此，有若中東床之選者，十八九鈿車珠鞍，櫛比而至。（卷三，「慈恩寺題名遊賞賦詠雜記」條）

曲江宴上，不但皇帝親自駕臨欣賞，公卿權貴之家也傾城縱觀，而在這個充滿豪奢狂歡氣氛的宴會上，進士就是全長安城民注目的焦點、榮寵的對象，因此龔鵬程於「論唐代的文學崇拜與文學社會」一文中，就認爲進士的曲江宴、慈恩塔題名等等活動，如同宗教的崇拜儀式，「從這個觀點看唐代的進士科舉，就不再只是一項僅對個人有意義的能力測驗，也不再只是附屬於政治體制之下的掄才辦法，而是具有社會儀式化意義的典禮」❾。

的確，我們由筆記小說的記載，可見在唐代社會中，一個人是否進士及第，會深深影響人們的價值與倫理觀念。如《玉泉子》云趙琮爲鍾陵大將之女婿，因久舉不第，「妻族益相薄，雖妻父母不能不然也」，因此當軍中高會時，趙琮夫婦就被摒絕於帷幕之外，但當及第的喜訊傳至時，大將家族立即「撤去帷幕，相與同席，以簪服慶遺焉」；另外，唐代宗時宰相元載年輕時的遭遇就更爲典型了，他雖娶當時名將王忠嗣之女爲妻，但未進士及第時，飽受岳家子弟親屬的輕視，及第後，昔日睥睨者卻又紛紛上門攀親。這說明一個文人雖貴爲富貴人家的女婿，但進士及第前後，在他人心目中之地位卻判若雲泥。所以《唐摭言》卷七曾載元和十一年，世人詠該年登第者曰：

元和天子丙申年，三十三人同得仙。袍似爛銀文似錦，相將白日上青天。

進士及第被視同得仙升天，則世人之豔羨可知，因此《唐摭言》卷三載楊汝士尚書在其子如溫及第後，之所以欣喜若狂的「開家宴相賀，營妓咸集」，實即基於兒子進士及第，光耀門楣的喜悅之情。

然而也正因爲新科進士受到上自帝王公卿，下至大衆平民的崇拜與尊重，因此進士言行舉止的樸實或浮薄，影響社會風氣之良窳甚鉅，《國史補》卷下所謂「大曆之風尚浮，貞元之風尚蕩」者，可見斯時之風習矣。

中晚唐之帝王多好文學，對進士之優寵也更甚於往昔。代宗、德宗曾親臨御試進士；文宗則自出題目，及所司進呈進士之試卷，則披覽吟誦，終日忘倦，並命神策軍重淘曲江、昆明二池，造紫雲樓、彩霞亭，還御題樓額以賜之；至於武宗則給罷官進士「衣冠戶」之稱，准予免除「差科色役」之優待❿，對進士可謂極盡優渥重視。但是朝廷對彼輩愈榮寵，進士就更趨驕縱狎邪，如《雲溪友議》卷中「弘農忿」條，即載文宗開成二年時，柳棠上第。後歸東川，歷旬，但於狹斜舊游之處，多於妓家飲酒，或三更至暮，竟不謁府主楊尚書汝士，甚至每於東川席上干忤楊公，爲此楊汝士怒而爲書讓其座主高鍇侍郎。

到底是何原因導致飽讀詩書的進士竟如此恃寵而驕，放蕩不羈呢？德宗時的柳冕、趙匡，文宗時的李珏等，幾乎都一致認爲進士科考重詩賦、輕經籍，以致「撓其淳和，長其澆薄」⓫，而近代史學家錢穆在《國史大綱》中亦謂曰：「全國上下，尚文之風日盛，尚實之意日衰，詩賦日工，吏治日壞」（卷二六）。可見唐代社會狎邪風盛，在於進士們處於「時共貴之，主司褒貶」的環境中，又因其所學之詩賦務求巧麗，因此對其本性發展影響頗大。

唐朝諸帝中，對進士愛慕寵重最甚者，當推宣宗。《舊唐書》「宣宗本紀」云：

> 帝雅好儒士，留心貢舉，有時微行人間，採聽輿論，以觀選士之得失。大中元年敕：「自今進士放榜後，杏園任依舊宴集，有司不得禁制。」

宋、尤袤《全唐詩話》卷一「唐宣宗」條云：

> 帝好進士，每對朝臣問及，苟有以科名對，必大喜，便問所試詩賦題目並主司姓名，或有佳人物偶不中第者，必歎息移時。嘗於內自題曰：「鄉貢進士李道龍」。

又《唐語林》卷四「企羨」條云：

> 宣宗尚文學，尤重科名，大中十年，鄭顥知舉，宣宗索登科記。……敕翰林：「自今放榜後，仰寫及第人姓名，及所試詩賦題目進入，仰所司逐年編次。」

宣宗以帝王之尊貴而竟於禁內自署進士，又索閱登科記並敕翰林逐年編次，其對進士之企羨與關切之情眞達於極致了。

宣宗對進士恩寵如此隆盛，當時進士行徑與社會風尚又是如何呢？《北里志》之序云：

> 自大中皇帝好儒術，特重科第。……上往往微服長安中，逢舉子則狎而與之語。時以所聞，質於內廷，學士及都尉皆聳然莫知所自，故進士自此尤盛，曠古無儔。然率多膏粱子弟，平進歲不及三數人，由是僕馬豪華，宴游崇侈，以同年俊

> 少者爲兩街探花，使鼓扇輕浮，仍歲滋甚。

進士之侈靡好宴游、舉止輕浮等情形，事實上並非僅是好尙進士的宣宗時代才產生的特殊現象，而是整個中晚唐的普遍情況。因此爲慶祝舉人中第而舉辦的曲江大會，至大中咸通時已有長安遊手之民，自相鳩集，名爲「進士團」，專門籌辦曲江宴席，且「凡今年才過關宴，已備來年遊宴之費，繇是四海之內，水陸之珍，靡不畢備」（《唐摭言》卷三「散序」條」），而進士們在宴遊侈靡的同時，往往繼之狎邪。根據《北里志》「序」云：

> 京中飲妓，籍屬教坊，凡朝士宴聚，須假諸曹署行牒，然後能致於他處。惟新進士設筵顧吏，故便可行牒，追其所贈之資則倍於常數。諸妓皆居平康里，舉子、新及第進士、三司幕府但未通朝籍未直館殿者，咸可就詣。如不惜所費，則下車水陸備矣。

此文說明了一般朝廷官員宴會邀妓女出游陪侍，必先由官廳出具公文行牒，但進士入妓館則不必多此道手續而享有優待權，這樣一來自然使得進士妓女的交往更加方便密切，因此在孫棨《北里志》中，見載於妓館狎邪的狎客亦以進士居大多數，而且也最豪奢，茲舉二例以觀。「鄭舉舉」條云：

孫龍光爲狀元，頗惑之（指鄭舉舉），與同年侯彰臣、杜寧臣、崔勛美、趙延吉、盧文舉、李茂勳等數人，多在其舍。

又如「天水僊哥」條云：

劉覃登第，……自廣陵入舉，輜重數十車，名馬數十駟，時同年鄭賓先輩扇之，極嗜欲於長安中。天水之齒甚長於覃，但聞衆譽天水，亦不知其妍醜，所由輩潛與天水計議，每令辭以他事，重難其來，覃則連增所購，終無難色。會他日天水實有所苦，不赴召，覃殊不知信，增緡不已。……時有戶部府吏李全者，居其里中，能制諸妓，覃聞，立使召之，授以金花銀榼可二斤許，全貪其重賂，經入曲追天水，入兜輿中，相與至宴所，……而所費已百餘金矣。

上述的幾位進士都還只是迷戀名妓，流連其所，甘心爲之擲金銀若泥土而已，另外還有舉止浮薄的進士，招致妓女侮辱者，如「牙娘」條云：

故硤州夏侯表中，相國少子，及第中甲科，皆流品知聞者，宴集尤盛，而表中性疏猛，不拘言語，或因醉戲之，爲牙娘批頰，傷其面頗甚。……裴公俛首而哂，不能舉者久之。

堂堂一介進士，竟因言辭游戲太甚而遭妓女批頰傷面，以致爲主司所嘲笑，可謂人格掃地。

另外，還有進士在妓女腿上題記者，如「王團兒」條云：

> 王團兒，前曲自西第一家也。已爲假母。有女數人，長曰小潤，字少美，少時頗籍籍者。小天崔垂休（名徹，及第時年二十）變化年溺惑之，所費甚廣。嘗題記於小潤髀上，爲山所見，贈詩曰：「慈恩塔下親泥壁，滑膩光華玉不如。何事博陵崔四十，金陵腿上逞歐書？」

題記竟然題到妓女的大腿上，實在是狂蕩到了無以復加的地步，而同儕卻還引爲美談，大加稱讚。

進士之浮薄無禮，令人不敢領教，因此有時也會遭受指責，如孫光憲《北夢瑣言》載：

> 唐乾寧中，……進士張翱恃才傲物，席上調瑫寵妓張小泰。（瑫）怒而揖起，付吏責其無禮。……

如此目中無人的當場調戲他人寵妓，自然被付吏懲處。

總之，由於唐代側重進士科，試以詩賦而棄經學，帝王對進士又甚爲榮寵，加以社會普遍崇拜進士之心理，造成進士們自我膨脹，驕矜狎邪，寖之日久，進士之浮華輕薄，挾妓冶遊就成爲中晚唐—尤其是晚唐的一般現象了。

貳、功名宦途之補償心態

唐以功立國，又用科考鼓勵仕進，因此功利思想深鏤人心。寒門庶族的士子焚膏繼晷，請託鑽營，鏖戰於科場是爲了改換門庭，參與上階層權力和財富的再分配；豪族世家的子弟投謁權臣，以求援引，是爲了鞏固和延續家族的特權。所以《唐摭言》卷九云：

> 三百年來科第之設，草澤望之起家，簪紱望之繼世，孤寒失之，其族餒矣，世祿失之，其族絕矣。

正因爲許多榮耀和更多實際利益的吸引，所以不論貴冑或平民，爲了獲得政治地位或保持世襲門第，爭取科舉及第是他們達成功名宦途的重要方式。

由於進士及第與否，在身分地位上有天壤之別，因此大家莫不殫精竭慮競集於此，爲爭取上第，力學苦讀，嚐盡千辛萬苦。如貞元十六年中進士第四名，高興得寫道「慈恩塔下題名處，十七人中最少年」的白居易於「與元九書」中，自述其孜孜矻矻，勤奮苦讀的情形說：

> 十五六始知有進士，苦節讀書。二十已來，晝課賦，夜課書，間又課詩，不遑寢

息矣。以至于口舌成瘡，手肘成胝。既壯而膚革不豐盈，未老而齒髮早衰白，瞀然如飛蠅垂珠在眸子中者，動以萬數，蓋以苦學力文之所致。（全唐文卷六七五）

一代文宗韓愈四舉於禮部乃一得，在「祭十二郎文」中也自稱：「吾年未四十，而視茫茫，而髮蒼蒼，而齒牙動搖。」以此二人之高才，尚且不免苦讀至此，則其他人之辛勤勞累當更有過之而無不及。

唐代文人在勤勉苦讀後，固然有金榜題名，從此仕途一帆風順者，但大多數困於科場，久舉始得一第。如李翱、皇甫湜，沈亞之、李商隱皆試五六次乃及第；晚唐詩人徐夤自嘆「丹桂攀來十七春，如今始見茜抱新」（贈垂光同年），考了十七年；黃滔「二紀如鴻歷九衢」（成名後呈同年），考了二十三年。另外，顧況之子顧非熊、孟棨、劉得仁等都出入舉場三十年⑫，曹松甚至考一輩子，到七十多歲才因年老而特放及第（《唐詩紀事》卷六五）。可見進士科及第十分艱難，所以當時有「三十老明經，五十少進士」之諺語。

唐時舉人不惜千辛萬苦，耗貲費神，遠赴京師應試，其心中所抱持之唯一希望，只求一舉登第，一旦金榜無名遠落孫山，則往往窮愁幽怨，內心之悲苦辛酸盡傾瀉於詩作中，此類作品在唐人詩集中時常可見⑬，就以屢試屢敗的孟郊爲例：

……萬物皆及時，獨余不覺春。失名誰肯訪，得意爭相親。（「長安羈旅行」、全

唐詩卷三七二）

曉月難爲光，愁人難爲腸。誰言春物榮，豈見葉上霜。鵰鶚失勢病，鷦鷯假翼翔，棄置復棄置，情如刀刃傷。（「落第」、全唐詩卷三七四）

一夕九起嗟，夢短不到家。兩度長安陌，空將淚見花。（「再下第」、全唐詩卷三七四）

只因多次科場失意，春景曉月於孟郊眼中卻已黯淡無光，其消極潦倒，浪跡天涯之悲苦辛酸在作品中表露無遺。然而在四十六歲中進士時，孟郊則是心花怒放的說：

昔日齷齪不足誇，今朝放蕩思無涯。春風得意馬蹄疾，一日看盡長安花。（「登科後」、全唐詩卷三七四）

唐人專注於進士，因此落第則自嫌身賤，及第則春風得意，幾至瘋狂者，大有人在⑭。得失之間，天壤有別，喜怒哀樂之情緒變化極大。而當這些莘莘學子全力於科考，日夜埋卷於書堆中時，勢必要將各種本能的，以及精神上的需求，壓抑到最低限度，壓抑的時間愈長，宣洩的欲望也就愈高昂，一旦捷報傳來，狂喜之下，精神上那根綳緊的心弦必會戛然中斷，各種渴望—視覺的、聽覺的、口腹的、性的……，必然紛至沓來，而滿足這些欲望的最佳場所，當然無過於倡樓妓館；再加上進士多出自寒門，本就少受家學禮法之薰陶，所以及第後多不免窮歡作樂，縱情聲色，狎妓冶遊，以償昔日之辛勞，不少新科進士則索性夜宿平康里，狎妓吟詠。例如《南部新書》丁卷即載杜羔屢舉不第，將至家時，其妻先寄詩與之曰：「良人的的有奇才，何事年年被放回，如今妾面羞君面，君若來時近夜來。」但當其夫登第之消息傳至時，其妻趙氏於欣喜之餘，又憂慮的寄詩給丈夫說：

> 長安此去無多地，鬱鬱葱葱佳氣浮。良人得意正年少，今夜醉眠何處樓？（「聞夫杜羔登第」、全唐詩卷七九九）

甫金榜題名，春風得意的進士，能立刻得到朝野的尊崇仰慕，這樣的社會氛圍適足以使一大批涉世未深的青年士子們飄飄然，忘乎所以。更何況「長安行樂之地，觸緒牽情」（鶯鶯傳），於是縱酒狎妓，一擲千金就成爲他們競相夸尙的生活方式，這也就是爲何杜羔之妻擔心丈夫進士及第後，在長安眠花宿柳，拋棄自己的根本原因。

在唐代，狎妓宿娼已是進士及第後例行之事。如文宗開成三年，狀元裴思謙及第後即夜宿平康里納妓，並賦詩曰：

> 銀釭斜背解鳴璫，小語偷聲賀玉郎。從此不知蘭麝貴，夜來新惹桂枝香。（「及第後宿平康里」全唐詩卷五四二）

又如僖宗乾符二年，狀元鄭合敬亦及第宿妓賦詩曰：

春來無處不閒行，楚閏相看別有情。好是五更殘酒醒，時時聞喚狀頭聲。（原注：楚娘閏娘，妓之尤者）（「及第後宿平康里」全唐詩卷六六七）

兩詩都以風流俊賞的口氣，描寫作者宿娼之夜的場面，前者自誇伴宿的妓女因獻身新狀元而感到榮幸的情景；後者則自述他在朦朧中聽到服侍他的楚娘、閏娘口口聲聲以狀元相呼時的陶醉心態。這讓他們充分的體會出得到新進士的形象後，所散發出來的強大魅力，因此他們今日盡情的冶遊狂歡，多少是對昔日爲科考而閉門苦讀的一種補償。

再如《舊唐書》卷一六七載段文昌「布素之時，所向不偶。及其達也，……其服飾玩好，歌童妓女，苟悅於心，無所愛惜。」若仔細探察他的行止之所以異於往昔，應可發現也是欲藉著放浪形骸，以補償當年寒素時專注功名科考的辛勞吧！

對妓女們而言，進士風流倜儻，吐屬雋雅，能詩善文的才華，是她們所深深激賞愛慕的，尤其進士們廣受尊重的社會地位，對於身操賣笑生涯的風塵女子來說，顯然具有相當的吸引力，因此妓女也樂於和進士交相往來，在當時就時常可見進士每喜於倡樓妓館題詩以展現詩才，而妓女則以能得其贈詩爲光榮的景象。例如：顏令賓「見舉人，盡禮祗奉，多乞歌詩，以爲留贈，五彩箋常滿箱篋」，當其自知病重，將不久於人世後，還強力設酒果以待新及第郎君及舉人，爲的是要求得他們各制哀挽之詞以相送。

在妓女的內心深處，也許認爲能與進士交往，得其贈詩，對自己卑賤身分有提昇之效，而事實上也的確如此。例如《北里志》「劉泰娘」條載：

劉泰娘，北曲内小家女也。彼曲素無高遠者，人不知之。……予（孫棨）……遂題其舍曰：「尋常凡木最輕樗，今日尋樗桂不如。漢高新破咸陽後，英俊奔波遂喫虛。」同遊人聞知，詰朝詣之者結駟於門矣。

劉泰娘靠著孫棨贈詩贊美而顧客盈門，則進士題詩之魔力，由此可見一斑。然而進士的贈詩能譽人，也可貶人，妓女們莫不希望得詩以揚譽而憂心被嘲謔。《雲溪友議》卷中「辭雍氏」條，就有這樣的記載：

崔涯者，吳楚之狂生也，與張祜齊名。每題一詩於倡肆，無不誦之於衢路。譽之，則車馬繼來，毀之，則盃盤失錯。嘲曰：「誰得蘇芳木，猶貪玳瑁皮。懷胎十個月，生下崑崙兒。」又：「布袍披襖火燒氈，紙補箜篌麻接絃。更著一雙皮屐子，紇梯紇榻出門前。」又嘲李端端：「黃昏不語不知行，鼻似煙窗耳似鐺。獨把象牙梳插鬢，崑崙山上月初生。」端端得此詩，憂心如病，使院飲迴，遙見二子躡屐而行，乃道傍再拜兢灼曰：「端端祇候三郎、六郎，伏望哀之。」又重贈一絕句粉飾之，於是大賈居豪，競臻其戶。或戲之曰：「李家娘子，纔出墨池，便登雪嶺。何期一日，黑白不均？」紅樓以爲倡樂，無不畏其嘲謔也。

看崔涯作詩褒貶李端端，呈現忽而門庭若市，忽而獨守空房、門可羅雀的情形，妓女之聲價皆因之而增減，這種臧否甚至直接影響妓女的衣食來源和娼肆的營業收入，妓女們對文人士子之題詩莫不既愛且懼。

在《北里志》內所記載的狎客中，約有三分之二是進士身分，則進士與妓女之過從甚密可知，他們和妓女的風流韻事又時常在同儕間傳爲佳話，例如長安名妓劉國容與進士郭昭述之戀，竟因其「雞聲斷愛」一辭而艷傳千古不衰（《開元天寶遺事》），所以進士狎妓是爲了求得身心的娛悅，而娼妓交接進士則不無有藉他們在社會上備受榮寵，享有崇高的聲望，以提昇自已卑賤地位的心理。

唐代進士及第固然風光得意，但這只是他們人生目標的初步實現而已。因爲進士及第僅只是獲得任官資格，若眞要任官，還須再通過吏部「身、言、書、判」的銓選。所以往往有進士出身，試判未入等，則僅能做勘校工作，到試判入等後，方能調任爲地方官，而且根據《唐會要》八十一，「階」條所記唐人敍階之法：進士甲等，從九品上起敍，若乙等，則降一等，由從九品下起敍。因此如元稹於貞元九年明經及第，白居易在貞元十六年中進士第四名，兩人同時於十八年試書判拔萃科及第，次年同受校書郎之職，憲宗元和元年，元稹以制科三等（甲等）及第，授左拾遺，而居易則以對策語直入四等（乙等），授盩厔縣尉，兩人的官職雖不高，但至目前而論，其仕宦之路已遠較他人順利了。然而大部分的進士在初仕時多懷抱大志，期展鴻圖，其後因仕途多舛，失意不達，抱負日降，終至沈迷墮落，以求解脫心中苦悶者，大有人在。如韓愈四舉於禮部乃一得，三試於吏部無成，則十年猶布衣，在家境貧困的壓力下，縱爲「遑遑仁義，有志於持世範，欲以人文化成」之端士（《舊唐書》一六〇本傳），也不得不向現實低頭，因此不論被貶至潮州時，上表謝恩或三上宰相李實書裏，均可見其奴顏卑曲之詞，由於仕途之不順遂，乃由失望而轉至求聲色以自娛，而「艷姬踏筵舞，清眸射劍戟」、「銀燭未銷窗送曙，金釵半醉座添香」等詩句，於焉出現，這迥異於昔日所云：「長安衆富兒，盤饌羅羶葷，不解文字飲，惟能醉紅裙。」對當時徵歌選舞，紅袖侑觴的奢靡狎冶風氣，深表痛惡嫉視之慨。《唐語林》卷六「補遺」即載：「退之有二妾，一曰絳桃，一曰柳枝，皆能歌舞。」而張籍「祭退之」詩有：

中秋十六夜，魄圓天差清。公既相邀留，坐語于階楹，乃出二侍女，合彈琵琶箏。（全唐詩卷三八三）

詩中之二侍女即柳枝與絳桃，她們都是韓愈的侍妾（家妓）。後來柳枝趁韓愈外出時「擺弄春風只欲飛」，踰牆逃走，只剩下絳桃「留花不放待郎歸」，在柳枝被韓愈家人追獲而失寵後，絳桃則專享主人的寵幸了，我們看韓愈的言行前後有如此差異，仕宦之途的不順遂當是原因之一吧！

至於前述年輕得意的白居易，其往後際遇也十分舛蹇。當他在元和三年拜左拾遺時，尙獻疏自言：「授官以來，僅經十日，食不知味，寢不遑安，唯思粉身以答殊寵。」（《舊唐書》本傳），話語透露強烈的報國熱忱，其後屢上疏言事，指陳時弊，卻因言語切直，論執強鯁，以致觸怒龍顏，卒於元和十年，被借辭貶爲江州司馬[15]。此後宦海屢屢浮沈不定，終以縱情詩賦酒色爲其晚年生活之依歸，詩集中留戀倡樓妓女者俯拾即是。如「和春深」一詩云：

> 何處春深好？春深妓女家。眉欺楊柳葉，裙妒石榴花。蘭麝熏行被，金銅釘坐車。杭州蘇小小，人道最夭斜。（全唐詩卷四四九）

這就是白居易放浪聲色，以補償其宦途不順的最佳證明。劉昫在《舊唐書》卷一六六「白居易傳」裏，即十分中肯的剖析他出仕前後心態與行徑之轉變說：

> 居易，初對策高第，擢入翰林，蒙英主特達顧遇，頗欲奮勵效報。苟致身於訏謨之地，則兼濟生靈。蓄意未果，望風爲當路者所擠，流徙江湖，四五年間幾淪蠻瘴。自是宦情衰落，無意於出處，唯以逍遙自得，吟詠情性爲事。

而清人趙翼則更由白氏詩文提及其與娼妓狎樂者，詳細評論說：

> 香山出身貧寒，故易於知足。……然其知足安分在此；而貧儒驟富，露出措大本色，亦在此。纔謫江州，遇李、馬二妓，即贈以詩。盧侍御席上，小妓乞詩，輒

> 比之雨中神女月中仙。迨歷守杭、蘇，無處不挾妓出遊。李娟、張態、商玲瓏、謝好、陳寵、沈平、心奴、胡容等，見於吟詠者，不一而足。遊虎丘則云：「搖曳雙紅旆，娉婷十翠娥。」遊洞庭則云：「十隻畫船何處宿，洞庭山腳太湖心」。……其後歸朝、歸洛，並有自置妓樂，如菱角、谷兒、紅綃、紫綃、樊素、小蠻等，嘗親爲教演，所謂「新樂錚鏦教欲成，蒼頭碧玉盡家生」，則歌舞多奴婢矣。教而未成則云：「老去將何遣散愁？新教小玉按梁州。」答蘇庶子云：「不敢邀君無別意，管絃生澀未堪聽。」教成後則云：「管絃漸好新教得，羅綺雖貧不外求。」又云：「等閒池上留賓客，隨事燈前有管絃。」又云：「三嫌老醜換蛾眉。」以色衰而別換佳麗，則更求精於色藝，非聊爾充數者。甚至與留守牛相公（按即牛僧孺）家妓樂合宴云：「兩家合奏洞房夜，八月連陰秋雨時。」又向裴令公借南莊，攜家妓讌賞云：「擬提社酒攜村妓，擅入朱門莫怪無？」可見其家樂直可與宰相、留守比賽精麗，而見之詩篇，津津有味，適自形其小家氣象。所謂「不得當年有，猶勝到老無」者，固暮年消遣之一事耶！（《甌北詩話》卷四）

趙翼於此文就明白的指出白居易好與倡妓遊樂讌賞，乃是貧寒文人在仕宦不得意下，無可奈何的苦中作樂罷了。蓋昔日孟子雖曾云：「無恆產而有恆心者，惟士爲能。」（梁惠王篇），但是對唐代文人來說，功名利祿能提高身價，改善經濟生活，廣受世人尊崇，這就是他們的財產，尤其在功利思想濃烈的影響下，士人莫不努力以求功名，設若仕宦生涯不順遂，對他們來說無異是人生目標或理想的破滅，在此情形下，挾妓冶遊，沈醉於歌舞或吟詠，自是解脫苦惱，享受人生最方便的方式。因此就文人仕途舛蹇，沈淪失意的際遇而言，正與娼妓淒苦孤寂的命運若合一契，而且也因此更易有「同是天涯淪落人，相逢何必曾相識」，惺惺相惜的情感，因此中唐以後文士舉子與娼妓往返密切，艷詩再度興起，冶遊則是此類詩歌常見的內容，不論觀妓、詠妓、傷妓、悼妓詩，文人們都以細膩筆調，充沛情感，抒寫妓女的生活，甚至將妓女坎坷人生與自己仕途不順連繫在一起，或感時傷事。此外，中唐以後的傳奇小說，也出現多篇以進士和妓女交往爲題材之作品，這些都說明中唐以後進士和娼妓的密切關係。陳寅恪《元白詩箋證稿》第四章「艷詩及悼亡詩」云：

> 唐代新興之進士詞科階級異於山東之禮法舊門者，尤在其放浪不羈之風習。故唐之進士一科與倡伎文學有密切關係。

而劉開榮《唐代小說研究》第四章「進士與倡伎文學」亦云：

> 「倡妓」，不論是直接或間接的，關於日常生活或戀愛的，都佔有一個非常重要或相當大的地位或篇幅，所以唐代的文學史，就名之爲進士與倡妓的文學史亦不爲過。

的確！從唐人史料、詩詞或筆記小說所載的內容看來，中唐以後的進士和妓女幾乎是形影相隨，因此所謂的「倡妓文學」，事實上是到中唐開始興盛起來的，而陳寅恪把進士科和倡伎文學的密切關係，歸因於進士異於山東禮法之士的放浪不羈風習，但這只是表象因素而已，更大的內部原因在他們仕途的不順遂，無法全力施展抱負，人生際遇的鬱悶，只得藉及時行樂，挾妓冶遊來麻醉自己。尤其晚唐國勢衰頹，進士們也曾欲奮其事業，力挽狂瀾，卻屢遭摒斥無以奏功⑯，有心致力朝政之進士則已心寒，加上晚唐由進士出身之朝臣貪賂者多，士風愈趨於澆薄難正。《新唐書》卷四十四「選舉志」即云：

> 進士當唐之晚節，尤爲浮薄，世所共患也。

於是文場上出現了描寫娼妓專書的《北里志》，而即使被稱爲一代忠梗大臣的韓偓，也不免有輕艷綺靡的「香奩集」之作⑰，因此詳究中晚唐狎妓風盛，皆與進士功名宦途之補償心態有密切關聯。

注釋

❶ 進士科至隋代才正式成爲朝廷取士之一科，但因隋立國甚短，所取進士未及一展長才而國祚旋廢。《唐摭言》卷一「統序科第」條云：「始自武德辛己歲（即四年）四月一日，敕諸州學生及早有明經及秀才、俊士、進士明於理體，爲鄉里所稱者，委本縣考試，州長重覆，取其合格，每年十月隨物入貢。」翌年十月諸州共貢進士三十人，經吏部考試及第四人，是爲唐代進士科取

士之始。可另參見《唐摭言》卷十五「雜記」條及《文獻通考》卷二九「選舉考」。

② 太宗有濃厚之本位觀念，對是時社會地位最高之山東士族，頗為嫉視，此可由《舊唐書》卷六十五「高士廉傳」與卷七十八「張行成傳」中，得一印證。另外，太宗修氏族志，亦為其尊王室、抑高門的方法之一，而其「崇重今朝冠冕」之目的，無非在使社會更重視皇恩爵賞，用功名利祿勸獎士大夫，因此乃以積極手段拔擢並重用進士。

③ 如太宗贊同考功員外郎王師旦取人重品德之說，而絀冀州進士張昌齡。詳見《新唐書》卷二〇一「張昌齡傳」。

④ 詳見《舊唐書》卷一八九、「儒學傳上」。

⑤ 見陳寅恪《元白詩箋證稿》第四章「艷詩及悼亡詩」。

⑥ 顧炎武《日知錄》卷十七「進士得人」條曰：「開元以前未嘗專尚進士科，故天下名士雜出他塗；開元以後始尊崇之，故當時名士中此科者十常八九。」

⑦ 詳見《唐摭言》卷三「散序」條載。

⑧ 進士曲江挾妓玩樂，也曾發生悲劇。根據張鷟《朝野僉載》云，玄宗開元五年時，有甫及第的進士三十人，因泛舟曲江作樂，不料船破，結果這批進士連同妓女全部溺死。

⑨ 龔鵬程「論唐代的文學崇拜與文學社會」，見學生書局出版《晚唐的社會與文化》頁九～十一。

⑩ 代宗對進士之優渥，參見《冊府元龜》卷六四三「貢舉部考試」條；德宗事見《唐語林》卷三「賞譽」條，文宗事見蘇鶚《杜陽雜編》卷中；武宗事見《全唐文》卷七十八「武宗加尊號後郊天赦文」。

⑪ 德宗時，柳冕之論見《全唐文》卷五二七「柳冕與權德輿書」，趙匡之言見《通典》卷十七「選舉五」所載；李珏之論，見《唐語林》卷二「文學」條。

⑫ 項斯「送顧非熊及第歸茅山」詩云：「吟詩三十載，成此一名難。」孟棨與劉得仁出入考場三十

年事，分見《唐摭言》卷四與卷十。

⑬ 如錢起「長安落第」詩云：「花繁柳暗九門深，對飲悲歌淚滿襟。數日鶯花皆落羽，一回春至一傷心。」（全唐詩卷二三九），賈閬仙「下第」詩云：「下第只空囊，如何住帝鄉，杏園啼百舌，誰醉在花傍，淚落故山遠，病來春草長，知音逢豈易，孤櫂負三湘」。（全唐詩卷五七二）

⑭ 如李廓「落第」詩云：「牓前潛制淚，衆裏自嫌身」（全唐詩卷四七九）；殷堯藩「下第東歸作」詩云：「身賤自慚貧骨相」（全唐詩卷四九二）；而姚合「及第後夜中書事」詩云：「夜睡常驚起，春光屬野夫。新銜添一字，舊友遜前途。喜過還疑夢，狂來不似儒。愛花持燭看，憶酒犯街沽。天上名應定，人間盛更無。報恩丞相閣，何啻殺微軀。」（全唐詩卷四九八）

⑮ 憲宗元和十年，盜殺宰相武元衡，白居易以東宮屬官在諫官之先上疏請捕賊，因而獲罪，由太子左贊善大夫貶爲江州司馬。見《舊唐書》卷一六六「白居易傳」。

⑯ 如順宗時，王叔文黨欲革新政治，是時進士韋執誼、呂溫、李景儉、韓泰、柳宗元、劉禹錫皆有志之士，思欲有所作爲，但因謀奪宦官兵權，爲內侍察覺而功虧一簣，這些人或被賜死或被貶逐。詳見《十七史商榷》卷八九「王叔文謀奪內官兵柄」條。又如文宗時，李訓、鄭注、王涯、王璠、賈餗、舒元輿、郭行餘、羅立言、李孝恭、顧師邕等，亦銳於進取，改革時弊，但因黨徒臨事慌亂，以致失敗，是爲「甘露之變」，而參與之進士亦全部被殺。詳見《舊唐書》卷一六九「李訓傳」。

⑰ 古今學者爲韓偓辯護「香奩集」非其所作者不少。如宋沈括《夢溪筆談》「藝文」三云：「和魯公有艷詞一編，名香奩集，凝後貴，乃嫁其名爲韓偓。今世傳韓偓香奩集，乃凝所爲也。」近人徐復觀以爲可信爲偓之作品，如「見花」、「裊娜」、「倚醉」、「已涼」、「妒媒」、「新上頭」、「無題四首」等，都婉約深厚，絕非一般所說的風懷詩（即色情詩），並推測某些詩如上例前三首乃爲他晚年畸戀的對象作，而其他色情詩，如「五更」、「半睡」、「晝寢」等，大多是非常俗

惡，殆爲和凝少年時代的作品。詳見「韓偓詩與香奩集證考」《民主評論》十五卷四期。事實上，進士挾妓遊宴，原爲中晚唐之一般現象，吾人不可以現今之道德標準苛刻規範之。韓偓少時曾有香奩之作，固無損於其晚節之堅貞忠耿，何況溫庭筠、李商隱詠艷情者甚多，不過未以「香奩」名集而已。

第四節　胡風禮教與仕婚愛情之衝擊

初盛唐時由於胡風鼎盛的薰習，唐代男女的地位較爲平等，兩性社交關係也隨之自由開放，爲當時社會注入一股浪漫色彩。中唐以後，夷夏之防雖轉趨嚴謹，但胡人的享樂主義深入人心，社會縱欲豪奢的風尚已成，而禮教的強力倡導卻束縛了上層婦女的活動，因此娼妓反以當時賤民的身分，出來彌補這個缺憾，滿足社會的需求，再加上由於唐人上承自魏晉六朝之氏族觀念，導致愛情與仕婚的衝突，文士大夫們在政治上不得不與望族女子聯姻，以求得仕途上的平步青雲，但在情感上卻又難得娛悅滿足，於是妓館尋花，章臺折柳，更促使狎邪風氣昌盛。

壹、胡風侵入與禮教之束縛

有唐一代，胡風鼎盛，胡化極深，其背景有三。其一：儒學自東漢附和陰陽五行讖緯圖說之後，漸失本色❶；魏晉兩朝，老莊玄學興起，文士們多以道家思想解釋儒家學說，把儒學強迫道家化，使儒學益寖微❷；至唐朝太宗時雖銳意整理經籍，徵天下儒士以爲學官，並廣設學舍，儒學暫時昌盛，可惜此景僅如曇花一現。高宗即位，偏重文吏，薄於儒術，五經正義雖定於一尊，卻侷限了士人思想與創造力；大曆以後，學者則勠力注疏，離傳言經❸，遂至原本維繫社會倫理、政治秩序之儒學勢力衰微，文化防禦力量隨之衰弱，在不易抵擋外族文化侵襲下，予胡風興盛一有利時機。

其二：魏晉時代動盪不安，五胡亂華時，中原已有大量胡人遷徙中原孳生蕃息。《洛陽伽藍記》卷三即稱，西域胡人樂中國土風而宅者，萬有餘家。唐朝國威強大，及於西陲，自太宗貞觀四年以來，至玄宗天寶四載之一百五十年間，外族爲唐所俘、或降附唐室因而入居中國者，包括突厥、鐵勒、高麗、吐蕃、党項、吐谷渾以及西域諸國之人，幾達一百七十萬人以上。且當唐朝學藝昌明鼎盛時，邊裔諸國懷傾慕之心而時率其子弟請入國學者有之；此外，來華經商傳教者亦極衆多，波斯、大食以及西域賈胡等，遍及長安、洛陽、廣州、洪州、揚州諸地❹，顯現唐朝與各民族間之來往及國際交流空前頻繁。而氣魄宏大的唐朝對蠻夷之邦的文物風習更是來者不拒，兼容並蓄。因此，由於漢胡民族長期共同生活，胡族漢化與漢族胡化，都是必然的趨勢與結果，換言之，民族大融合的盛況，是促成李唐胡化的背景之一。

其三：李唐氏族究出於胡或漢，考證學家雖有不少爭議❺，但李唐皇室之女系母統，雜有胡族血胤則是肯定的。例如：唐朝創業君王高祖之母獨孤氏為鮮卑族，太宗之母竇氏、高宗之母長孫氏是胡漢混血，皆非純漢族。是以《朱子語類、歷代類》卷三說：

> 唐源出於夷狄，故閨門失禮之事不以為異。

既然李唐皇室起源於北朝胡化之漢人，承異族累葉之政權，因此所謂夷夏觀念本甚薄弱，尤其太宗更曾自云：

> 自古皆貴中華，賤夷狄，朕獨愛之如一，故其種落皆依朕如父母。（《資治通鑑》卷一九八，貞觀二十一年）

就太宗獨於中華夷狄皆兼愛如一而論，確實超邁往古，為前人之所無。

在帝王大度包容胡夷於漢土之下，由初唐至玄宗開元天寶年間，胡化幾至沸騰，對唐代民生育樂方面的影響最為深遠。舉凡飲食、服飾、娛樂都沾染胡風，史稱「開元來，太常樂尚胡曲，貴人御饌，盡供胡食，士女皆競衣胡服」（《舊唐書》卷四五「輿服志」），可見唐人生活受胡風薰習的盛況。尤其唐人最常出入胡人以女性當壚的酒店，引觴淺酌，王維「過崔駙馬山池」云：

> 畫樓吹笛妓，金椀酒家胡。錦石稱貞女，青松學大夫。……（全唐詩卷一二六）

李白「少年行」亦云：

五陵年少金市東，銀鞍白馬度春風。落花踏盡遊何處？笑入胡姬酒肆中。（全唐詩卷一六五）

在胡姬的酒肆中，除有美酒精食可供酌饌外，還有風情萬種的胡姬或輕拂絲竹或翩翩起舞以侑酒。例如賀朝「贈酒店胡姬」：

胡姬春酒店，弦管夜鏘鏘。紅毾鋪新月，貂裘坐薄霜。玉盤初鱠鯉，金鼎正烹羊。上客無勞散，聽歌樂世娘。（全唐詩卷一一七）

李白「前有一樽酒行二首」之二，云：

琴奏龍門之綠桐，玉壺美酒清若空。催弦拂柱與君飲，看朱成碧顏始紅。胡姬貌如花，當壚笑春風，笑春風，舞羅衣，君今不醉將安歸。（全唐詩卷一六二）

許多到胡姬酒店飲酒作樂的人其實「醉翁之意不在酒」，而是「郎意在浮花」，如張祜「白鼻騧」所云：

為底胡姬酒，長在白鼻騧，摘蓮拋水上，郎意在浮花。（全唐詩卷五一一）

胡姬酒店既然是五陵年少、文人雅士流連忘返的好去處，胡姬也因此與酒客常有另一種交易。楊巨源「胡姬詞」云：

> 妍艷照江頭，春風好留客；當壚知妾慢，送酒爲郎羞。香渡傳蕉扇，妝成上竹樓。數錢憐皓腕，非是不能留。（全唐詩卷三三三）

胡姬留客自需金錢的交易，因此就有「樓下當壚稱卓女，樓上伴客名莫愁」（元稹「西涼伎」）與「年少鄭郎那解愁，春來閒臥酒家樓。胡姬若擬邀他宿，挂卻金鞭繫紫騮」（施肩吾「戲鄭申府」）等詩中所說的酒家胡姬在樓下賣酒，招徠客人，到樓上又是艷旗高張的情形。

留客陪宿，代薦枕蓆的胡姬，猶如娼妓性質，而唐代自命風流儒雅之文士，或貪杯好飲之徒，在胡人享樂主義深中人心，加上胡姬浪漫慇懃的款待下，社會狎邪風氣因之助長不少。

由於蕃胡女性所受的拘束少，其地位甚至比男性高❻，因此她們的行爲舉止也都較自由開放，這股風潮強烈的衝擊了中國原有的封建禮教桎梏，於是形成了唐代「閨門不肅」、「禮教不興」的情況。現今我們由歷史文字記載或畫卷的流傳中，都可以看到唐代（尤其是初盛唐）婦女，在男女間之接觸、交往多隨便而不拘禮法，例如唐代宮廷的閫禁便不森嚴。所以當韋后與武三思同坐御床玩雙陸時，中宗在旁爲之點籌；天寶十年楊貴妃於安祿山生日後三天召其入宮，以錦被爲襁褓，用金錢堆舁，乘坐彩車，穿遊宮苑，表演「三朝洗兒」的把戲。至於民間一般女子也往往單獨與異性結識交往而不避嫌疑。「君家何處住？妾住在橫塘。停船暫相問，或恐是同鄉」（崔顥「長干曲」），就是一個船家女與陌生人大方招呼攀談的例子。此外每當春季來臨，唐代女子更可以和男士們一起到風光勝地野遊踏青，所謂「簇錦攢花鬥勝游，萬人行處最風流」（施肩吾「少婦游春詞」）、「三月三日天氣新，長安水邊多麗人」（杜甫「麗人行」）等，都是唐人歌詠士女游春之詩句，證明了初盛唐時女子社交的自由開放。

除此之外，蕃胡「共妻」之法，也讓唐代教坊中的妓女群起仿效。崔令欽《教坊記》云：

> 坊中諸女，以氣類相似，約爲香火兄弟，每多至十四五人，少不下八九輩。有兒郎聘之者，輒被以婦人稱呼，即所聘者兄，見呼爲「新婦」，弟見呼爲「嫂」也。……兒郎既聘一女，其香火兄弟多相奔云：「學突厥法」，又云：「我兄弟相憐愛，欲得嘗其婦也。」主者知，亦不妒。

此文指出了教坊妓女生活的特殊風習，諸如結拜爲香火兄弟，接受外界邀聘時，自充男性並顛倒稱呼，而其他妓女則亦競相赴邀，這些舉止方式，不但迥異於其他階層的婦女，而且與現今一般妓女間相互爭奪狎客者相較，確爲相當特殊的現象。此外，教坊中還流行稱呼肥大年長的妓女爲「屈突于阿姑」，將容貌類似胡人者名爲「康太賓阿妹」

等等，這都顯示唐代社會在胡風侵襲下，深刻感染其文化風俗的一面。

然而胡風昌盛的情形在中唐安史之亂以後，有了不少轉變。一則由於國人痛恨外族，對武人深懷顧忌，夷夏之防也漸嚴，且科舉既盛以後之胡化，亦僅限於娛樂享受的範圍；另一方面，李唐享國日久，帝王們對以禮法爲門風的山東士族日益欽慕，所以開始講究、提倡禮教，而一些官宦貴族也效法山東士族，強調家教禮法⑦，對女子教育也更加注重德性，因此女子既自幼秉承父兄之教誨，乃以「內言不出」爲誡，以「不以才炫」自律，注重禮教之聲則瀰漫於中晚唐。

事實上，早在初盛唐時即有一批爲數不少的女教著述⑧，在強調女子應有的禮儀規範了，但這些對女子訓誡之書所以產生，正是因爲社會上禮教不興，因此才時而有人出來鼓吹倡導，以圖矯風俗而正人心，並爲自己贏得知書達禮的賢德名聲，但因當時胡風盛行，所以禮教在社會上自不會發生多大作用。中唐以後，唐人對異族文化漸有歧視之意，復古之風興起，禮教之要求也轉趨嚴謹。德宗曾特命爲「女論語」一書作釋文的宋若昭爲女學士，拜內職尚官，使教諸皇子公主；一般名門士族官宦人家也紛紛效法李華，要求閨秀們讀詩、禮、論語、孝經，以及列女傳、女誡一類講述禮儀倫常和專講女教的書⑨，一時之間禮教家法倡導之聲，響徹朝野。

但不論這些女教著作是出現初盛唐胡風鼎盛，或中晚唐夷夏之防轉嚴之時，書中都一致要求女子性情溫良和柔，行爲端正清貞，能寫會算，善於勤儉持家，長於女紅烹飪，上能孝敬父母公婆、侍奉丈夫，下能教養子女等等，具備如此三從四德者始爲理想之女性。這樣的教條顯然是專爲男子而設，所以唐人雖讓女子讀書識字，但主要的目的在使她們更易接受禮教的規範，便於學習「事人之道」，而非讓她們學習知識，開發智力，表現才華，因此諸如詞曲詩賦一類所謂的「淫詞艷語」，時人認爲是姬妾、娼優一類女子的事，有身分者學此有違婦道，是不應涉獵的，李商隱《義山雜纂》中即有「婦人解詩則犯物議」之說，可見社會輿論並不贊成婦女學詩詞，因此雖然有很多閨中才女也愛寫詩，但由於擔心詩名外傳，所以僅限於自吟自賞，甚至最後仍私下焚毀，孟昌期之妻孫氏就是一個典型的例子，她好詩詞，一日忽覺「才思非女子本分」，於是焚毀詩集，從此遵守婦道⑩。

既然女子寫詩或詩名外揚，等於敗壞名聲，那麼有文采的女子就自然被冠以娼婦之名了。《北夢瑣言》卷九描述唐代女道士魚玄機時，謂其「甚有才思，咸通中，爲李億補闕執箕帚，後愛衰下山，隸咸宜觀爲女道士，自是縱懷，乃娼婦也。」如此看來，魚玄機「淪落」的過程，堪爲有才思女子的寫照。

問題是：在尙風流的唐人眼中，善持家務之女子固爲賢妻良母，但在禮教的講求下，卻使她們舉止拘謹，生活呆板單調，尤其在詩風興盛之唐代社會，喜好吟誦詩文的丈夫，面對女子「習詩有違婦道」的教條，欲夫唱婦隨而不可得時，兩性之間自然缺乏調和的興味與情趣，此時解詩詞又懂風情之女子，自必爲唐代男子視爲鳳毛麟爪而珍惜不已，甚至求與之倡和，設法與之親近，更何況他們在現實生活的不順與壓力，也可在娼妓處得到溫柔的慰藉與樂趣。因此，不在禮教管束範圍的倡樓妓女，不但綽約多姿，嫻文墨，解詞章，而且吐屬風雅，應酬圓熟，成爲唐人爭相交往的對象，而經常涉足流連其間。

此外，還有一些擺脫世俗綱常倫理束縛的女冠，她們在道門清規戒律不甚嚴格的唐代，也廣交達官名士，和他們詩詞酬作，戲謔談笑，甚至聯袂出游，同席共飲，其行爲之風流放誕亦近於娼妓，然而唐代的文人雅士卻都樂與之來往，甚或引以爲時髦而自豪。因此可以說：中晚唐提倡禮教的結果，束縛的對象僅止於上層名門閨秀或良家女子，唐人在浪漫奢縱的胡風薰習下，反而鼓舞了社會的狎邪風尚，也更擴展娼妓活動的空間。

貳、士大夫之仕婚與愛情難兩全

唐人上承自魏晉六朝之氏族觀念，在婚媾上講求與名門望族聯姻，這種婚姻主要是家族間財產和權勢的結合，方便於政治地位之爬昇和利益之把持，但考慮當事人情感之成分則微乎其微，如此乃製造了無數貌合神離，同床異夢之夫妻，於是青樓妓館便成爲士大夫階層擺脫家庭、倫理負擔，獲得心理鬆弛與平衡之絕妙場所。因此唐代士大夫因愛情與仕婚難以兩全，轉而向外界尋求慰藉與樂趣，是狎妓風盛不可忽視的因素。

曹魏時因尊望族，卑寒門，乃立九品中正之法。這個由朝廷首倡的氏族觀念旋即風靡於社會；晉宋因之，又以法繫之，氏族觀念更深入民心⑪。時人既重視氏族門第，是以嚮慕利祿之士勢必冀求與名門聯姻，以更易其寒門身世，擠身於顯貴之列。但爲求與高門婚配，則婚嫁多以財幣相尙。這種強調門第高下與婚姻財聘厚薄的思想，瀰漫於整個魏晉南北朝的社會風氣中，我們從趙翼《二十二史劄記》的「高門士女」與「財婚」等文，就可對六朝門第觀念推展至極時所呈現在政治和婚姻的偏激情形畢覽無遺。

唐人的氏族觀念乃上承自魏晉六朝，但在重視的程度上則較前朝遠甚，這由當時姓氏學著作之多可見梗概⑫，而趙翼《陔餘叢考》卷三十一更指出唐人有「認族」的情事：

> 「舊唐書」李義府既貴，自言本出自趙郡，始與諸李序昭穆，而無賴之徒藉其權勢，拜伏爲兄叔者甚衆。「李輔國傳」，宰相李揆，山東甲族，見輔國執弟子禮，謂之五父。……

事實上，這種「認族」始於李唐皇室自稱弘農楊震、隴西李暠之嫡裔開始，行爲雖極爲荒謬，但唐人卻樂於冒用。即使如韓愈亦不言其籍貫而好稱「昌黎」郡望，可見不論「認族」或「稱郡望」之所以流行於唐代社會，根本原因是氏族門第觀念對唐人在政治、社會、倫理各方面有相當深遠的影響所致。

唐人重視門第氏族之觀念，具體展現在婚姻上者，即爲六朝以來逐漸形成之「娶高門女」及積習已久之「財婚」。當時士大夫皆以娶五姓女—崔、盧、李、鄭、王之高門女子爲榮，若未能如願則引爲終生憾事，如高宗時宰相薛元超雖甚得君王倚重，但他的平生三恨仍將不娶五姓女，與不以進士擢第、不得修國史並列，這透露出他內心門第觀念的深重，同時也代表了當時一般人蘊藏在內心的理想，因此亦曾爲高宗宰相的李敬玄「前後三娶皆山東士族」，又與趙郡李氏合譜，「故臺省要職，多是同族婚媾之家」（《舊唐書》八十一本傳）；而「榮寵莫之能比」的李義府，恥其家無名，乃爲其子求婚高門卻不獲而懷恨在心。（《舊唐書》八十二本傳）。

娶名門望族之女所以被視爲最高殊榮，主要原因是可藉此以爲晉身仕宦的捷徑，因此權貴之士莫不熱中於斯，以達到權祿穩固的目的，如李敬玄、李日知、王鍔、李彭年等，都是婚閥與官祿兩相得意，均爲史書指載歷歷，言之鑿鑿者[13]。至於一般寒素子弟若無由藉高攀名門以爲晉身之階，那麼參加科舉以求取功名，也可成爲公卿家擇婿的對象[14]。尤其唐代最重進士，稱及第進士「俯視中黃郎」，推重謂之「白衣公卿」、「一品白衫」（《唐摭言》卷一「散序進士」條），因此縱然過去並非權貴，但這些人的富貴即近在目前，亦可稱爲新貴，在曲江宴時，他們就紛紛成爲公卿之家擇婿的最佳對象。如《歷代詩話》載：

是日（按即曲江宴）……進士乘馬，盛服鮮裝，子弟僕從隨後，率務華侈都雅。……公卿勳戚，皆以是日揀選東床。

對文人士子來說，進士及第已非易事，但須再經過吏部銓選，才由九品低官做起，此後得靠考績一年一階慢慢往上遞爬，縱使年年評第優等，亦須十六年始升爲從五品下，二十四年僅升至從三品，因此高官之路可謂曠日廢時；若遇到仕途壅塞（如中晚唐），那麼升遷無異更加艱難，因此唐代進士科第固然備受朝野尊崇，但官場上之升遷，憑藉著「關係」尤重於出身。如《唐摭言》卷九云鄭隱「素無關外名，足不蹟先達之門，既及第而益孤」，所以若欲平步青雲，甚至早位高官者，「不以親，則以勢，不以賄，則以交」（「王治然與燕國公書」）。對一般由貧寒出身的進士們來說，求得科第功名只是第一步，若欲飛皇騰達，仕宦順遂，以享厚祿，那麼聯姻名族以通權貴之門，是一條躋身顯官的捷徑，而一旦得到貴冑豪門的青睞，招爲乘龍快婿，便可使其政治地位與社會階級更加穩固。對於這一點利害關係，韓愈是最清楚的人了。其「縣齋有懷」云：

少小尚奇偉，平生足悲吒。猶嫌子夏儒，肯學樊遲稼。事業窺皋稷，文章蔑曹謝。濯纓起江湖，綴佩雜蘭麝。悠悠指長道，去去策高駕。誰爲傾國媒，自許連城價。初隨計吏貢，屢入澤宮射。雖免十上勞，何能一戰霸。人情忌殊異，世路多權詐。蹉跎顏遂低，摧折氣愈下。冶長信非罪，侯生或遺罵。懷書出皇都，銜淚渡清灞。身將老寂寞，志欲死閒暇。朝食不盈腸，冬衣纔掩骼。軍書既頻召，戎馬乃連跨。大梁從相公，彭城赴僕射。弓箭圍狐兔，絲竹羅酒炙。兩府變荒涼，三年就休假。求官去東洛，犯雪過西華。塵埃紫陌春，風雨靈臺夜。名聲荷朋友，援引乏姻婭。雖陪彤庭臣，詎縱青冥靶。寒空聳危闕，曉色曜修架，捐軀辰在丁。……（全唐詩卷三三七）

詩中歷述他參加科考的辛酸、仕途的苦辛，尤其悲憐自己缺乏姻婭的奧援，以致貶謫到荒地，字裏行間充分流露出悲歎埋怨之情，如果他當年與望族締結婚姻，那麼在人生道上也許早已飛皇騰達，不會如此蹇滯了。

由此可知婚宦合一不僅爲權貴所嚮往，更是一般新貴人生目標的完美實現，唐代社會就是以此做爲評定當時人品、地位的標準。陳寅恪在《元白詩箋證稿》第四章「艷詩及悼亡詩」中云：

> 唐代社會承南北朝之舊俗，通以二事評量人品之高下。此二事一曰婚，二曰宦。凡婚而不娶名家女，與仕而不由清望官，俱爲社會所不齒。

唐人以門第、功名爲擇婚的二大要件，是因爲此二者是集個人政治前途與社會地位的最佳維繫與保障。

然而自古及今，男子娶妻的原則不外選才、選德或選色。唐代社會講求妙選高門，此或可於婦德無虧，並廣結顯宦爲親族，但高門女子卻未必個個貌美。如《雲溪友議》卷上「嚴黃門」條，載武后時嚴挺之登歷臺省，亦有時名，雖娶高門裴卿之女，但嫌其妻貌容寢陋，遂被棄如離婦。可見講門第、重財勢的婚姻，並不以眞摯的愛情爲基礎，因此士大夫的婚宦合一，只是政治婚姻功利式的結合，仍然難以掩蓋或擺脫他們內心對美色與眞正情愛的追求，所以多置妾媵，或蓄家妓以供個人聲色之歡的情形，在唐士大夫之中比比皆是。再加上受胡人享樂主義的薰染，唐人又以風流娛樂相尙，宮中乃有宮妓供君王享樂，地方也有官妓、營妓供文臣武將宴席歌舞酬酢，此外舞榭歌臺、倡樓妓館四處林立，這些女子風流雋爽的舉止，博洽犀利的談鋒，穿雲裂帛的歌喉，輕柔曼妙的舞姿，還有時世動人的妝束，顧盼多情的眼波，這一切都讓唐人在精神上得到最大的紓解與愉悅，他們不僅可以飽嘗這些浪漫旖旎的情趣，而且絲毫無礙於家庭的穩固，因爲唐代沒有禁止職官狎妓的律令，而不禁實則即無異於鼓勵，所以從唐人狎妓、養妓的盛況，可以發現唐代的妓女制度是婚姻制度的一種補充。

一般士大夫耽於狎妓，除爲現實生活增添光亮的色彩與樂趣外，也有不少是爲求得更高層次的情感交流，以彌補犧牲於政治婚姻下，眞正愛情的不足與遺憾；至於多數的進士舉子則更希望透過常與達官顯貴交往密切的名妓中，穿針引線，代爲美言，要求提攜，以達到與達官顯宦建立關係的目的

因此唐人與妓女的交往既充滿濃厚羅曼蒂克的氣氛，也夾雜不少現實功利色彩。儘

管士人與妓女間亦有篤於情愛，死生不相負者，如《太平廣記》卷二七四所錄「閩川名士」傳，載歐陽詹與太原妓一段刻骨鍾情之故事，但此例在唐代則極爲少見。

每見唐人與娼妓兩情繾綣，然而一旦觸及可能對己身的政治前途或社會地位不利時，士大夫竟多寧願捨棄此情。例如孫棨爲晚唐進士，平日喜狎遊北里，與曲中妓女王福娘相善。一日王福娘與詩孫棨曰：

> 日日悲傷未有圖，懶將心事話凡夫。非同覆水應收得，只問僊郎有意無。（《北里志》「王團兒」條）

她有意將自己的終身託付於對方，但孫棨卻以「甚知幽旨，但非舉子所宜」之言，推謝了她的請求；王福娘又哀求涕泣說：「某幸未係教坊籍，君子倘有意，一、二百金之費耳。」詎知孫棨索性題詩，讓她斷絕這個念頭說：

> 韶妙如何有遠圖，未能相爲信非夫。泥中蓮子雖無染，移入家園未得無。（《北里志》「王團兒」條）

詩中明白以娼妓難承宗胤爲由而拒絕，綜觀孫棨既與妓女王福娘相狎，又時常贈與詩文，兩人情感當非泛泛，但當福娘「久賦恩情欲託身」時，孫棨卻以自己還只是舉人，在沒有進士及第並結婚高門以前，決不肯遽然爲一妓女而犧牲自己未來的美好前途，因此在慮及將來的政治前程與社會地位後，明斷的忍情割捨了福娘誠心相待的這份情緣，十足呈顯了唐人功利現實的風貌。

又如洛陽里娘「柳枝」，一日聽聞李商隱之堂弟讓山詠商隱「燕臺」詩之後，拉斷衣上長帶爲信物，託讓山向商隱乞詩，次日相見時，二人約定三日後到水邊歡度節日，但因他故，商隱未能赴會即匆匆奔赴長安，後來他從讓山口中得知「柳枝」已被權勢者所佔有，乃作「柳枝」詩五首，既惋惜他與柳枝無緣結合，又竭力自我寬解。其二云：

花房與蜜脾，蜂雄蛺蝶雌。同時不同類，那復更相思。（全唐詩卷五四一）

李商隱以蜂和蝶本非同類，比喻他與柳枝出身不同，言外之意是：他爲士人，柳枝乃一里娘，二人雖彼此有情，卻非合適的配偶，因而他主動放棄了柳枝。

從李商隱此事的處理態度看來，他雖然未像元稹那樣宣揚「一夢何足云，良時事婚娶」的薄情論調，但最終還是和孫棨一樣犧牲了這段情緣，做出了現實的選擇。

唐代妓女和士人每因才色相互慕悅而產生感情的投契，對於妓女來說，選擇一位士人舉子以托終身，當然是最好的歸宿，但這種願望卻往往因社會輿論、市俗成見的扞格而難于兌現，這不但在唐人詩文傳記中隨處可見，就是在時人所寫的傳奇小說裏，也清楚的反映文士大夫在愛情與門第仕婚上的矛盾衝突性。例如唐人傳奇小說「鶯鶯傳」，文載張生乍見「顏色艷異，光輝動人」之鶯鶯後，自此魂牽夢縈，不能自已，在歷經鶯鶯冷待、張生情詩約會卻反遭訓斥，以及鶯鶯自薦枕席、兩情繾綣後，讀者莫不為兩人終能過著甜蜜恩愛的生活而拊掌叫好，然而卻沒想到張生並沒有對這一段坎坷艱辛之愛情予以珍惜，在赴京後經過一番「理智」的分析，便毅然拋棄了鶯鶯，末了還為自己的薄倖矯情振振有辭地解釋說：

大凡天之所命尤物也，不妖其身，必妖於人。使崔氏子遇合富貴，乘嬌寵，不為雲為雨，則為蛟為螭，吾不知其變化矣。昔殷之辛，周之幽，據萬乘之國，其勢甚厚。然而一女子敗之。潰其眾，屠其身，至今為天下僇笑。予之德不足以勝妖孽，是用忍情。

在這一段文過飾非的洋洋大論中，張生把自己曾愛戀得幾乎無法自持的鶯鶯與商紂王之妲己、周幽王之褒姒並比而觀，視之為尤物，認為娶了這樣的尤物，即使貴為帝王也要失敗，更何況他只是善於沈吟章句的一介文人？與她結縭對自己的前途是大有影響呢！

從這篇傳奇的整體內容看來，鶯鶯之所以遭張生始亂終棄，最大的原因是她不但所出必非高門，而且身分也極可能是卑賤的倡妓⑮；而文中的張生事實上就是中唐有名詩人元稹的化名⑯。就元稹棄亂鶯鶯且不為之稍慙或略諱而言，固然行徑卑鄙可議，但他在家世式微、門第清寒的侷限下，賴其勠力苦讀終得進士及第以改其原先明經出身之途徑，可見他汲汲於進取的心態，再就他進入仕途後的行事而論，則其人品之干謏近倖，致身通顯，亦實為熱中巧宦之人。鶯鶯之身分既然卑賤無以助夫，反適足以妨礙他的仕途，因此元稹在盱衡利害輕重之下，自然捨棄繾綣故歡而不悔，這種結局正是人性與社會環境矛盾衝突所造成的，肇因於文士大夫面對門第仕婚與愛情難以兩全下的悲劇。

再如蔣防「霍小玉」一文，言李益「門族清華，自矜風調，思得佳偶，博求名妓」，在得媒鮑十一娘介紹認識小玉時，就口出輕薄的說「小娘子愛才，鄙夫重色」的話來，遂與小玉低幃暱枕，極盡歡愛。後因李益以書判拔萃登科，授鄭縣主簿，並將回東都洛陽探省父母，小玉乃謂生曰：

> 以君才地名聲，人多景慕，願結婚媾，固亦衆矣。況堂有嚴親，室無冢婦，君之此去，必就佳姻。盟約之言，徒虛語耳。然妾有短願，欲輒指陳，永委君心。……妾年始十八，君才二十有二，迨君壯室之秋，猶有八歲。一生歡愛，願畢此期。然後妙選高門，以諧秦晉，亦未為晚。妾便捨棄人事，剪髮披緇，夙昔之願，於此足矣。

這一席話正印證了唐人仕宦婚姻的觀念，可見李益當初思得佳偶，博求名妓，是為了狎樂，絕不可能與之共諧秦晉，因此小玉雖與李益情深意篤也明白此點，才有「盟約之言，徒虛言耳」的感慨，甚至希望能抓住短暫歡樂時光後，隨順李益聯姻高門自己則遁入空門，然而即使是這樣的如意算盤終還是幻滅了，因為當李益：

到任旬日，求假往東都覲親。未至家日，太夫人已與商量表妹盧氏，言約已定。太夫人素嚴毅，生逡巡不敢辭讓，遂就禮謝，便有近期。盧亦甲族也，嫁女於他門，聘財必以百萬為約，不滿此數，義在不行。生家素貧，事須求貸，便托假故，遠投親知，涉歷江淮，自秋及夏。

隴西李益以甲族而聯姻表妹盧氏，為假貸百萬聘財，遍訪親友，遠涉他鄉，其艱辛概可想見，但在仕婚合一的考量下，他終究還是寧願遺棄對己痴心的倡女小玉，雖然「豪俠之倫，皆怒生之薄行」，但這也只是「風流之士，共感玉之多情」下，一句同情憐憫的話罷了。委棄寒女，締姻高門乃是當時社會道德輿論所容許者，小玉也說「妾本倡家，自知非匹」，可見她對這樣的結局非常明白，但她仍願意為對方付出眞情而甘心不悔，這與唐代男子始則狎樂，終必顧慮其政治前途而捨棄相較，是相當明顯的對比。

另一篇傳奇小說「李娃傳」，也是同樣展現唐代仕婚一體的風習⑰。滎陽公子出自「時望甚崇，家徒甚殷」之名門，在應鄉賦秀才舉時遊平康妓院，乃與長安名倡李娃情投意合。但他在歷經金盡被棄，凶肆鬻歌，嚴父笞撻後，終在李娃幫助鼓勵下，重拾藝業，專心志學，遂登甲科，授成都府參軍，可謂功成名就矣。當滎陽公子將赴蜀上任時，李娃謂生曰：

今之復子本軀，某不相負也。願以殘年，歸養老姥。君當結媛鼎族，以奉蒸嘗。

中外婚媾，無自黷也。勉思自愛，某從此去矣。生泣曰：「子若棄我，當自剄就死！」娃固辭不從，生勤請彌懇。

滎陽公子功成名就，結嫒鼎族而倡女李娃則從此辭去，這樣的情節安排，完全符合唐人仕婚合一的要求，而結局也應爲悲劇才是，但此文在最後卻讓滎陽公子和李娃的愛情與仕宦兼得，這大大的違反當時社會背景與法律條文⑱。因此劉開榮認爲作者如此安排，應有其政治目的⑲。

綜觀「鶯鶯傳」、「霍小玉傳」與「李娃傳」三篇傳奇的內容，都在表現出士妓的纏綿情愛，或對衝破門閥藩籬，追求自由愛情的美好願望，姑且不論「霍小玉傳」與「李娃傳」是否有弦外之音，但蔣防與白行簡寫作這樣類型的小說，應也是有意想透過雖是虛構人物，卻眞誠的表達文士大夫對愛情與門第仕婚難以兩全之掙扎、矛盾與無奈的訊息，換言之，他們當是借妓女心願以托出男性內心的吶喊與期盼吧！

唐士大夫既將與娼妓的交往，當成其仕宦或婚姻不如意的避風港，娼妓們也投彼輩之喜好而溫情慰藉，或表演歌舞以暢其懷，或吟誦詩賦以騁其意，其間雖多見兩情之纏綿深意，但最終娼妓們必是彼輩政治婚姻下的犧牲品，稍好些則被納爲家中妓妾，但這對她們的身分並無多大提昇，仍是扮演著主人玩物的角色，或供賓客娛樂、陪席侍酒的歌舞人罷了，白居易在裴侍中府夜宴，即有「九燭臺前十二姝，主人留醉任歡娛」（夜宴醉後留獻裴侍中）之句。而且即使被納爲妓妾，命運亦十分可悲，如魚玄機十五歲被李億納爲妾，兩人雖情深意篤，但因夫人妒不能容，只得從冠帔於咸宜觀，最後竟淪落爲女冠式的娼妓。

總之，唐代娼妓在文士大夫仕婚爲重的考量下，以婉約可人的姿態塡補他們婚姻制度的不足，但也是在文士大夫愛情與門第仕婚的取捨下，成爲政治婚姻的犧牲品，奇特的是唐代的妓女業就在這種兩相矛盾的情形下，呈顯蓬勃發展的景象。

注釋

❶ 漢代儒家如董仲舒、韓嬰、匡衡、翼奉、劉向、京房之流，其思想皆含有陰陽五行讖緯符命之理論，並非孔子學說之原有面目，就以當代儒家哲學代表之《春秋繁露》與《論語》相較，即可清楚發現兩者之差異。

❷ 如何晏《論語集解》、王弼《論語釋疑》、郭象《論語體略》、《論語隱》等等，皆時見曲解儒家意思之情形，如此把儒學強迫道家化，儒學之原貌乃益趨寖微矣。

❸ 太宗時儒學之昌盛與高宗時定「五經正義」，事見《舊唐書》卷一八九「儒學傳上」與《新唐書》卷一九八「儒學傳上」。大曆以後，學者勠力注疏，離傳言經，事見《新唐書》卷二〇〇「儒學傳下」。

❹ 關於唐代蕃胡來往中國之資料，累見《新、舊唐書》突厥等異族列傳外，歷來之論述亦頗多，如日人桑原隲藏有「隋唐時代來往中國之西域人」一文，見《支那學論叢》。向達有《唐代長安與西域文明》一書，明文書局出版。又，謝海平《唐代留華外國人生活考述》一書，台灣商

務印書館發行，皆可參閱。

❺ 關於此問題可參看馮承鈞「唐代華化蕃胡考」見《東方雜誌》第二十七卷第十七號、劉盼遂「李唐爲蕃姓考」見《女師大學術季刊（大陸）》第一卷第四期、陳寅恪撰「李唐氏族推測」諸篇見《中央研究院歷史語言研究所紀念論文集》。

❻ 《舊唐書》「東女國」云：「俗重婦人而輕丈夫。」又《資治通鑑》卷二一五玄宗天寶六年亦載：安祿山自稱「胡人先母而後父」。

❼ 唐人受胡風薰習日久，上自公主，下至貴族之女多驕縱自恣，違背固有倫常禮法。《唐會要》卷六載：「建中元年九月，以舊例皇姬下嫁，舅姑反拜而不答，至是乃刊去慝禮，率由典制。」而宣宗大中四年二月亦詔曰：「女人之德，雅合愼修，嚴奉舅姑，夙夜勤事，此婦之節也。先王制禮，貴賤同遵，旣以下嫁臣僚，儀則須依古典，萬壽公主婦禮，宜依士庶。」（同上）宣宗此詔影響皇室禮教甚大。而西平王李晟治家謹嚴，就被當世推爲權貴之家中禮法最好的楷模。見《舊唐書》「李晟傳」、《唐語林》卷一「德行」篇、《因話錄》卷三「商部」。

❽ 太宗長孫皇后著「女則」十篇，元沛妻劉氏著「女儀」一篇，韋溫女著「續曹大家女訓」十二章，王琳妻韋氏著「女訓」一篇，宰相王搏妻楊氏著「女誡」一卷，見《歷代婦女著作考》。但以上之書皆已亡佚，今僅存中唐以後陳邈妻鄭氏《女孝經》和宋若昭爲其姐宋若莘撰《女論語》所作之釋文傳於後世。

❾ 見李華「與外孫崔氏二孩書」，《全唐文》卷三一五。

❿ 《北夢瑣言》卷六，曾載進士孟昌期之妻孫氏好詩詞，一日焚詩集，以爲才思非女子本分，從此遵守婦道。又唐人傳奇《河東記》亦借一女子之口云：「爲婦之道，不可不知書，倘更作詩，反似姬妾耳。」

⓫ 柳沖於唐玄宗先天元年撰「姓系錄」，除對氏族源流詳加闡釋外，於氏族門第觀念之產生亦詳究

其淵源。見《新唐書》卷一九九「柳沖傳」。

⑫ 唐代姓氏學之著作極多。如唐太宗命諸儒撰《氏族志》一百卷；柳沖撰《大唐姓系錄》二百卷；陸淳有《衣冠譜》；韋述有《開元譜》；柳芳有《永泰譜》；柳璨有《韻略》；張九齡有《韻譜》；林寶有《元和姓纂》；邵思有《姓解》（鄭樵氏族略序），可見唐人對氏族之重視。

⑬ 上述諸人婚閥官祿兩相得意之情形，分見《新唐書》卷一〇六、一一六、一七〇及《舊唐書》卷九〇「李懷遠傳附」。

⑭ 如皇甫氏《原化記》有云：中朝子弟，性頗落拓，少孤，依於外家。……舅氏一女，甚有才色，此子求娶焉。舅曰：「汝且勵志求名，名成，吾不違汝。」此子遂發憤篤學，榮名京邑。可見以甥舅之親，尚以「名成」爲議婚的先決條件，其他無甥舅關係者，更是不成名，婚事無望了。

⑮ 鶯鶯所出必非名門，且極可能是倡妓身分，可詳見陳寅恪先生《元白詩箋證稿》第四章「艷詩及悼亡詩—附讀鶯鶯傳」一文所析。

⑯ 關於「鶯鶯傳」爲元稹自述之作，除宋・趙德麟於《侯鯖錄》卷五辯駁王性之作「傳奇辨正」裏認爲「鶯鶯傳」非元稹所撰之誤外，近人陳寅恪（篇目同右）亦有相同見解。

⑰ 「鶯鶯傳」、「霍小玉傳」、「李娃傳」等三篇唐人傳奇之寫作，固然須考慮作者寫作時之特殊背景—諸如潛藏之政治動機或目的之因素，但文中所展現唐人仕婚一體的風習，以致產生士妓戀愛之悲劇，此實例在唐代可信之文獻史料或筆記小說中亦多有記載，兩者正可互相參證。

⑱ 唐代有良民、賤民之分，而唐律在婚姻配偶身分上，嚴格禁止良賤通婚，違犯者有不同刑罰。見《唐律疏議》卷十三、十四「戶婚」條。

⑲ 詳見劉開榮《唐代小說研究》上篇第三章「朋黨之爭與周秦行紀—附李娃傳」。

第五節　道教房中術促進蓄妓女色之風

道教是在中國這塊文化土壤裏產生和發展起來的傳統宗教。追溯其淵源，則與遠古社會中之卜筮巫術有關。由於卜師巫士負有溝通人與神之間連繫的神聖使命，所以在原始部落中，他們享有崇高的地位。戰國時期，一些方術之士自稱能召神劾鬼，呼風喚雨，又能修煉成仙，長生不老，經常得到當權者的青睞和信任，如齊威王、宣王、燕昭王等即曾爲此而眩惑著迷；到了秦、漢時期，秦始皇、漢武帝都醉心於長生不老之術，因此不僅曾多次遣方士入海求不死藥，而且對方術之士亦極爲重用❶。當時神仙修煉之方，大抵或借外力以求不死，如採食玉英、煉丹服食，或憑自身內在之修煉，如導引、食氣、悟道等等❷。

兩漢神仙思想和讖緯方術十分盛行，民間的神仙方術吸收了先秦陰陽五行思想，以及道家黃老之學，逐漸形成了道教的基本思想，產生了道教最早代表著作《太平經》。東漢順帝時，張陵倡導「五斗米敎」，奉老子爲敎主，假託老子授經，造作道書❸，於是原本屬於道家哲學思想之《道德經》，到漢後成爲道教修煉傳敎之主要經典，是道教思想教義之重要理論根據。

道教思想承自先秦道家而特別強調負陰抱陽，調協陰陽以入道成仙，達到長生不老的目的，這個基本要旨影響到各種養生術之產生和流行，尤其是藉男女交媾以達到修煉成仙，長生不老之「男女合氣之術」又稱爲「房中術」者最爲盛行。

西漢時已有不少房中術的論述❹，東漢時此類著作更多，除了《漢書藝文志》載錄房中八家❺外，還有劉向的《列仙傳》、王充《論衡》、《後漢書方術列傳》等等，由這麼多種與房中術有關的著作看來，可見這種修仙方式在當時社會上受重視與流行的情形。

由漢而入六朝，房中術一直盛行不衰，東晉道士葛洪著《抱朴子》就把房中術當作學道的基礎，在此書的「至理」、「微旨」、「釋滯」等篇中，對房中術有詳細之論述。他以爲「不知陰陽之術，屢爲勞損，則行氣難得力也」（至理篇）；又說：「人不可以陰陽不交，坐致疾患。……善其術者，則能卻走馬以補腦，還陰丹以朱腸，采玉液於金池，引三五於華梁，令人老有美色，終其所稟之天年。」（微旨篇）；但單行房中術亦不能致仙，必須與金丹、服食相配合始能有所成，且房中術須依口訣行事，否則任情肆意反會招來害處，所謂「若不得口訣之術，萬無一人爲之而不以此自傷煞者也。」（釋滯篇）；另外，南朝梁著名道士陶弘景在《養性延命錄》中，也極力宣揚男女交媾時行合氣術之益處。

探究房中術自西漢到六朝七、八百年間之所以一直盛行不衰的最大原因，乃在房中術所費不多，又能得其至樂，且可昇天爲仙，然而道教房中術之流行卻必然會促進納妾蓄妓等重女色風氣之盛行。雖然道教主張在合法夫妻之基礎上實施房中術，而且也反對奸宿狎妓，但在實際上，那些沈迷於修煉房中術之人，往往不能抑制高亢的情欲，做到御而不洩之境地，結果修煉愈多，身體愈虧敗，非但不能長壽成仙，反而加速夭亡，這種後果早在王充《論衡》「命義」篇裏就提出：過度縱容男女交接之術，則「非徒傷父母之身，乃又賊男女之性」的警告；班固《漢志》也有「樂而有節，則和平壽考，及迷者弗顧，以生疾而殞性命」的砭言；而其後之葛洪亦云：「若欲縱情恣欲，不能節宣，則伐年命。……玄、素諭之水火，水火煞人，而又生人，在於能用與不能用耳。大都知其要法，御女多多益善，如不知其道而用之，一、二人足以速死耳。」對宣淫濫交之害處，都指言歷歷；甚至北周的甄鸞作《笑道論》一書，對於房中術之盛行大加斥責[6]。但是在房中術費用儉省，卻可得至樂與昇天成仙的強力誘因下，一些上層貴冑，爲了採補增益而想方設法，多娶妻妾，多御美女，尤其在魏晉南北朝時期，貴族之間爭相蓄養婢妾家妓，還彼此公開交流交媾技巧，「父兄立前，不知羞恥，自稱中氣眞術」，淫逸驕奢，生活靡爛，此所以在魏晉南北朝之貴冑家庭裏，都普遍蓄養家妓之因，這些成群上百的家妓就是供給他們作聲色之享樂。

李唐崇尚道教，在對藉由丹藥服食與房中術之方法以長生成仙的喜好上，較之前朝更爲熱烈沈迷。以帝王而論，唐代二十一位君王中，曾服食丹藥者就幾居半數[7]；而自方士相傳黃帝御女一千二百而登仙的神話（《抱朴子》「微旨篇」），也使得君王對能將聲色享樂和修煉成仙融合爲一的房中術，興趣盎然，當然後宮成百上千之佳麗宮人，就是他們藉以修煉的最主要對象。白行簡「天地陰陽交歡大樂賦」即云：

> 若乃皇帝下南面，歸西殿，滌服引前，香風後扇，妓女嬌迎，宮官拜見。新聲欲奏，梨園之樂來庭，菱角初嘗，上林之珍入貢。於是閹童嚴衛，女奴進膳，昭儀起歌，婕妤侍宴，戚貴妃於夢龍，幸皇后於飛鸞。然乃啓鸞帳而選銀環，登龍媒而御花顏，慢眼星轉，羞眉月彎，侍女前扶，後助嬌容，……縱武皇之情慾，上迎下接，散天子之髭鬟，乘羊車於宮裏，插竹枝於户前。然乃夜御之時，則九女一朝，月滿之數，則正后兩宵。此乃國典備修之法，在女史彤管所標，今則南内西宮，三千其數，逞容者俱來，爭寵者相妒，矧夫萬人之軀，奉此一人之故。
> （清末葉德輝《敦煌寫本殘卷》）

這種滿足君王生理心理享樂的情形，可以從唐代的文獻史料常述及君主帝王宴遊狎樂之情形，以及屢次詔取妓女宮人進宮之事例中，鮮明可見。（可參見本文第二章第二節所述）

唐代文士大夫受到君王崇尚道教與服食狎樂之深遠影響，也紛紛熱衷此道。尤其是中唐以後，不少文士採集燒煉可以「益精益氣，補不足」之鍾乳，以求仙尋樂。例如《舊唐書》「元載傳」就記述代宗時之宰相元載「名姝異樂，禁中無者有之，兄弟各貯妓妾於室，倡優猥褻之戲，天倫同觀，略無愧恥。」當他貪污事敗後，朝廷從其家中籍沒鍾乳五百兩，君王還將它「分賜中書門下御史臺五品以上，尙書四品以上」之官員；再如牛李黨爭主角人物之牛僧孺，家中之妓樂亦不少，曾自誇他前後服食鍾乳三千兩後，甚爲得力，於是寫詩向白居易炫耀並嘲謔其羸老，白居易在「酬思黯（即僧孺）戲贈同用狂字」之詩中即云：

鍾乳三千兩，金釵十二行。妒他心似火，欺我鬢如霜。慰老資歌笑，銷愁仰酒漿。眼看狂不得，狂得且須狂。（全唐詩卷四五七）

事實上，白居易在煉丹服食（雲母）與妓樂繁多的方面，比之牛僧孺尙且過之。他在貴爲蘇、杭刺史時，與當地衆多官妓往來密切，退居東洛後也蓄有多名家妓，而且他也勤於尋訪鍊師道士，在他的詩集裏也留下不少崇道煉丹之「閒適詩」，即以唐代道徒極爲流傳之「參同契」而言，白居易在許多詩裏就屢次涉及到它❽，這表明白居易是個熱衷的崇道者。但因多次燒煉而無一成，因此晚年的居易從禪學中求得心靈之平靜，六十八歲大病一場後，更釋放家妓樊素、小蠻，由此可見白居易在丹藥服食與蓄妓女色上，都表現出他拿得起，放得下的胸襟，然而唐代士大夫大多沈迷不返，有多少人能如他一般的釋懷呢？

唐朝由於崇道的緣故，道觀四處林立，當時文士又有讀書山寺道觀之風氣❾，這造成文士與寺觀中之尼冠有交相往來之機會。有些當年入寺觀之女子，並非一心嚮往清修生活而是因境遇逼迫，其修眞意志既不堅定，則其沈潛於內心之情愫，易因外界誘引而挑撥，初唐時已有女冠淫蕩之情事，例如駱賓王「代女道士王靈妃贈道士李榮」之詩裏，即充分流露男女道士纏綿悱惻之情愛，而盛唐劉長卿的「戲贈于越尼子歌」，也是描述女尼不免牽於情愛的情形。中唐以後，社會風氣愈趨浮靡，尼冠之生活也更加狎治自恣，白行簡「天地陰陽交歡大樂賦」云：

> 更有金地名賢，秖園幼女（原注：即師姑是也），各恨孤居，當思於同處，口雖不言，心常暗許。或是桑間，大夫鼎族，名儒求淨，捨俗髡髮，剃鬚漢語，胡貌身長，匽鼃思心，不觸於佛法，手持豈忘乎念珠。或年光盛小，閑情窈窕，不短不長，唯端唯妙，慢眼以菩薩爭妍，嬾臉共桃花共笑，圓圓翠頂。……

文中所說的雖是佛寺師姑暗藏春心，搔首弄姿的情態，然而當時女冠之放蕩淫靡亦與之相去不遠。《唐語林》卷一曾載：宣宗微行至德觀，竟見女冠盛服濃妝，赫怒歸宮，乃另擇他人住持其觀；另外，在唐人詩文中也有不少描寫女冠放浪佻達的作品，如韓愈「華山女」、李洞「贈蕭鍊師」等等，這些道觀的狎治與女冠的淫蕩，從本文第三章第五節之敘述中，更是清楚可見。

也許站在道教房中術主張藉由男女陰陽相合、情性交融，以採補「雙方」之法而登昇成仙的要旨⑩，換言之，以此法不僅強調男子可從房中術中滋補身體，延年益壽，而且女子也能從交媾歡愉中汲取養分，永保青春美麗的立場而言，則男女道士間的戀情或女道士與衆多異性的交相往來都被視爲合乎道規，但是道教房中術的流行既在漢魏六朝以男性爲主的社會流行，且在出自道士的論述中又大多偏重於採「陰」補「陽」的修煉方式而造成納妾蓄妓等重女色風氣之盛行，因此當面對著中晚唐以後，道觀狎冶，女冠淫蕩的情事日益普遍，這使吾人不得不懷有：那些非純修眞的女冠是否藉著承襲自六朝道士於道觀中進行男女交接之術（甄鸞《笑道論》）的機會，但實際上卻逢場作戲，滿足放蕩其形骸的私慾，而非眞當房中術來修煉的疑問。若果如此，那麼那些風流佻達的女冠們也就無怪乎會招來當時文士的挑逗，而後人亦直視其與娼妓無異了⑪。

總之，細究唐代妓風興盛，道觀狎冶、女冠淫蕩，都與時人崇尙道教，藉丹藥服食或修煉房中術以養精益氣，達到長生不老之目的有關。因此社會風氣愈趨於浮蕩淫靡乃是必然，而上自君王，下至文士大夫，各有宮妓、官妓、營妓、家妓以供其聲色之娛，坊曲也隨處可見娼樓妓館，就連道觀也出現不少「娼妓式之女冠」，公然與人同席共飲，出語佻笑，甚至向人直示情愛，爭風吃醋，這些妓風的昌盛，和唐代道教比前朝更不重哲理思辨，卻特別留意於藉由服食丹藥或房中術以延年益壽的方式，都有著不可脫離的關係。

注釋

❶ 上述戰國、秦、漢諸君王與方士求仙之事，詳見《史記》卷二十八「封禪書」、卷六「始皇本紀」、卷十二「漢武帝本紀」、及《漢書》「郊祀志」。

❷ 先秦載藉中，論及藉餐食玉英以長生不死者，有《列子》「湯問篇」、《韓非子》「說林上」、《楚辭》「遠遊」、「九章涉江」、《山海經西次三經》；論及導引、食氣、悟道以成仙者，有《莊子》「刻意篇」、「大宗師」、《左傳》昭公元年、廿五年之記載，《國語》「周語下」及《管子》「戒篇」等，皆可參見。

❸ 見《後漢書》卷七十五「劉焉傳」、《三國志》「魏書張魯傳」。

❹ 一九七三年湖南長沙馬王堆三號西漢墓中，曾出土不少言及男女房中術之醫書，如《雜療方》、《十問》、《天下至道談》、《合陰陽》等，上述諸書參見周一謀、蕭佐桃編《馬王堆醫書考注》。

❺ 《漢書藝文志》錄有「房中」八家，分別為《容成陰道》二十六卷、《務成子陰道》三十六卷、《堯舜陰道》二十三卷、《湯盤庚陰道》二十卷、《天老雜子陰道》二十卷、《天一陰道》二十四卷，《黃帝三王養陽方》二十卷，《三家內房有子方》十七卷，凡一百八十六卷，可見漢代房中術風氣之盛。

❻ 北周甄鸞《笑道論》「道士合氣三十五」條云：《眞人內朝律》云：「眞人日禮。男女至朔望日，先齋三日，入私房，詣師所立功德。陰陽並進，日夜六時。」此諸猥雜，不可聞說。又《道律》云：「行氣以次，不得任意排醜近好，鈔截越次。」又《玄子》曰：「不鬲戾，得度世。不嫉妒，世可度。陰陽合，乘龍去。」云云。臣笑曰：臣年二十之時，好道術，就觀學。先敎臣黃書

合氣三五七九，男女交接之道。四目兩舌正對，行道在于丹田。有行者，度厄延年。教夫易婦，唯色爲初。父兄立前，不知羞恥，自稱中氣眞術。今道士常行此法，以之求道，有所未詳。（錄自清・嚴可均《全後周文》卷二十、唐・釋道宣《廣弘明集》卷九）。

❼ 見拙著「唐人服食風尚之探究」，國立台中商專學報二十四期，八十一年六月一日出版。

❽ 白居易「尋郭道士不遇」詩云：「郡中乞假來相訪，洞裏朝元去不逢。……欲問參同契中事，更期何日得從容。」（全唐詩卷四四〇），又「同微之贈別郭虛舟鍊師五十韻」詩云：「我爲江司馬，……始識虛舟師。師年三十餘，白皙好容儀，專心在鉛汞，餘力工琴碁。……授我參同契，其辭妙且微，六一悶局鐍，子午守雄雌，我讀隨日悟，心中了無疑。……」（全唐詩卷四四四）

❾ 詳參嚴耕望「唐人習業山林寺院之風尚」，收於《唐史研究叢稿》，或見《史語所集刊》三十。

❿ 房中術爲男女雙方採戰陰陽相益之法，相傳容成公取精於玄牝，髮白更黑，齒落更生；陳市上沽酒婦人女丸與年少者止宿飲酒，行仙人文書之法後，如此三十年，更如二十時。事見劉向《列仙傳》。又，黃帝房中術傳爲玄女、素女所授。見王充《論衡》「命義」篇；而《隋書經籍志》「玉房秘訣」（已亡佚，今由清・葉德輝自日本《醫心方》卷二十八輯錄）云：「王母無夫，好與童男交，是以不可爲世教，何必王母哉？」據此，則西王母亦曾採戰於男。現所見漢魏六朝房中術之論述之所以多偏重以陽採陰，蓋古代多因男性掌控社會，且作者亦皆爲男性所致。

⓫ 本節之內容承蒙學校先輩蕭登福老師提供不少可貴資料，啓迪後進之情，衷心銘感。又，有關先秦兩漢道教之修煉可參閱蕭先生「先秦兩漢冥界及神仙思想探原」，文津出版社印行。

第三章　唐代娼妓類型分析與生活境遇探究

唐代娼妓業鼎盛，類型也較前代繁多而複雜。歷來學者因持論立場不同，在分類上也五花八門、說法各異❶。

本文在全面探查後，將唐代娼妓分爲：宮妓、官妓營妓、家妓、民間職娼與女冠式娼妓等五類。其中，將官妓營妓同時叙述，是因爲這二種娼妓皆備於唐代文武官吏節會筵宴之需，看不出有清楚截然劃分的界線；另外，和前人顯著不同的是多增加「女冠式娼妓」一類，蓋爲凸顯出此類娼妓在唐代道教興盛發展下，藉女冠之名以行娼妓之實的特殊景象。

雖然本文以娼妓之類型不同，詳分五類以闡述其來源、名目等級、生活境遇、解籍條件等諸多課題，但在探述過程中，發現唐代各類型娼妓之角色身分並非一成不變。例如：民妓籍入樂營就成爲官妓營妓；若被財富權勢者擁有則爲家妓，而色藝俱佳者被朝廷選入教坊便成爲宮妓，但是宮妓因天子將之賜與臣僚、裁汰冗員、年老色衰放還出宮，或亂世流離等因素，仍有可能再度成爲家妓、民妓或女冠，而本爲家妓者因主人將之獻於朝廷，亦可變爲宮妓，然而若侷困無以爲生則也有成爲民妓，或淪爲女冠式之娼妓者，因此娼妓身分之變換快則一日之間即不同，慢則數十年始改易。

總而言之，隨著擁有者的處置或時空客觀環境之改變，各類型之娼妓有流通、轉換之變動性，但不論宮妓、官妓營妓、家妓、民妓、女冠式娼妓之間如何的轉換，她們卑賤的身分則是永遠不會改變的。

第一節　宮妓

壹、來源與名目等級

宮妓係爲娛樂皇室而設，包括教坊妓女與梨園樂妓。

唐初之宮廷樂舞除軍樂屬鼓吹署管轄外，其餘雅、俗樂皆隸太樂署管理。高祖武德年間創設內教坊於禁中，設中官一人爲教坊使，以按習雅樂，其官隸屬太常。武后時改爲雲韶府，神龍年間又復名爲內教坊。在這段期間，唐代音樂呈現雅、胡、俗三樂鼎立之情勢；但至玄宗時，由於內外教坊和梨園的設置，不但使得胡俗兩樂融合爲一，也使宮廷音樂之發展達於極點。

根據《新唐書》「百官志」太樂署與《資治通鑑》卷二一一有關條文記載，玄宗於開元二年在蓬萊宮側置內教坊，以教習新聲、散樂、倡優之伎❷；同時又設立左右教坊，這是從太常寺獨立出來之教樂機關，主要以妓樂爲中心❸；此外，玄宗在聽政之暇，還召集太常寺之樂工子弟與宮女、樂妓、小部等在梨園教習他所喜愛的法曲，此等子弟稱爲「皇帝梨園弟子」❹，三者之位置可見附圖一。

玄宗時左右教坊、內教坊與梨園之設置，主要目的是提供朝廷歌舞享樂之用，而這三個機構之關係亦十分密切。如左右教坊與內教坊都是處理散樂倡優之處，同以妓樂爲中心，左右教坊所屬一部分之樂妓又分置宮中及內教坊，因此兩者實際上互有交流，彼此混同之處甚多；所不同者只是左右教坊設於宮外，故又有外教坊之稱。至於爲梨園弟子組成份子之一的樂妓，根據《資治通鑑》卷二一一「又選伎女，置宜春院，給賜其家」一語看來，則梨園樂妓有不少即出自左右教坊中宜春院之女妓，由此也可看出教坊與梨園間的緊密關係，而在此中學歌習舞，表演戲樂之宮廷樂妓，需隨時聽候朝廷徵用，因此她們也可說是皇室專屬之歌舞團。

唐代被選入教坊或梨園之宮妓，大致有下列幾種來源：

一、罪犯或叛將之妻女配沒掖庭，一部分進入教坊。

例如天寶末年，蕃將阿布思伏法，其妻配入掖庭，因善爲優，乃使隸樂工，君王宴享群臣時，使綠衣爲倡。和政公主爲此諫曰：

> 布思誠逆人，妻不容近至尊；無罪，不可與群倡處。（《新唐書》卷八十三「諸帝公主列傳」；另趙璘《因話錄》卷一「宮部」略同。）

從公主所言，說明阿布思之妻於丈夫伏法後，因善於俳優而落籍爲教坊宮妓。

又如憲宗時淮西鎮叛將吳元濟兵敗後，其家妓亦沒爲宮妓。唐蘇鶚《杜陽雜編》卷中云：

> 時有宮人沈阿翹，爲上舞何滿子。調聲風態率皆宛暢。曲罷，上賜金臂環，即問其從來。阿翹曰：「妾本吳元濟之妓女，濟敗，因以聲得爲宮人。」上因令阿翹奏涼州曲，音韻清越，聽者無不淒然。上謂之天上樂，乃選內人與阿翹爲弟子焉。

文中之沈阿翹原係吳元濟私有樂妓，因其善於聲樂被籍入爲宮人，君王爲能時常聽到如此美樂，因此還選教坊內人給阿翹爲梨園弟子教習之。

二、選取民間樂戶或倡優女子。

例如許永新就是由民間選取色藝精妙之樂戶而爲宮妓者。《樂府雜錄》「歌」條載：

> 開元中，內人有許和子者，本吉州永新樂家女也，開元末選入宮，即以永新名之，籍於宜春院。

又如王建「宮詞」云：

> 青樓小婦研裙長，總被抄名入教坊。春設殿前多隊舞，朋頭各自請衣裳。（全唐詩卷三〇二）

詩中指出這位宮妓本是從民間青樓妓女而被搜羅入宮者。此類例子在唐代不少，如《青樓小名錄》云薛瓊瓊本亦狹斜女子，以善箏而入供奉；《新唐書》卷一六六「杜佑附杜悰傳」云，武宗時，曾詔揚州監軍取倡家女十七人進禁中；《李文饒集三》云，文宗大和三年，成都伎人錦錦入內……等等，皆是其例。

三、掠奪自民間良家女子。

例如《教坊記》云：

> 宜春院人少，即以雲韶宮人添之。……平人女以容色選入內者，……謂之搊彈家。

所謂之宮人、搊彈家，即由平民女子中選入。

另外，《次柳氏舊聞》曾載：玄宗幸太子李亨宮院，見「左右使用，無有妓女」，因此詔高力士下令京兆尹「亟選民間女子，頎長潔白者，將以贈太子」；又如《舊唐書》一六四「李絳傳」中言及有關憲宗時教坊之情形曰：「時教坊忽稱密旨，取良家士女及衣冠別第妓女，京師囂然。」這種選取民間良家女子爲宮妓之行爲，出自君王之盛威，無異於公然掠奪，因此李絳即以茲事大虧損聖德爲由，極力論諫。

四、朝臣、外藩所進貢之家妓女樂。

例如《樂府雜錄》「歌」條載：

> 大曆中，有才人張紅紅者，本與其父歌於衢路丐食。……過將軍韋青所居，青於街墉中聞其歌，喉音寥亮，仍有美色，即納爲姬，其父舍於後户，優給之，乃自傳其

藝，穎悟絕倫。……尋達上聽。翊日，召入宜春院，寵澤隆異。宮中號爲記曲娘子。

張紅紅本與其父街頭賣唱，因貌美藝佳而歸爲韋將軍姬妾，但後因被朝廷知曉，乃被召入宜春院，專門娛悅君王。

朝臣外藩進獻妓樂於朝廷者，大部分是想藉此向君王輸誠求悅。例如：《杜陽雜編》卷中載，寶曆二年，淛東國貢舞女二人，一曰飛鸞，二曰輕鳳；《舊唐書》十四「憲宗紀上」云，元和元年八月甲子，「韓全義子進女樂八人，詔還之。」；同書二十「昭宗紀」亦載乾寧元年正月朔，「鳳翔李茂貞來朝，大陳兵衛，獻妓女三十人，宴之內殿，數日還藩。」這些都是媚上而主動進獻家妓女樂之例。

總之，唐代宮妓之來源，以選取民間樂戶、妓女及掠奪自民間良家女子者爲數較多；其他如官吏之眷屬因犯罪抄家或主動進獻，都有由原來身分落籍爲宮妓之可能，而由朝官獻給君王之家妓女樂，也有事後被「詔還」，重回原主身邊之家妓者，這些女妓就如禮物般被輾轉相送，毫無個人自由意志可言。

根據《教坊記》所載，唐代西京右教坊在光宅坊，左教坊在延政坊，「右多善歌，左多工舞」。宮中教坊妓女之等第主要分下列四種：

一、內人：

妓女入宜春院者，謂之「內人」，亦曰「前頭人」，這是因爲她們可常在君王御前之緣故。此輩之容貌、技能都較其他樂妓爲優。例如在朝廷宴會時，內人以外之教坊樂妓僅得舞伊州及五天重來疊二曲，其餘舞曲則全由內人擔任。由於她們是教坊宮妓中地位最高者，因此也享有十分優渥之待遇，諸如四季給米，在衣著上仿照一般官吏貴賤品級而攜佩魚袋❺，每月二日、十六日，內人之母、姑、姐、妹可一人來會面，而內人生日當天，則准許其母、姑、姊、妹皆來見面。《舊唐書》卷十七「敬宗紀」曾載：寶歷二年五月戊辰朔，「上御宣和殿，對內人親屬一千二百人，並於教坊賜食，各頒錦綵」，敬宗時之內人已得如此恩寵，想必盛唐玄宗時，內人之待遇當更爲優饒。

內人雖爲教坊宮妓中地位最高者，但當中還有特別承幸恩寵者，初本十家之數，因此謂之「十家」，其後人數漸增，雖有數十家之多，但仍以「十家」呼之。她們特給第宅，當准許會面之日，其他內人在位於大明宮之內教坊會面，而十家內人則就賜贈之本落會面，可謂承受無比之榮寵，鄭嵎「津陽門」詩有「十家三國爭光輝」一句，將十家內人與最受玄宗寵幸之楊貴妃三位姊姊——韓國、虢國、秦國夫人並比而提，可見此十家內人受君王恩寵之一斑。

二、雲韶人：

這雖是由武后之雲韶府而得名，但所指的是玄宗時成立新內教坊的宮妓。其地位僅次於內人，係賤隸出身，因此亦稱「宮人」❻。當宮中樂舞上演，若內人不足時，則由此雲詔宮人抵補，至於其與內人之區別，則除容貌美醜，伎能巧拙之不同外，待遇上「內人帶魚，宮人則否」。

三、搊彈家：

這是由平民中挑選容貌姿色優秀之女性，入宮專習琵琶、三絃、箜篌、箏等樂器，因以手持搊彈，故稱「搊彈家」。她們雖擅長絃樂器之技能，但舞伎則較低劣。例如開元十一年，製聖壽樂，玄宗令諸女衣五方色衣，以歌舞聖壽樂之字舞，宜春院之內人只須教習一日即能上場，而搊彈家則費時一月亦難有所成，因此每當上演時，宜春院之內人排列首尾，搊彈家則列於行間，以模仿宜春院內人之舉手投足而共舞。

四、雜婦女：

據《教坊記》云：

凡樓下兩院進雜婦女，上必召內人姐妹入內，賜食。因謂之曰：「今日娘子不須唱歌，且饒姐妹，並兩院婦女。」於是內妓與兩院歌人更代上舞臺唱歌。

文中所謂的「雜」當係雜多之意，「婦女」則因其未曾明白表示爲從事樂技之宮妓或女樂，因此也有人視之爲宮妓之傭婦。由《教坊記》之言看來，該等雜婦人屬於宜春院與內教坊，受內人指導，可能一方面侍候內人宮妓之生活，一方面爲宜春、內教坊兩院之見習樂妓而已，因此其歌唱、舞蹈技巧，均不及宜春內人與雲韶宮人優秀，爲宮中女妓裏地位最低下者。當君王恩典特謂內人不須唱歌，並賜豐盛食物與內人、雜婦女時，內人亦不敢因此自恣，仍與兩院雜婦女輪番上舞臺唱歌，由此可見宮中教坊女妓對君王敬畏之情。

唐代外教坊中，還有專尙散樂表演之女妓，如《教坊記》裏范漢女大娘子善長竿木；樂史《楊太眞外傳》卷上云「上一旦御勤政樓，大張聲樂，時教坊有王大娘善戴百尺竿」等，這些都是散樂中之「竿木家」；此外，還有繩妓、毬妓、馬妓等等，她們都是專門供奉朝廷之藝妓，主在獻藝而不獻身，這和後來意義賣淫之娼妓有很大的不同。

貳、生活境遇與解籍情況

教坊乃專屬朝廷，因此教坊宮妓之主要職責，乃在朝廷皇室舉行之各種節日盛會、宴賓典禮等場合時，表演歌舞助興。如薛稷「夜宴安樂公主新宅」云：

> 秦樓宴喜月裴回，妓筵銀燭滿庭開。坐中香氣排花出，扇後歌聲逐酒來。（全唐詩卷九三）

一般而言，能欣賞到教坊女妓歌舞表演之場合，自然是在王宮皇室，張祜「春鶯囀」詩即云：

> 興慶池南柳未開，太眞先把一枝梅。內人已唱春鶯囀，花下傞傞軟舞來。（全唐詩卷五一一）

指出教坊內人在興慶池前唱著春鶯囀歌曲，並表演優美柔婉之軟舞的情形。

此外，當朝廷賜宴臣僚（如曲江宴）時，也可以看到教坊女妓之表演，如唐賈馯之《劇談錄》述「曲江之宴」云：

> 都人遊賞，盛於中和上巳節，即賜宴臣僚，會于山亭，賜太常教坊樂，池備綵舟。唯宰相、三使、北省官、翰林學士登焉，傾動皇州以爲盛觀。（唐杜笋鶴《松窗雜記》略同）

這種宴會雖然喧嚷世間，堪稱壯觀，然而殊可注意的是實際上享受者，僅宰相、三使、北省官及翰林學士等少數官吏，至於大多數之百姓則只能從遠處觀看罷了。

教坊宮妓的一切表演主要歸於皇室或天子享用，當隨時聽候皇室徵召，因此她們行動的自由度當然受到不少限制，尤其是深居宮中宜春院的教坊內人，她們雖然享有定期會見親族，並在教坊賜食內人家的恩惠，表面上看似乎頗爲優待，實則較其他官妓、家妓、民妓等行動更受束縛，所以她們生活的單調寂寞自是必然，從張祜「贈內人」詩可見一斑：

> 禁門宮樹月痕過，媚眼唯看宿燕窠。斜拔玉釵燈影畔，剔開紅焰救飛蛾。（全唐詩卷五一一）

此詩細膩描寫處於深宮內院的宮妓淒涼孤寂的心情，而由她們欲救出撲火飛蛾的形象中，隱約的表達了宮妓們渴求自由的心願。

唐代對宮中女妓之約束固然森嚴，然而另一類雖籍屬教坊，平常卻不住在宮禁中的「外供奉」女妓，其生活行動則比起宜春、梨園等伎坊的宮妓，則享有更多的自由空間。據《新唐書》卷二十二「禮樂志」記載，唐之盛時，各地樂人藝妓必須「番上」⑦，亦即她們有被徵召到太常習藝或演出的義務，因此當這批民間傑出樂人藝妓「番上」到京城時，則專門表演歌舞百戲以供皇室或天子觀看，但在其他時間，則可應承外界高官貴吏或其子弟的邀聘，如《教坊記》中蘇五奴之妻張四娘善歌舞，以能演「踏搖娘」而常有人邀迓到外處表演，其他如善歌的裴大娘、竿木妓范漢女大娘子，以及杜甫詩中所寫善舞劍器的公孫大娘等，她們都應是籍屬外教坊的藝妓，由於這些所謂「外供奉」的教坊女妓平時不住宮內，只於需要時進宮應差，因此在生活行動上顯然較爲自由⑧。元稹「連昌宮詞」一詩中曾云：

> 力士傳呼覓念奴，念奴潛伴諸郎宿。須臾覓得又連催，特敕街中許燃燭。春嬌滿眼睡紅綃，掠削雲鬟旋裝束，飛上九天歌一聲。……（全唐詩卷四一九）

詩中之念奴爲天寶中善歌的名倡，每歲玄宗在勤政樓下酺宴時，萬衆喧囂，玄宗則遣高力士令念奴唱歌，而她「未嘗不悄然奉詔」，其歌聲婉轉動聽，加以眼色媚人，是「宮妓中，帝之鍾愛也」（《開元天寶遺事》「眼色媚人」條）；然而在此詩中她卻「潛伴諸郎宿」，元稹對此行爲注解云：

明皇不欲奪狹遊之盛，未嘗置在宮禁，或歲幸溫泉，時巡東洛，有司潛從行而已。

可見念奴並不是住在教坊內的女妓，她只是在君王離宮幸溫泉，巡東洛時，有司潛令從行而已。既然她不住在宮禁中，因此宮廷對她的行動和生活之約束當然就不如宮內教坊的管制森嚴。

儘管唐代宮廷對教坊內妓或宮禁外妓之管束或有鬆嚴之差異，但她們無法依自由意志以改變其境遇或身分的情況則是大致相同的。雖然宮妓中也有深受君王寵愛者，如謝阿蠻從小入外教坊習舞，以色藝俱全選入內教坊後，即憑其柔軟輕盈的舞姿，善於表演凌波舞而得玄宗貴妃之殊遇❾，雖名在樂籍，卻於內侍省列冊，享有正五品的俸酬；而張紅紅召入宜春院後，寵澤隆異，宮中號爲記曲娘子，尋爲才人，卒後賜贈昭儀❿，另外，也有得天子寵遇而側近常侍，如王眉山（寶奴）者⓫，但這都只是寥寥可數的特例而已。在封建君權威勢下，有不少宮妓到最後仍難免淪爲皇家的玩物，如第二章第二節所述玄宗兄弟之申王、歧王在冬冷時恣意從宮妓身上取暖；此外更有宮妓偶不順君意而遭遇凄慘者，如善胡琴的教坊內人鄭中丞就因忤帝旨而被受命之內官縊殺，投於河中，幸得權相舊吏梁厚本相救而活命，其後君王悔悟，則又將她宣召入宮，仍然得搊彈器樂，供奉君王（《碧雞漫志》卷一），所以可以說教坊宮妓的生死榮辱，全懸於帝王一人之手，這和一般宮女賤隸的命運差別並不大，但是若就教坊宮妓可以因某些因素脫離教坊妓籍而論，那麼這又比一般宮人賤隸多老死於宮中幸福多了。

唐代宮妓脫離教坊妓籍約有下列三種情形：

其一：年老色衰，恩免歸家。這是因爲教坊宮妓乃備君王「耳目之娛」，而以色藝事人，當年華老去，自然秋扇見捐，廖融「退宮妓」一詩即云：

> 神仙風格本難儔，曾從前皇翠輦遊。紅躑躅繁金殿暖，碧芙蓉笑水宮秋，寶箏鈿剝陰塵覆，錦帳香消畫燭幽。一旦色衰歸故里，月明猶夢按梁州。（全唐詩卷七六二）

當歌藝舞技不如昔日般令人動容時，也可恩免歸家，所以張祜「退宮人」詩云：

> 歌喉漸退出宮闈，泣話伶官上許歸。猶說入時歡聖壽，內人初著五方衣。（全唐詩卷五一一）

這些都說明了教坊宮妓由於職業性質與活動年齡有其限度，因此當她們年老色衰時可自教坊脫籍，以此點和宮人賤隸相較，她們總算是還有些微的自由之身，同時也說明了唐朝宮廷仍是將這類教坊宮妓當作藝人看待，而有別於那些必得君王恩典始能出宮的普通宮人賤隸，由現存資料看來，至少在盛唐玄宗時代，教坊宮妓們的待遇是較好些的。

其二：裁汰冗員，放還出宮。唐朝國勢與經濟極盛於玄宗，但安史之亂把昔日久積的腐敗完全暴露出來，加以連年攘外安內的作戰，使得國勢與財政都漸走下坡。因此唐朝中葉以後爲財政整頓之故，曾有大規模淘汰冗員之舉。《唐會要》卷三「出宮人」條云：

> 貞元二十一年三月，出後宮人三百人。其月，又出後宮及教坊女妓六百人，聽其親戚迎於九僊門，百姓莫不叫呼大喜。（《順宗實錄》略同）

另外，文宗甫即位時所下的詔書，則說得更明白：

> 詔……內庭宮人非職掌者，放三千人，任從所適。……教坊樂官、翰林待詔、伎術官並總監諸色職掌內冗員者共一千二百七十人，竝宜停廢。……今年已來諸道所進音聲女人，各賜束帛放還。（《舊唐書》十七「文宗上」）

文宗一口氣裁汰如此多的冗員，就是爲了整頓財政，去奢崇儉的緣故，因此教坊樂妓與掖庭宮女同時遣散。此後朝廷放女妓歸家的例子仍時常出現，如開成二年三月甲子朔，文宗又「內出音聲女妓四十八人，令歸家」（同上）等都是。

出宮放還之教坊女妓，有的在民間繼續傳授技藝，如王建「溫泉宮行」一詩有：「梨園弟子偷曲譜，頭白人間教歌舞」之句；有些則出宮後茫茫然不知歸往何處，如張籍「舊宮人」一詩云：

> 歌舞梁州女，歸時白髮生，全家沒蕃地，無處問鄉程，宮錦不傳樣，御香空記名，

> 一身難自說，愁逐路人行。（全唐詩卷三八四）

這個來自梁州的歌舞妓出宮後，家鄉已被吐蕃所侵，何處是她的歸程呢？也許這位老舞妓就在流亡中喪身吧！另外還有宮妓出宮後，削卻青絲入佛門或道觀爲尼姑、女冠者，如許渾「贈蕭鍊師」詩有一長序，清楚交待蕭鍊師入道的經過，云：

> 鍊師，貞元初，自梨園選爲內妓，善舞柘枝，宮中莫有倫比者，寵錫甚厚。及駕幸奉天，以病不獲隨輦，遂失所止。洎復宮闕，上頗懷其藝，求之浹日，得於人間。後聞神仙之事，謂長生可致，乞奉黃老，上許之，詔居嵩南洞清觀。（全唐詩卷五三七）

這些由當年絢爛而今終老寺觀的宮妓，其心情之淒楚由白居易「吹笙內人出家」詩，可見概略：

> 雨露難忘君念重，電泡易滅妾身輕。金刀已剃頭然髮。玉管休吹腸斷聲，新戒珠從衣裏得，初心蓮向火中生。道場夜半香花冷，猶在燈前禮佛名。（全唐詩卷四六二）

詩中清楚描繪了出家的宮妓們那種孤苦貧寒的情形與了卻殘生的意念，令人聞之酸鼻。

其三：轉爲官妓或賜與臣屬爲家妓。史料上時載權貴大臣常獻女樂女妓以娛君心，當然君王也時常賞賜臣屬女樂以表慰勞，如玄宗曾賜李林甫女樂二部；德宗爲酬庸靖難功臣李晟、渾瑊，都各賜女樂以爲獎賞；《全唐詩》裏盧綸「宴席賦得姚美人拍箏歌」一詩中的姚美人曾在宮禁中；而劉言史「贈陳長史妓」一詩的女妓也曾是內宮之人。這些褪去原來宮妓身分轉而爲臣屬之官妓、家妓，仍然得繼續將其生命消磨於輕歌曼舞，笙簫鼓樂之中，甚至有的成爲家妓後還被再次轉賣或轉贈他人者，這是身爲妓女無可奈何的悲哀。

總之，無論教坊宮妓們出宮的原因是年老色衰藝退而恩免歸家，或裁汰冗員而放還，抑或是賜與臣屬爲家妓，一旦她們出宮後，其地位尤比昔日低落，經濟與境遇也更加蕭條淒涼，這正是古代妓女無法改變的悲慘命運。

注釋

❶ 王書奴《中國娼妓史》依設立者而言，分爲宮妓、官妓、家妓三種；黃現璠《唐代社會概略》則分爲家妓、公妓二類，其中公妓又包含宮妓、官妓、營妓三種；傅樂成《漢唐史論集》「唐人的生活」，則分爲家妓、公妓、私妓三類。至於日本學者石田幹之助《長安の歌妓》（收入唐史叢鈔）與岸邊成雄《唐代音樂史的研究》（梁在平、黃志烱譯），依妓女內容分爲宮妓、官妓、家妓、民妓四類，營妓則包含於官妓中。

❷ 《新唐書》百官志三「太常寺太樂署」條云：「開元二年，又置內教坊於蓬萊宮側。」又「禮樂志」十二載：「（玄宗）及即位……置內教坊於蓬萊宮側，居新聲散樂倡優之伎。」由這些資料顯示內教坊設置之時間與執掌內容看來，與前帝設於禁中而按習雅樂之舊內教坊不同。

❸ 《新唐書》百官志三「太常寺太樂署」條云：「京都，置左右教坊，掌俳優雜伎，自是不隸太常，以中官爲教坊使。」又《資治通鑑》卷二一一「開元二年正月己卯」條云：「舊制，雅俗之樂，皆

隸太常。上精曉音律，以太常禮樂之司，不應典倡優雜技。乃更置左右教坊以教俗樂。」所謂之俗樂，即流行於當時之新聲，可見左右教坊與內教坊所司之內容相同。

④《資治通鑑》卷二一一「開元二年正月己卯」條云：「又選樂工數百人，自教法曲於梨園，謂之皇帝梨園弟子，又教宮女使習之。又選伎女置宜春院，給賜其家。」

⑤《新唐書》「車服志」載：「隨身魚符者，以明貴賤，應召命，左二右一，左者進內，右者隨身。皇太子以玉契召，勘合乃赴。親王以金，庶官以銅，皆題某位姓名。官有貳者加左右，皆盛以魚袋，三品以上飾以金，五品以上飾以銀。」此教坊內人佩魚乃仿照之，表示有較高之地位。

⑥任半塘《教坊記箋訂》云：「按內人之名，原本周禮天官內宰，猶曰『宮人』。……盛唐內人為色藝兼精者之選。自後藝漸不精，對於內人乃只重其色性，還為一般宮人之地位。……盛唐內人乃所以極『耳目之娛』，初不預『巾櫛之侍』耳。」

⑦《新唐書》卷二十二「禮樂志」云：「唐之盛時，凡樂人、音聲人、太常雜戶子弟隸太常及鼓吹署，皆番上，總號音聲人，至數萬人。」

⑧杜甫「劍器行」序，有「自高頭宜春、梨園二教坊內人，洎外供奉」之語，所謂「外供奉」當指外教坊，或宮外其他出名妓工。此輩平時不住宮內，只於需要時進宮應差，有較多之自由空間，諸如到民間演出或接受朝廷以外之邀約。肅宗時，「推恩祈澤詔」有「太常寺音聲，除禮用雅樂外，並教坊音聲人等，並仰所司疏埋，使教生業（賴以維生之產業）。非祠祭大禮及宴蕃客，更不得輒有追呼。」對此輩之自由更予開放。至敬宗寶曆二年時，教坊更已開外僱之端，見《唐會要》三十五「京兆尹劉栖楚奏」。

⑨唐鄭處晦《明皇雜錄》「補遺」載，新豐市女伶謝阿蠻善舞「凌波曲」，常出入宮中，亦遊於楊國忠及諸姨宅。妃子待之甚厚，曾賜以金粟裝臂環。

⑩《樂府雜錄》「歌」條載，張紅紅因善歌，召入宜春院，寵澤隆異，宮中號為記曲娘子，尋為才

人。一日內史奏韋青卒，上告紅紅，紅紅以韋青乃收留教導其音聲之恩人，於是心慟而卒。上喜歎之，即贈昭儀。

⓫ 唐杜牧之「杜秋傳附王眉山傳」云：「王眉山，寶奴號也，當武宗南征，駐蹕金陵。選教坊師、樂妓十人，備供奉，寶奴爲首，……數得持巾櫛近至尊。」

第二節 官妓、營妓

壹、來源別稱與地理分布

在唐人文獻中，有關宮妓和民間職業娼妓之記載，幸有崔令欽《教坊記》與孫棨《北里志》等專書可供查考。前者曾於玄宗開元時任教坊左金吾之官；後者則久寓京華而時親游北里。因此據兩人實際智識所寫作之紀錄，提供給研究唐代宮妓與民間職娼者一詳細而寶貴之資料。然而在官妓、營妓部分，則可惜史料殘缺，僅能由零星片段之記載，揣度其出身。

大致而言，官妓、營妓之來源有如下三種情形：

一、世代屬樂籍之官屬賤民女子。她們沒有別的出路，往往只有承襲祖業，仍舊作樂妓。

二、罪犯籍沒入官之妻孥。如《新唐書》二〇〇儒學「林蘊傳」云：

> （蘊）出爲邵州刺史，嘗杖殺客陶玄之，投其屍江中，籍其妻爲娼。

這和宮妓以罪人妻孥沒入宮廷爲娼之情形相似，而其身分則如《輟耕錄》所云：「今以妓爲官奴，即古官婢」。

三、良民女落入樂籍。如《雲溪友議》卷上「舞蛾異」條云：

> 李八座翺潭州席上有舞柘枝者，匪疾而顏色憂悴。殷堯藩侍御當筵而贈詩，曰：「姑蘇太守青蛾女，流落長沙舞枯枝，滿座繡衣皆不識，可憐紅臉淚雙垂。」明府詰其事，乃故蘇臺韋中丞愛姬所生之女也。曰：「妾以昆弟夭喪，無以從人，委身於樂部，恥辱先人。」

由這段資料可知這位舞柘枝妓本爲良家女，只因家道中落，衣食無著，遂入樂籍。

另外，《全唐詩》卷八〇三在所收薛濤詩歌之前云：

> 薛濤，字洪度，本長安良家女。隨父宦，流落蜀中，遂入樂籍，……韋皋鎮蜀，召令侍酒賦詩。

可知薛濤也本是良家女子，在隨父仕宦入蜀後，因父卒母孀居，無以爲生乃落入樂籍。

不論上述何種情形，女子一入樂籍，便成了官屬賤民，其身分地位同於官奴婢，李商隱「妓席」詩有：「勸君書小字，慎莫喚官奴」之句，即道出官妓們之官奴身分，因此官妓有官使婦人、官使女子、風聲賤人、風聲婦人等稱呼，又因唐代官妓由各地方之樂營管轄，所以又有樂營妓人、樂營子女等別名。

在唐代史料裏，除了「官妓」是當時正式名稱外，還有「營妓」一詞出現，如崔璀有詩即題爲「贈營妓」，《北里志》「楊汝士尙書」條亦有「營妓咸集」之語，於是學者傅樂成在《漢唐史論集》「唐人的生活」中，就把官妓和營妓服務的對象截然分開，認爲前者用以侍奉高官，後者則是用以娛樂軍事長官和軍士，而日人石田幹之助《唐史漫抄》也認爲置於軍營者稱爲營妓；另外，宋德熹「唐代的妓女」一文，也謂「營妓則顧名思義，只對軍中開放。」他並根據司空圖「詩歌二首」上所載：「處處亭臺只壞牆，軍營人學內人妝。太平故事因君唱，馬上曾聽隔敎坊」（文苑英華卷二一三），說此處「軍營人」即指「營妓」而言。

關於官妓、營妓在唐代究竟有無明顯區分，以及在軍中之優伶是否必爲女性的問題，在尋繹史料後，有如下幾點訊息可資分明：

其一：唐代軍隊中，軍戲盛行，其優伶之身分不必皆爲女性營妓。任半塘《唐戲弄》在第七章論演員時，根據唐代文獻所見，引出不少實例證明當時有軍伶演員。如「稱心」即善於裝扮姿首，以男子弄假婦人，因伎藝褻狎爲俳兒而得太宗之子恆山王承乾之寵幸；而《新唐書》卷二〇八「劉克明傳」，述敬宗所與狎息殿中爲戲樂者，「皆出神策隸卒或里閭惡少年」」，另外，懿宗時，龐勛軍中有弄傀儡戲者，《舊唐書》卷一七七「崔愼由傳」對於此種軍人稱爲「倡卒」」；韓愈詩亦有「及去事戎轡，相逢宴軍伶」之句；而其他在屬於蓋庭綸、李志弼、徐光庭、李愬、劉瑑、王卞等人的軍中，都有原皆軍人身分的演員，均不至與女性之營妓相混，因此司空圖詩中「軍營人學內人妝」之句所指亦爲軍人弄假婦人，演生旦歌舞之戲，並非指「營妓」而言。

其二：宋德熹認爲司空圖詩中所謂之「軍營人」係指營妓，此殆受淸人兪正燮之影響，兪氏《癸巳類稿》「女樂考」在同樣引司空圖此詩之下注云：「是唐伎盡屬樂營，其籍則屬太常，故堂牒可追之。」兪氏之意爲司空圖詩內之「軍營人」爲樂營妓女，並非軍人之意思。但這已如任半塘所證，此處之「軍營人」確指軍人而不指營妓❶，況且唐妓中只有官妓、營妓由地方樂營管轄，其他民妓落私賤民妓籍，宮妓入敎坊籍，因此也並非唐伎「盡屬」樂營；而且，太常寺爲中央典司禮樂之機構，專爲供奉朝廷，僅京都有之，營妓則遍布天下各地，豈有天下營妓皆籍屬太常之理？兪氏之誤可知，而宋德熹之言亦須重新商榷。

其三：漢代之「營妓」，確指蓄養於軍中，侍隨軍士宴席、薦枕之一種官妓；但唐代所謂之「營妓」則指稱範圍甚廣，包括服侍地方文官之一般官妓。例如《北里志》載楊汝士尙書鎭東川時，其子進士及第，乃大開家宴，席上「營妓咸集」，宋錢易之《南部新書》丁卷之「張楊尙書牧晉州，外貯營妓」，此皆其實例。再如《金華子雜編》亦云：

杜晦辭，……永寧劉相國鎮淮南，辟爲度支判官，方始應召，稍近於女色，有父（指杜牧）之遺風。赴淮南之招，路經常州，李贍給事方爲晦辭祖席，忽顧樂營妓女朱娘言別，因掩襟大哭。贍曰：「此風聲賤人，員外如要，但言之，何用形跡。」乃以步輦隨而遺之。

由此可見唐代營妓亦須應承地方文官之狎樂。又據《堯山堂外紀》云：

唐宋間，郡守新到，營妓皆出境而迎。既去，猶得以鱗鴻往返，靦不知異。

據此，則唐代官吏之往來，必有營妓奉迎，因此若必強分官妓爲高官服務，營妓爲軍事長官和軍士服務之別，殊不合於唐代實情，明顯可知。

此外，再由下列資料，也可證明樂營不一定必在軍營中，且營妓也絕非定指在軍營裏的妓女而言。如《舊唐書》卷一四五「陸長源傳」云，（宣武判官）孟叔度，性輕佻，「多縱聲色。數至樂營，與諸婦人嬉戲。」而依據《新唐書》卷一五一「陸長源傳」所載，則是「叔度淫微，數入倡家，調笑嬉褻。」其將《舊唐書》之樂營稱爲「倡家」，可見樂營並非一定在軍營中，而營妓也不僅只對軍中開放，只要落入地方樂籍的官妓營妓，皆須應承文武官吏之狎樂，官吏們或至其所居之「樂營」調笑，甚至也可將營妓招致到外地或家中（如楊汝士事例）嬉戲。

從不少唐代資料記載中，都可看到唐人對官妓、營妓之稱呼混雜不別，而且很多稱爲營妓者也和一般官妓相同—都屬於地方長官所掌握，侍奉官府，看不出有專供軍士娛樂的判然區分。而學者們之所以會有營妓乃專爲軍營武將所設之誤解，大抵一則因襲漢朝制度，二則營妓之居所稱爲樂營，因此在呼「樂營妓女」時即簡稱爲「營妓」，從而予人營妓必置於軍營中之觀念。

總之，唐代之營妓，亦是官妓之一種，二者皆須侍奉文武官員之狎樂，且地方文武官吏都對她們握有掌控權。但頗值得吾人關注的情形是：唐朝自安史之亂後，節度使之權任威重，朝廷綱令亦往往不能及，如河北三鎭即久爲化外，其他節度使也擁有土地、甲兵、財稅等權力，因此武將藩帥對地方官妓、營妓之支配、掌握，也較一般文官更具有直接且特殊的勢力，例如：他們可以任意調動樂妓至其使幕帳下，以陪宴助興，也可將樂籍妓女賞賜給部下好友。我們從貞元間，劍南節度使韋皋進獻朝廷的「南詔奉聖樂」、河東節度使馬燧進獻「定難曲」，以及昭義軍節度使王虔休進獻「繼天誕聖樂」裏，就可以了解唐代各節度使掌握一大批樂工歌妓的情形；而也就是因爲中唐以後，握有軍事職權的各地節度使或藩帥對地方官妓、營妓之統轄權增大，因此也容易令人有營妓只對軍中開放，且專爲軍事長官或軍士服務之偏頗觀念。

唐代官妓營妓之分布範圍十分廣泛，當時不僅長安、洛陽兩京有大批官妓，各大州府也設有官妓、營妓，所以又有「郡妓」、「府妓」、「州妓」之稱。《舊唐書》卷一〇五「韋堅傳」即曾云：「天寶初，靈寶，陝縣官府集合兩縣官使婦人（即官妓、營妓），唱得寶歌，取悅于唐玄宗。至於蘇州、杭州之官妓，則最常見載於白居易的作品中。如「霓裳羽衣歌」云：

> 玲瓏箜篌謝好箏，陳寵觱篥沈平笙，……李娟張態君莫嫌，亦擬隨宜且教取。（全唐詩卷四四四）

詩中之玲瓏、謝好、陳寵、沈平爲杭州官妓，而李娟、張態則是蘇州官妓。其他如「夜遊西武丘寺八韻」一詩之「搖曳雙紅旆，娉婷十翠娥」，白居易自注曰：十翠娥乃容、滿、蟬、態等。她們也是蘇州官妓；此外，白居易還提及江州官妓，在「醉後題李、馬二妓」一詩裏也描寫了李、馬二位江州官妓的舞姿；而「寒食日寄楊東川」一首中「蜀妓如花坐遶身」，則出現了東川的官妓。

除上述出現於白氏作品之官妓外，其他若太原、武昌、徐州、宣城、越州，也有官妓存在，就是較偏遠的廣州、嶺南❷等地方之官妓，也時常見諸唐人吟詠中，甚至如雕陰也有官妓、營妓等樂營的組織，晚唐詩人羅虬「比紅兒」詩中之杜紅兒，就是這小地方的官妓，可見唐代官妓營妓地理分布範圍之廣闊與普遍。

唐時地方官妓常好冠以地名。如蜀妓薛濤事見載於宋章淵之《稿簡贅筆》，而《齊東野語》卷十一則云「蜀娼類能文，蓋薛濤之遺風也」，皆說明薛濤爲蜀地官妓，而且自她以後，蜀妓以擅能文章著名。這顯示了官妓自成集團，保持傳統，與家妓之相互孤立之風習不同，這就是地方官妓獨得之性格。除蜀妓外，根據五代何光遠《鑒戒錄》卷一〇云：「吳越饒貢妓，燕趙多美姝，宋産歌姬，蜀出才婦。」由此語看來，吾人除可想像唐代妓女分布之廣闊外，也可見人們好以地方來歌頌官妓之特色。

貳、官吏之掌控與解籍條件

官妓多設於州郡藩鎭等地方衙門，供州刺史、節度使等地方文武官吏在公私宴會場合上獻藝、陪酒或侍夜。如李商隱有詩名爲「飲席代官妓贈兩從事」，張祜詩「陪范宣城北樓夜讌」亦云「華轉敞碧流，官妓擁諸侯」之語，可見官妓主在提供官府應酬娛樂等不時之需。

唐代官妓由地方長官直接掌握支配，隸屬樂營管轄，由官府供給衣服、米糧❸，不能隨意出走或外住，她們除了爲權勢更大的官吏佔有外，一般沒有經過地方長官許可，亦不能隨意接客，但是這種限制也並不很嚴格，全在長官個人的好惡。《雲溪友議》卷下「雜嘲戲」條即載曰：

> 池州杜少府慥、亳州韋中丞仕符，二君皆以長年，精求釋道。樂營子女，厚給衣糧，任其外住，若有宴飲，方一召來，柳際花間，任爲娛樂。譙中舉子張魯封爲詩謔其賓佐，兼寄大梁李尚書，詩曰：「杜叟學仙輕蕙質，韋公事佛畏青蛾。樂營卻

是閒人管，兩地風情日漸多。」

這段記載一來說明官妓一般不准外住和交接閒人，儼然成爲該官吏之姬妾，二來又說明池、亳兩州的地方長官因好佛道而疏於管理，可見對樂營管制的禁令實際上亦非絕對嚴格。

由於唐朝盛行妓樂，無論是官府送往迎來，慶典宴賓，或是官員們聚會游玩，都要有官妓擔任侍奉之職，因此他們與官妓的關係相當密切，即使地方長官去職時，官妓們仍可以魚雁互通音訊，表達其眷戀之忱。如白居易有「湖上醉中代諸妓寄嚴郎中」詩：

笙歌杯酒正歡娛，忽憶仙郎望帝都。借問連宵直南省，何如盡日醉西湖？蛾眉別久心知否？雞舌含多口厭無？還有些些惆悵事，春來山路見蘼蕪。（全唐詩四四三）

嚴郎中是前任杭州刺史，當時供職京師。白居易聽見杭州官妓們常唱他的詩，曾寄詩給他說：「已留舊政布中和，又付新詞與豔歌。但是人家有遺愛，就中蘇小感恩多。」杭州的官妓感念嚴郎中的恩德，白氏乃代諸妓寄詩給他，表達對他的思念。

唐代的官妓既因由地方官吏全權掌握支配，所以他們既可獨佔花魁，又可以隨意將官妓贈予他人或遺還。如薛宜僚出使新羅，過青州，看中飲妓段東美，節度使即慨然相贈（《抒情集》）；又如李紳鎮淮南，見張又新屬情於一廣陵酒妓，即令此妓夕就之。（《本事詩》「情感」條）。

當白居易爲杭州刺史時，曾挑選訓練不少官妓。將去官，有「醉戲諸妓」詩曰：

> 席上爭飛使君酒，歌中多唱舍人詩。不知明日休官後，逐我東山去是誰？（全唐詩卷四四六）

其後離開杭州，攜帶數妓還洛陽，幾年後他又把這些官妓遣歸錢塘；劉禹錫在「樂天寄憶舊遊因作報白君以答」之詩中說：「報白君，相思空望嵩丘雲，其奈錢塘蘇小小，憶君淚黯石榴裙」，就是告訴白居易被他所遣回的錢塘妓女，如何因思念故主而傷心哭泣的情形。當然官妓也不盡然在原有長官離職時，必遣歸而飽受思念之苦，她們仍可於地方長官轉職時，隨往任地，如杜牧「張好好詩序」即云：

> 牧大和三年，佐故吏部沈公江西幕，好好年十三，始以善歌來樂籍中。後一歲，公移鎭宣城，復置好好於宣城籍中。後二歲，爲沈著作述師以雙鬟納之。後二歲，於洛陽東城重覩好好，感舊傷懷，故題詩贈之。（全唐詩卷五二〇）

這說明妓女張好好於十三歲時在江西某地入樂籍成爲官妓，一年後，隨沈傳師移入宣城樂籍，四年後入洛陽，在東城重遇杜牧。這也證明地方首長轉任時，固有攜帶所愛官妓之例，但官妓究非家妓，僅能由甲地樂籍移入乙地樂籍而已，不能私下遣放或買賣，因此如果官吏眷戀所居的妓女，卻不能攜往任地時，那麼仍然可在離職時特別囑託後任予以照料，此情形稱之為「交割」，《太平廣記》卷二五二「李曜」條引抒情詩就載曰：

唐李尚書李曜罷歙州，與吳圓交待，有佐酒錄事名媚川，聰明敏慧，李頗留意，而已納營籍妓韶光，託於替人，令存卹之。臨發洪飲，不勝離情，有詩曰：「經年理郡少歡娛，為習干戈間飲徒。今日臨行盡交割，分明收取媚川珠。」

唐代官吏除可盡情享受本地官妓的殷勤侍奉外，甚至還可函邀鄰郡官妓以供娛樂。《堯山堂外紀》云：

玲瓏餘杭妓者，樂天作郡日，賦詩與之，時微之在越州，聞之，厚幣邀去，月餘始遣還。贈之詩兼寄樂天云：「休遣玲瓏唱我詞，我詞多是寄君詩。明朝又向江頭別，月落潮平是去時。」

文中的商玲瓏是白居易任杭州刺史時，常以詩酒交酬的官妓，白氏有「醉歌示妓人商玲瓏」一詩贈之，元稹聞其艷名，特以重金邀去陪他狎樂。由此可見官妓得隨時承應官差，侍奉這些文武官吏，使他們能盡其歡心。白居易就有一首「醉中戲贈鄭使君」之詩，題下自注說：「時使君先歸，留妓樂重飲」，詩云：

密座移紅毯，酡顏照淥盃。雙娥留且住，五馬任先迴。醉耳歌催醒，愁眉笑引開。平生少年興，臨老暫重來。（全唐詩卷四三九）

詩中的「雙娥」即是主人鄭使君離席後所留下侍候白居易的妓樂。雙娥的歌笑聲，催醒了白氏的醉耳，引開了他的愁眉，使得身爲賓客的白居易又重新湧現了少年時的興緻。而當白居易爲河南尹時，他也曾以地方官妓主人的身分，遣英、蒨等洛陽官妓陪舒員外遊玩香山寺，一去三日不歸。事後舒員外還兼修尺書，大誇勝事，讓正值坐衙而顧慮囚犯的白居易內心頗有淒清之憾。

官妓既可代官吏伺候名士，若地方官對某人不滿，也可派官妓代爲招待以捉弄之。《麗情集》云：

> 嚴尚書宇鎮豫章，以陳陶操行清潔，欲撓之，遣小妓號蓮花者往侍焉。陶殊不顧，妓爲詩求去云：「蓮花爲貌玉爲腮，珍重尚書遣妾來，處士不生巫峽夢，虛勞神女下陽臺。」陶答之曰：「近來詩思清於水，老大心情薄似雲。已向升天得門戶，錦衾深愧卓文君。」

陳陶因「近來詩思清於水，老大心情薄似雲」，以致嚴宇的伎倆未能得逞，這種整人的花招十分奇特，但可憐的是蓮花妓身不自主，爲人傀儡，官妓的悲哀由此可見一斑。

另外，下級官吏寵愛的妓女若爲上級官吏所屬意，則其上司可任意索取至己處。《本事詩》「情感」條即載一實例：

> 韓晉公鎮浙西，戎昱爲部內刺史。郡有酒妓善歌，色亦爛妙，昱屬情甚厚。浙西樂

將聞其能，白晉公召置籍中。昱不敢留，餞於湖上，爲歌辭以贈之，且曰：「至彼令歌，必首唱是詞。」既至，韓爲開筵，自持盃，命歌送之，遂唱戎詞。曲既終，韓問曰：「戎使君於汝寄情耶」？悚然起立曰：「然。」淚下隨言。韓令更衣待命，席上爲之憂危。韓召樂將責曰：「戎使君名士，留情郡妓，何故不知而召置之，成余之過」？乃十笞之。命妓與百縑，即時歸之。其詞曰：「好是春風湖上亭，柳條藤蔓繫人情。黃鶯坐久渾相識，欲別頻啼四五聲。」❹

浙西鎮帥韓滉是戎昱的上司，樂將爲要博其歡心，乃將戎昱喜歡的郡妓召置籍中，而韓滉也就有奪取下官妓女之實，幸好在事後他以君子風度成人之美而即時歸還，一時傳誦成爲佳話，由此看來，當時上司任意索取或掠奪下官妓女之事，必時常發生。

雖然唐代不論文武官員都可以享用地方官妓，但自中唐以後，各藩鎭節度使的武將權力大增，對官妓的掌握支配也較一般文官更具有特殊勢力。官妓營妓之命運往往由武將掌縱，而且彼此之間還有比較權勢以爭奪妓女的情事，例如《舊唐書》卷一二九「張延賞傳」云：

大曆末，吐蕃寇劍南，李晟領神策軍戍之。及旋歸，以成都官妓高氏歸。延賞聞而大怒，即使將吏令追還焉。晟頗銜之，形於辭色。

李晟是唐德宗時的名將，當他帶著官妓旋歸時，卻遇到武力更強的張延賞之阻撓，以致到手的官妓仍被「追還」。兩人這場在四川爭奪官妓的風波，鑄下了彼此的私人恩怨，旁人始終排解不開，最後竟然引起政局上的軒然大波❺。

唐代的武將更可以出動軍士，控制樂營，或護衛狎遊的官吏，例如《唐語林》卷七載杜牧初辟爲淮南牛僧孺幕，夜即遊妓舍，牛僧孺嘗謂杜牧曰：「風聲賤人，可取置之所居，不可夜中獨遊，或昏夜不虞，奈何？」牛僧孺的意思就是恐怕杜牧受人欺侮劫掠，但杜牧因居淮南幕府，有牛僧孺遣派之廂司保衛，因此杜牧「所至成歡，無不會意」。由此可知當時狎遊玩妓，若無武將爲後臺或軍士保護，是很容易吃苦頭的，而唐代藩鎭武將之威風亦可見一斑。

從以上種種資料，可以看出官妓差不多成了地方長官的私產，尤其來自上司或武將的掠奪，官妓實際上更僅爲少數高官所佔用。然而由於她們仍名隸官府，所以官吏雖可以支配、贈送或佔爲己有，但不能私自買賣。由不少資料顯示，官妓的解籍從良，必須經過長官的首肯而後可。如《唐語林》卷七云：

盧澄爲李司空蔚淮南從事，因酒席請一舞妓解籍，公不許。

而《玉泉子》一則更載曰：

韋保衡初登第，獨孤雲除四川，辟在幕中。樂籍間有佐酒者，副使李甲屬意，以他適，私朝回將納焉。保衡既至，不知所之，訴於獨孤，且將解其籍。李至，意殊不平。……保衡不能容，即攜其妓以去。李益怒，累言於雲，雲不得已，命飛牒追之而回。

觀此可見一般官吏不能替官妓脫籍，必得長官鎭帥之許可，否則飛牒可以追回。而從「祈降妓籍」（《太平廣記》卷二七三「韋保衡」條）一類的說法中，還可以知道：想要官妓的人，都是乞求長官爲之落籍，並沒有以錢財爲之贖身的。可見地方官妓的官奴婢色彩濃烈，她們是官身，而非自由之身。

既然官妓們不具備良民的身分，又有樂籍的重重限制，因此也有從良不成而抑鬱以終的。如《麗情集》載：

崔徽，蒲妓也。裴敬中爲監察官，奉使蒲中，與崔徽相從累月，敬中言旋，徽不得去，怨抑不能自支，……發狂自是卒。

如此淒慘的結局，令人聞之鼻酸，而經此記述也進一步的揭露了官妓的悲哀。

注釋

❶ 針對俞正燮《癸巳類稿》「女樂考」引唐司空圖詩二句：「處處亭臺只壞牆，軍營人學內人裝」，並云：「是唐伎盡樂營，其籍則屬太常，故堂牒可追之。」意在指此詩內之「軍營人」爲軍營妓女，並非軍人的問題，任半塘提出三點辨駁：一爲唐代史料中有軍中演員原皆軍人身分，均不至

與女性之營妓相混。二爲唐代教坊乃中央機構，非地方所能有，司空圖之詩顯然寫長安情況，而樂營或營妓則地方之所有，亦無從與教坊相混，所以詩曰「軍 營人」確指軍人，不指營妓可知。三爲就兪氏文內所見唐代事例，營妓並無「軍營人」之稱號，所以此處所指乃爲軍人弄假婦人，演生旦歌舞戲之事。詳見《唐戲弄》第七章「演員」部分。

❷ 如《全唐詩》卷五三宋之問「廣州朱長史座觀妓」，而卷八七〇張保胤「示妓牓子」則指嶺南官妓。

❸ 官妓之身分同於京師之官奴婢，《唐六典》「都官」條有載及官奴婢給衣糧事。

❹ 此事亦見載於《雲溪友議》卷上「襄陽傑」條。但其主人公非浙西鎮帥韓滉，而爲襄陽鎮帥于頔，且戎昱贈妓之詩爲：「寶鈿香蛾翡翠裙，妝成掩泣欲行雲。殷勤好取襄王意，莫向陽臺夢使君。」詞頗異於此。

❺ 李晟爲主戰派，主張對吐蕃用兵，而張延賞挾私怨，謀罷其兵權，欲與吐蕃和談，謀和之際，吐蕃背約，乘機殺害參與和談之官兵數百人。參《舊唐書》卷一二九「張延賞傳」。

第三節　家妓

壹、來源

魏晉南北朝即已是家妓盛行的時代，降至唐朝－尤其中唐以來，社會風習漸流於奢華，蓄養家妓之風亦因而日益普遍且數量龐大。不僅皇親國戚、公卿大夫，其至一般文人墨客和社會上豪強富商的家庭中，除婢妾外，必有大量家妓以供主人娛樂玩賞。例如：司徒李愿席上有家妓百餘人，皆絕藝殊色（《揚州夢記》）；李逢吉則蓄養四十餘名家妓（《本事詩》「情感」）；在唐人傳奇「崑崙奴」也載郭子儀有十院歌姬；文臣白居易除了著名的樊素、小蠻等家妓外，「感舊石上字」詩裏的陳結之及「小庭亦有月」詩所云：「菱角執笙簧，谷兒抹琵琶；紅綃信手舞，紫綃隨意歌」句中菱、谷、紫、紅都是他的家妓；而韓愈也有柳枝、絳桃等妓妾爲伴。至於唐人中擁有家妓人數最多者，當屬長安富戶孫逢年，他「醉無虛日，妓妾曳綺羅者二百餘人」（《雲仙雜記》）。

家妓的身分界於婢與妾之間，兼帶伶人性質，所以也稱作女樂、歌舞人，音聲人等。其來源約略有如下三種：

一、由宮妓轉籍爲家妓。本文第三章第一節叙及宮妓脫籍之情形時，曾言及唐代君王時常將宮中樂妓賜與臣下爲家妓者，如玄宗時賜李林甫、德宗時賜李晟、渾瑊等妓樂；又如《全唐詩》中，盧綸「宴席賦得美人拍箏歌」的姚美人，劉言史「贈陳長史妓」詩中的妓女等，也都是本爲內宮之人而轉籍爲家妓的例子。

二、以金錢聘買或以物交換。例如第二章第二節所說的楊慕巢任東川刺史，雖然身邊常有如花的蜀妓圍繞，但他的家人還勸他買一個歌妓，以自娛娛賓，白居易曾附和著說：「如愁翠黛應堪重，買笑黃金莫訴貧」。

由金錢聘買而來的家妓身價，乃因其技藝的高下而有所不同。白居易在「與元九書」

中即載：

有軍使高霞寓者，欲聘倡伎。伎大誇曰：「我誦得白學士長恨歌，豈同他伎哉！」由是增價。（全唐文卷六七五）

這位軍使雖然因此伎能誦得名流作品而需多花些錢聘買，但如此則立即得一有技藝的家妓狎樂，仍比自幼買來卻無技藝，全靠主人親自調教訓練其歌舞的情形還要划算。因為這類妓女中雖然有的能一心侍候主人，但也有家妓長大能歌善舞後，在短短的三、五年之間就時而可見換新主的情況。白居易「有感」三首之二就語出警策的說：

莫養瘦馬駒，莫教小妓女，後事在目前，不信君看取。馬肥快行走，妓長能歌舞，三年五歲間，已聞換一主。借問新舊主，誰樂誰辛苦，請君大帶上，把筆書此語。（全唐詩卷四四四）

由於小妓女是用金錢買來的，但在主人費心調教後卻有意離開，難怪白居易要人效法《論語》裏「子張書諸紳」的例子，把他這番話記在衣帶上，其不滿之心情可想而知。

家妓也可以用物品交換而得。如裴度贈馬給白居易，有詩戲云：「君若有心求逸足，我還留意在名姝。」居易「酬裴令公贈馬相戲」答曰：

安石風流無奈何，欲將赤驥換青蛾，不辭便送東山去，臨老何人與唱歌？（全唐詩卷四五七）裴度想以馬交換白居易的家妓，但居易不給。這雖只是一個玩笑，卻顯示當時可用良馬換家妓的事例。至於另一種以家妓換良馬，則見載於唐人傳奇「韋鮑二生傳」中，言唐文宗開成年間，鮑生在途中以歌妓換得一匹好馬的故事，可見在唐人眼中，寵愛的家妓與良馬的價值是一樣的。

三、由贈送而得。《本事詩》「情感」條云：

> 韓翃少負才者，天寶末進士，孤貞靜默，所與游者皆當時名士。鄰有李將軍，失其名，妓柳氏。李每至必邀韓同飲。韓以李壑達大丈夫，故不避柳，既久而狎。後李以柳賜，俄就柳居，來歲成名。

據此所述，則韓翃是在屢次與李將軍暢飲後，長久與其妓柳氏相狎，最後才獲贈家妓的。這種因在宴席中暢飲而獲贈家妓的例子，在唐人中極爲普遍。如《本事詩》「情感」條載：

> 劉禹錫罷和州，爲主客郎中，集賢學士。李司空（紳）罷鎮在京，慕劉名，常邀至第中厚設飲饌，酒酣，命妙妓歌以送之。劉於席上賦詩曰：「髮髻梳頭宮樣妝，春風一曲杜韋娘。司空見慣渾閑事，斷盡江南刺史腸。」李因以妓贈之。❶

另外，風流詩人杜牧獲贈家妓，在《侍兒小名錄》中也記載分明云：

兵部侍郎李尚樂妓崔紫雲，詞華清峭，眉目端正。李在洛爲她宴客。杜牧輕騎而來，連飲三觥，謂主人曰：「嘗聞有能篇詠紫雲者，今日方知名，倘垂一意，無以加焉。」諸妓回頭掩笑，杜口占詩罷，上馬即去。李尋以紫雲送贈之。

上述劉禹錫、杜牧都是以詩爲媒介物，即得到他人贈送之美妓，則詩在唐代社會上之價值亦可知矣。

總之，無論是從宮妓轉籍而來，或以金錢聘買、以物交換，或經由贈送之方式所形成的家妓，她們與有名分的妾在日常生活的禮節、待遇都有所不同。例如《因話錄》卷三「商部」載柳公綽曾納一女子，同儕戲請公綽出示此女子以觀，他說：「士有一妻一妾，以主中饋，備灑掃。公綽買妾非妓也」。可見雖然「妾通買賣」（《唐律》十三「戶婚」），但妾須「注籍」，所以仍是主人配偶，不能隨意讓人觀賞，至於家妓雖全憑主人喜愛程度、個人好惡而有生活境遇的差別，但原則上，家妓與主人並沒有配偶名分，其地位較妾爲低，僅略高於婢女而已。雖然她們一般不須從事家務工作，只是做主人的內寵和歌舞人，然而卻同樣有義務侍奉枕席，甚至在主人支使下，還得供賓客枕席之歡，這類例子在唐人作品中記載很多。

貳、生活境遇

唐代士大夫蓄養家妓之風，不減於前朝，其豪侈放浪也令人驚駭，如許敬宗營第舍華僭，至造連樓，使諸妓走馬其上，縱酒奏樂自娛（《新唐書》「許敬宗傳」）；隴西王李博乂則有妓妾數百人，皆衣綺羅，食必粱肉，朝夕弦歌自娛，驕侈無比（《舊唐書》「宗室傳」）；另外，河間王夜飲，妓女謳歌一曲，則下一金牌，席終金牌盈座（《雲仙雜記》「金牌盈座」條）；而周光祿諸妓掠鬢用鬱金油，敷面用龍消粉，染衣以沈香水，每月人賞金鳳凰一隻（同上書「金鳳凰」條）。這些貴官的家妓在物質生活上，顯然優裕而華靡，她們多半只學習歌舞絲竹，有的還可讀書習字優閑度日，《妝樓記》就載及徐州尙書的家妓多喜愛讀書，人有借其書者，往往可見妓粉指痕印在書上。

家妓最主要的任務除滿足主人耳目之娛外，也陪伴主人遊山玩水，愉悅心情。此以白居易之例最爲有名，「山遊示小妓」一詩云：

> 雙鬟垂未合，三十纔過半。本是綺羅人，今爲山水伴。春泉共揮弄，好樹同攀玩。
> 笑容花底迷，酒思風前亂。紅凝舞袖急，黛慘歌聲緩，莫唱楊柳枝，無腸與君斷。
>
> （全唐詩卷四五二）

詩中小妓即善唱「楊枝」的樊素，她約在大和四年開始追隨居易，當時年紀約十一、十二歲，自後侍主達十年之久。除了樊素外，白居易另有寵妓小蠻。據《本事詩》「事感」條云：

> 白尚書姬人樊素善歌，妓人小蠻善舞，嘗爲詩曰：「櫻桃樊素口，楊柳小蠻腰。」

有這些能歌善舞的家妓與他相伴，自然增添了不少生活情趣。

家妓之所有權專屬主人，因此主人可以命妓招待賓客或侑酒。白居易在「九日代羅樊二妓招舒著作」詩中，即代他的二個家妓爲自己招朋引伴；而當他參加裴侍中夜宴時則寫道：

> 九燭臺前十二姝，主人留醉任歡娛，翩翩舞袖雙飛蝶，宛轉歌聲一索珠。坐久欲醒還酩酊，夜深初散又踟躕，南山賓客東山妓，此會人間曾有無。（「夜宴醉後留獻裴侍中」，全唐詩卷四五五）。

由「此會人間曾有無」之贊語，可見彼等杯盤狼藉之餘，左顧右盼，眉飛色舞之狀。

當主人慷慨的令家妓在賓客面前歌舞賦詩時，雖十足表現有樂同享的豪邁，但也不無有向賓客炫耀的意味。當然這也是因爲賓客與主人的關係交情不錯，主人才願意出家妓以娛賓，否則主人也有權力拒絕賓客的慕名求見。《開元天寶遺事》「隔障歌」條即載：

> 寧王宮有樂妓寵姐者，美姿色，善謳唱，每宴外客，其諸妓盡在目前，惟寵姐客莫

能見。

另外，《杜陽雜編》卷上亦云元載寵姬薛瑤英，玉質香肌，善歌舞，乃特別由異國求龍綃之衣，將之處於金絲帳中，唯賈至、楊炎與載友善，乃得見之。楊炎在欣喜之餘還作「贈元載歌妓」一詩歌詠之。

家妓既爲交際場中不可缺少之表演者，因此常有高官貴族以其家妓缺少或醜陋，不足以娛樂賓客而奪他人之妓占爲己有者。如《本事詩》「情感」條云：

> 大和初，有爲御史分務洛京者，……有妓善歌，時稱尤物。時太尉李逢吉留守，聞之，請一見，特説延之，不敢辭，盛妝而往。李見之，命與衆姬相面。李妓且四十餘人，皆處其下，既入，不復出。頃之，李以疾辭，遂罷坐。信宿，絕不復知。怨歎不能已，爲詩兩篇投獻。明日見李，但含笑曰：「大好詩。」遂絕。詩曰：「三山不見海沈沈，豈有仙蹤尚可尋。青鳥去時雲路斷，嫦娥歸處月宮深。紗窗暗想春相憶，書幌誰憐夜獨吟，料得此時天上月，祇應偏照兩人心。」

李逢吉家中藏數十妓，竟不知足而仍仗其權勢，掠人家妓。《本事詩》雖沒有明言文中的「有爲御史分司於洛京者」之句，究竟是指何人，但《太平廣記》二七三「李逢吉」篇即直指爲劉禹錫❷，而《全唐詩》卷三六一「劉禹錫詩」與「劉賓客文集外集」亦皆載之，並題所賦之四首詩爲「懷妓」，由此看來，李逢吉這種掠人家妓之行徑，殊爲可惡，但同類的情形在唐代卻屢見諸於文獻記載。

唐人對所寵愛的家妓可以收爲妓妾，但即使如此也仍難免權將的劫奪。如前所說韓翃之愛姬柳氏原爲隔鄰李姓之家妓，以韓翃乃「當今名士，柳氏當今名色」欲相配，韓翃即收爲自己的姬妾，但後來卻爲立功番將沙吒所劫，並寵之專房，終靠著代宗排解乃將柳氏歸還於韓翃，而這段逸事亦因爲「章臺柳」的名詩，千年以來爲人傳誦不已❸。

韓翃的姬妾柳氏被奪復回，儘管過程驚險，但終有完美結局，然而在唐代卻有主人死後，子孫爭賣其妓妾以換錢財的風氣，李諤「論妓妾改嫁書」即痛心抨擊這種作法❹。這一切都說明了一個事實：無論家妓或姬妾們表面是如何富貴、榮寵，最終不過是主人的財產，生殺與奪全憑他人處置。

唐朝本來就不興守貞，家妓既與姬妾類同私人財產，和主人並無正式夫妻名分，因此她們也不必定要從一而終，爲主人守節。白居易「感故張僕射諸妓」詩云：

> 黃金不惜買蛾眉，揀得如花三四枝，歌舞教成心力盡，一朝身去不相隨。（全唐詩卷四三六）

雖然語含感慨，但家妓或姬妾一生侍奉不同的主人，並不會有輿論的譴責，所以白居易曾說家妓「三年五歲間，已聞換一主」（「有感」三首），這在當時是很普遍的現象。當然有時是主人自動撤換的，如白居易就說他「三嫌老醜換蛾眉」，可見家妓賴其技藝姿色事人，一旦年老色衰，形貌醜陋，縱使才藝仍在，也會被主人撤換，否則主人亦會遭受旁人莫大的譏誚。如鄭修出家妓以宴請趙紳，而舞者年已長，伶人孫子多獻口號云：

相公經文復經武，常侍好今兼好古，昔日曾聞阿武婆（按指武則天），今日親見阿婆舞。（全唐詩卷八七〇）

唐代家妓的遣散，多因主人貧病所致。如白居易在文宗開成四年，年已六十八歲，因患風痺之疾，於是賣駱馬，遣放最受他寵愛且名聞洛下的樊素、小蠻二家妓。「不能忘情吟序」云：

樂天既老，又病風，乃錄家事，會經費，去長物。妓有樊素者，年二十餘，綽綽有歌舞態，善唱「楊枝」，人多以曲名名之，由是名聞洛下。籍在經費中，將放之。馬有駱者，駔壯駿穩，乘之亦有年，籍在長物中，將鬻之。圉人牽馬出門，馬驤首反顧一鳴，聲音間，似知去而旋戀者，素聞馬嘶，慘然立且拜，婉孌有辭。……噫！予非聖達，不能忘情，又不至於不及情者。事來攪情，情動不可梲，因自哂，題其篇曰「不能忘情吟」。（全唐詩卷四六一）

遣放家妓對白居易來說，是痛苦的決定。因爲平日他與樊、蠻等朝夕相處，歡樂與共，如今要分離自然依依不捨，這在白氏詩集中就留下不少感傷而動人的詩篇。如「別柳枝」詩云：

> 兩枝楊柳小樓中，嫋嫋多年伴醉翁，明日放歸歸去後，世間應不要春風。（全唐詩卷四五八）

戀戀不捨之情洋溢於字裏行間。而樊素則對居易的遣放決定，感到十分無奈與依戀，因此再拜長跪，動之以情的向其主人說：

> 主乘此駱五年，凡千有八百日，銜橛之下，不驚不逸。素事主十年，凡三千有六百日，巾櫛之間，無違無失。今素貌雖陋，未至衰摧；駱力猶壯，又無虺隤。即駱力，尚可以代主一步，素之歌，亦可以送主一盃。一旦雙去，有去無迴。故素將去，其辭也苦；駱將去，其鳴也哀。此人之情也，馬之情也，豈主君獨無情哉？（全唐詩卷四六一）

樊素陪侍居易已有十年漫長的光陰，現在居易年紀老大，宴席的要求必不致太多，對樊素也頗爲愛護，因此對她而言，能維持目前現狀是較好的。但如今被遣放，那麼，誰能擔保往後的際遇較之今日爲優呢？因此樊素之再拜長跪，淚下如雨，無疑是她依戀故主，惶恐將來的必然反應。白氏在聽完樊素之語後，雖「俯而歎，仰而咍」，乃令「駱反廄，素反閨」；但最後樊素，小蠻等到底還是被遣去而離開故主，「春隨樊子一時歸」（春盡日宴罷感句獨吟)，就連春天也一併帶走了。

被遣放後的家妓，猶如風吹柳絮般，不知飄往何方，劉禹錫「和別柳枝」絕句云：「春盡絮飛留不得，隨風好去落誰家？」白居易戲答說：「柳老春深日又斜，任他飛向別人家，誰能更學孩童戲，尋逐春風捉柳花」。主人老病纏身，二妓遣去後，冷清空虛是必有的感慨，白家林園亦是如此。因此所謂「院靜留僧宿，樓空放妓歸」(時熱少見客因詠所懷)、「觴詠罷來賓閣閉，笙歌散後妓房空。世緣俗念消除盡，別是人間清淨翁」(老病幽獨偶吟所懷)、以及「舞腰歌袖抛何處？惟對無弦琴一張」(夜涼)等等孤寂冷清的詩句，就時常出現在白氏作品中。

由於主人貧病而不得不遣散家妓的情形，自然十分可惜。《才調集》亦曾載司空曙「病中嫁女妓」云：

> 萬事傷心在目前，一身垂淚對花筵。黃金用盡教歌舞，留與他人樂少年。(全唐詩卷二九二)

這首詩淋漓盡致的描寫了作者滿腔的悲感。蓋「用盡黃金敎歌舞」，本是欲留待自己享用，無奈年老多病，無法消受艷福，而如花似玉般，綽綽有歌舞態的美人，只好「留與他人樂少年」，雖不無遺憾，但到底還是任其再改事他人，這是唐人的豁達之處。

家妓一旦被遣放後，也許漂泊憔悴，淪落於風塵之中，也許再度成爲他人的家妓。如劉禹錫名作「泰娘歌」之序中，提到泰娘本是韋尙書之家妓，因善音聲，其名字往往見稱於京師貴遊間。元和初年，韋尙書歿，泰娘乃出居民間，後又成爲蘄州刺史張愻之家妓，不久，新主人又歿，泰娘流落異地，「無有能知其容與藝者，故日抱樂器而哭，其音焦殺以悲」（全唐詩卷三五六）。泰娘的命運與遭遇，確實令人同情，但她也只是衆多妓女悲情的一部分而已。因爲身爲妓女，不論宮妓、官妓、家妓或民間職娼，她們下場的滄桑，由呂巖「題廣陵妓屛二首」即可見一端：

> 嫫母西施共此身，可憐老少隔千春。他年鶴髮雞皮媼，今日玉顏花貌人。
> 花開花落兩悲歡，花與人還事一般。開在枝間妨客折，落來地上請誰看。（全唐詩卷八五八）。

人生無常，年輕又僅如曇花一現，色衰藝退之後的妓女，猶如黃花落土，他人怎能眞正了解她們內心的悲哀呢？因此也有不少家妓在年老色衰或厭倦風塵後，出家爲尼，了此殘生，楊郇伯「送妓人出家」詩即云：

> 盡出花鈿與四鄰，雲鬟剪落厭殘春，暫驚風燭難留世，便是蓮花不染身，貝葉欲翻迷錦字，梵聲初學誤梁塵，從今艷色歸空後，湘浦應無解珮人。（全唐詩卷二七二）

這種因「厭殘春」與「風燭難留世」，然後盡出花鈿，剪落雲鬟，青燈伴古佛者，亦情勢之使然。

至於家妓因與主人並無配偶名分，所以在主人死後，並沒有爲主守節的義務，所以唐代妓妾很少有孤行己志，爲主人守節或殉死的。只有著名的關盼盼是個特例。她本爲徐州名妓，能歌善舞，雅多風態，貞元時爲禮部張尙書納爲姬妾，張歿後，她感念舊恩，獨居於燕子樓中，終身不嫁。白居易、張仲素都有「燕子樓」詩感歎其事。然而關盼盼的守節，並非出自什麼禮義倫常觀念，不過是對主人寵愛的一種報恩心理而已，但盼盼亦以此堅貞之情而留給後人稱誦的話題。

注釋

❶ 此事亦見載於《雲溪友議》卷中「中山誨」條，但所言贈劉以妓者乃杜鴻漸而非李紳，其地點在揚州而非長安，詩句爲「高髻雲鬟宮樣妝」，亦與此稍異。

❷ 此故事於唐末間多有記載，但其間詳略大有不同。《太平廣記》直指「御史分務洛京者」爲劉禹錫，而日人內山知也氏則引據卞孝萱《劉禹錫年譜》以爲大和元年，劉禹錫分司東都時，李逢吉未爲留守，大和五年，李逢吉爲東都留守時，禹錫未爲分司，因而辨其誤。然而劉氏文集裏確有「懷妓」之詩，且稽之劉家子孫譜牒官職，與《本事詩》之文對照則若相映，因此小說之言雖難以按實，但傳聞異辭，信或有之。

❸ 見許堯佐《任氏傳》，或《本事詩》「情感」條。

④李諤「論妓妾改嫁書」云：「聞朝臣之內，有父祖之沒，日月未遠，子孫便分其妓妾嫁賣，實損風化，……復有朝廷重臣，位望通顯，平生交舊，情若兄弟，朝聞其死，夕親其妾。」。

第四節　民間職業娼妓

壹、民間妓館分布與北里妓館環境

民妓的起源雖未見記載，想必甚早，至遲在唐初即已有之，不過只是以散娼的形態出現，而像長安北里這樣有正式大規模組織及商業化者，當在唐朝中葉以後。詳究妓館興盛之因，殆自安史之亂後，由於太常寺、教坊、梨園等樂人失散，十部伎、二部伎之觀樂與清曲之演奏或告廢絕或縮小規模，僅呈存續狀態。其間雖曾一度復興，但與唐初國家興隆時所制定的新燕樂（三大舞、十部伎）和太常樂工制相比較，則明顯呈現衰頽與混亂之景象。因此唐朝中期以前被宮廷貴族官吏所獨佔之音樂文化，在唐朝中期以後逐漸流向民間而產生新的音樂娛樂場所，再隨著都市商業之發達和市民生活的提高，妓館及戲場乃急遽興起，至唐末而達於鼎盛。

唐代妓館之發達，以長安為中心，其中尤以平康坊最具有代表性。關於平康街坊之地理位置，依照宋敏求《長安志》及徐松《唐兩京城坊考》所載，有東西和南北兩巷（見附

圖二），坊之面積爲東西六百五十步，南北三百五十步之長方形，坊位於朱雀街東第三街，也就是皇城東第一街從北算來第五坊，地處長安東北部最繁華的地帶上。根據日人石田幹之助《長安の歌妓》與岸邊成雄《唐代音樂史的研究》，平康坊東爲萬商雲集之東市，酒樓旗亭頗多，北側之崇仁坊，是樂器商集中之地，車馬輻輳，晝夜喧嚷，燈火不絕，京中諸坊莫之與比；西爲務本坊，係太學所在，南爲宣陽坊，有楊氏昆仲虢國夫人和楊國忠等的豪華邸宅，坊北之橫街爲京師交通要道，人馬往來頻仍，旅館甚多，是著名鬧區；坊內南門以西又有諸州節度使設於京師之進奏院（辦事處），因此可以說，長安之平康坊是京城最精華繁榮的地帶，唐人每愛至此地之妓館狎遊，如《開元天寶遺事》「風流澤藪」條云：

> 長安有平康坊，妓女所居之地，京都俠少萃集於此，兼每年新進士以紅牋名紙遊謁其中，時人謂此坊爲風流澤藪。

由此資料看來，則可確定平康坊在玄宗開元天寶時期，爲娼妓集居與風流人士遊樂之勝地。

長安城除了平康坊多妓館外，在城之東西兩寺、道觀、城門附近，酒樓旗亭與妓館亦參差林立。例如蔣防傳奇小說中的「霍小玉」，即居住於長安東市北部勝業坊之古寺曲；又段成式《酉陽雜俎》亦載：「靖恭坊有妓，字夜來。稚齒巧笑，歌舞絕倫。」

在其他城市也有妓館之分布。如日人那波利貞「唐宋時代之酒樓旗亭」一文裏，亦述及洛陽之南北兩市與修善坊、明義坊、殖業坊等酒樓妓館林立，而「洛陽毓材坊之郭大娘，爲洛陽第一名妓」等語。另外，宋朱弁之《曲洧舊聞》卷七云：

唐成都府有散花樓，河中府有薰風樓、綠莎廳，揚州有賞心亭，鄭州有夕陽樓，潤州有千巖樓，皆見於傳記。今無復存者，蓋或易其名，或廢而不修也。

文中所提諸樓，當係酒樓妓館之代名，但是否全部爲民間私營妓館，則因史料闕如，不敢驟然妄下斷言，但以中晚唐娼妓業之昌盛，則各地有妓館之分布，當是合理且意料中之事。

長安平康坊之北里是唐代最著名的妓館集中地，晚唐僖宗時之翰林學士孫棨，即時常狎遊其間，根據他所撰的《北里志》言北里之位置云：

平康里，入北門，東回三曲，即諸妓所居之聚也。妓中有錚錚者，多在南曲、中曲。其循牆一曲，卑屑妓所居，頗爲二曲輕斥之。其南曲、中曲門前通十字街。

指出北里乃位於平康里內，由北、中、南三曲構成，其中以南曲擁有的名妓最多，中曲次之，北曲則多卑屑之妓，素爲其他二曲所輕視❶。

唐代妓館之環境，大抵十分幽雅。《北里志》「海論三曲中事」條云：

> 二曲中居者，皆堂宇寬靜，各有三數廳事，前後植花卉，或有怪石盆池，左右對設，小堂垂簾，茵榻帷幌之類稱是。諸妓皆私有指占，廳事皆彩版，以記諸帝后忌日。

文中的二曲指南曲、中曲的妓館，因這兩曲妓女的素質較高，所以堂屋規模一般比北曲大。例如南曲的王蘇蘇即「室屋寬博，巵饌有序」、楊妙兒「居第最寬潔」；然而也有例外者，如張住住就是「南曲所居卑陋」，因其生意不振，所以往往在門前設小鋪「貨草剉薑果」，兼賣一些水果什物。

總之，名妓所居之環境大多幽靜雅致，北里妓館如此，勝業坊古寺曲之妓女霍小玉所居亦是「閑庭邃宇，簾幕甚華」。依人之常情，環境幽雅，設備華麗之妓院，自然較易吸引狎客出入而生意鼎盛。因此，妓女們待賓客的廳房內之設備，多力求華麗，十分講究。

貳、假母與妓女來源及其生活境況

妓館由妓女與鴇母所組成，以妓女爲主體，鴇母是經營者，有時也兼攝妓業。妓館與宮中教坊不同者有二。其一：教坊樂工住於教坊內，是教坊構成要素之一；而妓館之樂工則住在妓館附近，以備隨時呼召，赴館演奏，與妓館各爲獨立之營業團體。其二：妓館之經營者兼監督任務爲鴇母；而教坊則分爲左右教坊、宜春院，各設樂官（教坊使）以負責領導與監督之職。既然妓館中的鴇母與妓女可構成單獨營業單位，那麼鴇母在妓館中地位之重要就可想而知了。

鴇母之來源，據《北里志》「海論三曲中事」條云：

> 妓之母多假母也。（俗呼爲爆炭，不知其因，或以難姑息之故也。）亦妓之衰退者。

文中之假母即今所謂之鴇母，爲義母，養母之意，這是因爲妓館中的妓女，多以養女身分落籍妓館的緣故，而或許因鴇母常權利於妓，脾氣暴躁，所以又俗呼爲爆炭。鴇母一般都是由色衰的老妓擔任，例如「王團兒，前曲自西第一家也，已爲假母，有女數人」，又如「楊妙兒者，居前曲，……本亦爲名輩，後老退爲假母」等，均其實例。

妓館之地頗多是非，治安不佳，假母若獨立經營妓館，則困難甚多，因此必須仰賴有力人士之支援。《北里志》「海論三曲中事」條云：

> 諸母亦無夫，其未其衰者，悉爲諸邸將輩主之，或私蓄侍寢者，亦不以夫禮待。（多有遊惰者，於三曲中而爲諸娼所豢養，必號爲廟客。）

這段資料說明了假母原則上沒有丈夫，其姿色未退，風韻猶存者，多奉請高官、將軍爲其幕後支持，或私蓄情夫侍寢。這或許是因爲北里乃遊蕩之地，多惡少無賴橫行，時常發生事故，如相國王起之子王金吾，耽溺北曲，有醉客仗劍而來斬梟人頭，幸好王金吾及早察知，避於牀底，乃得免於難；（同書「鄭合敬先輩」條），又如裴晉公度嘗狎遊，爲兩軍力士十許輩凌轢，情勢甚危窘，乃潛遣一介求救於質狀魁偉，膂力絕人的胡證尙書，賴其善行酒令又豪飲，始爲裴度脫困，（同上書「胡證尙書」條）因此北里有「不測之地」的稱號，而假母逢迎高官、私蓄情夫、廟客等，或可用作預防敲詐勒索及護衛之幫助。

假母雖然大多沒有丈夫，但也有例外者，如《北里志》「王蓮蓮」條載：

王蓮蓮，字沼容，微有風貌。女弟小僊已下數輩皆不及。但假母有郭氏之癖，假父無王衍之嫌，諸妓皆攫余特甚，詣其門者，或酬酢稍不至，多被盡留車服賃衛而返。曲中惟此家假父頗有頭角，蓋無圖者矣。

文中之假父乃義父之意，係假母之夫，一般多爲惡劣乖戾之徒，或游手好閒之輩，他們經常與假母、妓女三者氣息相聯，不惜以任何手段詐取狎客的錢財，所以「假母有郭氏之癖，假父無王衍之嫌」❷，就是在譏諷假父與假母的貪婪暴戾。

唐代每一妓館通常蓄養約十名左右的娼妓，而妓女的來源，除了少數是鴇母親生女兒（如張住住即「其母之腹女」）外，大多因家貧賣身，或被誘拐販賣淪落妓女者，《北里志》「海論三曲中事」條云：

諸女自幼丐育，或傭其下里貧家。常有不調之徒潛爲漁獵。亦有良家子爲其家聘之，以轉求厚賂，誤陷其中，則無以自脫。

這些落籍於妓館之女子，多依照私賤民之法，訂立賣身契約❸，一旦跌入火坑爲娼妓後，則甚難自力脫離。如王福娘本爲解梁之良家女子，總角時爲人所誤，被一過客誘聘，賣身北里，落籍王團兒之妓館，初則假母以親情接待甚殷，累月後則逼學歌令，漸遣見賓客，尋爲計巡遼所嬖，後爲宰相韋宙之子韋遼以千金贖身過娶，福娘之兄來訪雖欲圖營救，但終因力輕勢弱不可奪，乃慟哭而去。

妓女爲妓館之搖錢樹，妓館爲了以後能收得豐厚利潤，因此鴇母都嚴格訓練其才藝，教以應對待客之法。《北里志》「海論三曲中事」即云：

> 初教之歌令而責之，其賦甚急，微涉退怠，則鞭朴備至。皆冒假母姓呼，以女弟女兄爲之行第，率不在三旬之內。

由此可知幼妓初時受鞭撻習藝之情形，而同一妓館內，妓女相互締結爲姊妹之約，並稱兄道弟之現象，則與教坊宮妓相互結拜爲「香火兄弟」，頗有異曲同工之妙。

妓女在訓練期間之成績高下，往往決定此後她們在妓館內的身分地位，姿色或才藝較優之妓女則被冠以「都知」或「席糾」之美譽。按「都知」之名原爲宮內梨園樂官的稱號❹，據《北里志》「鄭舉舉」條下注云：

> 曲內妓之頭角者爲都知，分管諸妓，俾追召勻齊。

可見妓館內之都知，有權掌管其館內之事物，她也就是妓館裏的幹部。至於「席糾」，則擔任宴席中之一切指揮任務，除了負責席間應酬斡旋外，且以其詼諧談謔，增進席間飲酒樂趣，並巧施智慧，善用酒令章程，以促飲賓客或雅裁有飲酒惡癖之人，名妓鄭舉舉、天水僊哥即時常擔任席糾之職，因寬猛得所而備受狎客之推崇與讚美，是北里飲妓中之佼佼者，想必也爲妓館鴇母賺進大筆金銀。

按照《北里志》的說法，「京中飲妓，籍屬教坊」，但前文已詳言唐玄宗時設立之教坊原本是爲了搜羅訓練女妓，以專門供奉朝廷，而《北里志》所說的「京中飲妓」，卻顯然不是供奉內廷，而是對外營業的娼妓，她們也不住在教坊，而是住在平康里和京中其他里坊中。關於這個問題，當與教坊制度演變有關，因爲唐玄宗以後，教坊漸衰，雖然各帝時的教坊仍不時選取女妓供奉朝廷，但平時已不能全部集中在教坊裏，只是選取一些佳妓名列教坊籍，隨時聽候調遣，承應官差，除此之外，妓女平時仍過著自由營業之娼妓生活。白居易「琵琶行」一詩中的琵琶女可以爲證：

自言本是京城女，家在蝦蟆陵下住。十三學得琵琶成，名數教坊第一部。……五陵年少爭纏頭，一曲紅綃不知數。（全唐詩卷四三五）

這位名列於教坊籍的琵琶妓，就既不居住在教坊，又過著對外賣藝營業的生活。北里的飲妓也並非每一位都入教坊籍，例如《北里志》「王團兒」條載妓女王福娘希望從良，向孫棨乞求說：「某幸未係教坊籍，君子倘有意，一二百金之費爾。」言下之意以自己未列身教坊而慶幸，但由此也可知，妓女入了教坊籍便成「官身」，不能隨便從人，而未入此籍的，則可由狎客出錢贖身，隨時從良。但另一方面，這些未列教坊籍的北里妓女，仍然還是「未免官使」（不能免於官差），而且「凡朝士宴聚，須假諸曹署行牒，然後能致於他處，惟新進士設筵顧吏，故便可行牒，追其所贈之資，則倍於常數」，這些都反映出長安北里的妓女們得赴官差，有深厚的官妓色彩，卻又和其他營業妓館的女妓收取豐厚的資財沒有什麼差異。

北里妓女平時多幽居妓館，日常生活受假母監視，沒有外出的自由，也禁止單獨外出，僅在幾個特定的日子准許出里。《北里志》「海論三曲中事」條云：

> 諸妓以出里艱難，每南街保唐寺有講席，多以月之八日相牽率聽焉，皆納其假母一緡，然後能出於里。其於他處，必因人而遊，或約人同行，則爲下婢而納資於假母。故保唐寺每三八日，士子極多，蓋有期於諸妓也。

由此可知諸妓常趁著每月初八、十八、廿八三天，保唐寺說經日的機會，例向假母納錢一緡而相牽率聽出里，暫時享受自由的滋味，且屆時文人士子赴保唐寺者亦極爲衆多，因此妓女們還可以藉機與所愛之男客幽會。

北里妓女除了上述特定時日可以出里外，也可應其他賓客邀請，同赴曲江宴（參「劉泰娘」條)；而三月上巳日，諸妓亦可陪同假母，全家外出踏青(參「王團兒」條、「張住住」條)。石田幹之助因此認爲杜甫「麗人行」詩中「三月三日天氣新，長安水邊多麗人」之句中，麗人群裏可能也暗含出遊的妓女在內。

總之，妓女平時不能隨意外出，縱使外出也必與北里其他妓女同時而行，因此她們在假母嚴密監控下，猶如樊籠之鳥，生活極受拘束，她們只是假母的權利工具而已，有時假母爲榨取妓女，還經常苛酷驅使，但若遇到個性較爲倔烈的妓女，則也有不滿而遠颺他去者。如「楊妙兒」條云：

> 萊兒以敏妙誘引賓客，倍於諸妓。榷利甚厚，而假母楊氏未嘗優恤萊兒。因大詬假母，拂衣而去，後假母嘗泣訴於他賓。

按楊妙兒家的妓女除萊兒外，尙有永兒、桂兒、迎兒三妓，但都不及萊兒的才智聰慧，因此萊兒離去後，妓館之營業生意當必受嚴重影響。

叄、妓館冶遊費用與狎客身分

唐代妓館設施，採用家庭形式，平日狎客若非登堂入室，不能和妓女私相晤面，且妓女接受包銀後，除包主外，也不能接納其他客人。如《北里志》之作者孫棨與王福娘舊識，但自從福娘被人包銀後，就無法到妓館往訪，曲水之宴亦僅能賴女婢之手通款曲，即使翌日親赴妓館，也只能在門前受取由其小婢傳送福娘書寫詩篇的紅巾。可見唐代妓館的經營相當嚴密，假母爲其本身利益，強制妓女與狎客隔離，如妓女接受包銀制度即是一代表之例。

北里爲私營妓館，其經營方式除供應酒肴外，以妓女之容色才藝爲主。妓女們在館內若遇貴人皆須行「參禮」，《北里志序》稱「比見東洛諸妓體裁，與諸州飲妓固不侔矣，然其羞匕筯之態，勤參請之儀，或未能去也。北里之妓，則公卿舉子，其自在一也。朝士金章者，始有參禮。」可見唐代京妓與外妓僅肆館不同，但遇貴人都須行參謁禮，近人尙秉和在其《歷代社會風俗事物考》卷四十四裏，認爲貴人入妓院，接受諸妓的參謁，乃是唐人獨有的風俗，這與後世貴人狎遊，身分愈高貴則愈避免人知者迥然不同。

至於到妓館狎遊的費用，在唐人詩文中曾約略提及，例如王璩「美女篇」：

> 東鄰美女實名倡，絕代容華無比方……何能見此不注心，惜無媒氏爲傳音。可憐盈盈直千金，誰家君子爲藁砧。（全唐詩卷九八）

儲光羲「長安道」一詩亦載：

> 鳴鞭過酒肆，袨服遊倡門。百萬一時盡，含情無片言。（全唐詩卷一三九）

詩中所謂的千金、百萬雖只是泛數，但已可想見費用之昂貴。所以李商隱《義山雜纂》有一句俗語說「窮措大喚妓女—必不來」，可知妓館之冶遊費高昂，並非一般尋常百姓所能負擔。即使如此，唐人對名妓仍是趨之若鶩，甘願爲火山孝子。如房千里之「楊娼傳」描寫京師名妓楊娼，竟有讓「長安諸兒，一造其室，殆至亡生破產而不悔」的魅力。

事實上，唐代妓館的冶遊費，當因人、因時、因地而有所差異。如北曲因多卑屑妓所居，因此價碼較南曲中曲爲低；而就唐人所載之資料看來，索價昂貴、等級區分最爲繁多的特出例子，莫如宣城妓女史鳳。《雲仙雜記》「迷香洞」條云：

> 史鳳，宣城妓也，待客以等差，甚異者，有迷香洞、神雞枕、鎖蓮燈；次則鮫紅被、傳香枕、八分羊；下列不相見，以閉門羹待之，使人致語曰：「請公夢中來。」馮垂客于鳳，罄囊有錢三十萬，盡納，得至迷香洞，題九迷詩於照春屏而歸。

史鳳待狎客其名目等級之多，確實令人大開眼界，而狎客傾囊盡納三十萬，換得「迷香洞」之歡樂，則其費用之高昂，亦令人咋舌。

平康坊妓女的冶遊費，依據《北里志》「鄭舉舉」條小注云：

> 曲中常價，一席四鐶，見燭即倍，新郎君更倍其數。故云復分錢也。

這大概是北里遊興費的標準數字。文中之一席，係指於妓館中設宴，包含酒肴一桌及妓女在內的總費用而言，至於一席隨侍之妓女人數多少，則無明文規定，但當不止一人。

關於「鐶」的價値，根據日人加藤繁之研究，「鐶」亦稱「鍰」或「鋝」，爲先秦時期常用之重量單位，相當於「十一銖二十五分之十三」與「六兩三分之二」，前者適用於金，後者適用於銀，而古義之一鐶爲六兩，唐末銀價一兩約四〇〇〇文❺。依此估算，那麼北里妓席的遊興費如下：

妓館：一席　（日間）九六〇〇文
　　　　　　（夜間）一九二〇〇文

新郎君（及第進士）　夜宴三八四〇〇文

這樣的費用在當時並不便宜。考唐朝物價，波動甚大：唐初甚低，安史之亂後暴漲，德宗時代曾稍下跌。就米價而言，貞觀年間每斗僅需四～五文，安史亂後漲至每斗六文，宣宗、懿宗時每斗四十文❻，而北里冶遊費動輒上千或上萬文，可見費用之高昂，確非一般市民所能負擔，僅爲少壯官吏、文人富商等常涉足之地。

至於在進士科放榜後，及第進士聚集南院官廳，設席招妓之費用則又不同。《唐摭言》卷三「散序」條載：

> （進士）大凡謝後便往期集院，院內供帳宴饌，卑於輦轂。其日，狀元與同年相見後，便請一人爲錄事，其餘主宴、主酒、主樂、探花、主茶之類，咸以其日辟之，

主樂兩人，一人主飲妓。放榜後，大科頭兩人（原註：第一部），常詰旦至期集院。常宴則小科頭主張，大宴則大科頭，縱無宴席，科頭亦逐日請給茶錢（原註：平時不以數，後每人日五百文）。第一部樂官科地每日一千，第二部五百，見燭即倍，科頭皆重分。

從這段資料可知殿試放榜後，狀元等及第進士聚集南院，大張宴席召妓陪席的情形，這種宴會分常宴、大宴兩種，大宴時飲妓中有二名大科頭（第一部），常宴則僅有小科頭一人⑦。第一部之科地（科頭指揮下的一般妓女）每日一千文，第二部科地日得報酬僅五百文，夜宴則加倍，而且科頭所分之費用又比科地爲多，當日若無宴會，科頭也會按日請給妓女茶錢五百文。所以官廳公宴付給妓女的遊興費用如下：

南院：

第一部	科頭	日間二〇〇〇文	夜間四〇〇〇文
	科地	日間一〇〇〇文	夜間二〇〇〇文
第二部	科頭	日間一〇〇〇文	夜間二〇〇〇文
	科地	日間五〇〇文	夜間一〇〇〇文
茶錢（祝儀）		每妓日付五〇〇文	

上述妓女費用，因南院爲官廳公宴，所以並非一席費用，而是妓女每人所得，若與《北里

志》之「一席四鐶」相較，則較妓館昂貴。

妓館之花費除上述冶遊費外，還有雜費。若狎客爲達到獨佔妓女的目的，可用包銀的方式，稱爲「買斷」。其方法與費用在《北里志》「王團兒」條云「王福娘爲豪者主之，不復可見」之下小註說：

> 曲中諸子多爲富豪輩，日輸一緡於母。謂之買斷，但未免官使，不復祇接於客。

說明了狎客如果每天向假母繳納一緡（一千文），以博取其歡心，就可以達到獨佔妓女的目的。但事實上即使這樣做，也僅能使妓女不再接納其他客人，卻仍然無法使她免於官使，換句話說，若官廳公宴召妓，則此妓女仍需外出赴堂會。

狎客對所喜愛的妓女，可以將她聘娶爲家妓或家妾，但所費亦不貲，且易遭欺騙。如《北里志》「張住住」條即詳載一豪客與妓女交往到欲爲其落籍之過程的花費云：

> 俄而里之南有陳小鳳者，欲權聘住住，蓋取其元。已納薄幣。約其歲三月五日……。既而小鳳以爲獲元甚喜，又獻三緡於張氏（假母），遂往來不絕，復貪住住之明慧，因欲嘉禮納之。

富豪陳小鳳欲聘張住住，首先預付薄幣，再日送假母三緡以保持與張住住接觸，最後則欲以嘉禮爲張住住落籍，前後花金不少，但他那知所謂的「獲元」，乃是張住住詐以「髡雞之冠，取丹物致之」的一場騙局？

妓女的落籍費用，殆亦因人不同。王福娘請求孫棨爲她落籍時說：「君子倘有意，一二百金之費耳」，如依此估算，則其落籍費用相當於五百緡～一千緡之巨款❽，另外，大概也可以綵錦代之。如《唐語林》卷四云：

> 京師有名娼曰嬌陳者，姿藝俱美，爲士子之所奔走。睦州一見，因求納焉。嬌陳曰：「第中設錦帳三十重，則奉事終身矣。」

錦帳三十重，價值匪淺。本來嬌陳獅子大開口只因見睦州乃少年人而戲之耳，沒想到第二天竟「如言載錦而張之以行」，嬌陳在大驚之餘，又欣賞他的奇特行徑遂履約，這也是妓女與狎客兩相誠信之例。

涉足妓館的狎客除了狎妓時的冶遊費與零星雜費外，也時常以財物致贈妓女的。如白行簡傳奇小說「李娃傳」，鄭生持雙縑謂李娃曰「請以備一宵之饌」；《北里志》「鄭舉舉」一條云左諫王致君等數人至鄭處醵宴，日暮時「致君以下，各取彩繒遺酬」；又如白居易「琵琶行」云琵琶女表演時「五陵年少爭纏頭，一曲紅綃不知數」，從狎客所贈與的財物中，當然多少也反映了這位妓女的身價或受歡迎的程度，另外，在《酉陽雜俎》裏則載周皓送給靖恭坊妓女夜來的生日禮物，竟是價值六十緡的金銀箱子❾。狎客出手之大方，的確令人咋舌。

妓館雖係公開營業，舉凡貴胄或平民皆可狎遊，但由其遊興費、雜費與贈送妓女財物看來，金額都十分可觀，但唐代庶民生活除了貞觀、開元兩朝外，並不見得寬裕⑩，有能力負擔者僅爲少數。這點我們從《北里志》所載狎遊者的身分裏可以看出：在總計四十人中，進士舉子二十人，官吏十八人，富商二人，其中以進士舉人佔絕大多數。究其原因，蓋宣宗因好儒術，特重科第，並常微服長安街頭，「逢舉子則狎而與之語，時以所聞，質於內庭」，由於君主對進士科考的特別重視，所以造成進士「自此尤盛，曠古無儔」，但當時應科舉考試而及第者，率多「膏粱子弟」，「平進歲不及三數人」，而文士舉子爲求能在長安街上「巧遇」君王，以得君王「狎而與之語」的機會，因此進士舉子涉足花街之人數日增，這是造成《北里志》所載的狎客中，以彼輩佔了一半之原因。

高官貴吏與腰纏萬貫巨金之富商，固然有足夠的能力撒下大把金銀以狎妓冶遊，但唐代進士登第者，大約僅得校書郎或縣尉之類的九品官，根據《新唐書》卷五十五「食貨志」之記載，校書郎的官俸爲一萬六千文，但及第進士（新郎官）僅僅夜宴之妓席遊興費卻高達三八四〇〇文，由此看來，這筆巨額款數對彼輩也是一項沈重的負擔，無怪乎趙翼《陔餘叢考》卷二七「預借俸」條裏有進士登第後在京師舉債的奇怪現象⑪。

肆、民妓遲暮後之出路

民間妓館之妓女，平日或被人召出侍奉宴遊，或在家中接納來客，每年新科進士及第盛行到平康里眠花宿柳，更是她們忙碌的時節，然而光陰易在燈紅酒綠與淺斟低唱中消逝，年屆遲暮的妓女其未來歸宿，大致有如下幾個途徑：

㈠轉任假母。如《北里志》中的楊妙兒本來也是名娼，年老後則退爲假母，搖身變爲妓館經營者與妓女的壓迫者。

㈡續操賤業，留身妓籍。如名妓俞洛眞曾落籍左丞相于琮之家，因不慣其妻妾虐待後，訴之於主而出之，「遂嫁一胥吏，未朞年而所有索盡，吏不能給，遂復入曲。」說明俞洛眞因不堪生活清苦而續操賤業。蓋妓女年輕時所侍之對象多爲富豪之輩⑫，他們出手賞賜大方，妓女若一旦從良，離開這紙醉金迷的場所，自然依夫而食，因此如果不能甘心粗茶淡飯的生活，當然容易重返火坑，續操賤業。

㈢出家爲女冠。如楊巨源「觀妓人入道」二首云：

荀令歌鐘北里亭，翠娥紅粉敞雲屏，舞衣施盡餘香在，今日花前學誦經。（其一）
碧玉芳年事冠軍，清歌空得隔花聞，春來削髮芙蓉寺，蟬鬢臨風墮綠雲。（其二）
（全唐詩卷三三三）

據此，則有民妓看破俗世紅塵後，出家入道清修以度殘生者。但若其修道意志不堅定，那麼即使名爲女冠，卻仍有可能淪爲變相的娼妓。

㈣落籍爲人妻妾。此類多爲商賈納去。如北里名妓萊兒於亂離前，即爲闤闠富家以金帛聘之，置於他所。這種居住在外的妻妾和所謂的「外婦」，雖名異而實相似。陳寅恪先生云「其關係本在可離可合之間，以今日通行語言之，直『同居』而已。」（《元白詩箋證稿》「琵琶引」）白居易「琵琶行」一詩所詠之長安故倡琵琶女，於「年長色衰，委身爲賈人婦」，即其實例。此外，小說「冥音錄」裏的廣陵倡家崔氏，柳宗元所撰「太府李卿外婦馬淑誌」中的歌妓馬淑等⓭，皆是其例。

這種妓妾外婦因並非正妻，所以往往飽受丈夫虐待。而妓女爲人做妾，舊日積習難改，亦時聞水性楊花，紅杏出牆之事。如孟氏本是壽春妓，雖然嫁給了維揚萬貞，其後又與鄰家美少年私相授受。從下列二詩可見兩人的私情：「獨遊家園」詩云：

可惜春時節，依前獨自遊，無端兩行淚，長只對花流。

「答少年」：

誰家少年兒，心中暗自欺，不道終不可，可即恐郎知（全唐詩卷八〇〇）

詩中孟氏對所嫁非偶，似乎悵恨暗生，對鄰家的美少年，則是又愛又怕，芳心矛盾無主，對自己不能專心自持而通情他人，也有掙扎與自責的意味。

至於楚兒則是公然與舊識淫蕩。《北里志》「楚兒」條云：

楚兒，字潤娘，素爲三曲之尤。……近以退暮，爲萬年捕賊官郭鍛所納，置於他

> 所。潤娘在娼中狂逸特甚，及被拘繫，未能悛心。鍛主繁務，又本居有正室，至潤娘館甚稀。每有舊識過其所居，多於窗牖間相呼，或使人詢訊，或以巾箋送遺。鍛……每知必極笞辱。潤娘雖甚痛憤，已而殊不少革。嘗一日自曲江與鍛行，前後相去十數步，同版使鄭光業時爲補袞道，與之遇。楚兒遂出簾招之，光業亦使人傳語。鍛知之，因曳至中衢，擊以馬箠，其聲甚冤楚，觀者如堵。

楚兒既已落籍爲人妻妾，竟然無法洗淨鉛華，安於家室，還與昔日狎客相呼調情，其行徑可謂淫佚豪放之甚也。妙的是她雖被丈夫毒打成傷，但第二天當鄭光業路過其居偵看她時，她已在臨街牕下彈弄琵琶了，見到光業還駐馬使人傳語，並持彩箋贈送說：

> 應是前生有宿冤，不期今世惡因緣。蛾眉欲碎巨靈掌，雞肋難勝子路拳。秖擬嚇人傳鐵券，未應教我踏金蓮。曲江昨日君相遇，當下遭他數十鞭。

如此的自我解嘲，令人不禁爲之莞爾。沒想到光業馬上取筆竟答曰：

> 大開眼界莫言冤，畢世甘他也是緣。無計不煩乾偃蹇，有門須是疾連拳，據論當道加嚴箠，便合披緇念法蓮。如此興情殊不減，始知昨日是蒲鞭。

詩中冷嘲熱諷，絲毫嗅不到半點憐惜之意，充分流露了狎客的冷漠無情。而由此亦可知妓女雖落籍爲人妓妾，但其社會地位仍極爲卑賤，打罵隨人，甚至被主人當作動產的一部分而相互贈送（如柳氏之贈與韓翃），或以他物交換妓妾（如張籍以愛姬柳葉換山茶一株，盧殷、張祜之愛妾換馬等），這種事例在唐代亦屢見不鮮，可見這些妓妾生活境遇之悲悽。

注釋

❶ 如劉泰娘爲北曲內小家女。曾與諸妓赴宴時，人問其居，泰娘「以居非其所，久乃低眉」。及細詢之云：「門前一樗樹子」由她支吾答話，可知北曲妓女素爲人所輕視。詳見《北里志》「劉泰娘」條。

❷ 文中「假母有郭氏之癖，假父無王衍之嫌」，乃用《晉書》卷四三「王衍傳」之典故，衍（晉惠帝功臣）妻郭氏，賈后之親，藉宮中之勢，剛愎貪戾，聚斂無厭，好干預人事，衍患不能禁。時有鄉人幽州刺史李揚，京師大俠也。郭氏素憚之。衍謂郭曰：「非但我言卿不可，李揚亦謂不可。」郭氏爲之小損。衍疾郭之貪鄙，故口未嘗言錢，郭欲試之。令婢以錢繞床，使不得行。衍晨起見錢，謂婢曰：「舉阿堵物去。」其措意如此。在此乃指假母貪戾，猶如郭氏惡癖，而假父無王衍惡妻之嫌，則其與假母皆同樣貪戾無比也。

❸ 《舊唐書》卷一八八「羅讓傳」云：「羅讓……甚著仁惠，有以女妓遺讓者，讓問其所因。曰：『本某等家人，兄姊九人皆爲官所賣，其留者唯老母耳。』」讓慘然焚其券書，以女妓歸其母。」可見娼妓買賣都有買賣之證明或契券。

❹ 宋錢易《南部新書》「丙」云：「咸通中，俳優特恩，咸爲都知，一日聞諠譁，上召都知止之。」

❺ 參見加藤繁《唐宋時代金銀之研究》卷上，文海出版社。又參見岸邊成雄《唐代妓館之組織》第四章「遊興費」之部分。

❻ 唐代米價之變動，可參見全漢昇「唐代物價的變動」一文。《中國經濟史研究》上冊，新亞研究

所出版。

❼ 科頭之名，未見於《北里志》，但《雲麓漫抄》與《唐摭言》都有進士宴席使用大小科頭之記載，則科頭之名或係妓館之妓女僅用於出席公宴時所職司之名稱，至於任大、小科頭之妓女，當係所謂都知或席糾等妓女之佼佼者。

❽ 根據加藤繁《唐宋時代金銀之研究》之解釋，王福娘所謂的一、二百金，爲金一～二百兩之意，唐宋金價爲每兩五～七千文，若以每兩五千文計算，則上述金額相當於五百緡～一千緡之巨。另外《北里志》「俞洛眞」條云其籍左丞相于琮之家，因不慣于琮妻妾虐待，月餘後訴之於于琮，所謂「主即出之，亦獲數百金，遂嫁一胥吏」，可知落籍費一、二百金爲當時一般標準。

❾ 見《太平廣記》卷二七三「周皓」條引《酉陽雜俎》，頁二一四九。

❿ 參黎傑《隋唐五代史》下冊，頁三〇二，九思出版社。

⓫ 見趙翼《陔餘叢考》卷二七「預借俸」條。又進士開支頗爲浩大，由《唐摭言》卷三所臚列衆多之進士宴陋規亦可想見。

⓬ 如《北里志》「王團兒」條云「爲豪者主之，不復可見」，下註曰「曲中諸子多富豪輩」，另外「王福娘」部分云「豪者張氏」，「楊萊兒」部分之「豪家」，「張住住」部分所謂「平康富家」，可見狎客多爲富豪人家。

⓭ 見汪辟疆編《唐人小說》頁一九〇「冥音錄」及《古今圖書集成》卷八二三柳宗元撰「太府李卿外婦馬淑誌」，頁一一四八。

第五節　女冠式娼妓

壹、女子入觀動機與道觀狎冶之習

在唐代各種娼妓類型中，最爲特殊的是女冠式的娼妓。這類名爲女冠實如娼妓的形成，與唐代道教繁榮和中晚唐妓風興盛、道觀狎冶風習都有十分密切的關係。因此若欲了解女冠式娼妓的產生和活躍情形，那麼對唐代道教女冠制度及入道身分、動機的徹底明瞭，當是必要的基本課題。

在唐代社會的宗教信仰中，無論是教理的闡述，宗派之多樣，以及寺院之多、信奉之盛等方面而言，無疑的佛教能獲得長足發展而較佔優勢。然而道教與唐代帝室則具有微妙的關係：一方面道教徒善於攻心，以「服食求仙」及「符籙讖言」博得帝王歡心；另一方面唐代帝王則攀附李耳，充分利用道教建立「君權神授」說，以鞏固其統理臣民之基礎[1]，就在兩者互相利用、依賴的情形下，道教獲得唐代帝王刻意的推崇與提倡，因而道觀四處林立，也產生了龐大的女冠群。

據《大唐六典》卷四之統計，開元時天下道觀凡一千六百八十七所，其中由道士住持的約一千一百三十七所，女道士所住持者有五百五十所；而據《新唐書》「百官志」的統計，道士住持的有七百七十六所，而女冠所住持的較多，爲九百八十八所。上述兩者在宮觀數目及住持的性別上互有增減，其正確性到底如何，雖然從現存的資料已不易明確考核，但是在盛唐的崇道風尙中，由女冠所住持的宮觀數量當在五百至九百之間，而女冠人數至少當以千計，這的確是相當可觀的數字。

大體說來，女子（公主、嬪妃等特殊身分除外）入道的動機，有一部分是家人或自己篤信道敎而出家爲女冠。如長安咸宜觀即大都爲士大夫之家入道的女子，其他絕大多數還是因爲各種境遇的逼迫，或飽經世態炎涼，看破紅塵而進入道觀尋求歸宿。這其中有夫死不願再嫁之寡婦，如驍將姚季立身亡，其妻於服喪期滿後，請求朝廷度爲女道士以過殘生❷；也有因家人坐罪，走投無路，不得不進入觀寺者，如越王李貞之玄孫李玄貞因祖上犯罪，父祖皆死於嶺外，她在埋葬親人後便於咸宜觀修道終身；也有的是妓女、姬妾以觀寺爲最終歸宿，如有名的女道士魚玄機原爲李億侍妾，因正室夫人不容乃歸於道觀，至於妓女年老色衰後出家的就更普遍了，唐詩中有不少送妓人出家入道一類的篇什可爲明證，如前所引之楊郇伯「送妓人出家」一詩，即是此例。

另外，宮人、宮妓入道也佔不小比例，長安政平坊安國觀中之女道士即大多爲上陽宮的退宮嬪御，大歷十才子之一的盧綸有紀實之詠曰：

夕照紗窗起暗塵，青松繞殿不知春，君看白髮誦經者，半是宮中歌舞人。（「題安國寺」，全唐詩卷七八三❸）

在唐代的內廷制度上，對於年華老去宮人的安置方式之一，就是將她們送入女冠觀中。現存唐詩中許多「送宮人入道」詩，所描寫的就是這種情形。例如王建「送宮人入道」詩云：

> 休梳叢鬢洗紅妝，頭戴芙蓉出未央。弟子抄將歌遍疊，宮人分散舞衣裳。問師初得經中字，入靜猶燒內裏香。發願蓬萊見王母，卻歸人世施仙方。（全唐詩卷三〇〇）

王建所描寫的這位宮人本來身分是教坊中人，一旦入道，所有的悉數分散，洗盡鉛華進入清修的修道生活。

最後，還有一批貧寒女子，因家貧無力撫養，爲衣食所迫，不得不到寺觀尋口飯吃。因此總括而言，出家入道成爲婦女們在走投無路下的一條出路和歸宿。

至於公主或嬪妃們出家爲女冠的情況，就比較特殊了。唐弓曾在「唐代的道教」中，將唐代女冠分爲修眞女冠與宮觀女冠兩類❹，並指出修眞女冠是單純爲實踐修道生涯而捨離人事，而宮觀女冠的身分則多爲帝室公主。此論點由唐代文獻可以得到印證。據《新唐書》「諸公主列傳」、《唐會要》卷五十一及其他方志如趙彥《長安志》，徐松《唐兩京城坊考》的記載，可知太平公主曾一度入道，而睿宗之第九、十女出家成爲金仙、玉眞，則是最正式的公主入道紀錄。爾後風氣一開，入道成爲唐代公主捨離俗世，遁入另一世界的方式，因此諸公主先後依此「故事」仿效而曾爲女冠者凡一十六位❺，卻竟無一人爲尼，這顯示因唐代帝王的崇道，公主乃以李姓而選擇老君始祖派下的道教，也使女冠生活成爲當時流行的特殊風尚。

這些地位尊崇的公主女冠當初入道的動機，據李豐楙先生「唐代公主入道與送宮人入道詩」一文裏❻，認爲有如下數種：㈠慕道（如金仙、玉眞公主）㈡追福（如太平公主）㈢延命（如華陽公主）㈣夫死捨家（如新昌公主）㈤避世借口（如玄宗之度壽王瑁之妃楊玉環爲女道士）。從這幾項動機中，顯然可見公主入道有些確是積極向道，有的則是基於還願、祈福的現實利益，等而下之者則將道教視爲消極逃避之庇護所，使得宮觀女冠在唐代女冠中具有特殊的形象，而唐朝帝室對出家入道的公主還照例按期供給資財，賜予一定的封賞❼，使她們仍不失榮華富貴，也因此宮觀女冠的裝飾都十分考究，晚唐李群玉「玉眞觀」詩首句云「高情玉女慕乘鸞，紺髮初簪玉葉冠」，《全唐詩錄》注曰：「公主玉葉冠，時人莫計其價」（卷五六九），這種體面的出家生活與眞正捨棄世俗之欲，隱居山林簡樸莊嚴的修眞女冠顯然有很大的差異。尤其公主出家前都是金枝玉葉，嬌生慣養，入道後也有不改昔日驕縱，自我檢束而傳出擾人事跡。僖宗乾符四年就以安康公主在外頗擾人，乃詔與永興、天長、寧國、興唐四主還南內。可見有些公主雖入道，卻有失女冠的清修旨意。

揆諸唐代公主之所以多喜入道觀而不願入尼寺，蓋由於女冠生活不受世俗倫常的拘束，遠較宮內繁文縟節更加自由浪漫的緣故。而且唐代道門清規戒律不甚嚴格，對於當初入道只是暫時因素，或信道之心並不十分堅定的公主來說，她們即使出家但仍可隨時還俗，太平公主與楊貴妃皆是其例，另外她們甚至還可藉隱祕的宮觀與外界異性交往。李商隱「碧城」詩三首，歷來注家多以此乃諷公主入道❽，而由「閬苑有書多附鶴，女牀無樹不棲鸞」及「紫鳳放嬌銜楚佩，赤鱗狂舞撥湘絃」等句，隱約道出公主遁入宮觀，卻恣其人間歡樂之意。雖然這組詩所指的女主角是否即爲公主女冠，論者意見仍紛歧難定，但公主若不能堅持修眞的意志力，那麼與常人般產生異性戀情自是難以避免，而由此亦可見世俗禮教與道門清規都不是絕對的。當女冠的修眞意志不堅，有了「有女懷春」的內在因素，再加上「吉士誘之」的外來動力，又輔以良辰美景的感應，那麼男歡女愛都會自然發生，今人視之雖必斥之爲放誕淫蕩之行，但這種「食、色，性也」卻又是人類的本能。

稽查唐代文獻資料中，不僅可見宮觀女冠有失道門清規，就是一般女冠的浪蕩作風，也時常見於唐人篇什中。如初唐駱賓王「代女道士王靈妃贈道士李榮」的詩，清楚可見彼輩浪漫風流的行跡。詩云：

……二人容華識少選，漫道燒丹止七飛。空傳化石曾三轉，寄語天上弄機人，寄語河邊值查客，乍可匆匆共百年。誰使遙遙期七夕。想知人意自相尋，果得深心共一心，一心一意無窮已。投漆投膠非足擬，只將羞澀當風流。持此相憐保終始，相憐相念倍相親。一生一代一雙人，不把丹心比玄石。惟將濁水況清塵，只言柱下留期信，好欲將心學松蕣，不能京兆畫蛾眉，翻向成都騁騶引。青牛紫氣度靈關，尺素赩鱗去不還。連苔上砌無窮綠，修竹臨壇幾處斑。此時空床難獨守，此日別離那可久，……春時物色無端緒，雙枕孤眠誰分許……（全唐詩卷七十七）

詩中情意纏綿悱惻，男女道士竟成了雙棲鴛鴦，從這一類詩作，可以窺見唐代女冠與異性的親暱關係及公開的風流生活。

唐代女冠生活之浪漫放誕，中唐以後更形普遍。韓愈「華山女」詩云：

街東街西講佛經，撞鐘吹螺鬧宮庭。廣張罪福資誘脅，聽衆狎洽排浮萍。黃衣道士亦講說，座下寥落如明星，華山女兒家奉道，欲驅異教歸仙靈。洗妝拭面著冠帔，白咽紅頰長眉青，遂來陞座演眞訣，觀門不許人開扃，不知誰人暗相報，訇然振動如雷霆，掃除衆寺人跡絕，驊騮塞路連輜軿。觀中人滿坐觀外，後至無地無由聽。……天門貴人傳詔召，六宮顧識師顏形，玉皇頷首許歸去，乘龍駕鶴去青冥。豪家少年豈知道，來繞百匝腳不停，雲窗霧閣事慌惚，重重翠幕深金屏，仙梯難攀俗緣重，浪憑青鳥通丁寧。（全唐詩卷三四一）

詩寫和尙講佛法，壓倒黃衣道士，但華山女道士在裝扮一番，升座講演後，立刻使得聽衆轉移陣地，蜂擁而至擠滿道觀內外，盛況的熱烈也使得皇帝下召華山女冠入宮，然而誰知入道的華山女冠與豪家少年間的曖昧關係呢？詩中用「雲窗霧閣」、「翠幕金屏」等詞含蓄地暗示華山女冠的私生活，朱熹於「考異」評曰：「觀其卒章……褻慢甚矣，豈眞以神仙處之哉？」可見他認爲華山女冠這樣的講經方式，簡直跡近於招蜂引蝶的行徑，難怪聽衆們對其講經如此驅之若鶩，實則他們是醉翁之意不在酒。

雖然有人以爲韓愈這首詩是政治諷刺作品，所以詩中對女冠放蕩譏諷得過火了些，但是當時的確有此現象，茲再舉一例以爲佐證：文宗大和三年，李商隱在令狐楚幕中有「天平公座中呈令狐令公時蔡京在坐京曾爲僧徒故有第五句」詩云：

罷執霓旌上醮壇，慢妝嬌樹水晶盤。更深欲訴蛾眉斂，衣薄臨醒玉艶寒，白足禪僧思敗道，青袍御史擬休官，雖然同是將軍客，不敢公然仔細看。（全唐詩卷五四一）

這首詩是爲到令狐府設醮的女冠而作。「更深」一聯形容女冠之嬌艷動人，「白足」一聯則戲言女冠之美使見者皆爲之發狂，全詩措詞亦極爲褻慢，絕非對清修女冠之言。可見唐時女冠中確有在替人設醮作法事的同時，也如娼妓般供人狎玩的情事。

唐代社會輿論對於女冠的狎冶作風，不見大力撻伐，一般文士們反而津津樂道，視爲風流韻事，並且還加入調笑挑逗的行列。白居易詠「玉眞張觀主下小女冠阿容」詩，即是一例：

綽約小天仙，生來十六年，姑山半峰雪，瑤水一枝蓮，晚院花留立，春窗月伴眠，迴眸雖欲語，阿母在傍邊。（全唐詩卷四四二）

輕佻之情，躍然紙上。這種名爲女冠，行爲舉止放蕩風流幾近娼妓的女子，蘇雪林女士即稱之爲「半娼式的女道士」❾。

晚唐社會風氣愈趨浮蕩淫靡，女冠也就更加狎冶自恣。據《唐語林》卷一載：

宣宗微行至德觀，有女道士盛服濃妝者，赫怒歸宮，立召左街功德使宋叔京令盡逐去，別選男子二人住持其觀。（《東觀奏記》上所記略同）

可見宣宗時妓風既盛，女冠失道觀清修的情形極爲普遍。晚唐李洞「贈龐鍊師」詩裏即刻劃了女冠妖艷放誕的形象云：

家住涪江漢語嬌，一聲歌戛玉樓簫。睡融春日柔金縷，妝發秋霞戰翠翹，兩眼酒醺紅杏妒，半胸酥嫩白雲饒。若能攜手隨仙令，皎皎銀河渡鵲橋。（全唐詩卷七二三）

這位涪江龐鍊師居然歌熱酒酣，而且眼露妒意，胸比白雲，其風流淫蕩的風情既然出現在眼前，難怪李洞有攜手共渡鵲橋的大膽請求。

總之，道教自敬、文、武三朝之後，風氣大壞，宣宗時妓風既盛，道觀也充斥狎冶放蕩之情，宣宗雖有意整頓恐怕也難以奏功了。

貳、女冠式娼妓之生活風貌

唐代女冠時常出入豪門，而與文士大夫之交往最爲普遍。她們或與之同席共飲，聯袂出游，如李白即曾於江上送女道士褚三淸出游南岳，並賦詩贈別云：「吳江女道士，頭戴蓮花巾，……足下遠游履，凌波生素塵。」；或與文士們往來唱和，詩詞酬作，如施肩吾有贈女道士鄭玉華及施仙姑之作，溫庭筠也有贈張鍊師之什，而女冠薛濤則有「宣上人見示與諸公唱和」、「送扶鍊師」、「寄張元夫」等等；魚玄機有「寄劉尙書」、「春情寄子安」、「冬夜寄溫飛卿」等詩。此外，有些女冠甚至與文士戲謔談笑，無所不至。如李冶曾在開元寺與諸文士聚會時，在席上巧妙地借陶淵明「山氣日夕佳」的詩句，以譏誚劉長卿的陰重之疾，惹得舉坐大笑（《唐才子傳》卷二）。女道士交游的浪漫自由與放蕩佻達於此可見一斑。

在唐代女冠中非屬修眞女冠，但與衆多文士都有交往的知名女冠，一是薛濤，二是李冶，三是魚玄機。

據明萬曆三十七年洗墨池刻本小傳載，「薛濤字洪度，本爲長安良家女，父鄖，因官寓蜀而卒。母孀，養濤及笄，以詩聞外，又能掃眉塗粉，與士族不侔。客有竊與之燕語。時韋中令皐鎭蜀，召令侍酒賦詩，僚佐多士爲之改觀。朞歲，中令議以校書郎奏請之，護軍曰，不可，遂止。濤出入幕府，自皐至李德裕，凡歷事十一鎭，皆以詩受知。其間與濤唱和者，元稹、白居易、牛僧孺、令狐楚、裴度、嚴綬、張籍、杜牧、劉禹錫、吳武陵、張祜，餘皆名士，記載凡二十人，競有酬和」。從上述資料，可見薛濤之身世與人生際遇，她雖歷事十一鎮⑩，又與衆多名流俊秀往來，但卻都是以靈慧知詩而獲名於當時，因此她並不同於一般專以色事人的樂妓，是女冠式倡妓中唯一最特別的一位。

薛濤在暮年摒居於浣花溪，著女冠服，曾作「試新服裁製初成」三首，描寫女冠服飾。例如其三云：

長裾本是上清儀，曾逐群仙把玉芝。每到宮中歌舞會，折腰齊唱步虛詞。（全唐詩卷八〇三）

這一兼具樂籍與女冠身分的才女，由於她本人的自持，因此除了喜與文士酬唱，作品流露哀傷悲憤及對幸福生活的渴求外，行跡尚不至如李冶、魚玄機之淫蕩佻達。

李冶字季蘭，據《唐才子傳》卷二云其：「美姿容，神情蕭散，專心翰墨，善彈琴，尤工格律。當時才子，頗誇纖麗，殊少荒豔之態。始年六歲時，作『薔薇詩』云：『經時未架卻，心緒亂縱橫。』其父見曰：『此女聰黠非常，恐爲失行婦人。』後以交遊文士，微泄風聲，皆出于輕薄之口」。

與薛濤比較起來，李冶生活放浪近乎娼妓。《唐才子傳》云李冶與魚玄機之輩，「皆躍出方外，修清淨之教，陶寫幽懷，留連光景，逍遙閑暇之功，無非雲水之念，與名儒比隆，珠往瓊復。然浮艷委託之心，終不能盡，白璧微瑕，惟在此耳。」文中隱約指出李冶、魚玄機藉女冠之名，實不免懷情愛浮艷之心。

中唐初，李冶爲烏程地方女道士，時常往來剡中，與山人陸羽、上人皎然酬唱，意甚相得。皎然曾作詩「答李季蘭」打趣她道：

天女來相試，將花欲染衣。禪心竟不起，還捧舊花歸。（全唐詩卷八二一）

由此可見其人之謔浪，不似純然修眞之女冠。但她放蕩不羈的素行並不影響其詩名，日與文士酬唱吟誦的結果，使得她的詩名爲之大噪，甚至上達朝廷而蒙恩召見，但當時李冶已屆垂暮之年，因此在留宮月餘後即被遣歸故里。有「恩命追入留別廣陵故人」一詩爲證[11]。詩云：

無才多病分龍鍾，不料虛名達九重。仰愧彈冠上華髮，多慚拂鏡理衰容。馳心北闕隨芳草，極目南山望舊峰。桂樹不能留野客，沙鷗出浦謾相逢。（全唐詩卷八〇五）

觀其詩意，在蒙恩召見的歡樂之餘，不免自怨自艾，而有年華老去，幸運遲來的感嘆。

李冶雖身爲女冠，但她對愛情的渴求卻十分強烈。與她詩酒唱酬的文士除陸羽、皎然、劉長卿外，還有朱放、閻伯均、蕭叔子、韓揆等人。就現存李冶與這些人士的酬作中，隨時可見她纏綿相思之情，其中尤以對朱放與閻伯均爲最。如「寄朱放」詩云：

相思無曉夕，相望經年月……。別後無限情，相逢一時說。（全唐詩卷八〇五）

「送閻二十六赴剡縣」詩曰：

離情遍芳草，無處不萋萋。妾夢經吳苑，君行到剡溪。歸來重相訪，莫學阮郎迷。（全唐詩卷八〇五）

這兩首詩中，充分表達了她慇切的期盼與眞摯的想念，尤其次首以妾自比，這種情感有若夫妻，殊不類女冠的摒絕塵緣。

在李冶作品中，還有一類以怨爲題者，如相思怨、春閨怨等等，都可見其女冠閨情常不經意的流露於言行語默中，因此《玉堂閒話》評云：

李季蘭以女子有才名……後爲女冠，劉長卿諸人皆與往還，……然素行放浪，不能自持。

作爲一名女冠，卻風情放逸，詩意浪蕩，無怪乎唐人要將李冶視爲女冠式娼妓之流了。

至於魚玄機則因姿色傾國且身在長安的紅塵中，既無心淸修，生活近娼，所以特多風流放誕的傳聞，是唐代最爲淫蕩佻達的女冠。皇甫枚《三水小牘》說她在「破瓜之歲，志慕淸虛，咸通初，遂從冠帔於咸宜。」若依此所記，則魚玄機之入道爲女冠，乃是志慕淸虛，有心修道。然而就其他的現存資料則顯示她在十五歲時，被李億補闕納爲寵妾，但因夫人妒不能容，讒毀交加而愛衰後才入咸宜觀爲女道士的⑫，可見出家並非其本意，因此雖有殘句「焚香登玉壇，端簡禮金闕」（全唐詩卷八〇四），其實未能誠心奉道。

魚玄機出爲女冠後，無羈無絆，盡情風月，交游十分廣闊，詩作亦逐漸傳播於士林，然而魚玄機蕙蘭弱質，不能自持，「乃復爲豪俠所調，遂放縱情懷，漫游各地，於是風流之士，爭修飾以求狎，或載酒詣之者，必鳴琴賦詩，間以謔浪」，可謂極盡放浪形骸之能事。當時名士如溫庭筠、李郢、李近仁、左名場等人都與她有詩書往返，而魚玄機在與彼輩詩文的贈寄中，也時而表現她的愛情。「迎李近仁員外」詩云：

> 今日喜時聞喜鵲，昨宵燈下拜燈花。焚香出户迎潘岳，不羨牽牛織女家。（全唐詩卷八〇四）

她把李近仁比爲美貌的潘岳，並急切地如娼妓之於狎客等待他的光臨，一旦來了就勝似牛郎織女鵲橋相會。如此言行的浪蕩豪放，實不合道門清規。而她對即使和她「住處雖同巷，經年不一過」（酬李郢夏日釣魚回見示）的李郢，也同樣纏綿多情的說：

> 無限荷香染暑衣，阮郎何處弄船歸？自慚不及鴛鴦侶，猶得雙雙近釣磯。（「聞李端公垂釣回寄贈」，全唐詩卷八〇四）

魚玄機對李郢雖落花有意，可惜對方卻流水無情而始亂終棄。

妖冶放蕩的魚玄機雖擁有許多狎遊膩友，但事實上她的心靈是孤零冷寂的，因此她迫切的盼望來自外界異性情感的慰藉，更希望能長久保有而不遺漏，而她後來之所以爲京兆尹所戮，其悲劇即肇因於此。據皇甫枚《三水小牘》所載：

女僮曰綠翹，亦明慧有色。忽一日，機爲鄰院所邀，將行，誡翹曰：「無出，若有客，但云在某處。」機爲女伴所留，迨暮方歸院。綠翹迎門，曰：「適某客來，知鍊師（指魚玄機）不在，不舍轡而去矣。」客乃機素相暱者，意翹與之私。及夜，張燈扃戶，乃命翹入臥內，訊之。……裸而笞百數，但言無之。既委頓，請盃水酹地曰：「鍊師欲求三清長生之道，而未能忘解珮薦枕之歡，反以沉猜，厚誣貞正。翹今必斃於毒手矣！無則無所訴，若有，誰能抑我彊魂，誓不蠢蠢於冥冥之中，縱爾淫佚。」言訖，絕於地。

此事亦見載於《太平廣記》卷一三〇裏，令人訝異的是與魚玄機相狎者已不少，而她竟會爲了一位來訪未遇的男友，便對隨侍多年的女僮綠翹起了嚴重的疑心和嫉恨，進而裸鞭逼供致死。

綜觀魚玄機一生行止，雖出家修道卻不曾節制嗜欲的熾張，反而因脫離塵俗約束，更得以追求浪漫情愛與享樂。綠翹的指責正一針見血，直搗問題的中心，這當然令魚玄機痛不能忍，心情一時百味雜陳。因此，前夫見棄的傷害，本身理想壯志不得實現的苦悶，娼妓般的生活讓她終身無託，以及對人生的絕望等等，都一幕幕的歷歷如在目前，終於使她在無法控制的嫉恨和暴怒之下，打死女僮綠翹，最後因而被捕下獄，斬首示衆，也結束了她一生的悲慘際遇，雖令旁人爲之掬一把同情之淚，但她的淫蕩行爲，卻成爲唐代女冠式娼妓中最突出的形象。

注釋

❶ 詳見拙著「唐人服食風尙之探究」，國立台中商專學報第二十四期，八十一年六月一日出版。

❷ 見王仲周「奏姚季立妻充女道士狀」（全唐文卷五三二）。

❸ 此詩底下有小注曰：「東都政平坊安國觀，玉眞公主所建，女冠多上陽退宮嬪御」，唯此詩在≪全唐詩≫卷二七九另作「過玉眞公主景殿」，≪古樓觀紫雲衍慶集≫卷下也作此題。

❹ 見唐弓「唐代的道教」六十三年國立台大歷史研究所碩士論文。

❺ 此十六位曾爲女冠的公主如下：太平（武則天女）。金仙、玉眞（睿宗女）。萬安、新昌、永穆、楚國（玄宗女）。華陽（代宗女）。文安（德宗女）。潯陽、平恩、邵陽（順宗女）。永嘉、永安（憲宗女）。義昌、安康（穆宗女）。

❻ 李豐楙「唐代公主入道與送宮人入道詩」一文載於第一屆國際唐代學術會議論文集，七十八年二月出版。

❼ 如≪唐會要≫卷六「雜錄」載：天寶七年，皇女道士萬安公主出就金仙觀安置，「賜實封一千戶，奴婢所司，準公主例給付。」另外，大和三年敕潯陽、平恩、邵陽三公主，皆捨俗入道，「宜令每年各賜封物七百段疋」。

❽ 明胡震亨《唐音癸籤》「戊籤」云此詩爲「刺入道宮主」，朱鶴齡《李義山詩集箋注》也認爲詠嘆公主入道，馮浩《李義山詩集》也同意此說。近人蘇雪林於《玉溪詩謎》一書中則更加肯定。

❾ 詳見蘇雪林著《玉溪詩謎》引論。

❿ 薛濤所事之十一任西川節度使爲韋皐、袁滋、劉闢、高崇文、武元衡、李夷簡、王播、段文昌、杜元穎、郭釗、李德裕等。

⓫ 《四庫全書總目提要》以爲此詩「不類冶作」，而唐人韋穀《才調集》、南宋陳應行《吟窗雜錄》均以之屬李冶。至於其入宮時間，《唐才子傳》云是天寶間，但據高仲武《中興間氣集》收錄作品年代，及李冶詩中「無才多病分龍鍾」、「仰愧彈冠上華髮，多慚拂鏡理衰容」等語推敲，則其入宮時間應不會早於大曆暮年。

⓬ 據《北夢瑣言》謂魚玄機「適李億補闕，後愛衰下山，隸咸宜觀爲道士」，而《唐才子傳》卷八亦云：「咸通中及笄，爲李億補闕侍寵，夫人妒不能容，億遣隸咸宜觀披戴。」可見出家非其本意，實在是「愛衰、受妒」後才轉而「慕清虛」的。

第四章　唐代娼妓才藝特色研究

唐代娼妓多才多藝時常見諸唐人吟詠，如方干「贈美人四首」云：「直緣多藝用心勞，心路玲瓏格調高」，白居易「代書詩一百韻寄微之」亦曰：「徵伶皆絕藝，選妓悉名姬」，另外元稹「贈劉採春」詩也有「言辭雅措風流足，舉止低徊秀媚多」之形容。可以說唐代娼妓們以其浪漫幽雅的氣質，慧辯風趣的交際能力，舉凡歌舞百戲雜伎的表演、樂器彈奏、說唱變文、書繪妝飾與詩篇賦作等等，無不窮盡高妙，不但製造了歡宴的氣氛，也爲唐代文化藝術創造了極高的水準。

爲仔細探究唐妓才藝特色，本文雖分章分節予以深入論述，然而妓女的服飾美容是根本的外貌吸引，諧謔風趣與歌舞詩樂等技能，則是妓筵上必有的內容，因此各章節的關係實則彼此關聯，十分密切。

第一節　敏慧巧談與嫻習酒令飲材

壹、敏慧巧談

古今妓女風姿之姸醜固爲其重要條件，但唐代妓女招徠客人的首要條件卻非專靠美色，而是更重視其技藝才氣，這種現象尤以北里妓院最爲顯著，我們從孫棨《北里志》一書對諸妓之錚錚者的描述，就可清楚的看見這個特色。例如：

天水僊哥：字絳眞。……善談謔，能歌令，常爲席糾，寬猛得所。其姿容亦常常，但蘊藉不惡，時賢雅尚之，因鼓其聲價耳。

楚兒：字潤娘，尤爲三曲之尤而辯慧，往往有詩句可稱。

鄭舉舉：亦善令章，嘗與絳眞互爲席糾，而充博非貌者，但負流品，巧談諧，亦爲諸朝士所眷。有名賢醵宴，辟數妓，舉舉者預焉。

顏令賓：舉止風流，好尚甚雅，亦頗爲時賢所厚。事筆硯，有詞句。

楊妙兒家諸妓：長妓曰萊兒，字逢僊，貌不甚揚，齒不卑矣，但利口巧言，詼諧臻妙。陳設居止處，如好事士流之家，由是見者多惑之。……又以俱善章程。……次妓曰永兒，字齊卿，婉約於萊兒，無他能。……次妓曰迎兒，既乏風姿，又拙戲謔，多勁詞以忤賓客。次妓曰桂兒，最少，亦窘於貌，但慕萊兒之爲人，雅於逢迎。

王團兒家諸妓：長曰小潤，字少美，少時頗籍籍者。……次曰福娘，字宜之，甚明白，豐約合度，談論風雅，且有體裁。……次曰小福，字能之，雖乏風姿，亦甚慧黠。予（按孫棨自稱）在京師，與群從少年習業，或倦悶時，同詣此處，與二福環座，清談雅飲，尤見風態。

俞洛眞：有風貌，具辯慧。……亦時爲席糾，頗善章程。

王蘇蘇：女昆仲數人，亦頗善談謔。

王蓮蓮：字沼容，微有風貌。

劉泰娘：年齒甚妙，粗有容色。

張住住：少而敏慧，能辯音律。……素有口辯。

上述之北里名妓，風貌冶艷者並不多見，而才氣縱橫，相貌平凡的天水僊哥和鄭舉舉卻以巧談謔，時爲席糾而頗享盛名；再如楊妙兒家諸妓的容貌雖多遜色，賓客卻常翕集，而長妓萊兒雖貌不甚揚，然能以敏妙誘引賓客，不但權利甚厚，且在妓館內的行情、地位，竟高於婉約美貌卻無他能的永兒，可見唐人對北里諸妓容貌妍醜的關心程度遠不及對其才智的重視。尤其《北里志》中甚至還有狎客沉迷年長妓女的記載，如「天水僊哥」條云：

劉覃登第，年十六七，……天水之齒甚長於覃，但聞衆譽天水，亦不知其妍醜，……覃則連增所購，終無難色，……增緡不已。

又如「楊妙兒」條云：

進士天水（光遠），故山北之子。年甚富，與萊兒殊相懸，而一見溺之，終不能捨。

這種情形與後代競相好尙年輕貌美的妓女，迥然不同。可以說唐人對北里妓女之欣賞是重才而不重色。

觀唐人之所以對北里諸妓特重其才能慧智，殆因狎遊北里者多文士舉子等雅屬之輩，並非單純之遊蕩兒的緣故。他們才華橫溢，到妓館狎遊多爲尋找詩酒之侶，因此對酬對敏捷，詼諧慧辯的妓女，自然特別尊崇愛戀。換個角度說，也正由於北里諸妓具有投合狎客口味的交際能力，尤其是風趣詼諧的談吐與進退適宜的舉止，使得自命風流儒雅的狎客爲之徘徊流連。《北里志序》即云：

其中諸妓，多能談吐，頗有知書言語者，自公卿以降，皆以表德呼之。其分別品流，衡尺人物，應對非次，良不可及，信可輟叔孫之朝，致楊秉之惑。比常聞蜀妓薛濤之才辯，必謂人過言，及覩北里二三子之徒，則薛濤遠有慚德矣。

從孫棨對北里諸妓崇高的評價，可見他對諸妓的才辯極爲讚賞；而檢閱唐人資料，也確實隨處可見唐妓以其錦心繡口，蕙心紈質，所扮演的正是宴席上高級交際花的角色。

唐人以聚飲爲樂，醇酒美人更是唐士大夫的生活情趣，因此每宴飲必招妓相伴，而席間氣氛是否和樂歡愜，則有賴妓女們憑其風趣諧謔之才，使宴席賓客皆極歡盡興，例如名妓鄭舉舉即善此能，而常與於名賢醵宴中。根據《北里志》「鄭舉舉」條載：有官吏數人在舉舉家會宴，有鄭禮臣者初任翰林學士，席間「矜誇不已」，在座其他賓客「倦不能對，甚減歡情」，鄭舉舉見此，「乃下籌指禮臣曰：學士語太多。翰林學士雖甚貴甚美，亦在人耳。至於李隲、劉允承、雍章亦嘗爲之。又豈能增其聲價耶？」此言一出，使得禮臣無言可對，席上賓客則「皆躍起拜之，喜不自勝」，因而引發諸官酒興，乾杯酩飲，並贈舉舉彩繒以表謝意，舉舉善於調諧宴席氣氛，難怪在北里享有盛名。

北里妓女們這種諧謔巧談，多少含有品評人物的意味。但若僅是在宴席上喋喋不休，卻也最使賓客厭煩，如杜牧就在一次宴會裏對一肥巨且聾詞多言的錄事，不假辭色的予以譏諷，曰：

> 盤古當時有遠孫，尚令今日逞家門，一車白土將泥項，十幅紅旗補破裩。瓦官寺裏逢行跡，華嶽山前見掌痕，不須惆悵憂難嫁，待與將書問樂坤。（「嘲妓」，全唐詩卷八七〇）

如果說前述之鄭舉舉善於雅裁是爲了衆樂樂，那麼楊萊兒的利口巧言則能爲自己辯駁。《北里志》「楊妙兒」條載長妓萊兒亦敏慧而善於諧謔，與進士趙光遠相昵狎，在趙即將應科舉前，曾爲之在賓客間大加誇耀，指光遠爲一鳴先輩，不料光遠失算下第，一些京師子弟於是自南院❶徑取道至萊兒處，吟詩道：「盡道萊兒口可憑，一冬誇壻好聲名；適來安遠門前見，光遠何曾解一鳴。」嘲謔光遠下第而萊兒失口，萊兒則從容鎮定地也招口誦詩云：「黃口小兒口沒憑，逡巡看取第三名；孝廉持水添瓶子，莫向街頭亂椀鳴。」

(全唐詩卷八〇二)應聲駁斥小子弟輩信口雌黃，萊兒的敏捷急智可見一斑。

又如南曲名妓王蘇蘇也頗善諧謔。進士李標自稱是李英公勣之後，久在大諫王致君門下。一日至王蘇蘇處飲宴，題詩於牕曰：「春暮花株遶戶飛，王孫尋勝引塵衣，洞中僊子多情態，留住劉郎不放歸。」不說自己留戀妓館，卻說是多情妓女不放歸，王蘇蘇此時未識李標，不甘其題，因謂之曰：「阿誰留郎？君莫亂道」，遂取筆繼之曰：「怪得犬驚雞亂飛，羸童瘦馬老麻衣。阿誰亂引閒人到，留住青蚨熱趕歸」——使得性褊的李標頭面通赤，命駕先歸。這些妓女與進士的諧謔言談，又爲後來調笑文學之所本。

至於被孫棨認爲才辯不比於北里諸妓的薛濤，事實上也饒於詞辯。據《唐語林》卷六「補遺」載：

> 西蜀官妓曰薛濤者，辯慧知詩。嘗有黎州刺史作千字文，令帶禽魚鳥獸。乃曰：「有虞陶唐」，坐客忍笑不罰。至薛濤云「佐時阿衡」，其人謂語中無魚鳥，請罰，薛笑曰：「衡字尚有小魚子，使君有虞陶唐，都無一魚。」賓客大笑，刺史初不知覺。

這是一場充滿智慧的語言文字遊戲，黎州刺史舉例失誤而不覺，薛濤則技巧的指出刺史以「虞」爲「魚」的失誤，而這種委婉的表達方式卻使得席間歡樂氣氛增進不少。另外，在《唐才子傳》卷六也記載薛濤機警閑捷，座間談笑風生之情形云：

高駢鎮蜀門日，命之佐酒，行一字叶音令，且得形象曰：「口似沒梁斗。」答曰：「川似三條椽，」公曰：「奈一條曲何？」曰：「相公爲西川節度，尚用一破斗，況窮酒佐雜一曲椽，何足怪哉！」其敏捷類此特多，座客賞歎。❷

由此可見薛濤之所以廣得賓客讚譽，實在是憑藉她聰穎辯慧的口才，眞不愧爲蜀之才婦。

唐代娼妓敏捷慧辯的才氣，是她們交接賓客，與於宴席時最基本的才藝技能，因此各地名妓實都具有敏妙巧談諧謔的特色，尤其諸妓又常與能詩善文的文士舉子交往頻繁，因此她們在文學方面的素養也相對提高。有時隨興吟詠出來的詩文，也令人刮目相看呢！例如《抒情集》載，韋蟾廉訪鄂州，罷任時，賓僚爲他準備豐盛的筵席餞別，韋蟾見此情景，遂書《文選》句云：「悲莫悲兮生別離，登山臨水送將歸。」並以箋毫授賓從，請續其句，但座中無一人能屬，有一妓泫然曰：「武昌無限新栽柳，不見楊花撲面飛。」這位武昌妓能對出學士大夫所不能的續句，而且出語敏妙，切合送別的情緒；以楊花迷濛撲面，表達難捨之依依離情，因此座客無不贊歎，充分顯示出武昌妓敏慧之口才與深蘊之詩思。凡此皆可見唐妓在文學與口才技巧之精妙，實和文人墨士相較毫不遜色。

貳、嫺習酒令飲材

唐代經濟發達，釀酒技術較前期更爲精進，飲酒成爲唐人生活情趣之一，因此也產生了不少在酒筵上，爲助興取樂而行令遊戲的酒令專書❸，顯示了唐代酒令繁榮的局面和當時人對酒令藝術的空前愛好。

從現存的資料看，唐人行令雖繼承古代，但其組織形式則更加完備。根據皇甫松《醉鄉日月》所載，酒筵參加人數常法以二十人爲組，每組立一人爲「明府」，掌管骰子一雙、酒杓一雙，以觀察依令行飲的次序，並決定每次酒筵遊戲的起結。明府之下設「律錄事」和「觥錄事」，律錄事管旗、籌、纛三器，以旗宣令，以纛指揮飲次，以籌裁示犯令之人，由於此職責掌控宣令和行酒，因此又稱爲「席糾」或「酒糾」；「觥錄事」則執旗、籌、觥等，以司掌罰酒，又稱「觥使」、「主罰錄事」，由此可見這是一個有規則節度的筵飲組織。

以上幾種酒令令官時常見於唐人詩文中，尤其「錄事」一職爲酒筵上的核心人物，因此更爲當時人所津津樂道。此職原非盡以妓女充之，《唐摭言》卷三「散序」條即有科舉殿試發表後，新科狀元與同年舉行慶祝宴會時，常指定同年中一人執行錄事之責；而元稹在「黃明府詩序」也曾提及他擔任酒筵錄事的記載❹。中唐以後，妓風益形興盛，時人飲宴必有妓女相伴，《醉鄉日月》即有「酒筵不歡之候，樂生而妓嬌」之語，蓋爲增加筵席歡樂氣氛之故，因此中唐以後擔任律錄事的人物往往是專門的「飲妓」，她們成爲正式酒筵活動中不可或缺的重要角色。

面對這樣一批酒糾身分的慧麗飲妓，唐代詩人有不少描寫的詩篇，如鄭仁表有贈俞洛眞詩，云：

巧製新章拍指新，金罍巡舉助精神。時時欲得橫波盼，又怕回籌錯指人。（《北里志》「俞洛眞」條）

又如方干有「贈美人」詩之三云：

酒蘊天然自性靈，人間有藝總關情。剝葱十指轉籌疾，舞柳細腰隨拍輕。（全唐詩卷六五一）

另外，黃滔「斷酒」詩有：「免遭拽盞郎君譴，還被簪花錄事憎。」句中的「簪花錄事」當時就成了「飲妓」或「酒糾」的別名。唐代這些簪花錄事的表現是值得稱道的，因爲她們建立起富於文學和藝術的酒筵風格，使之有別於前代的縱欲狂飲。

唐代飲妓以能擔任酒糾爲上品，而擁有敏捷口才、豐富文學素養和明確判斷力的妓女，尤受賓客的喜愛。《北里志》「鄭舉舉」條即載：

今左史劉郊文崇及第年，亦惑於舉舉。同年宴，而舉舉有疾不來，其年酒糾多非舉舉。遂令同年李深之邀爲酒糾，坐久，覺狀元微哂，良久，乃吟一篇曰：「南行忽見李深之，手舞如畫令不疑。任爾風流兼蘊藉，天生不似鄭都知。」

文中所稱劉文崇係當年新科及第狀元，迷惑鄭舉舉。在同寅舉辦慶祝宴會時，舉舉因病不能出席，於是由同年及第的李深之擔任酒糾，雖然李卯足全勁，竭盡能事，但劉文崇仍認爲他不如鄭舉舉的才氣縱橫，因此詩末「天生不似鄭都知」之句，深深表達了他對往日舉舉在宴席上嫻巧規章、揮灑自如的讚美。

要成爲一名稱職的席糾、酒糾，必須具備三個要件。據《醉鄉日月》言，席糾者須有「飲材」，第一要「善令」，即熟習酒令；第二要「知音」，即擅歌舞，能度曲；第三要「大戶」，乃有酒量，能豪飲。要嫻熟以上三種技能，對飲妓們來說不是件容易的事，因爲首先她們必須深諳每一種酒令的規則法度，也就是所謂的「令章」或「章程」，才能與賓客應對如流，在遊戲笑鬧間促進宴席歡樂氣氛。

唐代酒令常用者有律令、骰盤令、拋打令等三種基本類型，而且每一種都各具有其特點。以和傳統觴政聯繫較爲緊密的律令而論，它的特點主要是採用言語的形式，在同席之中依次巡行酒令。例如在初盛唐的酒筵，普遍流行屬於文字律令的「籌令」，它的特色是以籌宣令，以籌司飲，行令的方式則有「飲」（自斟）、「勸」（敬酒）、「處」（不敬不罰）、「放」（重新下籌）等四式，其詳細的規則令章從一九八二年初，江蘇丹陽縣丁卯橋出土的唐代酒令籌五十枚上所刻的字句裏可見一斑[5]，在唐人作品中也有不少反映，如白居易「與諸客空腹飲」詩云：「碧籌攢米盎，紅袖拂骰盤，醉來歌尤異，狂來舞不難。」元稹「何滿子歌」詩云：「如何有態一曲終，牙籌記令紅螺盞。」方干「贈美人」：「剝蔥十指轉籌疾，舞柳細腰隨拍輕。」這都說明了飲妓行籌的情況。

同屬律令範疇的還有「斷章取意令」，如張鷟「遊仙窟」是記載唐人狹邪妓院的經驗，文中說：唐中宗時有一張生，夜投宿崔女郎之舍，與五嫂、十娘共行酒令。五嫂宣令云：

> 賦古詩，斷章取意，惟須得情，若不愜當，罪有科罰。

十娘遵命行令曰：

> 關關雎鳩，在河之洲；窈窕淑女，君子好逑

以《詩經》「關雎」章寓其與張生是一對理想佳偶。張生即還令云：

> 南有樛木，不可休息。漢有游女，不可求思

也以《詩經》「漢廣」章表達他對十娘的愛慕，卻苦於無法接近。五嫂則還令曰：

> 析薪如之何，匪斧不克，娶妻如之何，匪媒不得

再以《詩經》「南山」章表示願作兩人津梁，通男女之好。其後，五嫂又賦《詩經》「氓」章：

> 不見復關，泣涕漣漣，及見復關，載笑載言

用以取笑十娘和張生思念情深與見面的歡樂。十娘則賦同章：

> 女也不爽，士二其行；士也罔極，二三其德

寓諷張生是否變心，最後張生答以《詩經》「大車」章：

> 穀則異室，死則同穴；謂余不信，有如皦日

對天發誓，以表相愛之心生死不渝。

由這場酒筵的對答，可稍見唐代律令的端倪，這種採用言語行令的方式，不但多具有臨時設辯性質，而且由於令格或須離析章句，或須徵經證史，因此除可充分展現飲妓機警閑捷之才氣外，也可考驗其文學素養之深淺。

唐代的骰盤令是一種和博戲相結合的酒令類型。《醉鄉日月》「骰子令」門云：

> 大凡初筵，皆先用骰子，蓋欲微酣，然後迤邐入酒令。

它的特點是根據擲骰所得的「采」來決定飲次。白居易「酬微之誇鏡湖」詩云：「酒盞省陪波卷白，骰盤思共彩呼盧」；元稹「元和五年予官不了罰俸西歸……因投五十韻」云：「叫噪擲投盤，生獰攝觥使」，都描繪出酒筵中行骰盤令時喧鬧的景象。據《太平廣記》卷一三六引「感定錄」載，李部在嶺南道的賀州任刺史，曾偕同妓女葉茂蓮沿江遊玩，共同撰作了「骰子選格」，因綜合「葉」「李」二姓，遂命名爲「葉子」。這種用文字條例來代表行令規則的新型骰子令，在懿宗咸通以還風行天下，其廣受歡迎的原因，從房千里所撰

「骰子選格序」（全唐文卷七六〇）一文中，可以看出這種以官職等級爲內容，把骰盤令的博戲方式和時人遊戲人生的觀念揉合爲一的新骰子令品種，由於既滿足了熱衷仕進者的升遷願望，又能安慰寬解官場落敗人的失意悲傷，所以受到普遍的歡迎。

至於產生在律令、骰盤令之後，與歌舞相結合的抛打令，是唐代所特有的藝術化酒令，在妓筵中更是時常使用。它的特點是以抛擲彩毬爲其行令方式，當彩毬抛擲或巡傳中止，即決定送酒歌舞的次序，由於此種酒令有閃避香毬時的舞姿，因此又稱「舞盃閃毬之令」，《酉陽雜俎續集》卷三「支諾皋下」云：

> 飲徹，命引進妓數四，支鬟撩鬢，縹若神仙，其舞杯閃毬之令，悉新而多思。

中唐以後，此種酒令遊戲時常見諸詩人吟詠。如張祜「陪范宣城北樓夜讌」詩云：

> 華軒敞碧流，官妓擁諸侯。粉項高叢鬢，檀妝慢裹頭。亞身摧蠟燭，斜眼送香毬。何處偏堪恨，千迴下客籌。（全唐詩卷五一〇）

又如杜牧「羊欄浦夜陪宴會」詩云：

> 戈檻營中夜未央，雨沾雲惹侍襄王。毬來香袖依稀暖，酒凸觥心泛灩光。紅弦高緊聲聲急，珠唱鋪圓裊裊長。（全唐詩卷五二四）

飲妓既爲酒筵上不可缺少的人物，因此她們必須充分通曉各種酒令的行令法則章程，才能在筵席上機巧宣令，帶動席上熱鬧情緒，同時也必須對犯令者予以雅裁，擁有這種才藝特色的飲妓，始能擔任席糾而享有美名，此所以《北里志》云鄭舉舉與絳眞雖非姿容拔群者，但因或「善令章」，或「能歌令，常爲席糾，寬猛得所」而成爲名妓；至於俞洛眞雖有風情，惟「淫冶任酒，殊無雅裁」，因此僅偶而擔任席糾的職務而已。凡此都說明了具備「善令、巧宣、雅裁」等技能，是身爲席糾者相當可貴的才藝特色。

歌舞妓樂在初盛唐貴家豪門的酒筵中已普遍使用。例如：「樽中酒色恆宜滿，曲裏歌聲不厭新」（謝偃「樂府新歌應教」）、「齊歌送清觴，起舞亂參差」（李白「九月登山」）等詩句，都描寫了當時酒筵重視歌舞藝術的風格。中唐以後酒筵歌舞更遍佈城鄉，呈現空前的盛況，所謂「處處聞管絃，無非送酒聲」（劉禹錫「路傍曲」）、「歌酒家家花處處」（白居易「送東都留守令狐尙書赴任」）、「紛紛醉舞踏衣裳」（王建「賽神曲」），都是當時酣歌醉舞景象的寫照。這種情況導致酒筵成份的改變：過去作爲宴飲輔助內容的歌舞，現在則成爲酒筵上的主要節目，也使得唐代酒令漸有歌舞化的趨勢。如白居易「江樓宴別」詩云：「樽酒未空歡未盡，舞腰歌袖莫辭勞」，薛能「舞者」詩云：「筵停匕筯無非聽，吻帶宮商盡是詞」，另外《雲溪友議》卷中所載李宣古灃陽宴詩云：

紅燈初上月輪高，照見堂前萬朵桃，觱篥調清銀字管，琵琶聲亮紫檀槽，能歌姹女顏如玉，解飲蕭郎眼似刀。爭奈夜深拋耍令，舞來挼去使人勞。

面對著酒筵對歌舞的重視，飲妓們的第二項才藝特色即是擅歌舞，能度曲。缺乏此才能者，自然無法稱職而招致賓客的取笑，如《雲溪友議》卷中「澧陽宴」條即載：

> 時澧陽宴席，酒糾崔雲娘者形貌瘦瘠，而戲調罰於衆賓。兼恃歌聲，自以爲郢人之妙也。李生乃當筵一詠，遂至箝口。……李宣古（詩曰）：「何事最堪悲，雲娘只首奇。瘦拳抛令急，長嘴出歌遲，只怕肩侵鬢，唯愁骨透皮，不須當户立，頭上有鍾馗。」

李宣古在詩中對崔雲娘以其瘦瘠的手勢抛打行令且歌唱遲緩，音調難以入耳，極盡挖苦嘲諷之語。

唐代具有酒令功能的送酒歌舞，首先是在妓筵中產生出來的。李白「邯鄲南亭觀妓」詩云：「把酒領美人，請歌邯鄲詞。」與王績（一作王勣、一作盧照鄰）「辛司法宅觀妓」詩曰：「長袖隨風管，促柱送鸞杯。」這些詩句所指的就是酒筵間妓女應令的歌唱。同樣情形也見於其他一些詩人的詩句，例如陳叔達「聽鄰人琵琶」詩：「爲將金谷引，添令曲未終。」由上引王績、陳叔達與李白的詩句，可知在初盛唐時的酒筵中已有一曲送一杯的習俗。到中唐以後，妓筵上「一曲送一杯」或「命某某歌以送酒」的記載❻，更是不勝枚舉。凡勸人酒，須以歌送；凡罰人酒，亦有歌送。所以，在妓席酒筵中就充滿詩酒歌樂融合一起的歡樂氣氛。

唐代的這種送酒歌唱均須按「依調著辭」的規則令答，換言之，答歌與令歌須同依一曲調。例如「遊仙窟」中十娘、五嫂設酒筵款待張生，席上適一雙燕子飛繞樑間，張生乃詠云：

雙燕子，聯翩幾萬迴。強知人是客，方便惱他來。

十娘續詠曰：

雙燕子，可可事風流。即令人得伴，更亦不相求。

不一會兒，樹上李子掉落張生懷中，張生即詠道：

問李樹，如何意不同？應來主手裏，翻入客懷中。

五嫂繼云：

李樹子，元來不是偏。巧知娘子意，擲果到渠邊。

上述張生、五嫂、十娘的令答辭都是「三五五五」句式，這就是送酒歌唱「依調著辭」的規則。

除了歌以送酒有其規章外，妓席酒筵中的舞蹈也用先令舞後答舞的形式，飲妓們必須遵循一定的令格規範之要求。例如白居易「醉歌示妓人商玲瓏」詩云：

> 罷胡琴，掩秦瑟。玲瓏再拜歌初畢，誰道使君不解歌，聽唱黃雞與白日。……使君歌了汝更歌。（全唐詩卷四三五）

又如「和夢遊春詩一百韻」云：

> 親賓盛輝赫，妓樂紛曄煜，……飲過君子爭，令甚將軍酷，酩酊歌鷓鴣，顛狂舞鴝鵒。……（全唐詩卷四三七）

這都說明了送酒歌舞必須遵循相互唱和的形式，如「使君歌了汝更歌」，及曲調的令格要求，如歌「鷓鴣」之曲，舞「鴝鵒」之態。這些規章對飲妓而言，固然是一項嚴格的考驗，但這也正是她們賴以謀生的主要本領之一，此所以《北里志》載及妓坊訓練妓女時，「初敎之歌令而責之，其賦甚急。微涉退怠，則鞭朴備至」的根本原因。

唐代妓筵常見的酒令舞中，還有屬於對舞性質的「邀舞」。如「遊仙窟」載張生夜遊美人（妓女）之窟，與十娘、五嫂詩酒相酬。奏樂之時，十娘曰：「少府稀來，豈不盡樂？五嫂能大作舞，且勸作一曲。」于是五嫂「逶迤而起，婀娜徐行」，勸舞一曲，「舉手頓足，雅合宮商，顧後窺前，深知曲節」。舞畢，五嫂與十娘又同起舞，共勸張生，張生「遂起作舞」——從這一故事，可以窺見唐代邀舞的大概與特色是：先由女妓作具有令格意義的勸舞一曲，然後男賓起而對舞（對勸舞的摹仿），而女妓的伴舞又須與男舞對稱，如此一來，則女妓先後的勸舞和伴舞便自成對稱，這就是敦煌舞譜❼裏迴環對稱結構的來源。

總之，唐代在酒筵中使用歌舞妓樂是相當普遍的社會現象，爲提高席間熱鬧氣氛，乃有律令、骰盤令、抛打令等酒筵遊戲產生，雖然這三種酒令都兼備歌舞，但只有抛打令才擁有一批專門而藝術化的歌舞曲目，且在唐代所有關於抛打令的資料裏，也幾乎同時都有妓樂的記載。例如白居易「代書詩一百韻寄微之」詩云：

> 香飄歌袂動，翠落舞釵遺，籌插紅螺椀，觥飛白玉卮，打嫌調笑易，飲訝卷波遲。
> ……（全唐詩卷四三六）

形容妓女在酒筵上，用「調笑」與「卷白波」作爲抛打曲目與飲酒之令。

另外，元稹「痁卧聞幕中諸公徵樂會飲因有戲呈三十韻」云：

> 鈿車迎妓樂，銀翰屈朋儕，白紵顰歌黛，同蹄墜舞釵。纖身霞出海，豔臉月臨淮，
> 籌箸隨宜放，投盤止罰啀。紅娘留醉打，觥使及醒差。……（全唐詩卷四〇六）

此詩也是對妓女在酒筵上行抛打令，歌舞並作情形的描寫，而二詩中所謂的「調笑」、「紅娘」等抛打曲名，這些都是來自教坊的樂曲。

綜觀唐代妓女爲了謀生，必須嫻熟每種酒令的章程，除了擅歌舞，能度曲外，在送酒或勸酒時還須有善飲的海量，這些才藝的展現不但締造了唐代酒令足以傲人的藝術水準，

而且她們在酒令歌唱中所產生篇幅短小的曲子辭，對後世詞的形式與興起，尤具有深遠的影響，因此唐妓才藝特色是值得肯定的。

注釋

❶ 《唐摭言》卷十五「雜記」云：「南院放榜（南院乃禮部主事受領文書之處。凡板樣及諸色條流，多於此列之），張榜牆乃南院東牆也。」據此，則「南院」係禮部機構，負責文書受領及府令發表場所，高等文官考試成績亦在此處張貼，因此有南院放榜之稱。

❷ 今人張篷舟《薛濤詩箋》，考文中「高駢」應為高崇文。云：「世傳『一字令』為薛濤在高駢鎮蜀時作。駢於乾符二年（西元八七五）鎮蜀，時濤已卒四十三年，時間固屬不合，而其詞之鄙，絕不類駢所作之詩，正可與高崇文『詠雪』詩相比。崇文鎮蜀時，濤只三十七歲，有上崇文詩一首，故予以此令當屬之崇文也」。

❸ 據唐于逖《聞奇錄》、清郎廷極《勝飲篇》等目錄書的記載，唐時酒令有：王績「酒經」、「酒譜」二卷，李琎「甘露經酒譜」，崔端己「庭萱譜」，劉炫「酒孝經」、「貞元飲略」三卷，竇子野「酒譜」、「酒錄」，朱翼中「酒經」三卷，胡節還「醉鄉小略」，皇甫松「醉鄉日月」、「條刺飲事」三十篇，李郃「骰子選格」等等，但除「醉鄉日月」原三十門，今存十四門外，其他大多已亡佚。

❹ 元稹「黃明府詩序」云：「小年曾于解縣連月飲酒，予常為觥錄事，曾于竇少府廳中，有一人後至，頻犯語令，連飛十二觥，不勝其困，逃席而去。」《全唐詩》卷四〇五。

❺ 一九八二年初，江蘇丹陽縣丁卯橋出土唐代銀器有九百五十餘種，其中有金龜負《論語》玉燭筒一件、酒令籌五十枚，令旗一隻，這都是籌令所用的器具。五十枚酒令籌上所刻的字句，清楚的反映唐時籌令的章程，如「巧言令色，鮮矣仁——自飲五分」（半杯），「唯酒無量，不及亂——大

戶十分」（善飲者滿斟一杯）。詳見大陸期刊《文物》一九八二年十一期「丹徒丁卯橋出土唐代銀器窖藏」、「論語玉燭考略」。

❻ 例如《本事詩》「情感」條載浙西郡妓唱戎昱辭以送酒，又廣陵妓歌張又新辭以送酒，另外，《雲溪友議》「襄陽傑」條載零陵妓唱戎昱辭以送酒，及「餞歌序」條載李訥命盛小叢歌以送酒等，皆是其例。

❼ 根據羅庸、葉玉華「唐人打令考」（載《國立北京大學四十周年紀念論文集》，一九三八年）與冒廣生「疚齋詞論」（載《同聲月刊》第二卷第三～七期，一九四二年），任半塘《敦煌曲初探》（上海文藝聯合出版社）的考證：「敦煌舞譜」，是唐人打令之譜。敦煌舞譜載在P（伯希和）三五〇一、S（斯坦因）五六四三的寫卷中，其譜字結構有一骨幹，即「令、舞、挼、據，舞、搖、挼、據，舞、挼、奇、據，舞、挼、據、頭」等十六字，這是「乾舞譜」，另有「坤舞譜」與之對稱；兩者對稱結構的迴環特徵，可由「遊仙窟」的邀舞情形得到解釋。

第二節　精湛歌藝與熟練器樂演奏

壹、精湛歌藝

歌舞女樂是唐代上自天子公卿，下至庶民士子，在生活上不可缺少的藝術享受，由舞榭歌臺四處林立的情況，可見唐人的娛樂熱情與審美情趣。唐妓是歌舞女樂的個中能手，歌唱技藝更是她們從小即培訓之重要才藝之一，因此她們在這方面精湛傑出的表現，不但廣受時人普遍之喜愛讚賞，也留下傳誦後世的佳話，這從《碧雞漫志》卷一對唐代善歌而得名的女妓記載一隅中❶，可概略推見當時盛況之一斑。

唐妓之歌唱技藝可分「唱聲」與「唱情」兩種，其中「唱情」是進一步聲情諧合的境界，而「唱聲」雖爲初步，但欲達舒雅、渾融、清緊、深圓之境，亦非高度之音樂修養不可。

以唐代宮妓來說，由於她們是帝王特別從各地廣泛搜訪而至的名家，因此其沁人心脾的清歌妙聲，較易蜚聲藝苑而流傳後世。例如念奴是盛唐著名歌妓，深受玄宗喜愛，《開元天寶遺事》「眼色媚人」條稱其歌藝云：

> 每執板，當席顧盼。……每囀歌喉，則聲出於朝霞之上，雖鐘鼓笙竽，嘈雜而莫能遏。

念奴歌聲之優美動聽，可謂善於唱聲了。元稹「連昌宮詞」也有如下的贊揚：

> 飛上九天歌一聲，二十五郎吹管逐。逡巡大徧涼州徹，色色龜茲轟錄續。（全唐詩卷四一九）

詩下還有小注曰：「念奴，天寶中名倡，善歌。每歲樓下酺宴，累日之後，萬衆喧隘。嚴安之、韋黃裳輩闢易而不能禁，衆樂爲之罷奏。玄宗遺高力士大呼於樓上曰：欲遣念奴唱歌，邠王二十五郎吹小管逐，看人能聽否？未嘗不悄然奉詔，其爲當時所重也如此。」從以上之詩與注文，說明了念奴受君王寵重之因，乃其歌聲之精粹出色。因爲在唐代，能歌善舞之宮妓極易得到君王的寵愛。《杜陽雜編》卷中曾記載云：

> 敬宗寶曆二年，淛東國貢舞女二人。一曰飛鸞，二曰輕鳳。修眉黟首，蘭氣融冶。……每歌聲一發，如鸞鳳之音，百鳥莫不翔集其（歌舞臺）上。及觀於庭際，舞態豔逸，更非人間所有。每歌罷，上令內人藏之金屋寶帳，蓋恐風日所侵故也。由是宮中語曰：「寶帳香重重，一雙紅芙蓉」。（《太平廣記》卷二七二「淛東舞女」條略同）

可見歌舞才藝精湛絕妙者，即備受君王欣賞尊寵，念奴如此，玄宗時另一善歌宮妓許永新亦然。

據《樂府雜錄》「歌」條所載，玄宗曾於勤政樓前舉行大酺，觀衆群集，人聲鼎沸，蓋過正在廣場上演出的魚龍百戲之音，此時端賴許永新以其優美清亮之歌聲，立刻震懾成千上萬聽衆，使得「廣場寂寂，若無一人，喜者聞之氣勇，愁者聞之腸絕」。她這一曲清歌，遠勝君旨而驟然止喧，充分展現神奇而懾人心魄之藝術魅力。

許永新歌唱之最大造詣，在能變「新聲」。當她「遇秋朗月」，舉袂登上「臺殿清虛」而放聲歌唱時，「喉轉一聲，響傳九陌」，因此被譽爲繼韓娥、李延年等傑出歌唱家「歿後千餘載，曠無其人，至永新始繼其能」的宮妓。她這種獨擅歌壇的新聲，爲尋常歌手所望塵莫及，據載當時長於吹笛的宮廷樂工李謨，曾在許永新抑揚頓挫，高吭嘹亮的歌聲下，先「吹笛逐其歌」，但當永新之曲調愈高，音律愈急，終至歌上九霄後，其笛管竟爲之斷裂。其實李謨並非等閒之輩，他是玄宗時擅吹新聲的高手，張祜「李謨笛」即讚之云：「平時東幸洛陽城，天樂宮中夜徹明。無奈李謨偸曲譜，酒樓吹笛是新聲。」但這位名家在與永新相比之下，卻顯得技低一等，可見永新技藝之精湛，無以倫比。

若詳究永新歌藝之所以能達到爐火純青之境界，除因其天賦聰慧外，關鍵當是她充分掌握了「善歌者必先調其氣，氤氳自臍間出，至喉乃噫其詞，即分抗墜之音。既得其術，即可致遏雲響谷之妙」（《樂府雜錄》「歌」條）的科學發聲方法吧！《開元天寶遺事》「歌直千金」條云：

> 宮妓永新者善歌，最受明皇寵愛，每對御奏歌，則絲竹之聲莫能過，帝嘗謂左右曰：「此女歌直千金」。

玄宗是通曉音樂的行家，也是有眼力的鑑賞家，他對永新歌唱的評價當亦恰如其分。

許永新與衆不同的歌唱技巧，形成她自己獨特的風格，唐代樂曲中還有以其名命名、且被譽爲國樂中「一時之妙」的「永新婦」曲子，這正體現其歌藝之卓犖不群。

宮妓之善歌者除上述幾位名家外，其他如教坊妓女中任智方的四個女兒也善歌，且各有特色，其中「二姑子吐納淒惋，收斂渾淪；三姑子容止閑和，旁觀若意不在歌；四姑子發聲遒潤虛靜，似從空中來。」（《教坊記》，「任氏四女」條）

在唐代教坊曲目中，有一首著名的悲歌「何滿子」。其由來據白居易「聽歌六絕句」之「何滿子」詩題下注云：「開元中，滄州有歌者何滿子，臨刑，進此曲以贖死，上竟不免」，因而歎曰：

世傳滿子是人名，臨就刑時曲始成。一曲四調歌八疊，從頭便是斷腸聲，（全唐詩卷四五八）

此詩爲偶獲罪被判死刑，高吟歌曲仍未得君王赦免而魂歸地府之歌女致慨。但元稹在其「何滿子歌」一詩中，則有不同的說法，其云：

何滿能歌態宛轉，天寶年中世稱罕。嬰刑繫在囹圄間，水調哀音歌憤懣。梨園弟子奏玄宗，一唱承恩羈網緩。便將何滿爲曲名，御譜親題樂府纂。（全唐詩卷四二一）

按元稹的說法，是何滿子進獻曲子後，不但得到玄宗寬恕，且以「何滿子」爲曲名，編入樂府，成爲教坊之演奏曲目。

暫不論何滿子其人生死之結果如何，「何滿子」曲子之聲情悲淒，卻經常伴隨著無奈與悲劇，如晚唐善唱「何滿子」曲的孟才人，雖受武宗寵愛，卻逃不了爲君王殉葬之噩運，在臨死前亦高歌此曲以抒發其內心悲憤，情眞意摯，竟致肝斷腸絕，可見其歌藝已超越「唱聲」階段，而直至「唱情」了，詩人張祜爲此作「孟才人歎」一詩，咏道：

> 偶因歌態詠嬌嚬，傳唱宮中十二春。卻爲一聲何滿子，下泉須弔舊才人。（全唐詩卷五一一）

孟才人之悲慘遭遇，當亦因其高妙歌藝而永爲後人慨歎。

唐代文武百官於宴會遊樂時，按例必招官妓表演歌舞助興，因此彼輩之音樂才能也備受重視，出現不少佼佼者。如杜牧「張好好」詩形容其歌唱之妙云：

> 盼盼乍垂袖，一聲雛鳳呼。繁弦迸關紐，塞管裂圓蘆。衆音不能逐，裊裊穿雲衢。主公再三歎，謂言天下殊。……絳脣漸輕巧，雲步轉虛徐，旌旆忽東下，笙歌隨舳艫。……（全唐詩卷五二〇）

詩言張好好轉目顧盼，即從轉巧之櫻桃小口發出如雛鳳般悅耳之音韻，歌聲之清越高亢，使得琴弦的關紐迸裂，蘆管也爲之皴裂，即使是各種樂器發出的音調，也比不上好好輕柔綿延，直上雲霄之歌聲，對其歌藝之精頗爲讚揚。

唐代之貴族富戶多蓄有家妓，凡送客迎賓，喜慶壽辰，必出之表演，以帶起筵席熱鬧氣氛，而家妓才藝之高下則直接關係著主人顏面，因此主人多捨得花費金銀以延師教習。

在此情況下，家妓之歌藝也不乏傑出者，如白居易「題周家歌者」云：

清緊如敲玉，深圓似轉簧。一聲腸一斷，能有幾多腸。（全唐詩卷四四九）

形容周家妓女歌聲清脆圓潤，音色美妙，而唱悲傷曲子則能令人爲之斷腸。又如「寄明州于駙馬使君三絕句」云：

何郎小妓歌喉好，嚴老呼爲一串珠。海味腥鹹損聲氣，聽看猶得斷腸無。（全唐詩卷四五五）

也同是對歌妓唱聲之妙，予以贊揚。

另外，元稹在張湖南座上聆聽歌妓唐有態唱「何滿子歌」後，極力推重其歌藝曰：

翠蛾轉盼搖雀釵，碧袖歌垂翻鶴卵。定面凝眸一聲發，雲停塵下何勞算？迢迢擊磬遠玲玲，一一貫珠勻款款。犯羽含商移調態，留情度意抛弦管。湘妃寶瑟水上來，秦女玉簫空外滿。纏綿疊破最慇懃，整頓衣裳頗閑散。冰含遠溜咽還通，鶯泥晚花啼漸懶。斂黛吞聲若自冤，鄭袖見捐西子浣。陰山鳴雁曉斷行，巫峽哀猿夜呼伴。古時諸侯饗外賓，鹿鳴三奏陳圭瓚，何如有態一曲終，牙籌記令紅螺盌。（全唐詩卷四二一）

詩言唐有態歌聲之優美動聽與音聲變化之神奇，有如輕脆之珠玉，宛轉之鶯語，凝絕哽咽時如澀冰，悲涼哀淒如孤雁猿啼。這種以具體形象描繪抽象之歌聲，令人恍若置身現場，有親自領受這震撼心靈歌藝之感覺。

歌唱既是唐妓賴以謀生之重要才藝，妓女們莫不精益求精，以展露頭角，因此唐代有不少專唱某一曲而成名之妓女，其聲情歌藝之精妙，歷歷展現於唐人詩文與載籍中，下表即摭拾相關資料，列妓女與善長曲名並聲情歌藝，以見當時盛況：

妓名	曲名	出處與歌藝聲情
麗音	行天	《通典》一四五：「大唐貞觀中，有尚書侯貴和妾（妓妾），名麗音，特善唱『行天』……清暢舒雅，含嚼姿態，有喉牙吐納之異。」
曹娘	子夜歌	宋之問「傷曹娘」：「前溪妙舞今應盡，子夜新歌遂不傳。無復綺羅嬌白日，直將珠玉閉黃泉。」（全唐詩卷五十三）
許和子 灼灼	水調	《樂府雜錄》「歌」條：「韋青避地廣陵，因月夜，憑闌於小河之上，忽聞於小河之上奏水調者，曰『此永新歌也』。」 張君房《麗情集》：「灼灼、錦城官妓也，善舞柘枝，能歌水調，音幽抑怨懟。」

紅桃	涼州辭	《明皇雜錄》：「上初自巴蜀回，夜來乘月登樓，命妃侍者紅桃歌涼州……曲罷，無不感泣……。」
沈阿翹		《杜陽雜編》：「大和中，有宮人沈阿翹者……因令奏涼州曲，音韻清越，聽者無不淒然，上謂之『天上樂』。」
多美		李涉「聽多美唱歌」：「黃鶯慢轉引秋蟬，衝斷行雲直入天。一曲涼州聽初了，爲君別唱想夫憐。」（按多美善涼州辭與想夫憐）
金吾妓		李頻「聞金吾妓唱梁州」：「聞君一曲古梁州，驚起黃雲塞上愁。」
樊素 都子	桂華曲	白居易「聽歌六絕句」之「聽都子歌」：「都子新歌有性靈，一聲格轉已堪聽。更聽唱到嫦娥字，猶有樊家新典型。」
柳氏之妓	白紵辭	鄭還古「贈柳氏之妓」：「冶艷出神仙，歌聲勝管弦。調輕白紵曲，歌遏碧雲天。……」
杜秋娘	金縷衣	杜牧「杜秋娘」詩：「秋持玉斝飲，與唱金縷衣。」

盛小叢	突厥三臺	李訥「紀崔侍御遺事」：「李尙書夜登越城樓，聞歌曰……其聲激切。召至，曰：『去籍之妓盛小叢』。」又「命妓盛小叢歌餞崔侍御還闕」：「繡衣奔命去情多，南國佳人斂翠蛾。曾向教坊聽國樂，爲君重唱盛叢歌。」
何滿子	何滿子	白居易「聽歌六絕句」之五：「一曲四辭歌八疊，從頭便是斷腸聲。」元稹「何滿子歌」：「何滿能歌態宛轉，……水調哀音歌憤懣。」
孟才人		張祜「孟才人歎」：「偶而歌態詠嬌嚬，傳唱宮中十二春，卻爲一聲何滿子，下泉須弔舊才人。」
沈阿翹		《杜陽雜編》：「時有宮人沈阿翹，爲上舞何滿子，調聲風態，率皆宛暢。」（按「何滿子」屬水調，有歌舞樂）
唐有態 魚家 葉氏		元稹「何滿子歌」：「魚家入內本領絕，葉氏有年聲氣短，……此時有態蹋華筵……定面凝眸一聲發，雲停塵下何勞算……犯羽含商移調態，留情度意拋弦管……。」（按葉氏指沈亞之「歌者葉記」之金谷里葉氏，又善六么）
胡二姊		《樂府雜錄》「琵琶」條：「有舉子曰白秀才，寓止京師，偶值宮娃弟子出在民間，白即納一妓焉。……張妓樂……遂品調舉袂，發聲清激亮昂，諸樂不能逐。」

樊素	楊柳枝	白居易「不能忘情吟」序：「伎有樊素者……綽綽有歌舞態，善唱楊柳枝。……」另「山遊示小妓」：「莫唱楊柳枝，無腸與君斷。」
周德華	楊柳枝	《雲溪友議》卷下「溫裴黜」：「德華者，乃劉採春女也，雖囉嗊之歌，不及其母，而楊柳枝詞，採春難及。」
小玉	伊州歌	白居易「伊州」：「老去將何散老愁？新教小玉唱伊州。」
杜紅兒	伊州歌	羅虬「比紅兒詩」：「紅兒漫唱伊州徧，認取輕敲玉韻長。」
金五雲	伊州歌	陳陶「西川座上聽金五雲唱歌」：「蜀王殿上華筵開，五雲歌從天上來。喉音止駐雲裴回，貫珠歷歷聲中見。歌是伊州第三徧，唱著右丞征戍辭。更聞閨月添相思……。」
張紅紅	長命女	《樂府雜錄》「歌」一條：「大曆中，……有樂工自撰一曲，即古曲長命西河女，加減其節奏，頗有新聲……青潛令紅紅於屏風後聽之……即令隔屏風歌之，一聲不失。」
趙歌兒	濮陽女	岑參「贈趙歌兒」：「秦州歌兒歌調苦，偏能立唱濮陽女，座中辭客不如意，聞之一聲淚如雨。」
劉採春	囉嗊曲（望夫歌）	《雲溪友議》卷下「艷陽辭」：「採春一唱是曲，閨婦行人，莫不漣泣。」又元稹贈採春句：「更有惱人腸斷處，選詞能唱望夫歌。」

侯家	山鷓鴣	鄭谷「侯家鷓鴣」：「唯有佳人憶南國，殷勤爲爾唱愁辭。」又「席上貽歌者」：「花月樓台近九衢，淸歌一曲倒金壺。」
華奴	昔昔鹽（淅淅鹽）	元稹「答姨兄胡靈之見寄五十韻」：「華奴歌淅淅。」（注：歌者華奴，善歌淅淅鹽。）
沈子明歌妓	渭城曲（陽關詞）	白居易「曉春欲攜酒尋沈著作」：「最憶陽關曲，眞珠一串歌。」（注：沈有謳者，善唱「西出陽關無故人」之辭。）

上列曲名中，有些是教坊曲目，有些則是當代著名詩人的作品，如劉採春「所唱望夫歌一百二十首，皆當代才子所作」（《雲溪友議》卷下「豔陽辭」條），又白居易作「楊柳枝」新辭，命樊素歌之，（白居易「醉吟先生傳」），而周德華「所唱者七、八篇，乃近日名流之詠也」（《雲溪友議》「溫裴黜」條）。妓女們將詩人文士所作吟詠出來，謂之「唱詩」或「歌詩」。據任半塘《唐聲詩》上篇，言唐人歌詩技術，自朝至野有「精唱」與「粗唱」之分，前者之唱法僅分平仄，對四聲、陰陽並不嚴格要求，而後者則講及字之四聲。唐代妓女善於「精唱」，因此聲情淒怨動人，迴出常調，足使行人駐足斷腸。許渾「聽歌鷓鴣辭」序云：「余過陜州，夜宴將罷，妓人善歌鷓鴣者，詞調淸怨，往往在耳」，於是作詩云：

> 南國多情多豔詞，鷓鴣清怨繞梁飛。甘棠城上客先醉，苦竹嶺頭人未歸。響轉碧霄

雲駐影，曲終清漏月沈暉，山行水宿不知遠，猶夢玉釵金縷衣。（全唐詩卷五三四）

點出妓女精唱這種具有民歌性質的聲詩時，往往能產生巨大追魂攝魄的力量。

總之，唐代歌藝遠較前朝絕妙，娼妓精研之功勞實爲最大的推動力量，而某妓因專擅某曲而名噪一時的例子，也所在多有；甚至還有以歌妓們所擅長的曲子，一變而成其本名的代稱。如白居易之家妓樊素「善唱楊枝，人多以曲名名之，由是名聞洛下。」（不能忘情吟序）；又如善唱「竹枝」辭者，被稱爲「竹枝娘」❷，這都和唐代教坊曲名中「杜韋娘」、「柳青娘」、「御史娘」等，皆因著名歌妓而得名者原因相同❸，由此亦可見當時善歌者爲衆人所傾慕的情形，晚唐羅隱「論甲子年事」也曾謂大和中，張谷有歌姬，「能傳故都聲；有涼曉哀轉，歷歷見趙家之遺臺老樹。雖驚離弔往之懷，似不能多也。……因目之曰新聲。」末句之意，謂當時即名此姬爲「李新聲」，這個例子與前述之因同出一轍。

但是，另有一種情形則適與前者相反。如歌妓丹霞特歌作「怨胡天」，從曲名三字寓情，遂被人以曲名作妓名❹，這與前述以人名爲曲名者又迥然不同。而不論是以曲名作妓名，或用妓名爲曲名，從唐人在詩文中對當時妓女歌藝精妙的大量描寫，可見她們對唐代歌唱藝術之貢獻，尤其妓女善採當代才子名士之詩譜入樂曲歌唱，對唐代詩歌之普及和流傳，無疑有積極且具體的功勞。另外，妓歌至少在以下兩方面，對於唐代曲子辭的形成，產生決定性的影響：其一、奠定了曲子辭的基本風格和體制。唐人詩歌所謂「輕新便妓唱」、「豔曲不須長」、「非關豔曲轉聲難」、「曲裏歌聲不厭新」等等，說明唐代曲子辭「輕新豔發」的風格和「不須長」的體制，都是由妓歌造成的。其二、傳播大批優秀曲調，推動文人依調填詞。這是因爲那些流傳較廣，傳詞較多的曲調，大都是唐代歌妓之表演節目，如「水調」爲許永新、灼灼所擅，「何滿子」爲胡二姊、沈阿翹、孟才人、唐有態、魚家、葉氏所擅，「伊州」爲小玉、金五雲、杜紅兒所擅，「山鷓鴣」爲侯家所擅，「楊柳枝」爲樊素所擅等等，當這些歌妓將唐曲子唱入酒筵的時候，她們便不僅提出了「因聲度詞」的需要，而且用她們的歌唱提供了一種創作格式，這些對中晚唐詞的形成，有不容忽略的重要影響。

貳、熟練器樂演奏

器樂的演奏是古代妓女們歌舞侑酒之外的另一項才藝。據唐代有關資料之描述，顯示唐妓在這方面之技巧嫻熟精練，所彈奏出之樂音聲情具備，不僅沁人心脾甚且能感動萬物，有使四時風雲變化，草木榮枯之魔力。惟古代不如今日般有先進精良之錄音、錄影設備，因此只能藉由唐代詩文篇什之記載，而略知這些名姓不傳的妓女之高妙技藝，雖然隔紙聽音，想像其彈奏之手法，令人有未窺全豹之憾，但這一鱗一爪之資料較之湮沒闕如，益彌珍貴。可惜唐代仍有出色的藝人惜其才藝，不輕易顯露，以致吾人對其技巧與樂音緣慳一面，如《樂府雜錄》「琵琶」條就載有這樣的情事：

某門中有樂史楊志，善琵琶，其姑尤更妙絕。姑本宣徽弟子，後放出宮，於永穆觀中住。自惜其藝，常畏人聞，每至夜方彈。楊志懇求教授，堅不允，且曰：「吾誓死，不傳於人也。」志乃賂其觀主，求寄宿於觀，竊聽其姑彈弄，仍繫脂鞓帶，以手畫帶，記其節奏，遂得一兩曲調。明日，攜樂器詣姑彈之，姑大驚異。志即告其事，姑意乃回，盡傳其能矣。

看到這一則記載，使人慨歎這位出自宮內的楊志之姑其心意何其堅決！寧願人亡音杳，也不肯傳授絕藝於其甥，但可喜楊志聰穎，乃能以其誠心感動其姑而盡得傳授。可惜時至今日所留下之資料甚爲簡略，後人對其技巧與樂音之妙仍不知其詳。

從唐代作品中所提及妓女們器樂演奏的種類，大致而言可略分弦樂器之彈撥，管樂器之吹奏與甌鼓之敲擊等，以下茲就此析論，以見其精湛才藝與美妙樂音。

㈠弦樂器之彈撥

瑟是中國古老樂器，相傳爲庖犧所作，五十弦，後黃帝改爲二十五弦。瑟因弦多，故音繁節促，易引起潛伏之哀思愁緒，尤其在月夜清怨更深。李白「擬古十二首」之一即云：

……遙夜一美人，羅衣霑秋霜。含情弄柔瑟，彈作陌上桑。弦聲何激烈，風捲遶飛梁。行人皆躑躅，栖鳥起迴翔。但寫妾意苦，莫辭此曲傷。願逢同心者，飛作紫鴛

鴦。（全唐詩卷一八三）

描寫美人在夜晚拂柔瑟，弦聲激烈如風捲飛梁，使得行人栖鳥皆爲之躊躇迴翔，由此略可聞見美人彈瑟時所傳達之哀怨聲情。

箏之形似瑟，也是中國傳統樂器，唐代妓女中有不少彈箏高手，如杭州官妓謝好即善於彈箏，又據宋張君房《麗情集》云，盛唐名妓薛瓊瓊爲玄宗時宮妓中第一箏手，可惜資料記載不夠詳盡而無法見其藝、聞其聲。但盧綸「宴席賦得姚美人拍箏歌」一詩，對曾在宮禁中的美人，其拍箏之神情與手法技藝有較詳細的描述，提供吾人對唐妓才藝不少了解。詩云：

> 出簾仍有鈿箏隨，見罷翻令恨識遲。微收皓腕纏紅袖，深遏朱弦低翠眉。忽然高張應繁節，玉指迴旋若飛雪。鳳簫韶管寂不喧，繡幕紗窗儼秋月。有時輕弄和郎歌，慢處聲遲情更多。已愁紅臉能佯醉，又恐朱門難再過。昭陽伴裏最聰明，出到人間纔長成。遙知禁曲難翻處，猶是君王說小名。（全唐詩卷二七七）

指出這位曾是禁中宮妓的姚美人在宴席上拍箏演奏時，指法如瑞雪紛飛，繁音促節勝過鳳簫韶管之聲，時而輕弄慢奏，在遲緩的音調中卻涵藏濃郁的聲情。

另外，唐代詩僧皎然於其「觀李中丞洪二美人唱歌軋箏歌」一詩中，對李洪二位善歌工箏的家妓贊美云：

君家雙美姬，善歌工箏人莫知。軋用蜀竹弦楚絲，清哇宛轉聲相隨。夜靜酒闌佳月前，高張水引何淵淵。美人矜名曲不誤，變響時時如迸泉。趙琴素所佳，齊謳世稱絕。箏歌一動凡音輟，凝弦且莫停金罍。淫聲已闕雅聲來，游魚噞喁鶴裴回。……（全唐詩卷八二一）

詩中描寫李洪之家妓以蜀竹軋箏弦，宛轉清亮之樂音隨著嫻熟的技巧傾瀉而出，當急切撥彈時又如泉水迸湧，使得其他樂音爲之中輟。

琵琶是由胡中傳入中國的樂器，唐代女妓中能手如雲。韋皐的家妓泰娘擅此，再如《碧雞漫志》卷一載出自宮中的胡二姐彈琵琶，「聲韻高下，攏撚揭掩，節拍無差」；而李群玉「王內人琵琶引」則描繪在妓女妙手巧藝下的神妙樂音，詩云：

檀槽一曲黃鍾羽，細撥紫雲金鳳語。萬里胡天海塞秋，分明彈出風沙愁。三千宮嬪推第一，歛黛傾鬟艷蘭室。嬴女停吹降浦簫，嫦娥淨掃空波瑟。翠幕橫雲蠟燄光，銀龍吐酒菊花香。（全唐詩卷五六八）

作者對這位宮妓能彈奏出如金鳳般細語和引人塞外秋寒的颯颯樂音，而給予「三千宮嬪推第一」之崇高贊美。

在唐代將琵琶妓精湛的彈奏技巧與樂音繁複變化等神妙，描寫得最細膩生動的是白居易的「琵琶行」，詩云：

……千呼萬喚始出來，猶抱琵琶半遮面。轉軸撥弦三兩聲，未成曲調先有情。弦弦掩抑聲聲思，似訴平生不得志。低眉信手續續彈，說盡心中無限事。輕攏慢撚抹復挑，初爲霓裳後綠腰。大弦嘈嘈如急雨，小弦切切如私語。嘈嘈切切錯雜彈，大珠小珠落玉盤。間關鶯語花底滑，幽咽泉流水下灘。水泉冷澀弦凝絕，凝絕不通聲暫歇。別有幽愁暗恨生，此時無聲勝有聲。銀瓶乍破水漿迸，鐵騎突出刀槍鳴。曲終收撥當心劃，四弦一聲如裂帛。東船西舫悄無言，唯見江心秋月白。……（全唐詩卷四三五）

這位在白居易力邀之下才抱琵琶出來的琵琶女，在演奏前轉軸、撥弦、調音，很俐落的先彈兩三聲，雖未成曲調卻已融入了濃厚聲情，而後弦弦低沈幽咽的琴聲充滿了情思，似乎在傾吐自己一生的消沈失意，她低垂著眉眼，神情自然而投入，隨手不斷地彈奏，技巧精練，指法準確，藉著琵琶來訴說對往事的無限感觸。運用她精妙絕倫的技巧輕輕按捺，慢慢拈弄，時而下撥，時而上挑，先彈霓裳羽衣曲，再彈綠腰曲，音調有不少的變化——大弦粗重低沈如陣陣急雨，小弦細促清幽似纏綿繾綣的低聲細語，低沈輕細的旋律交錯夾雜的彈奏，宛如大大小小圓潤的珍珠滾落玉盤般的清脆悅耳，指法的嫻熟令人眼花撩亂，樂音之變化使人耳不暇接。琵琶的聲音有時又像黃鶯從花下輕快流暢的滑過；有時又如泉流冰下發出幽咽哽塞的聲響，如泉水寒凍不通暢，弦聲也由低沈細微漸漸凝滯而暫時停止。

這時另有一絲幽微的愁緒與隱藏的哀怨流露出來，雖然沈寂無聲，但比任何聲響的意境還更深遠，令人拍案稱奇。原以爲樂曲已告終，那知那「幽愁暗恨」卻在「聲暫歇」的過程，積聚了無窮的力量而無法壓抑，終於弦聲又起，如銀瓶迸裂，水漿飛射；像鐵騎突馳，刀槍齊鳴，把先前「凝絕」的暗流推向高潮後，陡然收撥在琴弦中心劃過，四根弦一起發出如撕帛裂綢般清厲的聲音而戛然停止。一曲雖終，但那餘音裊裊，迴腸蕩氣，令人驚心動魄的音樂魅力並沒有消失，所有的聽衆都屏氣凝神，悄然無言，默默涵咏回味在這神奇美妙的樂音中。

這位身懷絕藝的琵琶女原是名噪長安的娼女，由她自述「十三學得琵琶成」、「曲罷曾教善才伏，妝成每被秋娘妒」，可見她藝高貌美，才華橫溢；當她表演時「五陵年少爭纏頭，一曲紅綃不知數，鈿頭雲篦擊節碎，血色羅裙翻酒污」，由此又可知她廣受京師附近富貴子弟之熱烈喜愛與欣賞，他們爭相贈送羅錦彩綢，甚至縱情打拍而不惜擊碎貴重雲篦，可見他們對琵琶妓演奏的傾倒神情，這是須具有精湛才藝與閉月羞花之美貌的妓女，才能擁有的推崇，也正因爲如此，所以她能列名於教坊，時而以「外供奉」的身分應詔入宮演奏。然而無奈在年華流逝，容貌衰老後，儘管琴藝依然高超，但昔日捧場之紈袴子弟早已另逐新歡，「門前冷落車馬稀，老大嫁作商人婦」，從此凄涼蕭條的度日，一改往昔戶限爲穿，人聲鼎沸的盛況。至此乃知琵琶妓適才演奏之樂音或歡暢或幽咽，非僅單純彈奏樂曲，實欲藉其卓犖的彈奏才藝，豐富的音樂語言，以傳述她的內心世界，換言之，琵琶妓透過具體樂器的撥彈，充分表達其無形之思想情感，已達聲情合一的最高藝術境界。雖然身爲茶商的丈夫不在其身旁，她得獨嘗「去來江口守空船，繞船月明江水寒」的淒清與寂寞，但能得到對音樂有高度鑑賞眼光的名詩人白居易之記述而流傳後世，也值得慰藉了。

白居易另有一首「聽琵琶妓彈略略」，也是在贊賞琵琶妓的聰穎天賦與彈奏才藝，詩云：

> 腕軟撥頭輕，新教略略成。四弦千遍語，一曲萬重情。法向師邊得，能從意上生。莫欺江外手，別是一家聲。（全唐詩卷四四七）

此詩說明甫剛被教會彈略略的琵琶妓，於其師處學得方法外，更能自創新意，在她巧手撥弄琴弦下，傳達千萬種風情，別具風格特色。

㈡管樂器之吹奏

笙在中國古代即有，吹奏時須於火上炙烤。秦韜玉「吹笙歌」即曰：

> ……便出燕姬再傾醑，此時花下逢仙侶。……纖纖軟玉捧暖笙，深思香風吹不去。檀脣呼吸宮商改，怨情漸逐清新舉。岐山取得嬌鳳雛，管中藏著輕輕語。……（全唐詩卷六七〇）

詩中描寫在宴席上，主人出妓吹著用火烤過的暖笙，櫻桃小口吹奏著變化的曲調，或清新幽怨或如嬌鳳輕語，美妙之旋律令人心曠神怡。

觱篥出自龜茲。唐妓中也有善於吹奏者，如白居易「霓裳羽衣歌」一詩中即提到「陳寵觱篥沈平笙」；晚唐詩人溫庭筠「觱篥歌」則對李相妓人之吹奏技巧，有相當生動的描繪，詩云：

> 蠟煙如纛新蟾滿，門外平沙草芽短。黑頭丞相九天歸，夜聽飛瓊吹朔管。情遠氣調蘭蕙薰，天香瑞彩含絪縕。皓然纖指都揭血，日暖碧霄無片雲。含商咀徵雙幽咽，軟穀疏羅共蕭屑。不盡長圓疊翠愁，柳風吹破澄潭月。鳴梭淅瀝金絲蕊，恨語殷勤隴頭水。漢將營前萬里沙，更深一一霜鴻起。十二樓前花正繁，交枝簇蒂連壁門。景陽宮女正愁絕，莫被此聲催斷魂。（全唐詩卷五七五）

此詩描寫李相妓人吹觱篥時樂音的出色，那淒涼的商調引動了蕭索幽咽的氣氛，而徵音的激越明亮，猶如翠綠層疊之群山，又似柳風吹破倒映在碧澄潭水的明月一般，而景陽宮人最怕聽到觱篥悲涼的樂音，因爲那音調足以使人愁絕斷魂。

與觱篥類似的樂器是蘆管。岑參有「裴將軍宅蘆管歌」，對裴將軍家妓吹奏蘆管技藝之巧、管聲之妙與曲調意境之美描寫曰：

> ……遼東將軍長安宅，美人蘆管會佳客。弄調啾颼勝洞簫，發聲窈窕欺橫笛。夜半

高堂客未回，只將蘆管送君杯。巧能陌上驚楊柳，復向園中誤落梅。諸客愛之聽未足，高卷珠簾列紅燭。將軍醉舞不肯休，更使美人吹一曲。（全唐詩卷一九九）

此言裴將軍夜宴諸客，請出家妓吹奏蘆管以樂侑酒；那音調細悠美妙，遠超越洞簫與橫笛之聲，尤其美人巧妙的吹奏「楊柳」、「落梅」之曲，令人驚疑陌上楊柳新發，誤以爲園中梅花飛落，表現了高度的藝術感染力，更引動主客濃烈的興緻與歡樂之情。

㈢甌鼓樂器之敲擊

擊甌是中國古代音樂之一，源於擊缶。根據《樂府雜錄》「擊甌」條載，唐人「率以邢甌越甌，共十二只，旋加減水於其中，以筯擊之」。唐妓中亦有善此者，如方干「李戶曹小妓天得善擊越器以成曲章」詩，乃在描寫小妓天得之敲擊技巧與清脆樂音，詩云：

越器敲來曲調成，腕頭匀滑自輕清。隨風搖曳有餘韻，測水淺深多泛聲。畫漏丁當相續滴，寒蟬計會一時鳴。若教進上梨園去，衆樂無由更擅名。（全唐詩卷六五一）

詩中的越器即是甌，作者指出當妓人天得以其皓腕敲擊裝水深淺不等的甌後，聲音變化各自相異，餘音裊裊，在空中隨風飄揚，那聲音如古時滴水計時的晝漏般叮噹清脆，又如寒蟬齊鳴，音色之妙勝過其他器樂之聲。

羯鼓，出自外夷樂，素爲玄宗所至愛，常云爲「八音之領袖，諸樂不可比」，由於此器樂甚受君王喜愛，因此擊奏羯鼓在唐代非常流行。張祜就有「邠娘羯鼓」詩，其云：

新教邠娘羯鼓成，大酺初日最先呈。冬兒指向貞貞說，一曲乾鳴兩杖輕。（全唐詩卷五一一）

詩言唐妓邠娘在大酺日以兩杖輕擊羯鼓奏樂之事。另外，宋齊丘亦有「陪華林園試小妓羯鼓」詩曰：

切斷牙床鏤紫金，最宜平穩玉槽深。因逢淑景開佳宴，為出花奴奏雅音。掌底輕璁孤鵲噪，杖頭乾快亂蟬吟。開元天子曾如此，今日將軍好用心。（全唐詩卷七三八）

汝陽王花奴乃玄宗之兒寧王長子，善擊鼓，曾得玄宗親自傳授，此處之花奴乃指宴席上擊羯鼓的小妓，當她以手輕拍鼓面時，珠玉之聲如孤鵲輕啼，而用羯杖俐落敲擊時，則其音又如亂蟬齊鳴。

唐代妓女中最工於杖鼓者，為京師官妓楊素娥，據《綠窗新語》卷下載，潞州人劉濬有才名，在見過楊素娥杖擊羯鼓、載歌載舞時之飛揚神采與動人風姿後，狀其姸態而作「期夜月詞」曰：

金鈎花綬繫雙月，腰肢軟低折。揎皓腕，縈綉結。輕盈宛轉，妙若鳳鸞飛越。無別，香檀急叩轉清切。翻纖手飄瞥。催畫鼓，追脆管，鏘洋雅奏，尚與眾音為節。當時妙選舞袖，慧性雅資，名為殊絕。滿座傾心注目，不甚窺回雪。逡巡一曲霓裳徹，汗透鮫綃肌潤，教人傳香粉，媚容秀發。

詞中對楊素娥杖鼓時動作之輕盈美妙，樂音之鏗鏘，描寫得淋漓盡致，而由滿座傾心注目的情況看來，楊素娥實不愧爲杖鼓高手。

注　釋

❶ 唐代善歌而得名之女妓，據《碧雞漫志》卷一所載有：穆氏、方等、念奴、張紅紅、張好好、金谷里葉、永新娘、御史娘、柳青娘、謝阿蠻、胡二姊、寵姐、盛小叢、樊素、唐有態、李山奴、任智方四女、洞雲等二十餘位。

❷ 據任半塘《唐聲詩》下「格調」云，竹枝詞精唱向在朝市，入教坊，乃女伎所專長，其人謂之「竹枝娘」。

❸ 唐、馮翊《桂苑叢談》云：「國樂婦人有永新婦，御史娘，柳青娘，皆一時（指玄宗）之妙也。」另《唐音癸籤》十三云：「柳青娘者，豈以歌妓之名，後遂沿爲曲名歟！」

❹ 《南部新書》「辛」云「盧常侍鈢牧盧江日，相座囑一曹生，令署郡職，不免奉之。曹悅營妓，名丹霞，盧阻而不許。……曹獻詩，……盧演長句，和而勗之……，令丹霞改令罰曹。霞乃號爲怨胡天，以曹狀貌甚肖胡，滿座歡笑，盧乃目丹霞爲怨胡天。」《太平廣記》二七三「曹生」條亦載此，出盧懷「抒情集」。

第三節　曼妙舞容與出色歌舞戲

壹、曼妙舞容

唐代是中國舞蹈發展的黃金時代，朝廷除繼承前代舞蹈藝術之成果外，也不斷從異國和少數民族吸收新的樂曲與舞蹈並加以創製和發展，或擴大舊有樂舞的規模制度，或增添音聲與舞姿技巧，不但有朝會宴享之大型樂舞，也有專為娛樂享受之小型歌舞，此外，還有歌舞大曲。在宮中擔負表演之責的，就是收羅在教坊或宜春院中的大批舞妓，在地方或民間則是官妓與家妓的表演。

甲、宮中大型隊舞

唐代君王甚喜在功成名就或天下昇平時，為自己特製樂舞以歌頌誇耀或與百姓同歡，如頗曉音律的玄宗曾作「光聖樂」，舞者八十人「鳥冠，畫衣，以歌王迹所興」（《舊唐書》「禮樂志」）；又改編破陣樂，由「宮人數百，衣錦繡衣，出帷中，擊雷鼓，奏小破陣樂，歲以為常」（同上），據說雲詔宮人在表演這種樂舞時所展現高超的舞藝，連太常寺的專業樂工也自覺不及。

一般而言，唐代宮廷所製作的大型樂舞，主要觀賞的是其排場之奢華與舞法隊形之變化。如「聖壽樂」是唐代宮舞的典型，玄宗開元十一年曾令宮妓衣五色繡襟，表演聖壽樂之字舞，其服飾之燦爛與隊形之變化，最令人歎為觀止。《教坊記》言其演出情形云：

> 聖壽樂舞，衣襟皆各繡一大窠，皆隨其衣本色。製純縵衫，下纔及帶，若短汗衫者以籠之，所以藏繡窠也。舞人初出，樂次，皆是縵衣舞，至第二疊，相聚場中，即於衆中，從領上抽去籠衫，各內懷中。觀者忽見衆女咸文繡炳煥，莫不驚異。

觀衆們驚歎的是舞妓們在短時間內，以迅雷不及掩耳的速度，轉換五彩繽紛舞衣的敏捷技巧。事實上，聖壽樂舞最大的特色就在於「迴身換衣」與「作字如畫」上，若再參酌唐人平冽「開元字舞賦」一文精細的描述，就可更清楚了解宮妓在表演此舞時的精妙舞姿與恢宏的排場氣勢，其文云：

> 八佾之羽儀繁會，七盤之綺袖繽紛。雷轉風旋，應鼉鼓以赴節；鸞迴鶴舉，循鳥迹以成文。周瑜之顧不作，蒼頡之字爰分。竦萬方之壯觀，邈千古之未聞。其漸也，左之右之，以引以翼。整神容而裔裔，被威儀而抑抑。烟霏桃李，對玉顏而共春，目照晴霓，間羅衣而一色，霧縠從風，宛若驚鴻。匿跡於往來之際，更衣於倏忽之中。始紆朱而曳紫，旋布綠而攢紅。傅仲之詞，徒欲歌其俯仰，離婁之目，曾未識其變通。懿夫！乍續乍絕，將超復發。啓皓齒以迎風，騰星眸而吐月。搖動赴度，或亂止以成行，指顧應聲，乃徐行而順節。（全唐文卷四〇六）

賦中指出宮妓們應著鼉鼓的節奏，神采奕奕舉袖起舞，自然流暢，各成行列，至第二疊時，她們聚集場中，往來之間似乎有人消失不見，但倏忽之間舞隊裏卻閃出色彩繽紛的麗人，最初是披著朱紅和絳紫的彩衣，忽又換成綠色或大紅，花團錦簇，變化莫測，觀者無不感到驚異。即使是傅毅的「舞賦」，也只能描繪她們俯仰的舞態，就是眼睛可觀百步之外的離婁，也未必能看得出宮妓們迴身換衣的變化。而她們若斷若續，忽前忽後，張開朱唇，歌聲迎風，睜開明亮的雙眸，射出閃爍的光輝，搖動頓挫都合著節奏，不論散開或靜止，手指或眼瞥，就是緩慢移步也無不緊密配合著音樂的節拍，可謂是盡善盡美的宮舞。

平列在此賦中對聖壽樂雖有不少誇張的形容，但由於此舞須成文字且得當場變服出奇，因此宮妓們表演時，的確需有高超的技巧始能勝任，所以崔令欽《敎坊記》云朝廷每演此舞，必擇宜春院內人之尤者爲首尾，蓋「首既引隊，衆所屬目，故須能者，樂將闋，稍稍失隊，餘二十許人。舞曲終，謂之合殺，尤要快捷，所以更須能者也」。

字舞在唐代的流行面頗爲廣泛，孫逖「正月十五日夜應制」詩中有「舞成蒼頡字，燈作法王輪」的句子；而開元二十四年雲韶院宮人曾在花萼樓前演出字舞，此在邵軫「雲韶樂賦」有詳細描寫其舞姿云：

> 曳羅裙之婣婣，鳴玉佩之鏘鏘。始逶迤而並進，終宛轉而成行。……霓裳彩鬬，雲髻花垂；清歌互舉，玉步徐移；俯仰有節，周旋中規。將導志以變轉，幾成文於合

離。爾其美目流盼，輕姿聳峙。或少進而赴商，俄善來而應徵。魚貫初步，鷩鴻乍起；容裔自得，蹁躚未已。褧衣屢更，新態不窮。忽舉袖而縈紫，復迴身而拖紅。及夫繁音九變，曲度將終，……然後樂師告罷，退之帷宮。……（全唐文卷三三三）

賦中迴身換衣的一段，應是與聖壽樂類似的字舞，而玄宗之所以把雲韶樂由宮中搬到廣場演出，讓臣屬和百姓自由觀看，主要是要表現他有「與民同樂」的胸襟，因此自撰敕文說：「自立雲韶內府，百有餘年，都不出於九重，今欲陳於萬姓，冀與群公同樂，豈獨娛於一身！」（全唐文卷三十五）這樣的宣言，反倒有隱約歌頌自己恢宏氣度之意。

中晚唐宮廷樂舞益加講究排場的奢華，演出者動輒數百名，尤其懿宗時伶人李可及爲悼念同昌公主而創作「嘆百年曲」之大型隊舞，宮妓數百人（或作數千人），戴著珠翠飾品，盛裝打扮，且用五千匹（或作八百匹）繒帛，畫上魚龍波紋鋪於地上，舞者在上面表演，據說曲終樂闋，珠璣覆地[1]。此舞雖極盡豪侈之能事，但懿宗退位後，宮中已無人再表演它了，在失去保存與傳授下，嘆百年舞迅即消亡。

就現存唐人在其詩文詞賦對宮廷大型樂舞的描寫裏，歷歷顯示舞妓之技巧絕熟精練，舞姿在變化繁複中，呈現工整優美的特色。這是因爲宮妓在本質上乃隸屬於天子所有的音樂表演團體，追求國家級的表演水準，因此朝廷精選擁有優越技藝者入宮後，再加以藝術專業訓練，而且在製作大型宮舞時，不論音樂的安排，隊伍的設計，舞衣的搭配等各方面，無不早已特別精心考究策劃，所以當宮妓表演時，自然能展現在平時訓練有素下，精湛的舞藝與豪華壯觀的排場。但不可諱言的是：不少歌頌君王的樂舞（如上元樂，聖壽樂等），其規模雖然龐大，但內容卻失之空虛貧乏，不管字舞多麼巧妙排出「聖超千古，道泰百王」一類的標語，但就舞蹈本身來說，由於人爲刻意雕琢的程度越大，則藝術感染力會爲之降低而顯得枯燥乏味；再加上那些樂舞並不能隨意搬演，若君王一死，歌頌他的樂舞就失去效用而慢慢消失，因此不論以流傳性、藝術性或舞妓個人才華的表現而言，大型的宮廷樂舞都不如小型但娛樂性較高的舞蹈。

乙、小型娛樂舞蹈

唐代小型娛樂性舞蹈有健舞、軟舞之分。所謂之健舞，乃指舞蹈性質和形態較敏捷剛健者，如劍器，柘枝、胡旋、胡騰等，而軟舞則是動作較舒徐柔婉，表情細膩者，如涼州、綠腰、春鶯囀，烏夜啼等❷。健舞、軟舞原多單人舞，有些後來則發展成雙人舞。宮廷隊舞觀賞的是熱鬧的排場，而單人舞或雙人舞就得看舞妓的功夫，因此較能發揮她們高超的舞蹈技巧，如教坊名妓公孫大娘擅長的劍器舞，就是膾炙人口且獨享盛名的健舞表演。

㈠劍器舞

此舞由民間傳入宮廷，流行在士大夫間，也在城鄉各處演出。杜甫於「觀公孫大娘弟子舞劍器行」的序中說：開元五年他尚童稚，曾在郾城觀看公孫大娘舞劍器渾脫，其技藝的高妙，舞姿的優美，「瀏漓頓挫，獨出冠時」，在當時的教坊、梨園、宜春院數以萬計之歌舞藝人中，懂此舞者僅公孫大娘一人而已。大曆二年，他又在夔府別駕元持的宅第看見公孫大娘的弟子李十二娘表演此舞，由於「壯其蔚跂」且「撫事慷慨」，乃爲詩云：

> 昔有佳人公孫氏，一舞劍器動四方。觀者如山色沮喪，天地爲之久低昂。㸌如羿射九日落，矯如群帝驂龍翔。來如雷霆收震怒，罷如江海凝清光。……（全唐詩卷二二二）

詩言公孫大娘的「劍器舞」名震四方，人山人海翹首爭看其令人驚心動魄的表演。當她舞動起來時，瞬間光芒四射，有如后羿射落九個太陽，那流暢矯健的舞姿，像群仙乘龍飛翔，隨著隆隆鼓聲，她奔放急速的連續舞動，如雷電交加；而穩健沈毅的靜止姿態，如江海凝聚著清光，可謂靜如處子，動若脫兔，觀衆爲之變色，天地似乎也久久旋轉低昂不定。杜甫實不愧爲詩聖，於此篇中不但淋漓盡致將公孫大娘倏然閃耀，出神入化的絕技，及流暢灑脫，飛龍騰空般的舞姿，驟如急雨，穩若無波江面般的舞態，栩栩如生的描繪出來，而且也傳達了唐代高度發展的舞蹈藝術之美感。

劍器舞是一氣勢磅礡，動人心魄，具有強大感染力的舞蹈，尤其公孫大娘的舞姿妍妙，舞勢酣暢，雖已舞罷而觀者爲之目眩神移，彷佛場中尚有餘聲繞樑，餘光耀彩。但從古至今，學者們對公孫大娘「劍器舞」中的「劍器」到底爲何物，雖各有不同的解釋❸，然而卻無礙於其藝術影響力，杜甫在序中說：

昔者吳人張旭，善草書書帖，數常於鄴縣見公孫大娘舞西河劍器，自此草書長進，豪蕩感激，即公孫可知矣。（全唐詩卷二二二）

而鄭處誨《明皇雜錄》「舞工」亦云：

舞者，樂之容也。有大垂手，小垂手，或如驚鴻，或如飛燕，婆娑，舞態也；蔓延，舞綴也。古之能者，不可勝記。……開元中，有公孫大娘善舞劍器，僧懷素見之，草書遂長，蓋壯其頓挫之勢也。

公孫大娘劍器舞之神態氣勢曾經激動過杜甫的心靈，寫出驚人的詩篇，也曾啓發張旭、懷素等唐代書法家，使二人草書大爲長進，如龍飛蛇舞，進而開闢草書藝術的新境界，可見其感染力之深厚，而司空圖「劍器」詩則有：「樓下公孫昔擅場，空教女子愛軍裝」之句，指出公孫大娘雄健美妙的舞勢廣受歡迎，竟使許多女子愛學其軍裝之打扮，由此更透顯了公孫大娘此舞影響層面之大。

㈡柘枝舞

唐代與外族接觸頻繁，因此各民族樂舞傳入中原，深及民間是可想像的，如柘枝、胡旋、胡騰等舞，都以曲目清新，動作節奏獨具風格而造成流行的盛況❹。其中尤以柘枝舞更廣受唐人喜愛，宮中內人蕭鍊師就以善舞柘枝著名，而其他州府的官妓，士大夫之家妓也有舞技出色的柘枝妓，從唐人大量寫作觀柘枝舞的篇什裏，一方面可見此舞流傳之情形，一方面由其筆述也充分展露柘枝妓之精湛舞藝。

她們頭戴紅珠絡繡帽，帽上金鈴會隨著舞動發出清脆鈴聲，身著窄袖紅紫羅衫，繫著銀蔓垂花腰帶，腳穿紅錦鸞靴，不論出場進場完全應和鼓聲的節奏。白居易「柘枝妓」詩云：「平鋪一合錦筵開，連擊三聲畫鼓催。」與杜牧「懷鍾陵舊游四首之二」云：「滕閣中春綺席開，柘枝蠻鼓殷晴雷」之句，都指出柘枝舞妓隨著鼓聲，開始展開節奏明快，變化豐富的表演，其舞姿或剛健迅捷，或幽雅婀娜，擺動纖柔細腰，振袖拋拂，舉袂翹袖，就如劉禹錫「觀柘枝舞二首」所云：「垂帶覆纖腰，安鈿當嫵眉，翹袖中繁鼓，傾眸溯華榱」、「長袖入華裀，體輕似無骨，觀者皆聳神。」的模樣。

至於腳步則進退、踏節、騰躍、蹲身等姿態，交錯變化，令人眼花撩亂，章孝標「柘枝」詩即云：「移步錦靴空綽約，迎風繡帽動飄颻，亞身踏節鸞形轉，背面羞人鳳形嬌。」而張祜「觀楊瑗柘枝」詩亦曰：「促疊蠻鼉引柘枝，卷簷虛帽帶交垂，紫羅衫宛蹲身處，紅錦靴柔踏節時，微動翠蛾拋舊態，緩遮檀口唱新詞。」此外，柘枝舞妓的目光神情更時時吸引觀衆，劉禹錫「觀柘枝舞」詩就說：「曲盡回身去，層波猶注人」，沈亞之「柘枝舞賦」：「鶩游思之情香兮，注光波於穠睇」，盧肇「湖南觀雙柘枝舞賦」：「善睞睢盱，偃師之招周妓；輕軀動蕩，蔡姬之讐桓公」等句，所說的都是舞妓向觀衆流波送盼，令人嫵媚難忘的情景。

當舞蹈即將結束時，舞妓深深下腰，舞衣已被汗水濕透，此即劉禹錫「和樂天柘枝」詩云：「鼓催殘拍腰身軟，汗透羅衣雨點花」，等到舞蹈結束時，鼓聲又起，舞妓優雅的向觀衆謝幕行禮致意，所謂「一時欻腕招殘拍，斜斂輕身拜玉郎」（張祜「周員外出雙舞柘枝妓」）。

從唐人對觀柘枝舞妓描述的文章中，可見舞者須有纖細柔軟的腰身，具備高妙精練之技巧與才能，在舉手投足之間，應著節奏鮮明而強烈的鼓聲，或振袖拋袂，或蹲跪迴旋，以展現變化繁複的舞姿，尤其需以其靈活眼神，橫轉秋波，始能緊攝觀衆目光，並博得喝采與讚賞。由於唐代柘枝舞妓多擁有深厚功底實力，因此上自宮廷，下及州郡，不論君王權貴或文人雅士往往愛看柘枝舞或蓄養柘枝妓，在賓朋宴會時，此舞更是常備之節目，使得柘枝舞在唐代盛極一時。

㈢北旋舞

「北旋舞」與胡旋舞都是由西域傳入的舞蹈，其風格不同於中原舞的柔美婀娜，而較富有塞上生活氣息，令人耳目一新。岑參「田使君美人如蓮花舞北旋歌」即在贊美田使君的家妓舞北旋時，姿態技巧的高妙，詩云：

美人舞如蓮花旋，世人有眼應未見。高堂滿地紅氍毹，試舞一曲天下無。此曲胡人傳入漢，諸客見之驚且嘆。曼臉嬌娥纖復穠，輕羅金縷花葱蘢。回裙轉袖若飛雪，左旋右旋生旋風。琵琶橫笛和未匝，花門山頭黃雲合。忽作出塞入塞聲，白草胡沙寒颯颯。翻身入破如有神，前見後見回回新。始知諸曲不可比，采蓮落梅徒聒耳。世人學舞只是舞，姿態豈能得如此。（全唐詩卷一九九）

詩言舞者始揮長袖，扭細腰，如白花葱蘢，又似飛雪飄動，交替向兩個方向旋轉，速度漸快，氣氛則愈熱烈，入破時或翻或俯仰，矯勁剛健的動作表現胡地風光。本詩作者雖意在稱譽田使君之家妓，因此難免有誇張之詞，但這位家妓確能將此舞飛速旋轉，剛健矯捷的特色表現出來，也算是舞技神奇了。

㈣綠腰

唐代軟舞類中，以「綠腰」舞最著名。這是採用在唐代具有濃厚民間音樂基礎，且流傳甚廣的綠腰樂曲所編成的女子獨舞。唐人李群玉「長沙九日登東樓觀舞」詩云：

南國有佳人，輕盈綠腰舞。……翩如蘭苕翠，婉如游龍舉。……慢態不能窮，繁姿曲向終。低迴蓮破浪，凌亂雪縈風。墜珥時流盼，修裾欲溯空。惟愁捉不住，飛去逐驚鴻。（全唐詩卷五六八）

詩中生動地描寫綠腰舞妓由徐緩轉急速，流暢的舞步婉如游龍，優美的舞姿變化無窮，低迴處如破浪出水之蓮花，急舞時若風中飛舞之雪花，修長衣襟隨風飄揚，似要乘風飛去，追逐那驚飛的鴻鳥，令人心曠神怡。從綠腰舞的創製情形、服飾與輕盈柔美之舞態看來，此舞當較具有漢族傳統之舞蹈風格。

丙、歌舞大曲

唐代舞曲裏尙有所謂的「大曲」，是音樂、舞蹈、詩歌三者相結合的多段歌舞曲，此中最著名的是法曲之一而被白居易稱贊爲「千歌萬舞不可數，就中最愛霓裳舞」的霓裳羽衣曲，此舞來源有不同說法❺，而由其歌調舞姿與服飾看來，這種充滿道家情調的歌舞，卻有佛曲「婆羅門」的聲腔，因此是融合佛道兩派樂曲的舞蹈藝術，其曼妙樂音與妓女姿容舞態，從白居易「霓裳羽衣歌和微之」可知梗概，詩云：

……案前舞者顏如玉，不著人家俗衣服。虹裳霞帔步搖冠，鈿瓔纍纍珮珊珊。娉婷似不任羅綺，顧聽樂懸行復止。磬簫箏笛遞相攙，擊擫彈吹聲邐迤。散序六奏未動衣，陽臺宿雲慵不飛。中序擘騞初入拍，秋竹竿裂春冰拆。飄然轉旋迴雪輕，嫣然縱送游龍驚。小垂手後柳無力，斜曳裾時雲欲生。烟蛾斂略不勝態，風袖低昂如有情。上元點鬟招萼綠，王母揮袂別飛瓊。繁音急節十二徧，跳珠撼玉何鏗錚。翔鸞舞了卻收翅，唳鶴曲終長引聲。（全唐詩卷四四四）

詩言舞妓身穿彩霞似之披肩，下著紅霓般之裙裾，頭戴步搖冠，冠上珠翠成串，隨著步履音泠泠然，頸上戴著嵌金花之頸飾，身上垂著玉珮珊珊之綉帶。在舞霓裳羽衣曲前先散序六遍，爲不歌不舞之散板，僅以樂器相互交錯彈奏，到中序有拍，舞妓始姿態曼妙的翩然起舞，或旋迴縱送彷彿鸞翔輕下，游龍飄忽，在小垂手的舞姿後，如弱柳之無力，當斜曳裙裾時似白雲初生，雙蛾微斂，舞袖低昂，含情不勝，彷彿飄飄欲仙的境界。中序以後進入快板的「曲破」，急節繁音，催拍緊促，有如流風回雪、跳珠撼玉般，達到此舞之最高潮，曲終則轉慢而長引一聲，餘音裊裊久盪空中不盡。

這種新穎雅麗，步步生姿的舞蹈，最初殆僅在宮中流行，其後貴族豪門或士大夫的家妓也有善舞者。如德宗貞元年間，白居易應邀至徐州張尙書家宴時，即見到徐州名妓關盼盼表演霓裳羽衣舞，她如仙女翩翩起舞，體態輕盈，忽如輕風吹拂，時隱時現；忽似紅玉雕像，靜中有動，令人賞心悅目。其柔軟輕婉的舞姿、飄然欲仙的舞態，深刻表現虛無縹緲的仙境中之仙女形象。白居易曾看過許多能歌善舞的家妓表演，但今日欣賞關盼盼的霓裳羽衣舞覺得更加美妙，因此即興賦詩以贈之，詩中有「醉嬌勝不得，風嫋牡丹花」之句，乃將醉意起舞的關盼盼，喻爲微風中擺動而嬌妍華貴的牡丹花。

穆宗長慶二年，白氏任杭州刺史，以此舞曲教會杭州官妓玲瓏彈箜篌，謝好彈箏，陳寵吹觱篥，沈平吹笙，終於「教得霓裳一曲成」，在蘇州任刺史時，又教李娟、張態等蘇州官妓表演此舞，可見霓裳羽衣舞悠揚富變化的樂音與輕盈裊娜的舞姿，深深擄獲白氏心靈。霓裳羽衣舞原只獨舞，據《唐語林》卷七載，唐宣宗時曾用數百名宮女組成大型舞隊演霓裳羽衣曲，舞者執幡節，被羽服，飄然有翔雲飛鶴之勢，排場壯觀且極盡奢華，因此《碧雞漫志》卷三云：「宮妓珮七寶瓔珞舞此曲，曲終，珠翠可掃。」這種大型隊舞的演出，顯示宮妓的整體美感，但就藝術技巧而言，則不若單雙人舞更能展露舞妓的精湛才華。

貳、出色歌舞戲

唐代有用歌、舞、戲相結合，以表現人物情緒，故事情節的歌舞戲，如大面、鉢頭、踏謠娘等就是唐代三種著名的歌舞戲，其中前二節目只有一個人物，情節較簡單，還不能說是完整的歌舞戲，「踏謠娘」則除有切中主題、發揮情緒之歌舞外，尚有少量表達情節之說白，是較爲完整且於民間廣泛流傳之歌舞戲。此外，還有「參軍戲」、「義陽主」等，在主題意識上，不論是諧謔或嘲諷，都表達得十分突出。

甲、踏謠娘

在衆多表演此舞的女優中，以教坊妓人張四娘最爲出色。這齣歌舞戲之來歷與表演形式，詳載於《教坊記》中：

> 北齊有人，姓蘇，鮑鼻。實不仕，而自號爲郎中。嗜飲酗酒，每醉輒毆其妻，妻銜悲訴於鄰里。時人弄之，丈夫著婦人衣，徐步入場行歌，每一疊，旁人齊聲和之

> 云：「踏謠和來，踏謠娘苦和來」，以其且步且歌，故謂之「踏謠」。以其稱冤，故言「苦」，及其夫至，則作毆鬥之狀，以為笑樂。……

此戲初期旦末兩角色皆由男優飾演，扮婦者一則以歌唱訴說己身不幸，一則徐徐進場，每唱完一曲，在旁之伴唱即齊聲唱和，以烘托悲苦氣氛。再則丈夫上場毆妻，表演誇張、滑稽，醜化丈夫形象而引起觀衆笑樂，是一齣反映民間婦女悲慘處境之歌舞戲。

教坊妓人張四娘以善演「踏謠娘」而廣受邀迓，她之所以能深刻而細膩的表現劇中受屈打妻子的思想感情，呈顯精湛的演技，也是因緣於她實際的生活遭遇與劇中女主角相似之故。《教坊記》云：

> 蘇五奴妻張四娘，善歌舞，有邀迓者，五奴輒隨之前。人欲得其速醉，多勸酒，五奴曰：「但多與我錢，雖喫䭔子亦醉，不煩酒也。」今呼鬻妻者為五奴，自蘇始。

這樣一個視錢如命，將妻子當作搖錢樹的丈夫，當然無法保護妻子，而四娘出外演出卻又常遭豪門貴族或紈袴子弟之欺凌，這恰與劇中婦女受壓迫之冤苦相同，因此四娘演來自然入木三分，感人心肺而著名一時。

「踏謠娘」是一齣具有現實意義且雅俗共賞之歌舞悲劇，不僅於民間風靡，亦為上層社會所欣賞❻。從常非月「詠談容娘」❼一詩之描述，可見此戲在當時民間廣場演出之盛況：

舉手整花鈿，翻身舞錦筵。馬圍行處匝，人簇看場圓。歌要齊聲和，情教細語傳。不知心大小，容得許多憐。（全唐詩卷二〇三）

此詩描寫女優在鋪著錦筵的場地上舉手整裝，翻身而舞，吸引無數觀衆圍觀。演出時既有富於表情之說白，也有群衆整齊之和唱聲，加上故事情節之動人，使衆人對劇中人物之遭遇充滿同情之心，同時在觀衆內心裏，亦交織著對女優精湛優秀技藝之欣賞與憐愛。

乙、參軍戲

唐代還盛行一種以詼諧笑語爲主的參軍戲。此戲原演後漢館陶令石躭或後趙石勒參軍周延之時事，並在戲中對其加以侮辱，以爲笑樂❽，玄宗天寶年間善演此戲之女優爲阿布思妻，《因話錄》卷一「宮部」載：

政和公主，肅宗第三女也，降柳潭。肅宗宴於宮中，女優有弄假官戲，其綠衣秉簡者謂之「參軍樁」。天寶末，蕃將阿布思伏法，其妻配掖庭，善爲優，因使隸樂工。是日，遂爲假官之長，所爲樁者，上及侍宴者笑樂。……

此條資料對阿布思妻所演參軍戲之故事內容或伎藝並無詳言，僅知阿布思妻假扮官吏，用滑稽形式來滿足天子群臣之笑樂耳。

參軍戲不僅玄肅時之宮中宴讌演之，中晚唐更深入民間且甚著名。《雲溪友議》卷下「艷陽詞」條云：

有俳優周季南、季崇及妻劉採春，自淮甸而來，善弄陸參軍，歌聲徹雲。……

乃言周家兄弟夫婦組成家庭戲班，走闖南北，賣藝爲生，其中樂妓劉採春特善於表演參軍戲。再據前書下文續云：元稹以刺史兼觀察使之身分至浙東，恰逢劉採春隨周家戲班自淮甸而來，元稹格外欣賞採春風姿綽約的美貌和宛轉動人之技藝，因此賦詩贈之云：

新妝巧樣畫雙蛾，慢裹常州透額羅。正面偷勻光滑笏，緩行輕踏皺紋靴。言詞雅措風流足，舉止低迴秀媚多。……（全唐詩卷四二三）

詩中描寫劉採春頭裹羅巾，手執牙笏，足穿靴子登場表演之情形，並以「言詞雅措」、「舉止低迴」之句，形容其表演時念白、表情、動作之魅力。可以想見劉採春不但能將參軍戲詼諧笑謔的特點充分表達出來，而且能把歌舞伎藝融化於參軍戲中，使此戲更具有綜合藝術特色，此一意義標誌著中國古代戲劇已漸趨成熟。

劉採春後，弄參軍戲者應不乏其人。薛能「吳姬」詩十首之八云：

樓臺重疊滿天雲，殷殷鳴鼉世上聞。此日楊花初似雪，女兒弦管弄參軍。（全唐詩卷五六一）

詩中之女優吳姬應是宮中伎人。而不論宮廷內妓或州府官妓、地方民妓，她們爲唐代產生精彩的歌舞戲所貢獻之心力，是深值後人予以肯定贊揚的。

丙、義陽主

中唐尙有一著名歌舞戲——「義陽主」，與「旱稅」、「劉闢責買」、「西涼伎」同被譽爲唐代四大諷刺劇。此戲本事爲德宗之義陽公主與駙馬王士平離合之事，當時文士蔡南史、獨孤申叔乃作「團雪」、「散雪」之詞，以狀二人離曠之意，主旨乃在反抗君權，爭取戀愛自由與人權，由於深具時事諷刺性質，因此對當時社會震撼極大，更使君王爲之大怒，幾乎因之停廢科舉❾。雖然此一寫實劇不得君王歡心，但文人宴集或民間百姓卻深愛此戲，而長安妓人秋娘即以善演「義陽主」之歌舞戲而聞名四方❿。白居易於「江南喜逢蕭九徹因話長安舊游喜贈五十韻」一詩中，曾記敘他在京城長安，觀看秋娘表演「義陽主」之事云：

……急管停還奏，繁絃慢更張。雪飛迴舞袖，塵起遶歌梁。舊曲翻調笑，新聲打義揚。名情推阿軌，巧語許秋娘。……（全唐詩卷四六二）

詩中之「新聲」，乃蔡南史等用公主事所新製之曲，唐人常言舞或表演爲「打」，「義揚」即爲歌舞戲「義陽主」。詩末二句謂妓人阿軌在此戲中長於表情，秋娘則善於說白。

秋娘的表演，留給白居易深刻的印象，經年不忘，在其詩篇中多次提及秋娘，如「琵琶行」中有「曲罷曾教善才伏，妝成每被秋娘妒」之句；而「和元九與呂二同宿話舊感贈」中，又有「聞道秋娘猶且在，至今時復問微之」之句，德宗貞元末年，白居易與元稹在長安期間，曾多次欣賞秋娘演出，並對其表演藝術極爲推崇。由於秋娘藝冠一時，又是京城名妓，身價倍隆，人們皆以能邀請秋娘表演爲榮，由於登門預約邀請者絡繹不絕，甚至因此爭搶而競擡定金，元稹有感此事，乃於「贈呂三校書」詩云：「共占花園爭趙辟，競添錢貫定秋娘」，這是憲宗元和四年，元稹在長安陶化坊觀看秋娘演出時所寫的詩句，詩中趙辟爲當時譽滿長安的五弦高手，和秋娘兩人具爲京城最著名之藝人。事隔多年之後，白居易聽說秋娘尚在人世，經常與元稹談及秋娘，從兩位大詩人的作品描述中，可見秋娘技藝非凡，名滿藝壇。

注釋

❶ 見《舊唐書》卷一七七「曹確傳」。又見蘇鶚《杜陽雜編》卷下。

❷ 見崔令欽《教坊記》與段安節《樂府雜錄》。

❸ 從古至今，人們對公孫大娘劍器舞中的「劍器」，有不同解釋。一說：劍器舞是女子戎裝空手舞，所根據的是唐司空圖「劍器」詩云：「樓下公孫昔擅場，空教女子愛軍裝。」宋馬端臨《文獻通考》「樂部」進一步闡釋：「劍器，古武舞之曲名，其舞用女伎，雄裝，空手而舞。」明張自烈《正字通》，清方以智《通雅》，近代浦起龍《讀杜心解》等均持此論。

一說劍器舞係持劍舞之。唐鄭嵎「津陽門詩並序」中有「公孫劍技方神奇」之句，並自註云：「有公孫大娘舞劍，當時號爲雄妙……」唐鄭處誨《明皇雜錄》云：「上素曉音律，時有公孫大娘者，善舞劍……」宋人主張此舞係持劍而舞之說屢見不鮮，史浩《鄮峰眞隱漫錄》即將舞劍器與舞劍相提並論。明張應召有鈐印一方曰：「公孫大娘舞劍」，清宋翔鳳《過庭錄》亦同意持劍而舞，近人陳寅恪《元白詩箋證稿》，亦主此說，唯任半塘於《敦煌曲初探》一書中予以否定。又一說劍器舞爲手持彩帛或彩綢而舞。淸桂馥《札樸》卷六「古劍器」云：「姜君之吉言，在甘肅見女子以丈餘彩帛結兩頭，雙手持之而舞，有如流星。問何名，曰劍器也。乃知公孫大娘所舞即此。」近人周貽白亦主此說。總之，劍器舞所舞之物，衆說紛紜，莫得定論，唯公孫大娘乃唐代人，因此若僅以後世所見劍器舞所持之物，而必曰爲當時公孫大娘所持，無乃太過武斷。

❹唐代少數民族樂舞盛行，由來已久，安史亂後流傳更廣，元稹「法曲」即云：「自從胡騎起煙塵，毛毳腥膻滿咸洛。女爲胡婦學胡妝，伎進胡音務胡樂」（全唐詩卷四一九），唐詩中有關柘枝、胡旋、胡騰等樂舞篇什不勝枚舉。

❺霓裳羽衣舞之來源有三種不同說法。一爲李隆基創作，所根據的是《楊太眞外傳》與劉禹錫「望女幾山」詩。二爲西域傳來，原乃外來婆羅門曲之異稱，所根據的是《唐會要》卷三十三之記載。三爲一半創作，一半吸收外來樂曲加以改編，《碧雞漫志》卷三引唐鄭嵎「津陽門詩註」以證之，近人楊蔭瀏「霓裳羽衣曲考」亦主此說。由文獻史料看來，第三說較爲合理。

❻據《舊唐書》卷一八九下「郭山惲傳」記載，中宗數引近臣及修文學士與之宴集，嘗令各效伎藝，以爲笑樂，工部尚書張錫爲談容娘舞，在帝前反串女角，摹仿劇中舞姿。（《新唐書》卷一〇九同）

❼「談容娘」系擷取自著名之歌舞戲「踏謠娘」，詳見任半塘《唐戲弄》三章次節。

❽段安節《樂府雜錄》「俳優」條曰：「開元中，黃幡綽、張野狐弄參軍。始自後漢館陶令石耽。耽有贓犯，和帝惜其才，免罪。每宴樂，即令衣白夾衫，命優伶戲弄辱之，經年乃放。後爲參軍，誤也。」又據《太平御覽》五六九、「優倡」門引《趙書》曰：「石勒參軍周延，爲館陶令，斷官絹數百疋，下獄，以八議宥之。後每大會，使俳優，著介幘，黃絹單衣。優問：汝爲何官，在我輩中？曰：我本爲館陶令，斗數單衣曰：正坐取是，故入汝輩中，以爲笑。」

❾ 文士蔡南史、獨孤申叔作「義陽主」劇，激怒朝廷，甚至欲廢科舉，事見《舊唐書》卷一四二「王武俊傳附子士平傳」，唯舊書誤將義陽公主與士平爭忿之事著於唐憲宗。另外，《新唐書》卷八三「諸帝公主列傳」內德宗諸女傳，亦有載此事。唐李肇《國史補》卷下亦有見載。

❿ 演此「義陽主」歌舞戲之秋娘，當係其藝名，唐代女優多有以「娘」爲其藝名之現象，此由詠歌舞之唐詩中可見，如迎娘（鄭嵎「津陽門詩」）、邠娘（張祜「邠娘羯鼓」）、耍娘（張祜「耍娘歌」）、泰娘（劉禹錫「泰娘歌」）、眞娘（李紳「眞娘墓」）等皆是其例。然而與此秋娘約同時代者，也有一能歌善舞，而且善唱「金縷衣」而名噪一時的秋娘，杜牧有「杜秋娘詩並序」以記之，但此杜秋娘與擅演「義陽主」之秋娘，應爲不同之兩人，不少人將二人混爲一談，如白居易「琵琶行」中提到之秋娘，古今注釋此詩時，均誤作杜牧筆下之杜秋娘。陳寅恪《元白詩箋證稿》中有考證辨析，可參見。

第四節　生動說唱變文與卓絕雜技

壹、生動說唱變文

唐代佛教廣於朝野流行，上自天子王公，篤信尊崇，下至平民百姓，解衣散錢❶，而佛教徒爲了更擴大其影響力，除了「廣張罪福」大肆宣揚因果報應外，並將佛教經義通俗化！運用講唱的方式說教，藉以「宣唱法理，開導衆心」，吸引廣大信徒尊奉佛教，於是就產生了「變文」這種新的講唱文學體裁。

這種以生動巧妙的說唱講演佛經故事，深受廣大民衆的歡迎和喜愛，韓愈「華山女」詩所謂「聽衆狎洽排浮萍」，可見其盛況之一斑。但傳教之變文日久易爲聽衆所厭倦，因此有俗講僧乃改變題材，推陳出新，說些淫穢鄙褻之事以迎合聽衆❷。趙璘《因話錄》卷四載：「有文淑僧者，公爲聚衆譚說，假託經論所言，無非淫穢鄙褻之事，不逞之徒，轉相鼓扇扶樹。愚夫冶婦，樂聞其說，聽者塡咽。寺舍瞻禮崇奉，呼爲和尚。教坊效其聲調，以爲歌曲，其甿庶易誘。釋徒苟知眞理，及文義稍精，亦甚嗤鄙之。」顯然這樣的講唱內容早已遠離佛經本義，轉以嘩衆取寵爲能事，因此本來自佛經，以傳教爲功用的變文，其後漸脫離佛教而日衰，但另一種取材於歷史故事或民間傳說的變文，則最得士庶的喜愛，元稹在「酬翰林白學士代書一百韻」一詩裏有「光陰聽話移」之句，即指他與樂天嘗於新昌宅聽「說一枝花話」之情事。

當講演歷史故事或民間傳說的變文日益興盛時，說唱者也漸由和尚講僧轉移成民間藝妓，在《全唐詩》裏載有吉師老的「看蜀女轉昭君變」一詩，就明顯地反映了這種轉化的結果，詩云：

妖姬未著石榴裙，自道家連錦水濆。檀口解知千載事，清詞堪歎九秋文。翠眉顰處楚邊月，畫卷開時塞外雲。說盡綺羅當日恨，昭君傳意向文君。（全唐詩卷七七四）

王昭君事出自《漢書》「匈奴傳」及「南匈奴傳」，魏晉南北朝時此故事已漸流行，唐代昭君變文出現後更流傳於民間。吉師老此詩描繪了蜀女說唱昭君故事的情形：用圖畫向聽衆展示塞外景色，可見當時說唱變文已是視聽兼備的藝術。而末句「昭君傳意向文君」，意爲以像文君之人才，體會昭君之身世，張開檀口述說昭君故事。從蜀女顰著翠眉，將自身融入故事中之角色，藉由清詞以傳達幽恨之聲，可見這位女優的講唱表演是相當動人的。

在唐代講唱變文的女妓中，殊可注意的情形是：也有蠻妓能說唱昭君故事。如王建「觀蠻妓」詩即曰：

> 欲說昭君斂翠蛾，清聲委曲怨於歌。誰家年少春風裏，抛與金錢唱好多。（全唐詩卷三〇一）

此詩描寫蠻妓翠蛾微斂，不但表情甚著，且講唱之妙語調含情，比歌唱尤爲幽怨。雖然在唐詩中時而可見能歌善舞的胡姬蠻妓，但能如此精於講唱變文的蠻妓則確實是特殊少見，也是難能可貴的現象。而從這首詩的描述，可以看出這位蠻妓在演唱王昭君變文時，已深入角色隨著悲喜淒怨，因此使得圍觀的群衆自由抛錢，喝采聲四起，由此可見蠻妓講唱得聲情並茂，藝術效果已遠勝歌曲之清怨。

貳、卓絕雜技

中國古代雜技歷史悠久，春秋戰國時就在民間興起流傳；到漢代不但門類紛繁，並具有相當高的藝術水準，迄於唐代則更出現繁榮的景象，上自宮廷，下迄民間，雜技百戲成爲人人喜聞樂見的熱戲，所謂「人心競勇，朝野好尙」，正是雜技百戲倍受歡迎的寫照。

唐代之教坊是當時著名雜技藝術者薈萃之地，朝廷每逢節日慶典，必羅列絢麗多彩的雜技節目，以營造熱鬧歡樂的氣氛，因此身懷絕技者如竿木妓、繩妓、筋斗妓、馬妓、毬妓等表演時，所展現高超的技巧，也令人嘆爲觀止，尤其被譽爲「一場之雄」的「戴竿」，更是所有雜技百戲中最爲重要的節目。

甲、竿木伎

玄宗時教坊妓人王大娘之戴竿表演，十分獨特別緻。據《明皇雜錄》卷上載：

玄宗御勤政樓，大張音樂，羅列百伎，時教坊有王大娘者，善戴百尺竿，竿上施木山，狀瀛洲、方丈，令小兒持絳節，出入於其間，歌舞不輟。時劉晏以神童爲秘書正字，年十歲……貴妃復令詠王大娘戴竿，晏應聲曰：「樓前百戲競爭新，唯有長竿妙入神。誰謂綺羅翻有力，猶自嫌輕更著人。」

透過劉晏此詩對王大娘技藝精妙之歌詠，側面反映了盛唐此類藝術的高度發展。唐代善於表演此技的藝人不少，在《教坊記》中也有「范漢女大娘子亦是竿木家」的記載。

又據《獨異志》載唐德宗年間，三原有一戴竿女妓亦名爲王大娘。她的戴竿也是出神入化，不但能「首戴十八人而行」，還依然能隨著鼓樂擊節奏，穩當地繞場而行。其從容不迫的精湛技藝，確實令人拍案叫好。此外，唐敬宗時雜技女傑石火胡的戴竿，也以驚險聞名天下，備受四方矚目。《杜陽雜編》卷中曾對其表演有如下生動的記載：

上降日，大張音樂，集天下百戲於殿前，時有妓女石火胡，本幽州人也，挈養女五人，才八九歲，於百尺竿上張弓弦五條，令五女各居一條之上，衣五色衣，執戟持戈，舞破陣樂曲，仰俯來去，赴節如飛。是時觀者目眩心怯。火胡立於十重朱畫床子上，令諸女迭踏以至半空，手中皆執五彩小幟，床子大者始一尺餘，俄而手足齊舉，爲之踏渾脫，歌呼抑揚若履平地，上賜物甚厚。……

石火胡與其五女雖是胸有成竹而輕鬆自如的表演，但底下的觀衆卻不掩驚險之情而爲之提心吊膽，猶如宋朝晏殊「上竿」詩所云：「百尺竿頭裊裊身，足騰跟倒駭旁人。」石火胡這項頂竿絕技與今日雜技團的表演相較，其精彩程度有過之而無不及。

唐代女妓戴竿技巧之卓絕，從時人詩文記載中亦可見一斑。如王邕「勤政樓花竿賦」云：

……於是玉顏直上，金管相催。……整花鈿以容與，轉羅袖而徘徊。……載之者強項超群，登之者纖腰迴舞。……初騰陵以電激，倏縹緲而風旋。或暫留以頭掛，又卻倚而肩連。躡足皆安，象高梧之鳳集；隨形便躍，奮喬木之鶯遷。……度岌岌之雲梯，繞森森之仙仗。……（全唐文卷三五六）

將女妓在竿上行動之敏捷，作一詳盡之描寫。又如梁涉在「長竿賦」裏也有如下之描述云：

有美人兮來從紫闈，爲都盧兮衣錦褧衣。凝靚妝以如玉，聳輕身兮若飛，倏龍盤而婉轉，遂花落而霏微。……於是伐鼓雷響，鳴金星合。從正殿以獨步，巡廣場而未匝。勢欲傾掉，力將彈壓，天地爲之振動，樓台爲之岌業。（金唐文卷四〇七）

把表演女妓的聲容、步趨、情勢等，一一俱備於文中，可見其技妙。

這種攀附竹竿以表演的技藝，又稱「尋橦」，王建有「尋橦歌」一首，對女妓的精湛技巧有生動描繪，詩云：

人間百戲皆可學，尋橦不比諸餘樂。重梳短髻下金鈿，紅帽青巾各一邊。身輕足捷勝男子，繞竿四面爭先緣，習多倚附敧竿滑，上下蹁躚皆著襪。翻身垂頸欲落地，卻住把腰初似歇。大竿百夫擎不起，裊裊半在青雲裏。纖腰女兒不動容，戴行直舞一曲終。回頭但覺人眼見，矜難恐畏天無風。險中更險何曾失，山鼠懸頭猿挂膝。

小垂一手當舞盤，斜慘雙蛾看落日，斯須改變曲解新，貴欲歡他平地人。……（全唐詩卷二九八）

此外，在唐敦煌壁畫如「宋國夫人出行圖」，也有對頂竿之技的形象摹寫，透過這些詩文、壁畫的傳神描摹，不但爲我們保留了唐代戴竿技藝的珍貴史料，也使後人對戴竿女妓的神妙技巧咸共驚服。

乙、繩伎

唐人除愛看竿木妓的表演外，對繩伎表演也有濃厚興趣。《封氏聞見記》卷六載：

> 玄宗開元廿四年八月五日御樓設繩伎，妓者先引長繩，兩端屬地埋鹿盧，以繫之鹿盧內，數丈立柱以起，繩之直如弦，然後妓女以繩端躡足而上，往來倏忽之間，望之如仙，有中路相遇，側身而過者，有著屐而行之，從容俯仰者；或以畫竿接脛，高五六尺，或蹋肩蹈頂至三四重，既而翻身擲倒，至繩還注，曾無蹉跌，皆應嚴鼓之節，眞奇觀者。衛士胡嘉隱作繩妓賦以獻之，辭甚宏暢。玄宗覽之大悅，擢拜金吾曹參軍。自安寇覆蕩，伶倫分散，外方始有此妓，軍中宴會時或有之。

依據封氏之記載，繩技乃始於宮廷教坊中表演，安史之亂後因伶工樂妓流落分散，民間才有此表演，並且也廣得百姓讚賞。中唐詩人劉言史曾於潞府李相公席上觀繩伎後，欣然作詩云：

泰陵遺樂何最珍，綵繩冉冉天仙人。廣場寒食風日好，百夫伐鼓錦臂新。銀畫青綃抹雲髮，高處綺羅香更切。重肩接立三四層，著屐背行仍應節。兩邊丸劍漸相迎，側身交步何輕盈。閃然欲落卻收得，萬人肉上寒毛生。危機險勢無不有，倒掛纖腰學垂柳，下來一一芙蓉姿，粉薄鈿稀態轉奇。坐中還有沾巾者，曾見先皇初教時。

（全唐詩卷四六八）

劉言史將繩妓精采卓絕的技藝表演，歷歷收於篇幅中。

丙、毬伎

打毬爲古之蹴鞠，亦爲唐代君臣所喜愛，每於春日寒食，輒令教坊內人表演此技，所謂「殿前鋪設兩邊樓，寒食宮人步打毬」（王建「宮詞」）、「自教宮娥學打毬，玉鞍初跨柳腰柔」（花蕊夫人「宮詞」）即言此事。據《封氏聞見記》卷六云：唐有躡毬之戲，由毬妓登踩高一二丈之綵畫木毬，毬轉而行，縈回去來，並在毬上表演各種舞蹈，動作優美自如。王邕「內人踏毬賦」贊頌教坊女妓的毬技云：

……毬上有嬪，毬以行於道，嬪以立於身。出紅樓而色妙，對白日而顏新。曠古未作，於今始陳，俾衆伎而皆掩，擅奇能而絕倫。於是揚袂疊足，徘徊躑躅，雖進退而有據，常兢兢而自勗。毬體兮似珠，人顏兮似玉，下則雷風之宛轉，上則神仙之結束。無習斜流，恆爲正游，毬不離足，足不離毬。弄金盤而神仙欲下，舞寶劍則夷狄來投……疑履地兮不履地，疑騰虛兮還踐其實。當是時也，華庭縱賞，萬人瞻仰。……幾看制而動息，幾度紛而來往，倏而復歸於雲霄，何微妙之忽恍。（《全唐文》卷三五六）

這些教坊內人的毬技乃歷經訓練，因此演出時固然精采而令人贊賞，但地方亦有名妓善於此技，如金陵妓女王眉山就擅於蹴鞠，據傳某次她乘車經過毬場，受邀登場表演時，風度瀟灑，舉足翩躚，竟使得觀者如堵，水泄不通（王眉山傳）。

丁、馬伎

教坊女妓們的馬伎表演也頗為可觀，從李濯「內人馬伎賦」（《全唐文》卷五三六）一文的描述，可知她們騎著翩翩神驥，身上則衣金被鐵，挾刃明霜，搴旗命伍，抽戈按節，「侔三邊之挑戲，壯六軍之校閱，翹趾金鞍之上，電去而都閑，委身玉鐙之傍，風驚而詭譎……始爭鋒於校場，遽寫鞚於金埒，若乃楊葉，既指琱弓，斯穀百步應的，七札皆透」，她們雄姿英發的氣概，精采絕倫的技藝，使得羌髳戎羯，氈裘辮髮的異族來賓，「心目愕眙，形神隕越，屈膝天庭，稽首魏闕」，頗收娛樂與宣威之效。實則這種宮廷中的馬技表演，多用於饗外賓或宴群臣，因其文彩節奏而發揚蹈厲，所謂「蓋欲以激君子之磨銳」也。

另外，敬括有「季秋朝宴觀內人馬伎賦」一文，也專詠教坊內人馬技表演之壯觀場面與伎藝超群。云：

高樓隱映，廣場肅潔。……於是旁分美人，下徹金奏。玉勒齊習，琱弓歼轂。鴻騫龍翥，卻濩略以驍騰；左旋右抽，突絢練而馳闕。……應繁鼓以頓挫，歷層臺而超越。何登降之趫悍，乍迴旋以抑揚。……旋中規而六轡沃若，動合節而萬人鼓譟。……（全唐文卷三五四）

儘管這些馬妓的才藝高妙，卻可惜姓名大多湮沒無聞，但她們對中國古代雜技藝術所貢獻之心力，則不容後人忽視。

注釋

❶ 唐高宗、武后和中宗皆篤信佛教，常齋僧、布施、超度、建廟，其他王公貴戚亦競相度牒僧尼，營造佛寺。《新唐書》言佛寺之情況云：「王公士人，奔走膜唄，至爲夷法，灼體膚，委珍貝，騰沓繫路。」中晚唐如代宗、憲宗、宣宗、懿宗等也都是熱心教徒，尤其憲宗在元和十四年派人到鳳翔法門寺迎佛骨入宮，當時長安城萬人空巷瞻仰禮拜，韓愈有「諫迎佛骨表」，見《全唐文》卷五四八。

❷ 《資治通鑑》卷二四三「唐紀」五十九載，唐敬宗寶曆二年六月己卯「上幸興福寺，觀沙門文漵俗講。」胡三省注云：「釋氏講說，類談空有；而俗講者又不能演空有之義，徒以悅俗邀布施而已。」

第五節　高古書法與神奇妝飾技能

壹、高古書法

唐代書法承繼漢魏六朝盛況而達於顚峰，著名書法人才輩出，但一般人關注的焦點幾全在歐陽詢、褚遂良、顏眞卿、柳公權等男性身上，實則唐代也湧現了一些工于翰墨書法的女性，南宋《宣和書譜》裏就列舉了數位女子的書法成就，清人《玉臺書史》更收集了唐代女子書法事跡與筆跡記載近二十條之多，這個特殊的景象頗值得吾人深切矚目。

唐代娼妓身分的女書法家，以曹文姬和薛濤爲最有名。據《綠窗新語》卷上載，「曹文姬，本長安娼女也。生四五歲好文字戲，每讀一卷，能通大義，人疑其風習也。及笄，姿艷絕倫，尤工翰墨，自牋素外，至於羅綺窗戶，可書之處，必書之，日數千字，時人號爲書仙，筆力爲關中第一。當時工部周郎中越、馬觀察端，一見稱賞不已。家人教以絲竹，曰：此賤事，吾豈樂爲之。惟墨池筆塚，使吾老於此間足矣。由是藉藉聲名，豪貴之士，願輸金委玉，求與偶者，不可勝計。」豪貴之士對曹文姬趨之若鶩，乃因她擁有書法長才，因此被男性視爲珍寶，其後岷江任生，賦才敏捷乃贈詩云：

玉皇前殿掌書仙，一染塵心下九天。莫怪濃香薰骨膩，雲衣曾惹御爐煙。（全唐詩

卷七八三）

詩的前半句隱喻文姬是天上的謫仙人，充分表達任生對曹文姬擁有特殊才藝專長的憐愛、崇讚之情。

另一書法妙手薛濤，是中唐聞名樂妓，聰慧容冶而多才多藝，不僅詩名遠播，在書法上之造詣也頗深厚，據《唐名媛詩小傳》載，元稹久慕薛濤詩名卻未嘗識面，及授東川監察御史出使西蜀，然以秉憲推鞫而難得一見，司空嚴綬潛知其意，每遣薛濤往侍。薛濤至梓州會見元稹，即筆走龍蛇書作筆、墨、紙、硯「四友讚」，其略曰：「磨捫蝨先生之腹，濡藏鋒都尉之頭。引書媒而默默，入文畝以休休。」❶元稹爲其書法文義大爲驚服。

其後，元稹赴京，薛濤歸居成都西郊浣花溪，滿園遍種菖蒲，她性喜紅色，其詩有「前溪獨立後溪行，鷺識朱衣自不驚」之句。浣花溪之人多造十色彩箋，薛濤則別製新樣小幅松花紙箋，用以書寫詩歌，這種深紅小箋深爲時人喜愛而被稱爲「薛濤箋」，風行流傳，成爲藝術珍品❷。薛濤曾寄與元稹百餘幅深紅小箋，元稹即在此松花紙箋上題詩贈濤曰：

錦江滑膩蛾眉秀，幻出文君與薛濤。言語巧偷鸚鵡舌，文章分得鳳凰毛。紛紛詞客多停筆，個個公卿欲夢刀。別後相思隔煙水，菖蒲花發五雲高。（「贈薛濤詩」，全唐詩卷四二三）

詩的末句是在稱譽薛濤書法之奇妙。據《新唐書》卷一二二「韋陟傳」載，韋陟之書有楷法，曾自謂所書「陟字若五朵雲」，時人慕之，號郇公五雲體」（韋陟封郇國公），元稹此詩乃引韋陟所書「五雲體」的典故，讚美薛濤書法的精湛。另外，明代書法家祝允明於「雜題畫景」詩中亦云：「晃玉搖銀小扇圖，五雲樓閣女仙居。行間著個秋香字，知是成都薛校書」。由此可見薛濤的書法被彼輩視爲女子書法家中的奇葩。

關於薛濤書法之特色，北宋《宣和書譜》譽之曰：

> 婦人薛濤，成都倡婦也。以詩名當時，雖失身卑下，而有林下風致。故詞翰一出，則人爭傳以爲玩。作字無女子氣，筆力峻激，其行書妙處，頗得王羲之法，少加以學，亦衛夫人之流也。每喜寫己所作詩，語亦工，思致俊逸，法書警句，因而得名。非若公孫大娘舞劍器，黃四娘家花，託於杜甫而後有傳也。今御府所藏行書一。

據《四庫全書簡明目錄》所載：「宣和書譜二十卷，不著撰人名氏，皆載御府所藏墨跡，終以蔡京、蔡卞、米芾，疑即三人所定也。」文中所提蔡、米諸人均北宋著名書法家，若《宣和書譜》果爲三人所定，那麼由他們對薛濤書法作出如此崇高的評價裏，恰可說明薛濤之書法確具有大家手筆之風範，實非同凡響。

至於宋代御府所藏薛濤的書法眞跡是什麼？明、胡震亨《唐音癸籤集錄》「宣和書譜眞跡」云：

> 薛濤「萱草」諸詩，行書。

這說明宋代御府所藏薛濤的書法，是行書「萱草」諸詩。南宗時，帝王曾將此賞賜給專門收藏各家書法眞跡的賈似道，其《悅生堂古跡記》裏有著錄，後賈似道伏誅，薛濤「萱草」諸詩等行書則不知所終，而宋宮所藏之薛濤書法眞跡乃於焉佚傳。清朝時，浙江紹興有女子徐範蒐集歷代名媛書法眞跡，將之匯成《玉臺名翰》一書，其中載有薛濤所書之曹植「美女篇」行書，共計一百五十字，落款爲「錄陳思王《美女篇》、薛濤」。民國三十一年（一九四二），成都望江樓曾出售薛濤大字單條之書法，爲木刻柘本上書薛濤的七絕「西巖」詩—「憑闌卻憶騎鯨客，把酒臨風手自招。細雨聲中停去馬，夕陽影裏亂鳴蜩。」落款爲「唐校書薛濤題」。

按「西巖」詩確爲薛濤所作，《全唐詩》卷八〇三有載，但此書法經近代學者張篷舟先生之考證，乃知爲今人張幼萱所僞造。細審其僞造之動機，蓋因人們喜愛薛濤書法才藝之故，彼造假貨雖欲釣奇而不可得，但由此事也可看出薛濤在書法上有其影響力與不容忽視之地位。

在中國書法史上，女書法家歷代屈指可數，而像薛濤這樣「頗得王羲之法」的女書法家更是鳳毛麟角，尤爲值得稱讚，其書法藝術成就，堪與歷史上有代表性的女書法家媲美，只是薛濤的詩名太大，以致掩蓋了她在書法上的聲名。

貳、神奇妝飾技能

從遠古的先民發現顏料並用來塗臉抹身後，化妝術隨之產生，女子以粉塗臉，以黛畫眉增添美色就漸成風習。《戰國策》「楚策」中，張儀用「鄭周之女，粉白黛黑，立於衢間，見者以爲神」的話，引誘楚王愛好美色之心。《漢書》「司馬相如傳」云：「靚妝刻飾」，郭璞註曰：「粉白黛黑也」。中國歷代女子以粉黛妝飾自己，往往帶有順應「悅己者」的審美觀點，而其目的不外藉此更顯現本身的青春魅力，以求恩寵永固。尤其古代娼女的色藝二者是她們賴以生存的憑藉，因此無不借助於精工之化妝與絢麗的服飾以顯示特色，吸引狎客，或尋求知音，提高品味。

唐代娼妓在妝飾方面的成就相當傑出，她們傾注了大量心血，不但創造出爭奇鬥艷，豐富多彩的妝飾藝術，而且求新求變，充分展現了娼妓們在妝飾藝術上傲人的創造才能。王建「宮詞」一百首中，曾詠歌舞妓女的面部化妝云：

> 舞來汗濕羅衣徹，樓上人扶下玉梯。歸到院中重洗面，金花盆裏潑銀泥。（全唐詩卷三〇二）

此詩說的是宮中歌舞妓在舞臺上演出後，歸來洗去臉上濃妝之情形，表明了唐代妓女不但在日常生活中普遍運用化妝術，而且還將之運用到歌舞藝術的表演中，以饜觀衆之望。唐代娼女擅長化妝術而見諸記載的，是龐三娘與顏大娘。《教坊記》「賣假金賊」條云：

龐三娘善歌舞，其舞頗腳重，然特工裝束。又有年，面多皺，帖以輕紗，雜用雲母和粉蜜塗之，遂若少容。嘗大酺汴州，以名字求雇，使者造門，既見，呼爲「惡婆」！問龐三娘子所在，龐紿之曰：「龐三是我外甥，今暫不在，明日來書奉留之。」使者如言而至。龐乃盛飾，顧客不之識也，因曰：「昨日已參見娘子阿姨。」其變狀如此，故坊中呼爲「賣假金賊」！

同是一個龐三娘，未刻意妝扮前，在觀衆的眼中是面貌蒼老的惡婆，但經她在臉上巧妙的貼上輕紗，並敷以雲母粉蜜合成的化妝品後，竟能蓋住臉上皺紋，隱醜顯美，使她恢復如豆蔻年華少女般的靚麗面容，其化妝技術的高明精湛，確實令人驚異。

另一位化妝高手顏大娘，也見載於《教坊記》「眼破」條中，其云：

顏大娘，亦善歌舞。眼重，瞼深，有異於衆，能料理之，遂若橫波，雖家人不覺也。嘗因兒死，哀哭拭淚，其婢見面，驚曰：「娘子眼破也！」

顏大娘因「眼重瞼深，有異於衆」，於是運用化妝術使她的雙眼水靈流動，顧盼生輝，即使朝夕相處的家人也看不出她原先眼瞼的缺陷，一旦妝飾抹去，露出眞相，婢女還以爲她是哀傷過度而眼破，可見她在美容上獨特的技巧才能。

龐三娘和顏大娘將中國女子日常生活化妝美容的技術，靈活運用於歌舞藝術的表演中，不但彌補了演員因年老所產生生理上的自然缺陷，保持演出時的美感外，也延長了演員的舞臺藝術生命，就以今日化妝術的神奇也不過如此而已，但她們卻遠在一千二百年前就創發了如此精妙的舞臺化妝術，這是値得肯定讚佩的才藝成就。

然而唐妓之善於妝飾者，不惟龐顏二人，絕大多數的娼妓都巧於妝扮自己，而且她們並不僅在面容妝飾上創造出千姿百態，琳瑯滿目的妝扮藝術，其他就是在髮型髻式或衣著服飾上，也無不挖空心思，藉其巧手妙藝，表現其嬌豔嫵媚與藝術塑造才華。例如唐妓喜在櫻桃小口施以口脂，如岑參「醉戲竇子美人」詩：「朱脣一點桃花殷」與方干「贈美人」詩所云：「朱脣深淺假櫻桃」，此外，唐妓還喜歡在胸前傅白粉以爲飾者，如施肩吾「觀美人」詩：「長留白雪占胸前」、方干「贈美人」詩：「粉胸半掩疑晴雪」。妓女們這種「半胸酥嫩白雲繞」（李洞「贈龐鍊師」）的顯露肌膚方式，無疑容易引人遐思。

至於在臉部與額眉間的妝扮，娼妓們更是騁思鬥艷，以展現其奇妙之妝飾技術。如臉部化妝先傅白粉，次施燕支，羅虬「比紅兒」詩即云：「薄粉輕朱取次施」、「一抹濃紅傍臉斜」，而司空曙「觀妓」詩云：「翠蛾紅臉不勝春」等等，這種紅妝能更襯托出妓女們青春健康的容顏，憑添幾許嫵媚之色；當然也有妓女投客所好而尚淡妝，如鄭史「贈妓行雲」詩就說：「最愛鉛華薄薄妝」，可見做爲以色事人的妓女，在妝扮上充分侸供唐人不同的賞美選擇。

在眉黛的妝飾上，妓女們或畫以濃廣之眉，如法宣「和趙王觀妓」詩云：「城中畫廣眉」、沈佺期「李員外秦援宅觀妓」詩所謂：「拂黛隨時廣」，又張籍「倡女詞」：「輕鬢叢梳闊掃眉」等等；或描以淡細之眉，如孟浩然「美人分香」詩：「眉黛拂能輕」、施肩吾「妓人殘妝詞」：「巧勻輕黛約殘妝」等詩句，都是指出妓女們淡掃蛾眉之狀。唐代妓女更有畫眉成癖者，據《稗史彙編》卷四十九載：平康妓女瑩姐，「玉淨花明，尤善梳掠畫眉，每日作一樣。康斯立戲之曰：西蜀有十眉圖，汝有眉癖，若是可作百眉圖，更假以年歲，當率同志爲修眉史矣」。

另外，唐代妓女每喜以黃粉施於額際，謂之「額黃」或「鵐黃」。盧照鄰「長安古意」一詩有「纖纖初月上鵐黃，鵐黃粉白車中出，含嬌含態情非一」之句，所說的就是長安娼女在額上施黃粉，更增加其嬌豔嫵媚之情態。也有唐妓在額間貼金鈿以增色添媚者，王建「題花子贈渭州陳判官」詩中，對唐妓如何呵貼花鈿有細緻的描寫，詩云：

膩如雲母輕如粉，艷勝香黃薄勝蟬。點綠斜蒿新葉嫩，添紅石竹晚花鮮。鴛鴦比翼人初貼，蛺蝶重飛樣未傳。況復蕭郎有情思，可憐春日鏡臺前。（全唐詩卷三〇〇）

從此詩可以看出花鈿的形狀、質地和顏色，不難想像將這些薄而輕，濃膩鮮豔的花鈿剪成花、鳥、枝葉等形狀，貼在額眉或兩頰間是多麼地引人注目，也令後人對唐妓巧思妙藝深感佩服。

唐代娼妓對髮髻式樣也十分注重，有承繼前代風韻者，也有刻意創新的傑作。例如梳出像人將從馬上墮下的「倭墮髻」，這種髮式始自後漢梁冀妻孫壽，其後京師翕然效之。唐代娼家亦好梳此髮型，劉禹錫「贈李司空妓」：「髮髻梳頭宮樣妝」、李賀「美人梳頭歌」：「香鬟墮髻半沈檀」、岑參「醉戲竇子美人」詩：「宿妝嬌羞偏髻鬟」等詩句，所描寫的就是這種如墮馬狀，側在一邊的髮髻型式。此外，「高髻」也是唐代娼家極為流行的髮式，如元稹「李娃行」：「髻鬟峨峨高一尺，門前立地看春風」、王建「宮詞」：「玉蟬金雀三層插，翠髻高叢綠鬢虛」。這種高髻在漢時已甚普遍❸，其後南北朝及唐代也都尚高髻，而唐朝花樣更加繁多，深得時人喜愛，因此詩人歌詠也以髻之高者為美，或曰「百合」，或曰「驚鴻」，實皆高髻之代名詞，但型式則有所創新。如劉禹錫「和樂天柘枝」詩云：「鬆鬢改梳鸞鳳髻」，就是把髮髻梳作鸞鳳展翅欲飛，一名「鳳髻」的形狀。

除此之外，唐代娼女還有梳低髻、短髻、反綰髻者，如王建「尋橦歌」：「重梳短髻下金鈿」、顧況「險竿歌」：「宛陵女兒擘飛手，長竿橫立上下走……反綰頭髻盤旋風」，妓女們之所以梳此種髮髻，大多因表演各種雜伎的倒立姿勢時，為了不使頭髮蓬鬆下垂，乃梳作俐落瀟灑，別具風格的髻式。

對於兩頰上近耳旁的頭髮，唐妓崇尚將它梳成「蟬鬢」，盧照鄰「長安古意」即云京都娼女「片片行雲著蟬鬢」，施肩吾「觀美人」詩亦云：「漆點雙眸鬢繞蟬」，這種望之縹緲如蟬翼的鬢髮，充分顯示娼妓們爲爭奇鬥艷，而在髮式鬢髮上所下的苦心孤詣。

唐妓們既在髮型極富巧思，對其上之插飾自然也多所著意，如韋應物「長安道」：「麗人綺閣情飄颻，頭上鴛釵隻翠翹」，章孝標「貽美人」詩亦云：「寶髻巧梳金翡翠」，二詩都指出美妓的烏雲綠髮上，多飾以金銀珠翠之寶物，藉由光輝動人的飾物，更可爲娼妓們增加美好的視覺效果。

唐人的服制雖例以顏色區別身分，但娼妓們在衣著服飾上則不如貴庶婦女得受身分的限制，因此更能自由穿著，不論在款式、質地、顏色等方面，往往走在潮流變化之先，成爲時髦服裝的倡導者。當她們載歌載舞的表演時，服飾之文繡炳煥，令人目不暇接，自不待言，就是其平時日常穿著也鮮艷穠麗，妝束入時，如燿燿羅衣，天碧輕紗，紫襠，紅綠帔子、玲瓏合歡袴、石榴裙、翡翠裙等，都是質地精良，顏色絢麗的服飾，其中尤以石榴裙最受唐代娼妓的喜愛。如初唐詩人杜審言「戲贈趙使君美人」詩云：「紅粉青蛾映楚雲，桃花馬上石榴裙」，盛唐詩人皇甫冉「同李蘇州傷美人」詩：「玉珮石榴裙，當年嫁使君」與萬楚「五日觀妓」：「紅裙妒殺石榴花」，三詩同時提到石榴裙，可見初盛唐之妓女對它情有獨鍾，實則晚唐情況亦相同，羅虬在描述雕陰官妓杜紅兒的服飾時仍云：「青絲高綰石榴裙」，可見這種紅色的石榴裙廣受唐代娼妓的喜愛。

另外，唐妓的衣裙上多裝飾有精美圖案。如章孝標「貽美人」詩：「羅裙宜著繡鴛鴦」、王建「宮詞」：「羅衫葉葉繡重重，金鳳銀鵝各一叢」、京兆韋氏子「悼妓」詩：「惆悵金花簇蝶裙」，而張鷟「遊仙窟」亦言五嫂服飾：「織成錦袖騏麟兒，刺繡裙腰鸚鵡子」。這些圖案的完成大多出於刺繡，而唐妓女紅技巧的高明，由胡令能「觀鄭州崔郎中諸妓繡樣」一詩裏可得知曉，詩云：

> 日暮堂前花蕊嬌，爭拈小筆上床描。繡成安向春園裏，引得黃鶯下柳條。（全唐詩卷七二七）

妓女們的繡品竟能引得黃鶯下柳條，可見她們在構圖上的生動逼眞與繡工之精細。唐代娼妓既能自己設計圖樣，拈針刺繡，那麼開創裙腰的新款式，自是另一種才華的展現，孫棨「題妓王福娘牆」詩云：

> 寒繡衣裳餉阿嬌……東鄰起樣裙腰闊，刺蹙黃金線幾條。（全唐詩卷七二七）

總之，唐代妓女不論在美容髮式或衣著服飾上，無不竭盡慧心巧思，創新求變，一則藉此以增添嬌媚之態，保持年輕貌美之舞臺形象，一則也展現妓女們在這方面別出心裁的創作才能，而她們在妝飾上的講究創發，不但領導當時流行趨勢，並且也爲中國妝飾藝術之發展寫下色彩斑爛的一頁，更爲後人積累寶貴而傲人的妝飾藝術經驗。

注釋

❶ 詳見《唐名媛詩小傳》及《淸異錄》「文用十七」。

❷ 韋莊有「乞彩箋歌」，盛贊薛濤巧手製作的彩箋精美而珍貴。見《全唐詩》卷七〇〇。

❸ 據《後漢書》卷二十四「馬廖傳」載，當時長安語曰：「城中好高髻，四方高一尺」，可知東漢甚爲流行高髻髮型。

第五章　唐代名妓詩歌特色研究

在「士有百行，女唯四德」的古代社會中，女子普遍缺乏文化教育，因此有詩才的女子就顯得難能可貴。唐代娼妓通文墨者不少，雖然詩才只是妝點風雅生活的奢侈品，但她們畢竟借助於詩才表現，而獲得一種與美色不同的自我價值。因爲「以色事他人，能得幾時好？」(李白「妾薄命」)美色僅是女人身上屬於自然的資源，而詩才則是一種文化修養的表現，時人常常輕視一個人身上屬於自然的東西，即使喜愛、欣賞也絕大部分只是暫時，但對其屬於文化的東西則較爲重視。特別是在詩歌繁榮的唐代，隨著詩歌創作的社會化，這些位處卑下的娼妓登上詩壇，更受到自命風流儒雅的文人學士之關注。

唐代娼妓能詩與其生活環境、交際對象，有相當密切的關係。章學誠《文史通義》卷四「婦學」篇，詳爲剖析云：

> 蓋自唐宋以訖前明，國制不廢女樂。公卿入直，則有翠袖熏爐，官司供張，每見紅裙侑酒。梧桐金井，驛亭有秋感之緣；蘭麝天香，曲江有春明之誓，見於紀載，蓋亦詳矣。又前朝虐政，凡搢紳籍沒，波及妻孥，以致詩禮大家，多淪北里。其有妙兼色藝，慧傳聲詩，都人士從而酬唱。大抵情綿春草，思遠秋楓，投贈類於交遊，

> 般勤通於燕婉，詩情闊達，不復嫌疑閨閣之篇；鼓鐘閫外，其道固當然耳。……是知女冠方妓，多文因酬接之繁，禮法名門，篇簡自非儀之誡，此亦明證矣。夫傾城名妓，屢接名流，酬答詩章，其命意也，兼具夫妻朋友，可謂善藉辭矣。……名妓工詩，亦通古義，轉以男女慕悅之實，託諸詩人溫厚之辭，故其遺言雅而有則，眞而不穢，流傳千載，得耀簡編，不能以人廢也。

章學誠在這一段文字中，除了說明娼妓女冠善於詩文的背景因素、指出彼輩的寫作特色外，並對其佳什名篇也予以肯定評價。

由現存資料看來，在妓風興盛的中晚唐時，進士與娼妓之過從甚密，兩者間互相唱和酬作之詩也爲數頗多。「香奩集序」謂自懿宗咸通元年至僖宗中和元年，這二十二年之中，進士與娼妓酬作之詩不啻千首，其間以綺麗得意者亦數百篇，然而大盜入關後，可惜緗帙都墜。

《全唐詩》卷八〇二年至八〇五共收娼妓女冠之詩近二百首。這些作品的產生有些僅是娼妓們順手拈來，隨口吟詠者，有些則是娼妓們專力於篇什經營者，因此在作品數量上有多寡之別，題材有廣狹之分，風格既各異，成就也相對不同。這個課題很值得吾人深入探究。然而對於唐代娼妓詩歌之論析，歷來學者或於中國婦女文學裏大略提及❶，或於唐代女詩人中之一隅介紹❷，雖兩者所論嘉惠士林頗衆，但所佔之篇幅既不多，自無法滿足吾人強烈的窺覽全豹之心；雖然也有時彥對幾位唐妓詩歌作專文論述，但一則爲數亦不多，二則所論也僅集中於薛濤與魚玄機二人❸，雖其卓識獨見啓迪後學，提供可貴之資料，但未能全面檢視所有唐妓詩歌成就，展現其優劣異同，則同樣令人有所遺憾。而個人認爲：在唐妓中，雖然學者大多公認以薛濤、李冶和魚玄機三人最負盛名，但其他娼妓之作也有情感眞摯、意境技巧頗爲可觀者，因此若因其篇章稀少簡短乃捨棄不顧而專論名家，則既埋沒此類詩歌之價值，且易流爲以偏概全之失。因此爲全面整體呈顯所有唐妓詩作的共同風貌，同時也展現各別名家之風格特色，本章之寫作擬分：㈠關盼盼等諸妓之作㈡薛濤之作㈢李冶之作㈣魚玄機之作等四部分，詳細就其詩歌內涵、題材、表現手法、風格特色等角度，仔細而深入的分析論述，以全面彰顯唐妓詩作才藝，並展現彼輩寫作技巧或詩歌風貌之差異，而在論述中除有參考贊同前說外，同時對不同於前人之意見，也提出個人的看法和論辯。

第一節　關盼盼等妓之詩作特色分析

壹、以抒情爲主調

從《全唐詩》所輯錄唐代女詩人的作品裏，我們可以發現抒發情性是其詩歌中最常見的主題，而就關盼盼等靑樓妓女來說，她們在基本上雖與閨閣裏的佳人同是柔弱纖微的女性，在情感上一樣渴求被愛護與照顧，但她們更因爲出身背景與生存環境的卑劣，而備嚐人間際遇的淒苦不平，由此凝聚豐富細膩的感情和深刻的人生體驗，使她們很容易將一切幽恨哀愁，化爲篇什吟詠，於是形成了作品共同的抒情主調：或抒發閨中相思深情、或表達離別之怨思、或追悼年華消歇、或自憐身世悲淒。在作品風格上，委婉含蓄與質樸自然皆兼而有之。

㈠抒發閨中相思深情

這類詩歌的典例，無疑當屬原爲徐州名妓的關盼盼。德宗貞元時，禮部張尙書鎭守徐州，因愛賞其色藝雙絕，盼盼乃由青樓煙花變成燕子樓中的寵妾。然而張尙書歿後，恩愛雲煙，盼盼獨居舊第，眷念舊情，立誓不嫁，而相思感懷，情愁濃起，作「燕子樓」詩三首，可見其當時心聲：

樓上殘燈伴曉霜，獨眠人起合歡床。相思一夜情多少，地角天涯不是長。

北邙松柏鎖愁煙，燕子樓中思悄然。自埋劍履歌塵散，紅袖香銷一十年。

適看鴻雁岳陽迴，又睹玄禽逼社來。瑤瑟玉簫無意緒，任從蛛網任從灰。（全唐詩卷八〇三）

三詩俱在撫今追昔，藉著突出的景照，透露形單影隻的孤寂與黯黯殘愁的心情。首詩的「伴」字，將燕子樓外淒涼的景象與內心的落寞聯繫起來，再以「獨眠人」和「合歡床」

形成尖銳對比；而次首的「鎖」字，傳達她在尚書死後情感的封閉，所以「歌塵散」、「紅袖香銷」，心早已隨舊主故去而了無生趣；末首言因無意於「瑤瑟玉簫」，所以任由蛛結網，塵堆積。從幽秀淒婉的筆觸中，傾瀉字字哀音，盼盼不渝之深情尤令人感動，因此這組辭語清麗的作品也就傳播士林，後來更引起白居易的共鳴而和「燕子樓」詩三首云：

滿窗明月滿簾霜，被冷燈殘拂臥床。燕子樓中霜月夜，秋來只為一人長。

鈿暈羅衫色似煙，幾回欲著即潸然。自從不舞霓裳曲，疊在空箱十一年。

今春有客洛陽迴，曾到尚書墓上來。見說白楊堪作柱，爭教紅粉不成灰。（全唐詩卷四三八）

好一句「燕子樓中霜月夜，秋來只為一人長」，真是道盡了關盼盼的心境，三首詩都是抒發他對盼盼這種至情至性的感情生活之同情。然而白居易另一首別贈絕句：「黃金不惜買娥眉，揀得如花四五枝，歌舞教成心力盡，一朝身去不相隨」（感故張僕射諸妓）之詩卻隱含「金谷墜樓」的譏刺——既然無意再嫁，何必獨守空閨，而不形影相隨張尚書於黃泉之下？冰雪聰明的盼盼得詩後，珠淚婆娑的泣涕說：

自我公薨後，妾非不能死，恐千載之下，以我公重色，有從死之妾，是玷我公清範也。（全唐詩話卷六）

她苟且偷生的理由，竟是恐怕陷張尙書於重色不義，可見她是個體諒他人，設思周密的女子。在情義被扭曲後，盼盼作「和白公詩」以表白自己立場云：

> 自守空樓斂恨眉，形同春後牡丹枝。舍人不會人深意，訝道泉臺不去隨。（全唐詩卷八〇二）

春後殘落的牡丹枝與在空樓斂恨眉的情景已夠淒涼哀苦了，而白居易「不會人深意，訝道泉臺不去隨」的譏諷，更是令她難堪忍受。

自此以後的關盼盼更形心傷悒快，孤寂憔悴，終至旬日不食而香消玉殞，臨歿前口中尙吟：「兒童不識沖天物，謾把青泥汚雪毫」，猶見她抑鬱的情思。如此美麗多情的名妓，留下這麼一個淒婉感人的愛情故事，難怪蘇東坡遊倦天涯，憑弔燕子樓空，想見佳人何在？惟有樓中燕空鎖記憶之際，只好長歎一聲「古今如夢，何曾夢覺」[4]。

同是抒發閨中相思深情的，還有蜀妓張窈窕的「春思」二首。詩云：

> 門前梅柳爛春輝，閉妾深閨繡舞衣。雙燕不知腸欲斷，銜泥故故傍人飛。
> 井上梧桐是妾移，夜來花發最高枝。若教不向深閨種，春過門前爭得知。（全唐詩卷八〇二）

詩中藉寫梅柳爭春與雙燕頡頏，引起閨人的怨思。在這春光爛漫的大好時光，本應是夫妻團聚，踏青覽勝的時刻，而她卻深鎖閨中，過著繡舞衣的孤寂單調生活，如果不是井上的梧桐花向她透露一點春天的消息，她壓根兒還不知明媚的春天已經來臨。深閨獨處，已自可怨，更惱人的是燕兒還故意在她身邊飛來飛去，雙雙對對銜泥築巢作窩，看在閨人眼中，好似有意向她炫耀，笑她的孤單。作者用擬人化的手法，更深一層的揭示閨怨的心理，表面上是怨燕，實際上為思人，這種欲語還休的情意，無一字著「情」字，卻盡是嚼不完的想念，構思婉轉，使整篇作品充滿委婉曲致的韻味。

㈡表達離別之怨思

娼妓們日復一日的應對交接賓客，送往迎來對她們來說如家常便飯般的平凡。正因為如此，所以一般人總認為她們的感情浮泛虛假，甚至是無情，然而事實上，生張熟魏的生活是無可奈何的悲哀，她們何嘗不盼望停止飄泊的感情而與有情人長相廝守，但對男子來說，歡場作樂的愛戀往往短暫得如曇花一現，可是面對送別場合時，妓女離情之依依，濃厚惆悵與相思意卻如癡情女子般歷歷展現，令人動容。江淮名妓徐月英「送人」詩即云：

惆悵人間萬事違，兩人同去一人歸，生憎平望亭前水，忍照鴛鴦相背飛。（全唐詩卷八〇二）

此詩愁情滿紙，以去時成雙卻孤單而回的對比，和內情外物間的矛盾，寫盡送人的心傷。而送別情傷之痛短，無休無盡的想念煎熬才讓人難以承受的。徐月英另有名句：「枕前淚與階前雨，隔箇窗兒滴到明」，正是傾訴這種別後纏綿情愁。

此外，襄陽妓「送武補闕」：

弄珠灘上欲銷魂，獨把離懷寄酒尊。無限煙花不留意，忍教芳草怨王孫。（全唐詩卷八〇二）

常浩「寄遠」：

年年二月時，十年期別期。春風不知信，軒蓋獨遲遲。今日無端捲珠箔，始見庭花復零落。人心一往不復歸，歲月來時未嘗錯。可憐熒熒玉鏡臺，塵飛冪冪幾時開，卻念容華非昔好，畫眉猶自待君來。（全唐詩卷八〇二）

張窈窕「贈所思」：

與君咫尺長離別，遣妾容華爲誰說？夕望層城眼欲穿，曉臨明鏡腸堪絕。（全唐詩卷八〇二）

這些作品都是妓女們離別怨思的表達，所謂「悲莫悲兮生別離」，送別時刻最是令人銷魂，借酒澆愁只是暫時麻醉心中濃愁而已。自與郎君別離，期待的就是再次相見，然而四季變換未嘗失信，何以十年的別期卻一往不歸？原本光亮的鏡面早已被飛塵覆蓋，縱然你已不再戀惜我嬌美的容顏，但青樓中的人兒還依舊爲你畫眉妝扮，在月暮黃昏時仍兀自望遠欲穿的痴痴等待。這份質樸的深情，不僅作者傷懷，連旁人聞之也要爲之心酸不已。

妓女們深濃的相思，有時換來的是一場空幻與傷悲。如崔鶯鶯在知元稹對她心存挑逗卻忍情不顧後，將其怨痛宣洩於詩什。一首名爲「寄詩」（一作「絕微之」）曰：

> 自從銷瘦減容光，萬轉千迴懶下床。不爲傍人羞不起，爲郎憔悴卻羞郎。（全唐詩卷八〇〇）

再後更有一首「告絕詩」云：

> 棄置今何道，當時且自親。還將舊來意，憐取眼前人。（全唐詩卷八〇〇）

儘管以前他們有「連理枝前同設誓，丁香樹下共論心」[5]般的愛情，如今卻是「落花徒有意，流水自無情」的恨事了。

崔鶯鶯對元稹的怨懟不論有多深，但她別嫁後總是展開另一個新的人生旅程，未嘗造成人間生死悲劇，然而太原妓卻在與歐陽詹分別後，竟因相思成疾，乃刃髻作詩「寄歐陽詹」，絕筆而逝。詩云：

> 自從別後減容光，半是思郎半恨郎。欲識舊來雲髻樣，爲奴開取縷金箱。（全唐詩卷八〇二）

這首絕命詩愛恨交織，句句哀豔纏綿，其悲悽遭遇令人同情，痴心也令人動容。尤其作品明白表達內心深摯情韻的特質，與閨閣貴婦詩作的保守、平淡有相當大的差異。

㈢追悼年華或悲憐身世

隨著歲月流逝，容貌衰老是每個女人必然的生理現象，但秋扇見捐，色衰愛弛又是古代每個女子內心揮之不去的憂懼，尤其對以色事人的妓女而言，青春美麗逐漸消失，就是意味即將過著「門前冷落車馬稀」孤獨落寞的日子，因此妓女作品也常流露對年華消歇的感懷，如常浩「贈盧夫人」詩云：

> 佳人惜顏色，恐逐芳菲歇。日暮出畫堂，下階拜新月。拜月如有詞，傍人那得知？歸來投玉枕，始覺淚痕垂。（全唐詩卷八〇二）

拜月是唐代各階層婦女共有的風俗。宋金盈之《醉翁談錄》卷三曰：「俗傳齊國無鹽女，天下之至醜，因幼年拜月，後以德選入宮，帝未寵幸。上因賞月見之，姿色異常，卒愛幸之，因立為后，乃知女子拜月，有自來矣。」唐代詩人也有幾首描寫女子拜月的詩❻，而不論拜月的身分是貴婦良女或娼妓，她們一致目的都在祝禱自己的容輝能如新月般的清麗，以得男子之寵愛永不衰歇。常浩這首詩即將女子希冀藉由拜月以留住青春的心理基礎明白揭示出來，然而「歸來投玉枕，始覺淚痕垂」，可見拜月求妍只是傳說中的心理安慰罷了，事實上那能眞正挽住嬌美的容貌，消除她對年華老去的恐懼與悲哀呢？此詩對婦女心事、情感細膩的刻畫描寫，充分展現作品的寫實風格。

娼妓因不受既有禮教德範的約束箝制，因此其所作所爲亦較不受非議。從這一點看來她們的自由度似乎較常人廣大，其實她們所受的身、心痛苦與壓抑並不稍減，且反而更加難爲人道。她們的作品往往在表面浮華歡靡之後，隱藏著對平淡、平凡、平靜生活的企求。江淮間妓徐月英「叙懷」詩云：

> 爲失三從泣淚頻，此身何用處人倫。雖然日逐笙歌樂，長羨荆釵與布裙。（全唐詩卷八〇二）

墮入煙花才知風塵艱苦。妓女雖跳脫三從四德的藩籬，但這有什麼值得高興的呢？反而因無顏立足於人世間而使人泣淚頻頻。雖然衣著光鮮亮麗，然而日日笙歌作樂僅爲討喜歡場賓客。她寧願重返人倫枷鎖，就是如民女般只能頭插荆釵，身穿布裙也心甘情願。此詩短短四句卻直抒胸臆，不假造作的袒露妓女心聲，具有相當深刻的寫實精神。

妓女的悲哀在地位低賤，隨人擺佈，空有軀體卻無自主的靈魂。洛陽名妓崔紫雲在李愿將她送給杜牧，作「臨行獻李尚書」詩云：

> 從來學製斐然詩，不料霜臺御史知。忽見便教隨命去，戀恩腸斷出門時。（全唐詩卷八〇〇）

詩中紫雲仍有戀主之情，但妓女身價卑微如物，時時易主，在「忽見便教隨命去」時，縱然有萬般不願與難捨，也只得拭淚分別，然而誰知道會不會再有第二次，甚至第三次的腸斷出門時呢？詩中流露對自己身世的悲憐，也不免令人掬一把同情之淚。

貳、輕豔纖巧之宮體詠物

唐代詩人詠物篇什極多，內容更擴展至無物不詠。一般評詩者多認爲詠物之佳者非徒詠物，蓋借物有所託興，常意在言外，有所象徵或暗示，因此善詠者，寄興遙深，不善詠者則淪爲匠氣。《全唐詩》卷八〇二收錄宣城妓女史鳳七首詠物詩，內容分別如下：

迷香洞

洞口飛瓊佩羽霓，香風飄拂使人迷。自從邂逅芙蓉帳，不數桃花流水溪。

神雞枕

枕繪鴛鴦久與棲，新裁霧縠鬥神雞。與郎酣夢渾忘曉，雞亦留連不肯啼。

鎖蓮燈

燈鎖蓮花花照罍，翠鈿同醉楚臺巍。殘灰剔罷攜纖手，也勝金蓮送轍回。

鮫紅被

舷被當年僅禦寒，青樓慣染血猩紈。牙床舒卷鵷鸞共，正值窗櫺月一團。

傳香枕

韓壽香從何處傳，枕邊芳馥戀嬋娟。休疑粉黛加鋋刃，玉女旃檀侍佛前。

八分羊

党家風味足肥羊，綺閣留人漫較量。萬羊亦是男兒事，莫學狂夫取次嘗。

閉門羹

一豆聊供游冶郎，去時忙喚鎖倉琅。入門獨慕相如侶，欲撥瑤琴彈鳳凰。

史鳳並非專力作詩者，這七首作品產生之背景是她以賓客冶遊費的多寡，訂出不同等級狎樂的名目而已，因此除最後一首諷無金狎客，而以閉門羹待之外，其餘前六首無不極力誇張她的住處華麗之裝設或醉人情境，輕艷纖巧，有些詩意且甚深晦如謎，內容單調，興寄闕如，可說是純遊戲詠物之作，唯當中所載器物：如芙蓉帳、蓮燈、翠鈿、紈被、牙床等，略可窺見唐代妓女閨房之設。

《全唐詩》同卷八〇二另收錄平康名妓趙鸞鸞五首詠物詩。內容分別如下：

雲鬟

擾擾香雲溼未乾。鴉領蟬翼膩光寒。側邊斜插黃金鳳，妝罷夫君帶笑看。

柳眉

彎彎柳葉愁邊戲，湛湛菱花照處頻。嫵媚不煩螺子黛，春山畫出自精神。

檀口

銜杯微動櫻桃顆，咳唾輕飄茉莉香。曾見白家樊素口，瓠犀顆顆綴榴芳。

纖指

纖纖軟玉削春蔥，長在香羅翠袖中。昨日琵琶弦索上，分明滿甲染猩紅。

酥乳

粉香汗溼瑤琴軫，春逗酥融綿雨膏。浴罷檀郎捫弄處，靈華涼沁紫葡萄。

趙鸞鸞的閨房五詠，都在描寫女子容貌妝束與體態，雖鋪錦列綉，雕繢滿眼，頗具形象性，但皆纖巧旖旎，尤以末首更傷於輕靡，直與六朝色情宮體無異，尙且過之，毫無個性、格調可言。清、王夫之《薑齋詩話》對這一類作品評論說：

詠物詩齊梁始多有之，其標格高下，猶畫之有匠作，有士氣。徵故實，寫色澤，廣比譬，雖極鏤繪之工，皆匠氣也，又其卑下，餖湊成篇，謎也，非詩也。

史鳳與趙鸞鸞的詠物詩，題材狹隘，內容單調，僅極力雕飾而無發自心靈感受，這種興寄都無的作品，價値自必不高，但這也是她們受生活環境所侷限與才力不足的結果，見聞既不深廣又非專力作詩，因此作品自不能與薛濤、李冶、魚玄機之輩相侔了。

叁、詩格體式與字詞技巧

(一)詩格體式

關盼盼等妓作品的歌體類型，以五言、七言絕句爲最大宗，其次是律詩。除了這種講究用韻與平仄的近體詩外，也有類似樂府民歌的體式。如越妓劉採春「囉嗊曲」六首⑦云：

不喜秦淮水，生憎江上船。載兒夫婿去，經歲又經年。
借問東園柳，枯來得幾年。自無枝葉分，莫怨太陽偏。
莫作商人婦，金釵當卜錢。朝朝江口望，錯認幾人船。
那年離別日，只道住桐廬。桐廬人不見，今得廣州書。
昨日勝今日，今年老去年。黃河清有日，白髮黑無緣。
昨日北風寒，牽船浦裏安。潮來打纜斷，搖櫓始知難。（全唐詩卷八〇二）

此六篇用平白如話的口語，將江邊小兒女純眞情態描寫得十分有趣，節奏淸朗明亮，類似《樂府詩集》中清商曲辭之吳歌西曲。

唐妓作品裏還有句式參差之長短句。如韓翃妓妾柳氏爲番將沙吒利所劫，韓翃吟「章臺柳」言其失意之情，柳氏依式和答曰：

楊柳枝，芳菲節，可恨年年贈離別，一葉隨風忽報秋，縱使君來豈堪折。（全唐詩卷八〇〇，又複見卷八九九、詞部）

此首以三三七七七之句式表達，這種句型在唐人長短句中最爲多見。

異於前述之詩格體式而最爲獨特的是「回文詩體」。此一體裁首創於婦女，亦完備於婦女。朱存孝「回文類聚序」云：「自蘇伯玉妻盤中詩爲肇端，竇滔妻（即蘇蕙）作璇璣圖而大備。」

回文詩體的特性是可以反讀、橫讀、斜讀、交互讀、退一字讀、疊一字讀，甚至三言、四言、五言、七言皆可讀而成詩，構思愈精緻的回文詩，其讀法即愈繁複。此特性發揮極致，則可謂巧奪天工，璇璣縱橫。雖然這種詩體之技巧如同文字遊戲，但必欲各種讀法都文義流暢，且皆合格律，則甚爲不易。唐代婦女亦有回文詩作[8]，而《名媛詩歸》中，亦載有名妓薛仙姬的「迴文詩」四首，云：

花朵幾枝柔傍砌，柳絲千縷細搖風。霞明半嶺西斜日，月上孤村一樹松。

涼回翠鈿冰人冷，齒沁清風夏井寒。香篆裊風青縷縷，紙窗明月白團圓。

蘆雪覆汀秋水白，柳風凋樹晚山蒼。孤登客夢驚空館，獨雁征書寄遠鄉。

天凍雨寒朝閉戶，雪飛風冷夜關城。般紅炭火圍爐暖，淺碧茶甌注茗清。

四詩分別吟詠四季景色人情，詩旨清逸，而曲折成章，顛倒讀之，皆不離本旨，由此可見作者構思之精巧纖細。

㈡字詞技巧

唐妓詩篇固多通俗眞樸，含情見意，但也有不少匠心獨運之處，諸如將字句經過設計變化後，形成連綿、雙擬的對偶，或運用頂眞、典故、翻疊、象徵等之技巧，使作品具有形式美、聲律美，增加詩歌的強度、密度與情韻。以下分別舉例以觀：

①連綿對：又稱連珠對。

△如常浩「寄遠」：

可憐熒熒玉鏡臺，塵飛幕幕幾時開。

「熒熒」、「幕幕」連綿對偶，凸顯出光亮的鏡面被層層飛塵所覆蓋的情景。

△又如趙鸞鸞「柳眉」：

彎彎柳葉愁邊戲，湛湛菱花照處頻。

「彎彎」、「湛湛」連綿對偶，將其眉形畫出彎如柳葉之形狀，並拿起厚重菱鏡，前後照映的行爲，作一生動描摹。

②雙擬對：

△如劉採春「囉嗊曲」之五：

昨日勝今日，今年老去年。

用同一「日」、「年」字，再冠以現在、過去不同時間的對比，呈顯青春年華匆匆流逝的情景。

△又如盛小叢「突厥三臺」：

雁門山上雁初飛，馬邑闌中馬正肥。

用兩個地名（雁門、馬邑闌）與兩種動物（雁、馬）同名的巧合，寫出邊境大戰前夕之典型環境。

③頂眞格：

△如劉採春「囉嗊曲」之四：

那年離別日，只道住桐廬，桐廬人不見，今得廣州書。

第三句首二字踵接第二句末二字，重複「桐廬」字眼，以傳達商婦之夫遠到之地，強調兩人相隔之遙遠。

△又如張窈窕「成都即事」：

昨日賣衣裳，今日賣衣裳，衣裳渾賣盡，羞見嫁時箱，有賣愁乃緩，無時心轉傷。

由重複「衣裳」與疊敘賣衣行爲中，將貧女藉此以維生計的窮困形象，描繪得纖明畢現。

④翻疊：即運用翻筆產生新意，並藉由與前情或常理的逆折，形成「反常合道」的詩趣❾。

△如襄陽妓「送武補闕」：

無限煙花不留意，忽教芳草怨王孫。（全唐詩卷八〇二）

就因為春天豔麗的景色無限，所以王孫能恁情隨意，這句作者顯然在暗中埋怨，然而下句卻以「忍教」二字翻了前情，讀者可從其三分矛盾中，見得七分情意，盈斥著愛恨交集，欲割難捨。

△又如劉採春「囉嗊曲」六首：

不喜秦淮水，生憎江上船。載兒夫婿去，經歲又經年。（其一）

昨日勝今日，今年老去年。黃河清有日，白髮黑無緣。（其五）

詩的主旨在恨別、恨人，但首二句卻寫她不喜秦淮水，憎惡江上船，這恨似乎無理，然而就因這種不合情理的誇張，才愈聳動讀者耳目，原來她是怨從商的夫婿經年累月不歸，但藉由「反常合道」的這兩句，卻把商婦的怨情揭示得更加深刻。第二首言時光流逝，卻以黃河尚可清來反襯白髮不再黑，誇張青春之不可挽回，使人深深同情商婦的命運。這些含蓄委婉的寫作手法，能使作品生動而有新味。

⑤用典：在《全唐詩》卷八〇二所收錄諸妓的作品中，最常見用的是與司馬相如有關的典故。

△如楊萊兒素與趙光遠相昵，趙於贈詩中有「魚鑰獸環斜掩門，萋萋芳草憶王孫」之句，萊兒和答云：

長者車塵每到門，長卿非慕卓王孫。

運用司馬相如施計，使富人卓王孫備席召宴，自貴身價，又以琴挑其新寡愛女卓文君的典故⑩，說明她所愛慕的不是如卓王孫般的財富，而是趙光遠有司馬相如般雍容閒雅的風采與浪漫才情。

△再如史鳳「閉門羹」：

入門獨慕相如侶，欲撥瑤琴彈鳳凰。

所用的仍是司馬相如琴挑卓文君風流浪漫的典故，但在此則反意以譏諷自己不喜歡的遊冶郎，休想也像相如般僅撥瑤琴，即欲達到和她鳳凰于飛的目的。

△此外，張窈窕「寄故人」：

淡淡春風花落時，不堪愁望更相思。無金可買長門賦，有恨空吟團扇詩。⑪

△王福娘「題孫棨詩後」：

苦把文章邀勸人，吟看好箇語言新。雖然不及相如賦，也直黃金一二斤。

二詩皆用司馬相如受陳皇后黃金百斤，作「長門賦」使其復得寵幸的典故⑫，前者藉以表達無錢買如長門賦般情意纏綿的文章，因此得幸亦無門的怨思；後者則於孫棨題贈詩後，自吟一詩以誇讚作品雖不如長門賦之珍貴，但至少價值也有一二斤。

除了常用與司馬相如有關的典故外，也有用蔡文姬之典故者。

△如舞柘枝妓⑬「獻李觀察」詩：

湘江舞罷忽成悲，便脫蠻靴出絳帷。誰是蔡邕琴酒客，魏公懷舊嫁文姬。

援引曹操嫁友人蔡邕之女文姬之典故⑭，答謝李翺垂憐，爲其擇人而嫁的感念。

△還有用巫山神女之典故者，如蓮花妓「獻陳陶處士」：

蓮花爲號玉爲腮，珍重尚書遣妾來。處士不生巫峽夢，虛勞神女下陽臺。

反用宋玉「高唐賦」中，楚襄王與巫山神女歡喜豔遇典故⑮，而陳陶卻不領風情，蓮花妓隱約有怨懟之意。

⑥象徵：這是比喻的一種，借由事物的表象或特質，喚起吾人聯想其另一層暗示的意義。唐妓詩歌多以抒情爲主調，因此常用淒迷歷亂的景物來比喻或象徵心意情境。

△如成都官妓灼灼「春愁」詩云：

自有春愁正斷魂，不堪芳草思王孫。

以春天芳草的茂盛淒迷，像排解不開、歷亂難整的愁霧，隱喻愁思之纏綿糾雜，意象與情景反覆交疊，造成悽惻之美。

此外，唐妓也很喜歡用牽人的柳絲，狂飄的柳絮，象徵令人黯然神傷的離情別意⑯。典型的例子是韓翃的「章臺柳」與柳氏的「楊柳枝」。在這兩首詩中，「柳」除了是植物之名外，還是這位柳姓妓妾的雙關隱語。韓翃在妓妾被蕃將劫持的極度失意下，竟對柳氏流露不滿之情，起首三字「章臺柳」，續接「縱使長條似舊垂，也應攀折他人手」，嫉怨之情，溢於言表。而柳氏處在這悲哀不自主的情況下，不得不爲自己作一辯護「楊柳枝，芳菲節，可恨年年贈離別」，自己的命運不就正如無依無靠的楊花柳絮，隨風飄拂，空惹得春日惆悵嗎？

楊柳不但伴隨著離人，也「半留相送半迎歸」（李商隱「離亭賦得折楊柳詩」），因此它既成爲象徵多情的「惜別」，也同時代表著無情的「離別」。當韋蟾罷任鄂州觀察使，在賓僚祖餞時，他將《文選》中「悲莫悲兮生別離」、「登山臨水送將歸」⓱二句集成聯語，除感念賓僚祖餞的熱情，也表達其依依不捨別意，並請坐客續詩，筵中有妓續曰：

武昌無限新栽柳，不見楊花撲面飛。（全唐詩卷八〇二）

以「新栽柳」尙飛花撲人，情意依依，座中故人又豈能無動於衷？況且亂飛的楊花也有春歸之意，而「才始送春歸，又送君歸去」，這種難堪與悲傷是加倍的。

武昌妓在所續的句中，以「武昌」、「新柳」、「楊花」等字眼，不僅點明地點、時間、環境，而且渲染氣氛，使讀者即景體味當筵者的心情，將不盡之意，復見於言外，尤其以千絲萬縷的柳條和漫天飛撲的楊花，既描繪出滿城迷濛的春景，也象徵其不捨離情，可見武昌妓匠心之巧妙。

注釋

❶ 如謝无量《中國婦女文學史》、譚正璧《中國女性的文學生活》、陶秋英《中國婦女與文學》等等，都曾大略提及唐代娼妓的詩歌作品。

❷ 如張慧娟「唐代女詩人研究」文化六十七年中研碩文，嚴紀華「全唐詩婦女詩歌之內容分析」政大七十年中研碩文等，論文的部分內容介紹及唐代娼妓作品。

③ 如周燕謀「女妓薛濤的藝文及其故居」，《藝文志》五期。陳恆昇「評唐代校書代表作家—薛濤」，台北《暢流》三十八卷六期。毛一波「女詩人薛濤」，《東方雜誌復刊》十九卷二期。張仁青「唐代詩壇兩紅顏薛濤與魚玄機」《國文天地》一九八八年三月。陳恆昇「評唐代女冠代表作家魚玄機」，台北《暢流》三十七卷十一期。蘇者聰「論唐代女詩人魚玄機」《武漢大學學報》社會科學版一九八五年五期，以上所論皆集中於薛濤與魚玄機二人，並可參見。

④ 蘇軾「永遇樂」詞下小文云：「彭城夜宿燕子樓，夢盼盼，因作此詞。」

⑤ 見《全唐詩》卷八〇二，漢南妓韓襄客之詩句。

⑥ 如李端（一作耿偉詩）「拜新月」詩：「開簾見新月，便即下階拜。細語人不聞，北風吹裙帶。」見《全唐詩》卷二八六。又戶部侍郎吉中孚妻張氏「拜新月」詩云：「……拜新月，拜月妝樓上，鸞鏡未安臺，蛾眉已相向。拜新月，拜月不勝情。庭前風露清，月臨人自老，望月更長生。東家阿母亦拜月，一拜一悲聲斷絕。昔年拜月逞容儀，如今拜月雙淚垂。回看衆女拜新月，卻憶紅閨年少時。」見《全唐詩》卷七九九。兩首具可見唐代婦女拜月之風俗，尤其後首更明白揭示婦女拜新月風俗的心理基礎。

⑦ 囉嗊曲即「望夫歌」。根據范攄《雲溪友議》卷下「豔陽詞」條云：「採春所唱一百二十首，皆當代才子所作」，據此則囉嗊曲為當代才子所作，而由採春所唱。但《全唐詩》卷八〇二則收為採春之詩六首。

⑧ 《全唐詩》卷七九九載張揆為邊將，防戎，十餘年不歸。妻侯氏作迴文詩一首，繡成龜形，惟不知讀法為何。另外，王勃「璧鑑圖序」曾言唐一姓氏失佚不傳的婦人作「璧鑑圖詩」，麗藻縈迴，反複可讀。如：「……地等天規，延年益壽，代變時移，筌簡等義，繪綵分詞」，可反讀為「詞分綵繪，義等簡筌，移時變代，壽益年延，規天等地……」見謝无量《中國婦女文學史》。

⑨ 「翻疊」之詮釋，參見黃永武《中國詩學》「鑑賞篇」—作品的詩境（乙）從詩的形式上欣賞之

三。及《中國詩學—設計篇》「反常合道與詩趣」。

⑩ 見司馬遷《史記》卷一一七「司馬相如列傳」。

⑪ 此詩或作杜羔妻之詩。但《全唐詩》將此收於卷八〇二妓女詩歌部分。

⑫ 見《昭明文選》卷十六司馬相如「長門賦序」。

⑬ 《全唐詩》卷八〇二舞柘枝女下小註：舞柘枝女，韋應物愛姬所生也。流落潭州，委身樂部，李翺見而憐之，於賓僚中選士嫁焉。

⑭ 見《後漢書》卷一一四「列女傳、董祀妻傳」。

⑮ 見《昭明文選》卷十九宋玉「高唐賦」。

⑯ 楊柳的象徵意義，可參見黃永武《中國詩學—思想篇》「中國詩人眼中的植物世界」第二節。

⑰ 韋蟾事見《太平廣記》卷二七三引「抒情詩」，而「悲莫悲兮生別離」之句，出自屈原「九歌、少司命」；「登山臨水（兮）送將歸」之句則出自宋玉「九辯」。

第二節　薛濤之詩作特色分析

薛濤以宦家女流入樂籍，韋皋召令侍酒賦詩，所憑藉的不是她美豔的外表，而是她實質的內涵與過人的才情；就是她在歷事十一鎮西川節度使時，也以其詩名贏得男性社會的重視。因此據傳韋皋（一說武元衡）曾欲奏請朝廷賜薛濤爲「校書」之舉，雖然封號之事未果，但西蜀稱妓爲「校書」則自薛濤始❶。後王建（一作胡曾）贈詩曰：「萬里橋邊女校書，枇杷花裏閉門居。掃眉才子知多少，管領春風總不如。」（寄蜀中薛濤校書）❷對她的詩才相當推重，另外，《郡齋讀書志》引李肇的話說：「樂妓而工詩者，濤亦文妖也」、《宣和書譜》也說薛濤「以詩名當時，雖失身卑下而有林下風致」。不論稱薛濤是「文妖」也好，或說她閒雅超逸，有如東晉才女謝道蘊也罷，薛濤的詩才都是深受肯定的。

壹、揚而不媚與深情寬慰之酬唱詩

薛濤的詩作相傳有五百首。《郡齋讀書志》著錄其「錦江集」五卷，《全唐詩》除以「四友贊」非詩不錄，「贈楊蘊中」爲鬼詩入附錄，另自《唐音統籤》、《吟窗雜錄》等舊籍裏取詩八首補入，共得詩八十八首❸，可見其作品已亡佚不少。

薛濤從貞元到寶曆這段時期，由於詩才艷名四播，直動京師，與她往來的名流俊秀也多達二十餘人，因此在現存薛濤作品中，酬唱、應和、贈答的詩篇佔了相當大的比例與重要地位。這些作品多以頌揚爲意，但出語自然，稱合身分，高秀而不帶媚氣。如「酬祝十三秀才」詩云：

> 浩思藍山玉彩寒，冰囊敲碎楚金盤。詩家利器馳聲久，何用春闈榜下看。（全唐詩卷八〇三）

用藍山彩玉、金盤冰囊❹，贊美祝十三秀才藻思之華美清麗，並以「詩家利器馳聲久」稱許其必高中科舉。

又如「贈蘇十三中丞」詩云：

洛陽陌上埋輪氣，欲逐秋空擊隼飛。今日芝泥檢徵詔，別須臺外振霜威。（全唐詩卷八〇三）

以東漢張綱彈劾將軍梁冀之事❺，期許蘇十三中丞也能提振御史臺之威嚴。

其他如「和郭員外題萬里橋」詩：「細侯風韻兼前事，不止爲舟也作霖」，贊揚郭員外有郭伋之風韻與濟世之才❻；又「酬李校書」詩：「才遊象外身雖遠，……空瞻逸翮舞青雲」，以美李校書超脫於世事之外，展翅高飛，青雲直上；而「贈段校書」詩，以「玄成莫便驕名譽，文采風流定不如」之句，推重段文昌比西漢之韋玄成更具有翩翩文采❼；又如「和李書記席上見贈」詩，也以「翩翩射策東堂秀」譽其文采風流；另外，「送扶鍊師」詩以「山陰妙術」贊之，而「酬杜舍人」則以「揲手新詩片片霞」稱其書信之華美。

在薛濤三、四十首的酬唱贈答詩中，僅上蜀帥的詩就有十幾首，雖仍意在頌揚，但其事皆可徵驗史籍，因此無諂媚之失。如「賊平後上高相公」詩云：

驚看天地白荒荒，瞥見青山舊夕陽。始信大威能照映，由來日月借生光。（全唐詩卷八〇三）

此詩乃在稱頌西川節度使高崇文率驍勇士卒，討平亂賊劉闢之亂❽，尤其詩末二句極言高相公的威嚴照映大地，連日月也借以生光，對他能使百姓回復安居生活，贊揚備至。全詩「開口自然挺正，而有光融拓落之氣」（鍾惺《名媛詩歸》），將此詩持與高崇文之勳業相比而觀，確是實言而非溢美之詞。

又如「上王尚書」詩云：

> 碧玉雙幢白玉郎，初辭天帝下扶桑。手持雲篆題新榜，十萬人家春日長。（全唐詩卷八〇三）

此詩借尚書所用華美之儀仗、使印，贊揚從元和十三年至長慶元年，曾任成都尹、劍南西川節度使的禮部尚書王播能輔佐天子，治理朝政[9]，詩末「十萬人家春日長」雖屬恭頌之詞，卻逸動而不帶媚氣。

其他如「續嘉陵驛詩獻武相國」詩：

> 蜀門西更上青天，強爲公歌蜀國弦。卓氏長卿稱士女，錦江玉壘獻山川。（全唐詩卷八〇三）

稱贊蜀地士女之才與山川之美，以安慰武元衡在其「題嘉陵驛」詩中，對蜀地煙雨迷濛、道路艱難的孤寂心情[10]，而如此品隲，氣質森挺，不論評者受者，俱不愧矣。

薛濤雖以高級藝妓之身分，周旋於達官貴人之中，但陪侍權臣高官四處遊歷，仍是不免的職責，有時也有力不從心之感，如「段相國遊武擔寺病不能從題寄」一詩云：「消瘦翻堪見令公，落花無那恨東風。儂心猶道青春在，羞看飛蓬石鏡中」，流露如落花飄零的消瘦身軀，無法陪侍在旁的無奈與悲淒。而儘管薛濤在當時見重於幕府，為詩人名士所傾慕，但她畢竟只是地位卑下的樂妓，因此若觸怒當道，仍不免被斥罰之誡，「罰赴邊有懷上韋令公（一作上元相公）二首」與「罰赴邊上武相公二首」，殆為此情況下的作品，其中後首詩云：

螢在荒蕪月在天，螢飛豈到月輪邊。重光萬里應相照，目斷雲霄信不傳。

按轡嶺頭寒復寒，微風細雨徹心肝。但得放兒歸舍去，山水屏風永不看。（全唐詩卷八〇三）

這首詩以螢比己，以月喻武元衡，表達自己被貶斥到荒蕪之地後，一個脆弱的女子難耐寒嶺按轡獨行與微風細雨痛徹心肝的淒冷，因此運用本指日月，亦指帝王功德的「重光」之詞，在贊揚武元衡之餘，也為自己乞憐，盼禱他能開恩赦還，態度謙恭，哀哀怨訴，楚楚可憐，篇什中卻不見怨字恨語之出現。

中國女詩人的作品向以抒情為主流，與人唱和酬贈的篇什也常出現女性的相思別情。薛濤「送友人」一詩向來為人所傳誦，被譽為可與唐才子們競雄的名篇，在清新調婉中，蘊藉無限情感。詩云：

水國蒹葭夜有霜，月寒山色共蒼蒼。誰言千里自今夕？離夢杳如關塞長。（全唐詩卷八〇三）

前二句寫秋季別浦晚景。作者登山臨水，既見到水國蒹葭夜有霜，也看到月照山前明如霜，這一蒹葭與山色共蒼蒼的景象，渲染了相送時的淒情，尤其此處不盡寫景，句中還暗用《詩經》「秦風、蒹葭」篇的詩意：「所謂伊人，在水一方，溯洄從之，道阻且長；溯游從之，宛在水中央」以表達對友人遠去，思而不見的懷戀情緒。這種節用詩經字句而兼包全篇詩意的手法，大大的深厚作品內涵。

第三句「千里自今夕」一語，使人聯想到李益「千里佳期一時休」（寫情）的名句，從而體會作者無限的深情與遺憾，但加上「誰言」二字，似乎要一反那遺憾之意，意味著「海內存知己，天涯若比鄰」（王勃「送杜少甫之任蜀州」），可以「隔千里兮共明月」（謝莊「月賦」），是一種朋友知己間互相慰勉的語調，這與前兩句的隱含離情傷別，構成一個曲折，表現其相思情意之執著。

從末句「關塞」一詞，可知友人此次是遠赴邊關，兩人再見一面自然是很不容易了，除非相遇在夢中，但是美夢也不易求得呀！而「關路長」使夢魂難以度越，已不堪迢遞之苦，更何況「離夢杳如」，連夢也遙遠不至？一句之中，層層曲折，將思念長情推向最高潮，將此句苦語與第三句的慰勉相對而觀，又是一大曲折。

全詩清楚可見作者先作苦語，繼而寬解，寬而復緊的謀篇技巧，使此詩呈顯「首尾相銜，開闔盡變」（《藝概》「詩概」）的特色。尤其化用名篇成語，使讀者感受更豐富，詩意也層層推進，處處曲折而愈轉愈深，可謂兼有委曲、含蓄的特點。作者用語既能不著痕跡的翻新，娓娓道來，不事藻繪，便顯得「清」；而於蕞爾短篇蘊藏深情，得吞吐之法，又顯得「空」，清空與質實相對立，卻與充實無矛盾，故特別耐人玩味，徐用吾評此篇云：

情景亦自穠豔，卻無脂粉氣，雖不能律以初盛門逕，然亦妓中翹楚也。（《唐詩選脈會通評林》）

周珽亦曰：

征途萬里，莫如關塞夢魂無阻，今夕似之，非深於離愁者，孰能道焉。（《唐詩選脈會通評林》）

鍾惺亦云：

淺淺語，幻入深意，此不獨意態淡宕也。（《名媛詩歸》）

都是對此詩語淺情深，調婉神秀的風格贊譽有加。

再如「送盧員外」詩云：

玉壘山前風雪夜，錦官城外別離魂。信陵公子如相問，長向夷門感舊恩。（全唐詩卷八〇三）

前二句寫景寓情，風雪夜而別離魂，愁緒之深沈自見。末二句用侯嬴見知於信陵公子，爲之籌劃而後自刎報恩之事，比擬她與盧員外知遇之情。吟詠全詩似弔古詠懷，用於送贈，別有高樸古靜之風格，可謂大手筆。

其他如「贈韋校書」詩：「澹地鮮風將綺思，飄花散蕊媚青天」之句，或「和李書記席上見贈」詩云：「豈復相逢豁寸心」等語，皆非眞相知不能道，非深於情者亦不能道，可見薛濤用心之深細。

從以上薛濤與賓客名士應答送別詩裏，似乎可見她對每一位所流露的情感不分軒輊，但這些情意的表現卻都和她的身分隱隱相合。因爲薛濤周旋於交際場合，社會地位極爲特殊，男性看待她們往往介於朋友與妻子之間，他們可以酬志歡答，宛若知心朋友，也可以親暱纏綿，好比雙飛伴侶，但卻又不是永久相隨，一人獨占式的情人，因此她的作品雖然時而流露深長情意，但這種並不同於男女相愛的戀情，只是朋友知己間互相寬慰或懷想的情感罷了，而且在薛濤的生活裏，也鮮有過深深鍾情如李冶、魚玄機者，因此作品中自然沒有像李、魚二人寄贈他人詩時的呢噥情語。

貳、託諷寄意與巧構形似之景物詩

薛濤之寫景詠物詩約有三、四十首。詳審此類作品可發現寫作上二大特色：㈠吟詠景物，託諷寄意。㈡巧構形似，寫物體志。其中尤以第一項的寫作旨意，更是唐代娼妓作品所少見，特別呈顯薛濤之卓識與慧心。茲就二者詳爲剖析。

㈠吟詠景物，託諷寄意

「籌邊樓」一詩是薛濤關懷時事的政治諷諭詩，此詩之寫作動機與當時邊地時局的變化有密切而深遠的關係。籌邊樓在成都西郊，是文宗大和四年，李德裕任劍南西川節度使時所建，西川南和南詔，西與吐蕃接壤。根據《資治通鑑》卷二四四，「唐紀六十」云：「西川節度使郭釗以疾求代，冬，十月，戊申，以義成節度使李德裕爲西川節度使。蜀自南詔入寇，一方殘弊，郭釗多病，未暇完補。德裕至鎭，作籌邊樓，圖蜀地形，南入南詔，西達吐蕃。日召老於軍旅，習邊事者，雖走卒蠻夷無所間，訪以山川、城邑、道路險易，廣狹遠近。未踰月，皆若身嘗涉歷。」可見李德裕建此樓，不僅供登覽之用，而是與軍事有關。在他的任內，收復過被吐蕃占據的維州城，西川地方一直很安定。大和六年十一月，李德裕調任離蜀，此後邊疆糾紛又起，吐蕃不斷侵擾。詩中的「羌族」即指吐蕃而言。這種局面的形成，原因雖然很複雜，但從薛濤此詩，以及可以與此互相印證的類似歷史記載看來，則軍吏搶奪羌族馬匹，是引起糾紛的導火線，因爲羌地所產的馬是有名的。

就在此背景下，薛濤感慨時事，奮筆作詩云：

> 平臨雲鳥八窗秋，壯壓西川四十州。諸將莫貪羌族馬，最高層處見邊頭。（全唐詩卷八〇三）

首二句采用景物襯托、環境氣氛渲染的手法，說「平臨雲鳥」，則樓之崇高可想，說「八窗秋」，則天曠氣清，四望無際的情景可見，次句著一「壯」字，點明籌邊樓據西川首府形勝之地。這兩句不但寫得氣象萬千，而且連李德裕當時建樓的用意，作者百端交集的今昔之感都包孕於其中，從此就激出後兩句寓嚴正譴責于沈痛慨歎的話：由於將軍們眼光短淺，貪婪掠奪，引來羌族之入侵，而羌族入侵，他們又沒有抗禦的能力，以至連這西川的首府成都受到戰爭的威脅，這種邊事日非，疆界日蹙的慨歎不是形象的誇張描繪，而是平實的歷史叙述。

詩以「最高層處見邊頭」作結，這「高」與「見」和首句的「平臨雲鳥」遙相呼應；而「見邊頭」則和次句「壯壓西川」是鮮明的對照。意思是這座巍峨屹立的高樓，它曾是全蜀政治軍事的重心，成爲西川制高點的象徵；而今時移事異，登樓便能看到邊地的烽火了。通過如此的對照，西川地區今昔形勢之變化，朝廷用人之得失，都從這座具有特定歷史意義的建築物裏集中地表現出來，而作者撫時感事，憂慮思遠的心情亦猶如杜甫所云「西蜀地形天下險，安危還仗出群才」（諸將）之意。另外，從句法上來說，「諸將」句突然一轉，和上文似乎脫節，但本句又一筆兜回，仍然歸結到籌邊樓，說的仍是登樓眺覽，眞是硬語盤空，力透紙背。

在唐代娼妓詩人中，以薛濤、李冶和魚玄機三人最爲著名。她們同樣活躍在詩壇上，和當時一些大詩人都有唱酬交往；就身世經歷而言，她們也有某些相似之處，然而三人的詩歌作品，則是各有特色，是不能一概而論的。在薛濤的某些抒情小詩中，確有一定的思想深度，不僅以清詞麗句見長，尤其在動亂不寧的中唐年代裏，她關懷時局，吟諷政治，並沒有僻居在枇杷巷這清幽的小天地裏，將自己和現實隔絕開來，因此詩作中慷慨高昂的聲調也是李冶、魚玄機作品中所絕無的，當然這也許和薛濤有較多的邊地生活體驗有關。韋皋鎮蜀時，她以高等歌妓兼女秘書的特殊身分出入幕府之中，人們總以爲這只供玩賞的花瓶，一直陳設在節度使華麗的廳堂裏，但現存薛濤詩中，有四首是她被罰赴邊上蜀帥的詩，描寫邊地生活之苦頗具特殊風味，其中「罰赴邊有懷上韋令公」詩二首[11]云：

聞道邊城苦，而今到始知。羞將門下曲，唱與隴頭兒。

點虜猶違命，烽煙直北愁。卻教嚴遣妾，不敢向松州。（全唐詩卷八〇三）

這是對在艱苦環境中防守邊地戰士的深刻同情，也是對達官貴人燈紅酒綠的腐朽生活之嚴正譴責。明人楊愼謂此詩：

有諷諭而不露，得詩人之妙。使李白見之，亦當叩首；元、白流紛紛停筆，不亦宜

乎！（《升庵詩話》卷一四）

此語不免過分誇飾，而淸人紀昀說：

> 濤送友人及題竹郎廟詩，爲向來傳誦。然如籌邊樓詩……其託意深遠，有「魯嫠不恤緯，漆室女坐嘯」之思，非尋常裙屐所及，宜其名重一時。（《四庫全書總目提要》）

此評則較爲允當。然而姑且不強分這些詩作的高下，這種蘊藉深厚的作品，在封建社會的女詩人－特別像薛濤這一類型的女詩人中，確實是不可多得的，因此「罰赴邊有懷上韋令公」詩與「籌邊樓」可說是薛濤絕句中的雙璧，兩者在藝術上各有特色，但它們所表現作者的思想情感，則是息息相通，可以互相印證的。

「十離詩」也是借物以託諷寄意的作品。與前詩不同的是：十離詩都在通過對各種物體與原依靠處所分離之諷詠，以表明己志，盼能重得主人之愛憐。這十首組詩是否爲薛濤所作，歷來之聚訟最爲紛紜，後人多根據《唐摭言》與《唐詩紀事》之資料，以爲十離詩非薛濤作品，但《唐摭言》所記，據五代王定保自述大都聞之他人，而且卷中引詩之作者又有張冠李戴之失⑫，因此其說亦不可信。殊值得注意的是：一九五八年在日本所發現刻本是日本享和三年（一八〇三），江戶昌平坂學問所依宋版翻刻本影印的韋莊「又玄集」裏載有薛濤「犬離主」詩。韋莊生於開成元年，乾寧元年進士及第，曾居浣花溪，而薛濤亦曾居該地，韋莊既距薛濤下世未久，因此韋莊所見之詩，得自薛濤同時人之可能性較大，他的記載也比後周顯德年間成書之《唐摭言》與明嘉定鋟刻之《唐詩紀事》可信多了。因此，「十離詩」應是薛濤的作品。

薛濤之十離詩爲十首七絕組詩，各有子題，分別是：

犬離主

馴擾朱門四五年。毛香足淨主人憐。無端咬著親情客。不得紅絲毯上眠。

筆離手

越管宣毫始稱情。紅箋紙上撒花瓊。都緣用久鋒頭盡。不得羲之手裏擎。

馬離廐

雪耳紅毛淺碧蹄。追風曾到日東西。爲驚玉貌郎君墜。不得華軒更一嘶。

鸚鵡離籠

隴西獨自一孤身。飛去飛來上錦茵。都緣出語無方便，不得籠中再喚人。

燕離巢

出入朱門未忍拋，主人常愛語交交。銜泥穢污珊瑚枕。不得梁間更壘巢。

珠離掌

皎潔圓門內外通。清光似照水晶宮。都緣一點瑕相穢。不得終宵在掌中。

魚離池

跳躍蓮池四五秋。常搖朱尾弄綸鉤。無端擺斷芙蓉朵。不得清波更一遊。

鷹離鞲

爪利如鋒眼似鈴。平原捉兔稱高情。無端竄向青雲外。不得君王臂上擎。

竹離亭

蓊鬱新栽四五行。常將勁節負秋霜。爲緣春筍鑽牆破。不得垂陰覆玉堂。

鏡離臺

鑄瀉黃金鏡始開。初生三五月裴回。爲遭無限塵蒙蔽。不得華堂上玉臺。

這十首離詩之內涵循一固定模式，即每首四句，第一、二句敘述某物之珍異與價值，此乃贏得主人珍愛之因，第三句則言之所以干犯過失之由，是爲全詩之轉捩點，而每首第三句重複使用「無端」、「都緣」、「爲緣」、「爲遭」等近似無辜的語詞連接第四句「不得」主人歡心，悔歉自此失去寵愛，予人無限憐憫與同情。這些尋常之物在薛濤伶俐才思與流暢文筆下，都被重新建立起一個尖新生動的外貌，透過這些物品的吟詠，也爲她的無意過失作了一個楚楚可憐，合情達理的解釋，可謂喻意設諷，首首翻案，鍾惺《名媛詩歸》云：

十離詩有引躬自責者，有歸咎他人者，有擬議情好者，有直陳過端者，有微寄諷刺者，皆情到至處，一往而就，非才人女人不能。蓋女人善想，才人善達故也。

對薛濤妙於借各種不同之物的吟詠，以達到抒發其內心悔恨感慨之技巧，給予肯定與贊美。

㈡巧構形似，寫物體志

一般詠物詩所具備的細膩摹寫與形象鮮明等，在薛濤這類詩裏是十分普遍的現象。例如：

風

獵蕙微風遠，飄弦唳一聲。（聲音）林梢鳴淅瀝，松徑夜淒清。（全唐詩卷八〇三）

月

魄依鉤樣小，扇逐漢機團。（形狀）細影將圓質，人間幾處看。（全唐詩卷八〇三）

蟬

露滌清音遠，風吹數葉齊。（聲音）聲聲似相接，各在一枝棲。（全唐詩卷八〇三）

詠八十一顆

色比丹霞朝日（顏色），形如合浦圓璫（形狀）。開時九九如數（數目），見處雙雙頡頏（姿態）。（全唐詩卷八〇三）

金燈花

闌邊不見蘘蘘葉，砌下惟翻豔豔叢（顏色）。細視欲將何物比，曉霞初疊赤城宮。（全唐詩卷八〇三）

和劉賓客玉蕣

瓊枝的皪露珊珊（顏色），欲折如披玉彩寒。閑拂朱房何所似，緣山偏映月輪殘。（全唐詩卷八〇三）

在上述諸詩中，薛濤將各物之形象生動地展現於詩句中，具體描繪其形狀、聲音、顏色、數目、姿態等等，手法細膩，眞切合宜，在修辭設色與鍛句鍊字上，展現快直鋪露的美感。

然而薛濤詠物詩最大的特色，除描「形」體「物」外，更能詠「志」留「神」，細心地注意到物理與人情的相互關切，牽起無限的情思。例如

池上雙鳥

雙棲綠池上，朝暮共飛還。更憶將雛日，同心蓮葉間。（全唐詩卷八〇三）

鴛鴦草

綠英滿香砌，兩兩鴛鴦小。但娛春日長，不管秋風早。（全唐詩卷八〇三）

由動植物「兩兩」、「雙棲」的情態，流露對人間男女亦能雙雙對對的企盼之情，這是借景物以抒情懷的含蓄手法。

同樣採用隱藏委婉的寫作方式，在「酬人雨後玩竹」中更明顯地表現出來。詩云：

南天春雨時，那鑒雪霜姿。眾類亦云茂，虛心寧自持。多留晉賢醉，早伴舜妃悲。晚歲復能賞，蒼蒼勁節奇。（全唐詩卷八〇三）

既詠出竹子中通外直之「形」，也道出霜雪中蒼蒼勁節之「神」，可謂善於體貼物理，而詩中所披露之操守抱負，又似乎可見作者之身影在。

再如「柳絮」詩云：

二月楊花輕復微，春風搖蕩惹人衣。他家本是無情物，一向南飛又北飛。（全唐詩卷八〇三）

將輕細柳絮在春風吹拂下，聽憑四處飛揚的形象，生動活現於詩中，然而沈吟之後，讓人發覺薛濤是否有意把這任意飄飛的柳絮一反形容女人的常例，而用之以比喻無情男子的朝三暮四呢？詩寫得含蓄婉曲，但讀者品味想像的空間卻因而擴大不少，增添詩的廣度與深度。

以上薛濤這幾首詠物詩，都借由對外物形貌的精細摹寫，進一步達到人情物象繁複含意的工巧，使作品同時兼具「狀溢目前」與「情在詞外」的秀、隱之美⓭。

至於薛濤其他的寫景詩，如「題竹郎廟」：「竹郎廟前多古木，夕陽沈沈山更綠」、「斛石山書事」：「今日忽登虛境望，步搖冠翠一千峰」，雖不爲繁飾，卻可見勾勒，遠山近景，盡收筆底，予人朗曠之感。另外，「秋泉」：「冷色初澄一帶煙，幽聲遙瀉十絲弦」，詩意尤極清冷幽爽之妙。而「江月樓」：「垂虹納納卧譙門，雉堞眈眈俯漁艇」句，則風物流利；其他數首寫溪頭小景者，如「海棠溪」、「採蓮舟」、「菱荇沼」等等，皆細心明眼，觀物有妙會，又堪稱妍秀絕倫了。於是始知《宣和書譜》云薛濤之「詞翰一出，則人爭傳以爲玩」之語，並非溢美之詞。

叁、擅長七絕，精於徵事引詞

現存薛濤近九十首的作品中，除「詠八十一顆」是唯一的六言詩外，其他詩作尚有五絕、五律、七絕、七律等形式，此中尤以薛濤最擅長的七言絕句爲數最多。每首七絕的篇幅雖然有限，但形神情意具盡於筆端，如衆所矚目的「送友人」一詩，在這首短短的七言絕句中，有議論，有感慨；有敘述，有描寫；有動蕩開闔，有含蓄頓挫，不但是娼妓作品中少見，簡直可與中唐白居易新樂府裏的「西涼伎」一詩相互媲美。

胡應麟「論唐人絕句」有云：「盛唐絕句，興象玲瓏，句意深婉，無工可見，無迹可尋。中唐遽減風神，晚唐大露筋骨。」（《詩藪》內編），若單就不同時期之藝術風貌而言，這話是有一定道理的；然而我們也應該看到：中晚唐絕句之所以不同於初盛唐，往往是由於題材的擴大，內容的加深；作者們在運用此一詩歌形式時，已不僅僅限於表現某些生活情趣或一剎那間的意念和感覺，因為要發議論，抒感慨，是不可能不「露筋骨」的。然而「送友人」詩雖然「露筋骨」，但不失唱歎之音，情景的融通對照，使議論的部分不流於單調的概念化，而深長的意味更令人尋繹不盡。

再如「賦凌雲寺」詩二首云：

聞說凌雲寺裏苔，風高日近絕纖埃。橫雲點染芙蓉壁，似待詩人寶月來。

聞說凌雲寺裏花，飛空遶磴逐江斜。有時鎖得嫦娥鏡，鏤出瑤臺五色霞。（全唐詩卷八〇三）

僅是「聞說」，卻能憑空想像寺裏雲白苔綠，狀出月弄花影之美。鍾惺云此二詩「皆從意外生想，縹緲幽秀，絕句一派，爲今所難」（《名媛詩歸》），可見其推重之意。

綜觀薛濤的七絕詩作，不論是凌空起筆，或親見實寫，在藝術風格上都呈現高秀的特色。

薛濤之所以能於寸簡短什中，淋漓盡致地傳達繁複之景象或情意，實得力於徵事引詞之妙。由於她所用的典故，幾乎都是令人一望即知的明典，而且引用恰切新巧，因此作品中雖用典頻繁，但不致令人有晦澀艱深之感，其例除見於本節「壹、揚而不媚之酬唱詩」所舉之例子外，茲再摭拾若干，以見其巧於徵事引詞之專長。

如「酬人雨後玩竹」：「多留晉賢醉，早伴舜妃悲。」上句用魏晉間，嵇康與阮籍、山濤、向秀、阮咸、王戎、劉伶相與友善，游於山林，號爲「竹林七賢」（《魏氏春秋》）之典；下句則用虞舜南巡，崩於蒼梧，二妃娥皇、女英因哭帝極哀而淚染竹上成斑痕（《述異記》）的典故，將名士與貞女的操守襯托綠竹之堅直勁節。

又如「酬文使君」：「延英曉拜漢恩新，五馬騰驤九陌塵。今日謝庭飛白雪，巴歌不復舊陽春。」「延英」是唐宮殿名，「五馬」爲太守所乘，第三句用東晉才女謝道蘊詠庭前飛雪事（《世說新語》「詞藻」篇）；第四句用宋玉「對楚王問」：「客有歌於郢中者，其始曰下里巴人，國中屬而和者數千人，其爲陽春白雪，國中屬而和者不過數千人」之典故，謂文使君如今新受皇恩，貴盛無比，已另有才女如謝道蘊者侍宴酬唱，不再聽我薛濤的俚俗之曲了。如此用典，貼切二人之身分與才情，但鍾惺卻認爲此詩以延英、漢恩、五馬、九陌、謝庭、白雪、巴歌、陽春等皆是套字，而有「此首太時氣」（《名媛詩歸》）之評，然而細審薛濤在這首詩中所用的詞語或典故都明白常見，因此鍾惺之責稍過矣。

又如「酬辛員外折花見遺」：「青鳥東飛正落梅，銜花滿口下瑤臺。」用「漢武故事」中，二青鳥先王母至而夾侍其旁的典故，稱美辛員外所遺的送花者，詩意頓顯莊雅。

再如「酬雍秀才貽巴峽圖」：「感君識我枕流意，重示瞿塘峽口圖。」用晉孫楚枕石漱流以隱居（《晉書》「孫楚傳」）之典故，比喻自己有如隱士之高潔情志。

又如「江亭宴餞」：「離亭急管四更後，不見車公心獨悲。」末句用東晉車胤善於賞會，當時若有盛宴而車胤不在，皆云無車公不樂（《晉書》「車胤傳」）之典故，婉轉表達因與會宴餞之人不在席上，而獨懷愁緒的心情。

從以上諸例，可發現薛濤最常於其酬唱贈答詩中，運用前人典故。由於她雖然與衆多名流秀士都交往頻繁，但大多是應酬性質，因此援引經史舊籍中的前言往行而恰切用之，則詩作自然展現意藻綺密，款折多情，趣味雋永的風味。

總之，薛濤不論在命意謀篇或修辭設色的深密婉妍上，都居娼妓女冠作品之首，比之同時期之男性有名詩人，亦毫不遜色。晚唐張爲的「詩人主客圖」曾把中晚唐的詩人分立六「主」，其下是「客」，各分「上入室、入室、升堂、及門」四級，以定各詩人之詩壇地位。薛濤就是歸入「清奇雅正」的「升堂」之列，而被張爲選入「詩人主客圖」中的女詩人，也只有薛濤一人而已，可見對她的推重之深；元辛文房的《唐才子傳》卷六讚美薛濤說：

> 其所作詩，稍窺良匠，詞意不苟，情盡筆墨，翰苑崇高，輒能攀附。殊不意裙裾之下，出此異物，豈得以匪其人而棄其學哉！

像薛濤這樣的樂妓，身分雖低下，但她卻以倩麗詩才，給人留下如此深刻的印象與崇高的美譽，曹丕說文章是「不朽之盛事」（《典論》「論文」），信哉斯言！

注釋

❶ 薛濤「校書」之封號，由何人奏請朝廷，載籍記載各有不同。主韋皐者，有南宋計有功之《唐詩紀事》、明萬曆三十七年《洗墨池刻本小傳》及清康熙時刻的《全唐詩》；而認爲由武元衡奏請者，有南宋晁公武《郡齋讀書志》與元辛文房《唐才子傳》，而近人張篷舟在《薛濤詩箋》中，因認爲晁公武親見北宋以前刻本的薛濤「錦江集」，因此據其言而考究出：薛濤在三十八歲時，武元衡繼任西川，因重其才，始奏爲校書郎，雖未實授，時人已號爲女校書的結論。

❷ 此詩在何宇度《益部談資》以爲是王建作品，而《唐才子傳》與《唐名媛詩小傳》，則以爲是胡曾所作，《全唐詩》卷三〇一屬之王建，又複見於卷六四七之胡曾下。

❸ 《全唐詩》著錄薛濤詩八十八首，其中「牡丹」詩又載於卷五六〇薛能名下，一詩兩見。而《才調集》、《分門纂類唐歌詩》二書均作薛能詩。考薛能有「牡丹」詩四首，爲同時所作，此詩亦在其中，由此已可證此詩非濤所作。

❹ 《三輔黃圖》：「董偃以玉晶爲盤，貯冰於膝前，玉晶與冰相潔，侍者謂冰無盤，必溼融席，乃拂玉盤墜，冰玉俱碎」。此用以比喻祝十三秀才之藻思，如冰玉盤般之清潤。

❺ 《後漢書》「張綱傳」：漢安元年，選遣八使徇行風俗，皆耆儒知名，多歷顯位，唯綱年少，官次最微，餘人受命之部，而綱獨埋其車輪於洛陽都亭，曰：「豺狼當路，安問狐狸！」遂奏彈大將軍梁冀。後因以「埋輪」爲表示彈劾權貴的決心之詞。

❻ 東漢郭伋，字細侯，曾任尙書令，漁陽太守，幷卅牧等官，所到之處頗有政聲。詳見《後漢書》卷三十一。又據《書商書》「說命」上：「若濟巨川，用汝作舟楫；若歲大旱，用汝作霖雨。」此

云郭員外之風韻與濟世之才。

⑦ 西漢韋玄成，韋賢子，明經好學，元帝時，官至丞相，《漢書》謂其「守正持重不及父賢，而文采過之」見《漢書》卷四十三。

⑧ 永貞元年冬，劉闢阻兵，朝議討伐，高崇文率諸鎮兵以討闢。詳見《舊唐書》卷一五一「高崇文傳」。

⑨ 史載王播「長於吏術，雖案牘鞅掌，剖析如流，黠吏詆欺，無不彰敗」此為其優點，但王播另一方面「巧為賦斂，以事月進，名為羨餘，其實正額，務希奬擢，不恤人言」此又其失，薛濤「上王尚書」詩意在頌揚，故採摭其優點入詩，查於史籍亦不違悖。詳見《舊唐書》卷一六四「王播傳」。

⑩ 元和二年武元衡出為西川節度使，入川途中經嘉陵驛，題詩云：「悠悠風旆繞山川，山驛空濛雨似烟。路半嘉陵頭已白，蜀門西上更青天」（題嘉陵驛），見《全唐詩》卷三一七。

⑪ 韋皋自貞元元年起，鎮蜀二十一年，曾以功加兼中書令，故稱令公。貞元十七年，吐蕃北寇靈朔，陷麟州，韋皋奉詔分兵深入蕃界，其部高僩、王英俊領兵二千趨故松州。詳見《舊唐書》卷一四〇「韋皋傳」。薛濤可能於此時被罰赴松州營中，但究因何事則不詳。

⑫ 《唐摭言》卷十二有「元相公在浙東時，賓府有薛書記……作十離詩上獻府主」之記載，且後附元稹詩云：「罇前百事皆依舊，點檢唯無薛秀才。」而《唐詩紀事》卷四十九遂據此，繫十離詩於「薛書記」目下，與女校書薛濤分條列之，後人觀此既云「書記」、「秀才」，揣度自非營妓之流，且一居西川，一事浙東，相去千里，顯非一人，因此據此以為十離詩非薛濤作。實則《唐摭言》所謂元詩，乃白居易之作品，見《全唐詩》卷四四三，原題為「與諸客攜酒尋去年梅花有感」，文字與《摭言》所引小異，詩下自注云：「去年與薛景文同賞，今年長逝。」且白居易另有「和薛秀才尋梅花同飲見贈」（《全唐詩》卷四四三）一詩，即所謂「與薛景文同賞」時和薛之作（從兩詩

皆用灰韻，亦可證明），由此可知薛秀才乃白居易友人薛景文，非作十離詩之「薛書記」。

⑬ 劉勰以「情在詞外」爲隱，以「狀溢目前」爲秀。（見《歲寒堂詩話》引《文心雕龍》闕文），黃永武先生在《中國詩學》—「鑑賞篇」，從詩的形式上欣賞辭采美的部分認爲：隱是以繁複的含意爲工，秀是以卓絕的表現爲巧。

第三節　李冶之詩作特色分析

壹、以澹逸雋語表達摯情

李冶與當時名人文士多所交游往來，生活雖放浪，但詩才並不爲其行迹掩沒，反因與風流士子交接而詩名愈著，劉長卿曾譽之爲「女中詩豪」（《唐詩紀事》卷七十八）。《全唐詩》卷八〇五輯存其詩十六首，另載見於《吟窗雜錄》四則散句，而卷八八八尚補遺二首，共十八首詩作。

李冶作品絕大部分亦以抒情爲主調，尤其酬唱寄贈或送別的篇什，詩語雋永，詞調典雅婉麗，充分流露其清幽澹逸的相思摯情。如「明月夜留別」詩云：

離人無語月無聲，明月有光人有情。別後相思人似月，雲間水上到層城。（全唐詩卷八〇五）

此詩寫月夜送別，透過離人無語有情、明月無聲有光的對比映照，達到情景交融，意境深遠的效果，尤其末二句將別後思念對方之情，比擬成月光遍照天上地下，甚至可穿雲行水，到離人所居之地，凸顯其思念之濃烈，但字裏行間卻無激烈之語，反而流露清淡雋永的情韻。

又如「送韓揆之江西」一詩，云：

> 相看指楊柳，別恨轉依依。萬里西江水，孤舟何處歸。湓城潮不到，夏口信應稀。唯有衡陽雁，年年來去飛。（全唐詩卷八〇五）

這首送別詩主在表達作者對韓揆的深情。藉由古人折柳送別，敘其離別之恨與依依不捨之情，繼而憂慮相距萬里，見面極難，湓城不來潮水，帶不去她的思念之情；夏口離浙江遙遠，又無法得知韓揆的消息，只有懸著思念的痛苦。而衡陽雁年年可以南來北往，自由飛翔，但情人卻沒有相聚機會，眞是人不如雁啊！這種設想別後之景，更添惜別之情。全詩感情深邃，韻味悠長。黃周星《唐詩快》評此詩曰：「澹逸」，鍾惺《名媛詩歸》亦云：「情深則語特寄耳，只四十字中，往復難盡。想直書別況，全不作怨恨語，而怨恨之氣，自有忿然不平在。」兩人皆道出李冶能以優雅淡遠之語，傾瀉其深摯情意之特色。

比起前二詩之幽語長情，「寄朱放」一詩在色彩上雖較清麗，但依然呈顯宛轉含蓄的風格。詩云：

> 望水試登山，山高湖又闊。相思無曉夕，相望經年月。鬱鬱山木榮，綿綿野花發。
> 別後無限情，相逢一時說。（全唐詩卷八〇五）

登高望遠，只見山高湖闊不見伊人，於是李冶纏綿的相思深情與長久望眼欲穿的等待，猶如「鬱鬱山木榮，綿綿野花發」般的繁茂綿延，這二句把李冶的情思推向最高點，但「別後無限情，相逢一時說」之句，卻將前面摯烈相思之語收束於淡遠宛約，鍾惺評此詩曰：

> 情敏，故能豔發，而迅氣足以副之，他人只知其蕩，而不知其蓄。所蓄既深，欲其不蕩，不可得也。凡婦人情重者，稍多宛轉，則蕩字中之矣。（《名媛詩歸》）

所說的就是李冶能善用澹逸含蓄之寫作技巧，不必藉由旖旎豔麗之語，即能表達看似平淡，實則熱烈的情思。

在李冶多首酬唱寄贈的抒情作品中，寫得最爲別緻且十足展現幽語摯情之特色的是「寄校書七兄」一詩：

> 無事烏程縣，差池歲月餘。不知芸閣吏，寂寞竟何如？遠水浮仙棹，寒星伴使車。
> 因過大雷岸，莫忘幾行書。（全唐詩卷八〇五）

此詩之別緻，首在於起句之似不著題，卻能開啓後文連綿不絕之相思情意。一般詩論家多認爲律詩起句尤難，「或對景興起，或比起，或就題起。要突兀高遠，如狂風捲浪，勢欲滔天」（楊載《詩法家數》「律詩要法」）。但李冶在此詩中卻只從眼前心境說起，而且平淡得幾乎漫不經意。首二句既非興比，又非引事，甚至未點題，更談不上「突兀高遠」，發唱驚挺了。但「無事」加之「差池」，自能寫出百無聊賴的心境，「歲月餘」三字除道出時令（歲晚）外，還兼帶些遲暮之感，由此兩句直逼出「寂寞」二字，而漸導入後文相思之意。

接下來，李冶不先道自家寂寞淒苦，反從七兄方面作想，「不知芸閣吏，寂寞竟何如」，爲他的寂寞擔憂，這是何等體貼，何等多情呢？其實她的寂寞是不言而喻的，但用此推己及人的寫法，卻使得情味雋永；且在自然承接前一聯的同時，不講求對仗，可謂不事雕琢，這種猶如五言古詩的開頭，節奏徐緩，有助於渲染寂寞無聊的氣氛，以傳達相思深情，但對律詩來說，畢竟篇幅及半，進一步發展詩情之餘地不多，作者若處理不當，則有詩意未完之憾，但她又妙用「遠水浮仙棹，寒星伴使車」之句，想像七兄行程，上句寫水程，水「遠」舟「浮」，這當是她回憶或想像中目送七兄征帆的情景，而稱七兄所乘之舟爲「仙棹」，則景中又含一層嚮往之情。下句寫陸程，寫「星」曰「寒」，則兼有披星戴月、旅途苦辛之意；而「使車」惟「寒星」相伴，更形其寂寞，惹人思念，旅途風光僅以「寒星」、「遠水」概括，寫景簡淡且意象高遠，恰可補救前四句皆情語的空疏之感，其對仗天然工致，既能與前文協調，又能以格律相約制，使全篇給人淡而不散的感覺，這是此詩之第二妙處。

詩末，李治信手拈來鮑照受臨川王徵召，由建康赴大雷時，特意將旅途所經所見之山川風物精心描繪，以告慰其妹遠思之典故❶，使詩意大爲豐富，「因過大雷岸，莫忘幾行書」，經由這樣的「提示」，於是使得讀者從差池歲月餘、遠水仙棹、寒星使車的吟詠裏，聯想到這一名篇中關於歲暮旅途的描寫，也因此更能具體深切地體會到「不知芸閣吏，寂寞竟何如」的淡語中，原來是包含著她深厚的關切之情；李治以鮑令暉自況，借大雷岸作書之事，寄兄妹相思之情，因此「莫忘寄書」的告語，明白表達出己之不能忘情，而期盼寄書言「幾行」，則意重而言輕。凡此種種，都使此詩結尾含蘊無窮，保持起句即有的「不求深邃，自足雅音」（《唐詩別裁》），於有意無意得之的風韻。

正因爲此詩之作法，迥然異於五律通常之例，首由不經意寫來，初似散緩，中幅以後，忽入佳境，有愁思之意，而無危苦之詞，至曲終奏雅，韻味繚繞，所以歷來得詩評家極高的贊揚。鍾惺曰：「聲律高亮，即用虛字，亦自得力，此全在有厚氣耳。」（《名媛詩歸》），邢昉云：「工鍊造極，絕無追琢之跡。」（《唐風定》），可見李治詩作之高妙不讓鬚眉，自有其獨特之地位。

貳、靈動摹聲與詠志寫物

具體之物容易描寫，抽象之聲音則因各人感受不同，而難以完全明白的傳達聲情之美妙。李治「從蕭叔子聽彈琴賦得三峽流泉歌」是其作品中篇幅最長，且唯一的一篇七言歌行體詩❷，描寫音律之美，極爲精妙。詩云：

> 妾家本住巫山雲，巫山流泉常自聞。玉琴彈出轉寥夐，直是當時夢裏聽。三峽迢迢幾千重，一時流入幽閨裏。巨石崩崖指下生，飛泉走浪弦中起。初疑憤怒含雷風，又似鳴咽流不通，迴湍曲瀨勢將盡，時復滴瀝平沙中。憶昔阮公爲此曲，能令仲容聽不足❸。一彈既罷復一彈，願作流泉鎭相續。（全唐詩卷八〇五）

詩首以巫山神女自況，其下以形象之語言，生動貼切之比喻，把琴聲高低起伏，抑揚頓挫的變化，描繪得有聲有色。琴聲始出，似三峽流泉，時而清遠流長，時而輕快深細，在靈動的手指彈奏下，琴音澎湃急驟，猶如巨大石頭從山崖崩塌，發出高亢激越的聲音，有時琴弦則傳出如飛泉走浪般飄逸飛揚的響聲；那雄壯激越之聲，使人以爲是風雷憤怒咆哮，而那幽微哽塞之音，則像流水聲若斷若續的低聲抽泣，或從石灘上流過迴旋曲折的水流。當琴聲慢慢平緩下來時，恍如水泉稀疏下滴平沙般的低沈冷澀。

李冶於此詩中，借助語言的音韻，摹寫難以掌控的音樂，兼用各種生動比喻，以加強視覺或聽覺的形象性，把流轉多變的琴聲，轉換成一幅幅情生氣動的畫面，尤其在「巨石崩崖指下生」至「又似鳴咽流不通」數句裏，以傳神之筆，能於一氣奔突洶湧中，時復間以排宕之句取勢，將琴聲之錚鏦幽微與三峽之壯麗驚險合而爲一，達到靈動精妙的摹聲境界。中唐白居易的「琵琶行」與宋代歐陽修的「秋聲賦」，向來被稱爲摹聲之佳作名篇，而李治此詩寫作之時代不但早於前二子，且所達到的效果也可與二人並相媲美，這對一介女子而言是相當不易的成就，因此也得到論詩者的崇高評價，如蔣一梅云：

> 言言來自題外，言言說向題上，大是神王。（《唐詩選脈會通評林》）

而周珽則曰：

> 首尾照應有情，狀曲聲如畫，詞格疏暢老練，眞是天花亂墜。（同前）

另外，鍾惺云：

> 清適轉便，亦不必委曲艱深，觀其情生氣動，想見流度之美。（《名媛詩歸》）

而黃周星則曰：

> 此詩似幽而實壯，頗無脂粉習氣。（《唐詩快》）

凡此評論都是對李治此詩寫作技巧之高妙，予以肯定與讚賞。

李治另有兩首詠物詩，不但能把外物形貌描寫得十分神似，同時也摻添了作者的意緒情志。這種物色盡而情有餘的寫作方式，劉勰《文心雕龍》「物色篇」曾詳析云：「吟詠所發，志惟深遠，體物爲妙，功在密附。……然物有恆姿，而思無定檢。……物色盡而情有餘者，曉會通也。」詩乃緣物言情，貴在於形似的營造與細膩的描寫中，樹立神韻的變化，且能「登山則情滿於山，觀海則意溢於海」，這種感物興發，遠比純粹詠物的境界更高一疇。李冶「薔薇花」詩，即取得了上述的成就，詩云：

翠融紅綻渾無力，斜倚欄干似詫人。深處最宜香惹蝶，摘時兼恐焰燒春。當空巧結玲瓏帳，著地能鋪錦繡裀。最好凌晨和露看，碧紗窗外一枝新。（全唐詩卷八八八）

此詩之特色是作者在描寫具象外物的形貌時，充分運用感官意象的傳達，將完美的物象與意境清晰地呈現出來，使讀者有實臨親見的感受。首二句指出紅湛湛的薔薇花盛開，卻嬌弱無力的姿態，斜倚著欄干似在向人誇耀它的嫵媚，這是訴諸視覺的感受，如此則一朵嬌豔欲滴，惹人愛憐的薔薇花就呈現在眼前，鮮明的形象立刻深深吸引欣賞者的目光。下句「香惹蝶」表達了薔薇花所散發的馨香，引來翩翩飛舞的蝴蝶，滿足了嗅覺與視覺的官能，於是這朵色香並茂的薔薇花，自然令人有採摘的衝動，而「摘時兼恐焰燒春」一句，以誇大的字眼形容花光美艷四射，不但眩人眼目，不容逼視，而且還使料峭的春日爲之溫暖，這裏使用「燒春」一字眼，比杜甫「山青花欲燃」、白居易「日出江花紅勝火」等，同樣描寫花紅的「欲燃」、「勝火」之類的形容更具動態，把薔薇花鮮紅的色澤，誇張得猶如噴火一般，這是以華虛的文飾，窮盡形相地誇大其特徵，使意象奔放躍現，達到「驚目動心」的吸引力。接著，作者再極力描述薔薇花開得精巧華美的姿態，簡直如玲瓏帳、錦繡裀，這使前句「燒春」不合理的誇大變爲實景，此爲訴諸視覺與觸覺的意象。末二句進一步提出最好在淩晨清露滋潤下，透過碧綠色紗窗，欣賞薔薇裊娜花姿的建議，而作者在結尾仍不忘以「碧紗窗外」四字的綠意，反襯出薔薇的紅艷美妙。

李冶的詠物詩都是有感而發的，這首薔薇詩當亦不僅寫物，且欲藉婀娜嬌媚的薔薇花，表達年輕貌美的娼妓女冠其內心企盼他人愛憐的弦外之音。尤其若再仔細探析「春閨怨」一詩：「百尺井欄上，數株桃已紅，念君遼海北，拋妾宋家東。」以春天灼灼桃花盛開，對比她在深閨的幽怨，那麼也許這首「薔薇花」詩裏，隱約有其身影與內心情意的寄託在呢！

另一首詠物詩「柳」的詩調較為哀淒，但卻更容易讓讀者感受到李冶在「窺情風景之上，鑽貌草木之中」（劉勰《文雕》「物色」）時，感物詠志的寫作動機。詩云：

最愛纖纖曲水濱，夕陽移影過青蘋。東風又染一年綠，楚客更傷千里春。低葉已藏依岸棹，高枝應閉上樓人。舞腰漸重煙光老，散作飛綿惹翠裀。（全唐詩卷八八八）

當春風吹來，染綠一樹千絲萬縷的垂柳，它滿懷熱情似的想繫住有情人，但那柔弱的枝條卻又無力挽回人間的悲歡離合，因此對即將離別的人而言，翠楊綠柳是他們既愛又恨的矛盾，所以在送別時，他們竟一廂情願地期盼纖纖的柳枝能「低葉藏棹」、「高枝閉人」，讓人間沒有無情的別離，使有情人能長相歡聚，然而自然界的景物，畢竟勝不過四季的代移，當春光漸逝，柳枝粗老時，散落的柳絮隨風飄搖在翠碧氤氳之中，空留得一季春愁，這種視覺意象的迷濛，令人有前途渺茫，何處是人生歸宿的感慨。李冶在詩末巧妙將垂柳比爲一位玲瓏的舞者，而「舞腰漸重煙光老，散作飛綿惹翠裀」之句，似乎也隱藏了年華老去的娼妓女冠那種既無助又黯然神傷的悲哀。

叁、擅長五言，工鍊格對字句

李冶之詩以五言擅長，尤其「寄校書七兄」一詩中，頸聯「遠水浮仙棹，寒星伴使車」二句，更是歷來詩論者注目讚美的焦點。如高仲武《中興間氣集》稱此「蓋五言之佳境也」，胡應麟《詩藪》云：「幽閒和適，孟浩然莫能過」，都對李冶這二句詩的評價很高，甚至胡震亨《唐音癸籤》更謂此二句與三峽流泉歌「並大曆正音」。

唐朝大曆時期是盛唐與中唐的分水界，此時詩風繼唐詩極盛之後，境界氣象漸從闊大變爲纖細，由雄壯轉爲高秀；而李冶身跨中盛唐，所作篇什亦詩格新奇，理致淸贍，頗似大曆十才子的風格，因此《四庫全書總目提要》謂李冶詩作曰：

> 如寄校書七兄詩、送韓揆之江西詩、送閻二十六赴剡縣詩，置之大曆十子之中，不復可辨，其風格又遠在濤之上，未可以篇什之少棄之矣。

李冶「寄校書七兄」等詩之所以受到衆詩論家大力的讚揚，主要是因爲這幾首詩的格對特殊，超然於一般律詩頷、頸二聯相對的基本原則之外，而出現只以頸聯對偶，頷聯不對的

「單聯對仗」之情形，茲舉上述諸詩之頷、頸聯如下：

不知芸閣吏，寂寞竟何如？（頷聯不對）遠水浮仙棹，寒星伴使車。（頸聯對仗工整）「寄校書七兄」

萬里江西水，孤舟何處歸？（頷聯不對）湓城潮不到，夏口信應稀。（頸聯對仗工整）「送韓揆之江西」

離情遍芳草，無處不淒淒。（頷聯不對）妾夢經吳苑，君行到剡溪。（頸聯對仗工整）「送閻二十六赴剡縣」

這種「單聯對仗」的特色，迥異於一般律詩頷、頸二聯之字面、聲韻皆成對偶的限制，形成了李冶作品的獨特手法。

此外，「湖上臥病喜陸鴻漸至」一詩的格對，也十分奇特。詩云：

昔去繁霜月，今來苦霧時。（首聯對偶）相逢仍臥病，欲語淚先垂。（頷聯錯綜對仗）強勸陶家酒，還吟謝客詩。（頸聯對仗）
偶然成一醉，此外更何之。（全唐詩卷八〇五）

這首五律不但頷、頸二聯對句，首聯也成對偶，此種方式謂之「偷春格」[4]。其中頷聯之對句更使用「倒字對」——亦即「仍臥病」本應與「先垂淚」相對仗，但作者卻將「淚」字之位置顚倒，提到動詞之前，如此一方面既可叶韻，一方面則借助字詞的錯綜安排產生變化，使詩意活潑，避免了因對偶所引起詩意呆板質滯的缺失，因此這種格對又稱爲「錯綜對」。而從這些格對寫作的多樣變化裏，說明了李冶「女中詩豪」的稱號確實當之無愧。

在李治作品中，「八至」一詩是僅有的六言詩，全首六字句，凸顯其與衆不同的詩體特色。詩云：

至近至遠東西，至深至淺清溪。至高至明日月，至親至疏夫妻。（全唐詩卷八〇五）

這首詩以程度現象刻劃出四樣實體，別有清新逸致。鍾惺評此詩云：「字字至理，第四句尤是至情。」（《名媛詩歸》），黃周星亦曰：「六字出自男子之口，則爲薄倖無情；出自婦女之口，則爲防微慮患。大抵從老成歷鍊中來，可爲惕然戒懼。」（《唐詩快》），的確，此首蘊藏哲理之重心在末句。當夫妻情深意濃時，猶如女詩人晁采所云：「來生何所願，與郎爲一身」（子夜歌）；至若恩斷情盡時則形同路人，又如女詩人愼氏被休時所云：「便是孤帆從此去，不堪重上望夫山」（感夫詩）的慘淡心境。因此這首詩不僅饒富哲學意味，還兼具濃郁的老莊色彩。在格對方面，全首四句作成二對，每句之中又各自成對，此爲「當句對」之技巧，而句句故意用特定的二個「至」字嵌入語句中，除使文氣舒緩外，也增添美妙的辭趣，從安排的自然與文意貼切上，可以看出作者巧思。

李治作品工鍊流暢，神韻自然，黃周星曾譽之爲「詞場老手」（《唐詩快》）。她不僅在律體格對與字式上有豐富變化外，在字句的鍛鍊上亦極爲精巧。諸如：

㈠頂眞與類疊的運用：

如「寄朱放」：

望水試登山，山高湖又闊。相思無曉夕，相望經年月。鬱鬱山木榮，綿綿野花發。別後無限情，相逢一時説。（全唐詩卷八〇五）

「山」字頂眞，形成自主意識流的中心觀念，促使文句緊湊，且上下兩句首尾蟬聯的結果，也產生上遞下接的趣味；而「相思」、「相望」、「鬱鬱」、「綿綿」等用語句隔離之類疊或字詞連接之類疊，將節奏重複，達到以聲摹境，表現鋪張誇大的傳神情景。

再如「相思怨」一詩：

人道海水深，不抵相思半。海水尚有涯，相思渺無畔。攜琴上高樓，樓虛月華滿。彈著相思曲，弦腸一時斷。（全唐詩卷八〇五）

「樓」字頂眞，女子攜琴上樓的形象與情景歷歷在目，而「相思」、「海水」的隔離類疊，使相思情長與海水有涯的對比，隨著重複的節奏而逐漸擴大其強烈的震撼效果，令人不禁憐憫詩中多情孤寂的女子。

㈡典故與借代的運用：

如「寄校書七兄」：

……不知芸閣吏，寂寞竟何如？遠水浮仙棹，寒星伴使車。因過大雷岸，莫忘幾行書。（全唐詩卷八〇五）

「芸閣吏」謂秘書省。漢時蘭臺爲宮中藏書之所，又以芸香可辟書蠹，故稱秘書省爲芸閣。由於此詩寄贈對象之身分是「校書」，因此用「芸閣吏」代稱之，不但用語典雅且使文句呈現華美風格。此外，「遠水」句用《博物志》「集說」下：「舊說云：天河與海通，近世有人居海渚者，年年八月，有浮槎去來，不失期。」喩校書乘仙棹遠行；而「寒星」句則用《後漢書》「李郃傳」載，和帝分遣使者微服至各州縣，郃以「有二使星向益州分野」而預知之，以稱被派到外地的校書爲星使。李冶這二句以寫景手法用此典故，深受讚揚。在《唐詩選脈會通評林》裏周敬說：「五、六（即此兩句）用事入化」；鍾惺《名媛詩歸》亦云：「用事不膚不淺，自然情致，只『遠水』、『寒星』，略涉意便妙。」另外，末句引鮑照寫「登大雷岸與妹書」告慰其妹遠思之典故，又以鮑照妹令暉自況，一則以寄兄妹相思之情，一則期盼校書能如鮑照般寄書慰其寂寥。從這些典故精切自然引用，既節省繁瑣說明，文字因而更簡潔，同時也委婉含蓄地表達其深厚情意，可見作者技巧之熟練。

再如「得閻伯均書」：

情來對鏡懶梳頭，暮雨蕭蕭庭樹秋。莫怪欄干垂玉筯，只緣惆悵對銀鉤。（全唐詩卷八〇五）

第三句「玉筯」用《六帖》：「魏甄后面白，淚雙垂爲玉筯」之典，於此詩中代稱女人眼淚；下句之「銀鉤」則引《書苑》晉朝索靖草書絕代，名「銀鉤萬尾」之典，狀書法之工，以借代爲閻伯均的來信。

此外，「春閨怨」裏「念君遼海北，拋妾宋家東」之句，自比爲宋玉東鄰之女，乃引用宋玉「登徒子好色賦」之典❺；「送閻二十六赴剡縣」中「歸來重相訪，莫學阮郎迷」之句，用的是後漢阮肇入天臺山採藥，迷不得返，爲仙女所留的典故❻，寄望情人到剡縣，莫要不知返而早日再與她相聚。

總之，李冶作品中運用典故或借代之處頗多，在她嫻熟的技巧下，不但使所欲表達的情事更加形象具體化，而且文章風格典雅清麗，蘊藏豐厚的含蓄美感。

注釋

❶ 劉宋文帝元嘉十六年秋，臨川王劉義慶鎮江州，引鮑照爲佐吏，由建康到大雷，鮑照乃將旅途情事寫成「登大雷岸與妹書」一文，以告慰其妹鮑令暉之遠思。文見《全上古三代秦漢三國六朝文》之「全宋文」部分卷四十七。

❷ 據《琴集》云：「三峽流泉，晉阮咸所作也。」宋郭茂倩《樂府詩集》將冶「從蕭叔子聽彈琴賦得三峽流泉歌」置於第六十卷「琴曲歌辭」中。

❸ 阮咸字仲容，《晉書》「阮咸傳」：「咸妙解音律，善彈琵琶，雖處世不交人事，惟共親知弦歌酣宴而已。」，嘗作琴曲「三峽流泉歌」。此處可能是李冶誤記，將阮咸之事誤屬二人。

❹ 魏慶之《詩人玉屑》卷二「詩體」下曰：「偷春體，其法頷聯雖不拘對偶，疑非聲律，然破題已的對矣，謂之偷春格，言如梅花偷春色而先開也。」

❺ 宋王「登徒子好色賦」：「天下之佳人莫若楚國，楚國之麗者莫若臣里，臣里之美者莫若臣東家之

子。……然此女登牆窺臣三年，至今未許也。」見《昭明文選》卷十九。

❻ 劉晨阮肇共入天臺取穀皮，迷不得返，遇二仙女，留半年。求歸，至家，子孫已七世。見《幽明錄》。

第四節 魚玄機之詩作特色分析

壹、情意艷發之酬寄詩

魚玄機詩一卷，《直齋書錄解題》有著錄，《唐才子傳》亦云「有詩集一卷，今傳。」此後則不聞。嘉慶八年，黃丕烈購得明項氏所藏南宋臨安府陳氏印本，此集共收玄機詩四十九首，另《文苑英華》載玄機「折楊柳」詩，故現存詩共五十首，悉見於《全唐詩》卷八〇四所錄。

魚玄機之作品以酬寄詩為多，尤其是寫給前夫李億（子安）及視如情人的溫飛卿、李郢、李近仁、左名場等等，在篇什裏都情意豔發，但這些情意大多是她一往情深的單方眷戀。

當她因不見容於正室夫人而被有懼內癖的前夫遺棄後，曾憤忿的說「易求無價寶，難得有心郎」，表達其深沈怨恨，繼而「枕上潛垂淚，花間暗斷腸」，最後更爆發出「自能窺宋玉，何必恨王昌」的剛烈性格。這首「寄李億員外」（一作贈鄰女）詩是她被休後，寫給前夫的第一首詩，說情處字字使人心宕，楊肇祉《唐詩豔品》云「字字傷神」，實非虛言。

她雖被遺棄，仍對李億堅愛不渝，不斷寄詩致意，希望有破鏡重圓的機會。「情書寄李子安」詩云：

飲冰食蘗志無功，晉水壺關在夢中。秦鏡欲分愁墮鵲，舜琴將弄怨飛鴻。井邊桐葉鳴秋雨，窗下銀燈暗曉風。書信茫茫何處問，持竿盡日碧江空。（全唐詩卷八〇四）

「飲冰食蘗」有兩層意思，一是寫道家生活之清苦，二是守節明志之誓。從眼前的孤寂聯想到對往日恩愛生活之眷戀，並追憶分手時惆悵情懷，然後再回到眼前的處境：秋雨瑟瑟，桐葉蕭蕭，孤燈一盞，徹夜難熬，此情此景，更引起對李億的懷念，可是李億忘義負情，杳無音信，無法得知其消息，她百無聊賴，只有終日孤獨失意地盼望他的來信。寥寥數十言，作者將綺膩柔情、落魄心境、淒楚情懷寫得感人肺腑。尤其「秦鏡欲分愁墮鵲，舜琴將弄怨飛鴻」二句，援引典故，表達自己與李億分別的含蓄情懷，可見其藝術造詣之深。

在另一首「春情寄子安」詩中，她寫道：

……莫聽凡歌春病酒，休招閑客夜貪棋。如松匪石盟長在，比翼連襟會肯遲。雖恨

獨行冬盡日，終期相見月圓時。別君何物堪持贈，泪落晴光一首詩。（全唐詩卷八〇四）

儘管李億已置她於腦後，但她卻仍苦苦關心思念他，如溫順地勸戒他不要濫聽淫曲，好酒貪棋。其軟語柔情，體貼入微的賢淑妻妾形象，宛然在目。她對未來還抱有希望，相信終會實現盟誓，重得前夫的寵愛，而此刻只有以這縷縷情思和著泪水織成的詩寄與對方。鍾惺云「如此持贈，恐不堪人領取也」（《名媛詩歸》），胡應麟也力贊曰：「余考宋七言排律遂亡一佳，唐惟女子酬唱二篇可選，諸亦不及云。施肩吾百韻在二作下。」（《詩藪》）。玄機被譽爲壓倒鬚眉，勝過爲詩奇麗的施肩吾，再次說明其才華不凡。

玄機此後又陸續寫了「隔漢江寄子安」：「江南江北愁望，相思相憶空吟。……含情咫尺千里，況聽家家遠砧」及「江陵愁望寄子安」：「憶君心似西江水，日夜東流無歇時」等詩，依然表達她纏綿的情意，而其思幽以沈，其言超以雋，特別是「憶君」之句，以滔滔不絕、永無休止的長江水，比喻她濃烈無盡的相思之情，使抽象而又難以捉摸的思想，變得十分形象、具體、感人，也爲千餘年來運用相似聯想的濫觴者❶。

她把全部感情，赤誠的心無私地獻給李億，而李億的冷酷無情，使她深深陷入不可解脫的愁苦中，「醉別千卮不浣愁，離腸百結解無由」（寄子安），於是她埋怨李億：「聚散已悲雲不定，恩情須學水長流」，從正面告誡李億要學水之長流，實是責備他言而無信，但說得含蓄婉轉，怨而不怒。

玄機既喚不回前夫之心，滿懷幽怨無處傾訴，乃轉而放浪形骸、縱情聲色，與多位名士如溫飛卿、李郢、李近仁、左名場等過從甚密，並給他們寫下許多熱情洋溢的詩篇，表現了她對愛情大膽熱烈的追求和相思而不得的痛苦，因此漸漸變成十足的唐代豪放女了。如「寄飛卿」、「冬夜寄溫飛卿」二詩，傾吐了她「不眠長夜怕寒衾」的孤栖之苦，與「嵇君懶書札，底物慰秋情」的嗔怨，款款寄情，顯而易見。可是我們從溫飛卿的詩集中，竟找不出一首標題冠以魚玄機的詩來。也許是要維護朝官的尊嚴，亦或許是他的薄情。溫飛卿曾有一首「和友人傷歌姬」，忠告友人：「王孫莫學多情客，自古多情損少年」（全唐詩卷五七八）。意思是說，不必為失去一個歌妓而傷懷，以致摧折自己的青春，那是划不來的。由此可知「薄行無檢輻」的溫八叉對卑賤的魚玄機只是抱逞欲玩弄的態度，自然難得有一絲眞情。

魚玄機也曾寄情於李郢，期望與之相處相隨，共同生活。她見鴛鴦能靠近李之釣磯而產生人不如禽鳥之感：「自慚不及鴛鴦侶，猶得雙雙近釣磯」（聞李端公垂釣回寄贈），而李郢卻與她「住處雖同巷，經年不一過」、「跡登霄漢上，無路接煙波」（酬李郢夏日釣魚回見示），可見落花雖有意，怎奈流水並無情。

左名場，亦與她交歡甚深。一首「左名場自澤州至京使人傳語」詩云：

……曾陪雨夜同歡席，別後花時獨上樓。忽喜扣門傳語至，爲憐鄰巷小房幽。相如琴罷朱弦斷，雙燕巢分白露秋。莫倦蓬門時一訪，每春忙在曲江頭。（全唐詩卷八〇四）

對期待左名場能不嫌棄她，且時相過訪之情，躍然紙上。

從上述詩篇中，可見魚玄機對不少男子寄托過她的眞情深意，然而對方的眷愛之情卻有如一片飄落在大海的紅葉，沒有回音。所以當她偶爾得到一點歡情時，就會欣喜若狂，如「迎李近仁員外」一詩寫道：

今日喜時聞喜鵲，昨宵燈下拜燈花。焚香出户迎潘岳，不羡牽牛織女家。（全唐詩卷八〇四）

把與李近仁員外得之不易的歡娛，歸因於昨晚拜禱燈花，今日聽聞鵲鳴的喜事之兆，並且急忙焚香出戶迎接，竟覺得自己勝過牛郎織女相會的歡樂之情。鍾惺對她頗爲同情的說：「如此而猶遭棄斥，吾不知其尙有心胸否也，紅顏薄命，爲之深慨」（《名媛詩歸》）。

詳審魚玄機的「放情」，實非樂於賣笑，而是企望在廣交中求得專一的愛情，尋得可托相依的終身伴侶；但就是因爲她的內心深處潛藏著尋找感情寄託的推力過於強烈，所以有時會產生人人對己皆有意的幻想與錯覺。如「西鄰新居兼乞酒」詩云：「西看已有登垣意，遠望能無化石心」，說她那剛搬來的新鄰居有登牆窺己之意，而她也豈能無望夫化石之心？如此一廂情願的揣測他人心意，未免太自作多情了；另外，在「感懷寄人」詩中，她還自矜自戀的說：「灼灼桃兼李，無妨國士尋，蒼蒼松與桂，仍羨世人欽」，認為自己才色兼備，因此有的是名流俊士的追求，於是「門前紅葉地，不掃待知音」，就是她朝夕所求的了。

可是，「雁魚空有信，雞黍恨無期」（期友人阻雨不至）、「深巷窮門少侶儔，阮郎唯有夢中留」（暮春即事）、「人世悲歡一夢，如何得作雙成」（寓言）。她在經歷無數次的情感碰壁後，一方面怨恨自己不該多情：「自嘆多情是足愁」、「放情休恨無心友」（愁思二首）；另一方面，她怨恨男子薄情，在「送別」詩中云：「水柔逐器知難定，雲出無心肯再歸」，以流水浮雲之飄泊不定，暗喻對她僅寄情一時，而她卻想鍾情於終生的男子卻朝三暮四，情感不專，可見其悲痛之情。

魚玄機所有的淒苦，都是自己作繭自縛，既出為女冠，卻始終未能忘情，反而四處放射她的情意，在她的詩集中，雖然有一、二首題寄同門道友之作，詩裏也流露些許澹逸的道語，但都是短暫而無心的，知音的尋覓，情愛的追求，才是她詩作的主調。徐獻忠說：

> 玄機形處幽柔，心悰流散。其於子安情寄已甚，而感懷期友及迎李近仁員外諸作，持思翩翩，尚有餘恨，雖桑間濮上，何復自殊。其詩婉蒨悲悽，有風人之調，女郎間求之，則蘭英綺密，左芬充腴，生與同時，亦非廊廡間客也。（《唐詩品》）

然而玄機對於情愛過於勉強追求的結果，卻使她落得情妒殺婢，終致爲京兆尹所戮的悲劇。

貳、漫遊詠景與雄渾詠史詩

當魚玄機剛被李億新納爲妾時，寵愛方深，曾攜她一同遊覽山西老家的風景，這一段時光對玄機而言是最愜意幸福的，所以她後來在詩中就情不自禁地屢屢提及這段生活：「王屋山前是舊遊」、「晉水壺關在夢中」、「汾川三月雨，晉水百花春」。在愛衰遭棄，出爲咸宜觀的女道士後，因初離李億夫人的虐待，自會感到道觀閑靜清幽、無拘無束，「夏日山居」一詩，便是描述逍遙自在的女冠生活：

> 移得仙居此地來，花叢自遍不曾栽。庭前亞樹張衣桁，坐上新泉泛酒杯。軒檻暗傳深竹徑，綺羅長擁亂書堆。閑乘畫舫吟明月，信任輕風吹卻回。（全唐詩卷八〇四）

道院花叢遍地，竹徑深微，何等清幽！或讀書吟詩，或彈琴飲酒，或閉臥泛舟，過著「散仙」似的生活，何等自由！其心情之悠遊閒逸，顯而可見。

但她仍不甘美好年華在寂寞中消逝，於是走出深山，四處漫游，「導懷」詩是此一情形下的表白：

> 閒散身無事，風光獨自遊。斷雲江上月，解纜海中舟。琴弄梁蕭寺，詩吟庾亮樓。

叢篁堪作伴，片石好爲儔。……滿杯春酒綠，對月夜琴幽。遶砌澄清沼，插簪映細流。……（全唐詩卷八〇四）

月下泛舟，船頭醉臥，梁蕭寺弄琴，庾亮樓吟詩，這都排遣了她心頭的憂愁。

其後玄機的遊興未減，繼續暢遊南國，沿著漢水而下，經鍾祥縣，「過鄂州」一詩於是應聲詠出：

柳拂蘭橈花滿枝，石城城下暮帆遲。折碑峰上三閭墓，遠火山頭五馬旗。白雪樓高題舊寺，陽春歌在換新詞。……（全唐詩卷八〇四）

飽覽了繁花暮帆，遊謁了屈原墓、白雪樓後，再南下江陵、漢陽、武昌，至江西九江，足跡遍及長江中游，而各地美景亦紛紛應眼入詩，如「江行」二首云：

大江橫抱武昌斜，鸚鵡洲前萬户家。畫舸春眠朝未足，夢爲蝴蝶也尋花。

煙花已入鸕鷀港，畫舸猶題鸚鵡洲。醉臥醒吟都不覺，今朝驚在漢江頭。（全唐詩卷八〇四）

長江的浩蕩煙波，鸚鵡洲上的萋萋芳草，使她受傷的心靈得到美好大自然的撫慰，胸襟開闊不少。

另外，「隔漢江寄子安」詩亦云：

鴛鴦暖臥沙浦，鸂鶒閑飛橘林。煙裏歌聲隱隱，渡頭月色沈沈。……（全唐詩卷八〇四）

從詩題可以看出痴情的魚玄機仍忘不了李億，且欲與其分享自然麗景，於是鴛鴦暖卧，鸂鶒閑飛本是一幅祥和優美的景色，但這卻又驀然地勾起玄機多情的愁思，所以「江陵愁望寄子安」：「楓葉千枝復萬枝，江橋掩映暮帆遲。憶君心似西江水，日夜東流無歇時。」一再度重重地把她自己鎖入無形的情字中，而在這之前本爲寫景詩主調的風光景色，卻變成她借以喻情的輔助方式了。

魚玄機漫遊，原是爲了遣懷，可惜憂思不但未能排解，反因獨行的孤寂而更引起她對李億的思念。在另一首「春情寄子安」詩中寫道：

山路欹斜石磴危，不愁行苦苦相思。冰銷遠磵憐清韻，雪遠寒峰想玉姿。……別君何物堪持贈，淚落晴光一首詩。（全唐詩卷八〇四）

雖然到最後魚玄機仍逃脫不了情網，但從她的漫遊裏，卻可看到她寫作的詠景詩竟是如此的清新雅致呢！

「浣紗廟」一詩是魚玄機詩集中僅有的詠史詩，諷春秋時吳越爭霸，范蠡獻美人計，以西施迷亂吳王，致吳國覆亡之故事。詩云：

吳越相謀計策多，浣紗神女已相和。一雙笑靨才回面，十萬精兵盡倒戈。范蠡功成身隱遁，伍胥諫死國消磨。只今諸暨長江畔，空有青山號苧蘿。（全唐詩卷八〇四）

首句劈空引出吳越相爭稱霸，彼此謀取致勝之道，似乎戰雲密佈，透著爾虞我詐的詭異。領聯借由「一雙」與「十萬」的數字誇大，及西施意態之美和戰爭情況的慘烈，形成一幅強烈對比的畫面，造成視覺上的震撼效果，也寫盡西施犧牲自己，以美人計顛覆吳國的功勞。頸聯詩意另轉至吳越各有謀國忠臣伍子胥與范蠡的身上，兩人皆爲己國強盛付出極大心力，然而結果一則功成隱遁，悠游於山水間，一則以死諫君，君不悟而國亡，這一成一敗、一亡一存又形成明顯對比。末聯詩語由陡健歸於空幽淡遠，當年曠世的英雄美人已隨著時光消逝而化爲朽骨，如今騷人墨客唯有佇足長江畔與苧蘿山憑弔、欷歔了，人事與自然的消長，猶如《三國演義》開卷詩所謂的：「滾滾長江東逝水，浪花淘盡英雄，是非成敗轉頭空，青山依舊在，幾度夕陽紅」，人畢竟在浩瀚的宇宙中，僅是渺小的過客啊！

玄機此詩在敘事上，不冗不晦，筆致簡潔遒勁，尤其「一雙笑靨才回面，十萬精兵盡倒戈」一句，氣勢雄渾、語氣陡健，全詩雖平鋪直敘不見議論、垂誡之意，但餘音裊裊則久久不散。

叄、多樣體式與精琢字句

魚玄機的詩歌體式，形形色色，屬對齊整且工於鍾字煉句，遣詞用典，艷秀而新穎，這些方面的成就都較薛濤與李冶爲高。

在詩歌體式上，以近體詩爲主，除了一般常見的五律、七絕、七律外，詩集中有二首六言體詩，別具一格風韻。如「隔漢江寄子安」詩云：

> 江南江北愁望，相思相憶空吟。鴛鴦暖臥沙浦，鸂鶒閑飛橘林。煙裏歌聲隱隱，渡頭月色沈沈。含情咫尺千里，況聽家家遠砧。（全唐詩卷八〇四）

鍾惺曰：「六言詩了無牽合，不作兩半句讀，則亦彼法高手，然畢竟有才情人，無所不可，玄機蓋才媛中之詩聖也。」（《名媛詩歸》）對玄機在創作此種詩體時，技巧之熟練與融貫詩意，推崇備至。

又如「寓言」詩云：

> 紅桃處處春色，碧柳家家月明。樓上新妝待夜，閨中獨坐含情。芙容葉下魚戲，螮蝀天邊雀聲。人世悲歡一夢，如何得作雙成。（全唐詩卷八〇四）

以上這兩首都同是運用六言律體成詩者，二詩之前六句兩兩對偶，且前兩句又句中各自成對，這種格對方式稱爲「句中對」或「當句對」。

玄機的詩集中，還有其他娼妓女冠詩人所絕無的五言排律、七言排律及聯句次韻等等，在這些詩歌體式上也都有不錯的表現。例如「春情寄子安」是一首七言排律，此詩寫來盪氣迴腸，依其內容共分六大部分：首聯極力形容自己的相思之苦，次聯曲譬李億之情韻風度，三聯宛轉致意，四聯以堅貞自矢，五聯期待來日團圓，末聯則以淚水攻勢，以感動前夫，起承轉合皆渾融一體。胡應麟曾贊此詩之成就超越施肩吾的百韻作品，可說評價極高了。

另外，次韻聯句的創作也是玄機詩作中獨有的特色。所謂的次韻，是和韻的一種，即詩人在和他人的詩時，仿照原詩用韻之次序作詩❷，也稱「步韻」。唐代次韻之體爲元稹所創始，亦爲其所長❸，其詩友白居易即有不少與元稹次韻相酬之作。魚玄機有數首次韻作品，於長篇累幅中，爭能鬥巧，層出不窮，在娼妓詩人中是相當特殊的情況，尤其是次韻光、威、裒三姊妹的聯句一詩，最爲別緻，詩云：

昔聞南國容華少。今日東鄰姊妹三◎。妝閣相看鸚鵡賦。碧窗應繡鳳凰衫◎。紅芳滿院參差折。綠醑盈杯次第銜◎。恐向瑤池曾作女。謫來塵世未爲男◎。文姬有貌終堪比。西子無言我更慚◎。一曲豔歌琴杳杳。四弦輕撥語喃喃◎。當臺競鬥青絲髮。對月爭誇白玉簪◎。小有洞中松露滴。大羅天上柳煙含◎。但能爲雨心長在。不怕吹簫事未諳◎。

阿母幾嗔花下語。潘郎曾向夢中參。暫持清句魂猶斷。若覩紅顏死亦甘。悵望佳人何處在。行雲歸北又歸南。（全唐詩卷八〇四）

附光、威、裒聯句：

朱樓影直日當年。玉樹陰低月已三。（光）粉膩暗銷銀鏤合。錯刀閑剪泥金衫。（威）繡床怕引烏龍吠。錦字愁教青鳥銜。（裒）百味鍊來憐益母，千花開處鬥宜男。（光）鴛鴦有伴誰能羨。鸚鵡無言我自慚。（威）浪喜遊蜂飛撲撲，佯驚孤鵲語喃喃。（裒）偏憐愛數蟏蛸掌。每憶光抽玳瑁簪。（光）煙洞幾年悲尚在。星橋一夕帳空含。（威）窗前時節羞虛擲，世上風流笑苦諳。（裒）獨結香綃偷餉送，暗垂檀袖學通參。（光）須知化石心難定，卻是爲雲分易甘。（威）看見風光零落盡，弦聲猶逐望江南。（裒）

二詩都是閨閣言情之佳作，但詩風仍略有不同。戴南郵曰：「合觀二詩，原作踟躕帶怨，此作惋惜多風。女冠之俠腸與閨幼之稚齒，賞音顧曲，情韻珊然，……亦班、謝之再見於詞壇矣。」（唐風采）指出三姊妹與魚玄機具是才媛。

聯句之風，最早起於漢武帝柏梁臺上與群臣唱和。遞次至唐，太宗、高宗也有與衆卿戲聯助興的作品留傳，流風相衍，元和長慶以來，詩人往來唱和，吟詠納交，宴集歡酌，更以聯句相返，或逞心志，或尙辭采，不但能測驗才思之遲速，極具趣味性，亦能切磋詩境，富有進取性，更能暢歡盡樂，掀起相聚之高潮。此處，魚玄機以次韻相和，是鑑於光、威、裒三姊妹的聯句「精粹難儔，雖謝家聯雪，何以加之」，於是技癢而詩興大發，便採同字之韻，應對成篇，篇中詩意婉媷旖旎，可見其詩才之高；而三姊妹之作品能傳於世，亦當感謝玄機表彰之功。

從魚玄機詩集裏，律詩、排律、次韻聯句等體式的大量出現，一則反映了她偏好選擇較長篇幅之詩體以鋪景敘情，一則亦可由此看出她在這方面力求活潑多樣化的功力。

玄機著詩之態度嚴肅而認眞，每寫一詩，往往冥思苦索，精雕細琢，反復推敲，吟誦再三，如「一首詩來百度吟，新情字字又聲金」（次韻西鄰新居兼乞酒）、「苦思搜詩燈下吟，不眠長夜怕寒衾」（冬夜寄溫飛卿）、「字字朝看輕碧玉，篇篇夜誦在衾裯」（和友人次韻）、「喧喧朱紫集人寰，獨自清吟日色閒」（和友人次韻），眞有「語不驚人死不休」的精神。

正因爲魚玄機注重錘鍊字句，講究形式美感，所以她的作品屬對工整，佳句甚多，隨意俯拾，溢滿雙手。例如：

一雙笑靨才回面，十萬精兵盡倒戈。（浣紗廟）

冰銷遠磵憐清韻，雪遠寒峰想玉姿。（春情寄子安）

蓬山雨灑千峰小，嶰谷風吹萬葉秋。（和友人次韻）

詩詠東西千障亂，馬隨南北一泉流。（和左名場自澤州至京使人傳語）

大江橫抱武昌斜，鸚鵡洲前萬户家。（江行二首）

皆狀物飛動，氣勢豪邁雄渾，意境廣大，視野高遠，不似小家碧玉之情懷。又如：

蕙蘭銷歇歸春圃，楊柳東西絆客舟。（寄子安）

一枝月桂和煙秀，萬樹江桃帶雨紅。（和新及第悼亡詩二首）

竹陰初月薄，江靜晚煙濃。濕嘴銜泥燕，香鬚採蕊蜂。（暮春有感寄人）

細膩描寫景物，在清新挺秀中，流露繁縟情致，尤其豐富之想像力，饒富神思。再如：

紅桃處處春色，碧柳家家月明。（寓言）

明月照幽隙，清風開短襟。（秋中作）

鑿池泉自出，開徑草重生。（題任處士創資福寺）

滿杯春酒綠，對月夜琴幽。（導懷）

詩句色彩明麗，表現悠閑淡遠的胸懷。再如：

翠色連荒岸，煙姿入遠景。（賦得江邊柳）

影鋪秋水面，花落釣人頭。（賦得江邊柳）

嫩菊含新彩，遠山閑夕煙。淑風驚綠樹，清韻入朱弦。（早秋）

這些都情景俱佳，語調靜朗，氣韻靈動。

屬對工穩、精雕細琢的字句，使魚玄機的詩作婉曲而不澀，任情而不俗。《三水小牘》即說玄機「風月賞翫之佳句，往往播於士林。……其詩有『綺陌春望遠，瑤徽秋興多』。又『殷勤不得語，紅淚一雙流』。又『焚香登玉壇，端簡禮金闕』。又『雲情自鬱爭同夢，仙貌長芳又勝花』，此數聯爲絕矣。」另外，《唐才子傳》亦稱玄機「尤工韻調，情致繁縟」，都對其對仗工整錘鍊字句，言景達情的技巧頗爲贊賞。

在引用典故方面，亦經常見於其詩作中，且時露豔秀新穎之特色。例如：「和人次韻」：「白花發詠慚稱謝，僻巷深居謬學顏。」上句活用謝道蘊詠柳絮事，下句用《論語》「雍也」篇：「一簞食，一瓢飲，人不堪其憂，回也不改其樂。」之典故，以孔子弟子顏回自比，運用明典，靈動貼切，自謙之情溢於紙上。

又如「寄劉尙書」：「小才多顧盼，得作食魚人。」下句也是直用馮諼客孟嘗君，嘗彈其劍而歌曰：「長鋏歸來乎，食無魚！」孟嘗君遂以禮待之的典故，感謝劉尙書對自己的照顧，顯得適情達理。

再如「情書寄李子安」：「秦鏡欲分愁墮鵲，舜琴將弄怨飛鴻」上句用《神異經》：「昔有夫婦，將別，破鏡，人執半以爲信。其妻忽與人通，鏡化鵲飛至夫前，其夫乃知之。」的故事，比喻自己與李億分別。下句引《禮記》「樂記」：「昔舜作五弦之琴以歌南風。」及嵇康「贈秀才入軍」：「目送歸鴻，手揮五弦。」之句，仍表分別之情。鍾惺對玄機此詩用事之精鍊，大力贊揚曰：「緣情綺靡，使事偏能豔動。此李義山能爲之，而玄機可與之匹。」李商隱是唐代寫情詩之能手，而玄機竟被視爲可與之匹敵，可見其善於徵事引詞。

除了嫻熟的使用明典外，玄機也有舊典翻用，達到出人意表的情韻。

例如「寄李億員外」：「自能窺宋玉，何必恨王昌。」上句用宋玉「登徒子好色賦」中之事，下句引《襄陽耆舊傳》云王昌「姿儀俊美，爲時所共賞」，後人遂以王昌爲美男子或情郎的代稱，而有「人生富貴何所望，恨不早嫁東家王」（古樂府）之句，此處玄機舊典新用，詩意爲：我一定能找到稱心如意的愛人，何必怨恨玩弄過我，而又把我拋棄的人呢？如此翻典，出人意表，顯示她自信又倔強之性格。

又如「次韻西鄰新居兼乞酒」：「西看已有登垣意，遠望能無化石心。」上句亦反用宋玉「登徒子好色賦」事，自比宋玉東家子，言西鄰有登垣窺己之意；下句用《幽明錄》相傳昔有貞婦於其夫從役遠赴國難後，攜弱子餞送北山，站立望夫而死，因化爲石的典故，說自己也豈能無望夫化石之意，即許鄰人之愛慕。

再如「感懷寄人」：「門前紅葉地，不掃待知音。」反用東漢杜密「閉門掃軌，無所干及」之典故，意在表明自己雖爲女冠，卻不欲與世人隔絕之意。

魚玄機援引典故，能避免堆砌故實，而將其中深意化入作品之中。例如「送別」：「水柔逐器知難定，雲出無心肯再歸。」上句暗用《韓非子》「外儲說左上」：「爲人君者猶盂也，民猶水也，盂方則水方，盂圓則水圓」的意思，此用以比喻男子用情不專，這是「雖引古事，而莫取舊辭」（《文雕》「事類」）的方式，下句化用陶潛「歸去來辭」：「雲無心以出岫，鳥倦飛而知還」，反用爲離人遠去而不歸。這二句讀來如出胸臆，初不覺用典，既知其出處後再加體味，頗使原有文字增添許多含蘊。

從上述分析，可見玄機在字句鍛鍊與典故運用的功力頗爲深厚，這些寫作技巧方面的成就，猶比薛濤、李冶來得高妙。但也有一些評論家以爲玄機詩集中放佚語較多，於是言其文藻有餘，格調不高，甚至把她屬對工穩，遣詞用典艷秀而新穎的優點，也認爲是雕琢之迹過於明顯，說她是才力不濟，於是以姱巧取勝，因此較之薛、李，略爲遜色。

這樣的評論並非持平公允之見。

中國傳統詩評家歷來對女詩人作品的評論，往往以其突破所謂的「閨閣習氣」，能夠發雄聲、倡豪言而予以贊揚，但是這種以男性中心爲批評標準，卻殘忍地扼殺或抹煞了古典女性詩詞的特色，於是我們看到了薛濤作「籌邊樓」詩，得到「教誡諸將，何等心眼，洪度豈直女子哉，固一代之雄也」（《名媛詩歸》），與「其托意深遠，非尋常裙裾所及」（《紀河間詩話》）之類的評語；而李冶作「三峽流泉歌」也被評爲「似幽而實壯，頗無脂粉氣」（《唐詩快》）。但我們不要忘了：對女詩人的男性風格，應就不同的作品，作具體客觀的分析，更何況詩是作者生活經驗的具體呈現，所以薛濤之所以寫了歷來傳誦的「籌邊樓」詩，抒發娼妓詩人從未提及的時局之憂，這是因爲她身爲營妓，曾有被罰赴邊，眞正見到當地戰士生活情形的經歷，因此感於肺腑發而爲詩，始能感人；至於李治詩中纏綿相思之語也不在少數，而薛濤的情感也只是內斂不隨意渲洩而已，若果眞要以超越閨閣習氣的作品爲評論標準，那麼魚玄機也有顯示男性風格的詩歌，如「遊崇眞觀南樓睹新及第題名處」一詩云：

> 雲峰滿目放春晴，歷歷銀鈎指下生。自恨羅衣掩詩句，舉頭空羨榜中生。（全唐詩卷八〇四）

這首「偏與文士相宜」（《名媛詩歸》）的詩，是魚玄機懷才不遇的心聲表達。《唐才子傳》曰：「觀其志意激切，使爲一男子，必有用之才，作者頗賞憐之」，這不也認爲玄機這樣志意激切之詞，顯示出男性風格嗎？當然即使這樣的評語，也還是以男性中心爲批評標準的，但他至少指出玄機與薛、李一樣，也有突破閨閣習氣的作品，這樣的評論比起那些僅著眼於玄機集中出現大量情語之角度，即斷然評其文藻有餘，詩格淺弱，甚至完全推翻她寫作技巧的優點來說，是稍微客觀了些。

若我們再攤開薛濤、李治的詩作，還可發現她們也有些表現男性風格的作品，實爲附庸風雅之作，因爲官場和文壇本爲男人揮灑的世界，一個處於邊緣地位的娼妓女冠，由於常與官員文人應酬，當然會習慣於用那種場合的套語寫詩，但如果在詩中抒發不屬於自己的情感，那麼這樣的文采是否顯得滑稽做作而貧血了些？因此，相比之下，「閨閣習氣」

即使淺弱，也是女子詩歌的「本色」！

總之，對詩人的評價既不可以男性中心爲批評標準，唯有針對其生活經驗之深淺與不同作品，做具體客觀的分析，因此公允的說，薛濤、李冶、魚玄機這三大名妓的詩作，都各有獨自不同的特色與風貌，將唐代原本群星燦爛，百卉競芳的詩壇，發出更眩目耀眼的光芒。

注釋

❶ 例如：較魚玄機晚生九十多年之南唐後主李煜，其「問君能有幾多愁，恰似一江春水向東流」（虞美人），是家喻戶曉之名句，而北宋歐陽修之「離愁漸遠漸無窮，迢迢不斷如春水」（踏莎行），亦一再爲後世文人所稱道，實則二詞之精神意境，魚玄機早於李煜、歐陽修之一世紀前，已發其濫觴。

❷ 唐人唱和詩有用韻、依韻、次韻三類。劉攽《中山詩話》云：「唐詩賡和，有次韻（先後無易），有依韻（同在一韻），有用韻（用彼韻，不必次）。」此說指出唐人此類詩之情形，但未能說明三者間之關係。陸游《渭南文集》卷三〇「跋呂成叔和東坡尖叉韻雪詩」云：「（唐）有用韻者，謂同用此韻耳。後乃有依韻者，謂如首倡之韻，然不以次也。最後始有次韻，則一皆如其韻之次。」指出用韻—依韻—次韻的演變過程，較劉攽進了一步。

❸ 趙翼《甌北詩話》卷四「白香山詩」云：「次韻實自元、白始。依次押韻，前後不差，此古所未有也。」吾人若再求詳細明白，則可據《元氏長慶集》集外文章「上令狐相公詩啓」云：「稹與同門生白居易友善。居易雅能爲詩，就中愛驅駕文字，窮極聲韻。或爲千言，或爲五百言律詩，以

相投寄。小生自審不能以過之，往往戲排舊韻，別創新詞，名爲次韻相酬，蓋欲以難相挑耳。」由此段資料可知：元稹自稱「次韻相酬」之體爲其創始，是肯定而可信的。

第六章　唐代娼妓對詩詞之貢獻與影響

唐代娼妓並非純粹歡樂場上的消極人物，她們活躍在社會舞臺，對文化或藝術上所產生的貢獻與影響，不但不遜於儒冠雅士，甚且猶有過之。例如：妓筵歌唱對唐人作品流傳，有既快速且廣遠之貢獻；當她們與文士交往時，則更提供了文士們詩歌創作所必需的生活素材和感情體驗，這深深影響唐代詠妓詩作的題材與內涵，使唐代的詠妓詩踵事增華，在初盛中晚唐都呈顯不同的內容風格與特色。此外，妓筵酒令著辭在宴席遊戲之中，對詞體之形成也產生重大影響，這些都是值得後人予以肯定與讚美的。

第一節　妓歌對唐人詩詞流傳之貢獻

唐人作品可被於管絃，合樂入唱者，不勝枚舉，而且這種現象從初盛唐到中晚唐都相當普遍。這些作品或被教坊梨園採入，或播於王公樂章，或與妓彈唱，藉由音樂的力量，傳佈於衆人口耳之中。由下表擷取自唐代史料、詩話、筆記小說之記載，可對當時作品合樂、妓女入唱之盛況，略知梗概。

詩人（年代）	作品合樂入唱之資料出處
四傑（初唐）	明《詩綜》卷三十：「唐初四子，……音節往往可歌。」
李嶠（初唐）	《唐音癸籤》：「景龍四年春，宴桃花園，李嶠等❶各獻桃花詩，上令宮女歌之，辭既清婉，歌仍妙絕……上敕太常簡二十篇入樂府，號曰「桃花行」。
沈佺期（初唐） 宋之問（初唐）	獨孤及「唐故左補闕安定皇甫公集序」：「五言詩……至沈詹事、宋考功、始裁成六律，彰施五色，使言之而中倫，歌之而成聲。」
賀知章（初唐）	《雲溪友議》卷下「溫裴黜」條，載其作「楊柳枝」辭，由妓周德華歌之。
康　洽（盛唐）	戴叔倫「贈康老人洽」：「一篇飛入九重門，樂府喧喧聞至尊，宮中美人皆唱得，七貴因之盡相識。」又《唐才子傳》：「洽……工樂府詩篇，宮女梨園皆寫爲聲律。」
王之渙（盛唐） 王昌齡（盛唐） 高　適（盛唐）	薛用弱《集異集》載，開元中三人齊名，時風塵未偶，而遊處略同。一日共詣旗亭，貰酒小飲，會有妙妓數人唱王之渙「出塞」（或名涼州詞）、王昌齡「長信秋詞」與「芙蓉樓送辛漸」，及高適「哭單父梁九少府」等詩。

王　維（盛唐）	《唐詩紀事》卷十六載，李龜年於湘中採詩使筵上，唱「紅豆生南國」與「清風明月苦相思」等，皆王維所製，而梨園唱焉。又「送王元二出使安西」一詩，歌妓離人競唱爲「渭城曲」。
李　白（盛唐）	《太平廣記》卷二〇四引《松窗錄》云，開元中，禁中牡丹花盛開，上宣李白作「清平調」辭，玄宗命梨園弟子，約略調撫絲竹，遂促龜年以歌。又《本事詩》「高逸」云：「玄宗嘗因宮人行樂，召李白作『宮中行樂』五言律詩十首。」
戎　昱（盛唐）	《本事詩》「情感」載，昱作「移家別湖上亭」詩，由郡妓歌以示意。
楊巨源（中唐） 滕　邁（中唐）	《雲溪友議》卷下「溫裴黜」條，載楊、滕作「楊柳枝」辭，由妓周德華歌之。
韓　琮（中唐）	同右。又元稹「見人詠韓舍人新律詩因有戲贈」云：「喜聞韓古調，兼愛近詩篇。……輕新便妓唱，凝神入僧禪。」
令狐楚（中唐）	劉禹錫「令狐相公自天平移鎮太原以詩申賀」：「孔璋舊檄家家有，叔度新歌處處聞。」又「重酬前寄」：「新成麗句開緘後，便入清歌滿座聽。」又「酬令狐相公六言見寄」有云：「今日便令歌者，唱兄詩送一盃。」
韋處厚（中唐）	白居易「甘子堂陪宴上韋大夫」：「楚樂怪來聲競起，新歌盡是大夫詞。」

李　益（中唐）	《舊唐書》卷一三七：「長爲歌詩，貞元末與宗人李賀齊名，每作一篇，爲教坊樂人以賂求取，唱爲供奉歌詞。」（《新唐書》卷二〇三略同），又《唐詩紀事》卷三十，謂李益詩，「取爲聲樂度曲」。
武元衡（中唐）	《舊唐書》卷一五八：「元衡工五言詩，好事者傳之，往往被於管弦。」（《唐才子傳》略同）
鄭員外（中唐）	韓翃「送鄭員外」：「孺子亦知名下士，樂人爭唱卷中詩」。
常諫議（中唐）	羊士諤「詠渠州常諫議使君」：「至今猶有東山妓，長使歌詩被管弦。」
白居易（中唐）	白居易「與元九書」：「又昨過漢南日，適遇主人集衆樂，娛他賓，諸妓見僕來，指而相顧曰：此是秦中吟、長恨歌主耳。」《舊唐書》「白居易傳」：「及再來長安，又聞有軍使高霞寓者，欲聘娼妓，妓大誇曰：我誦得白學士『長恨歌』，豈同他哉？由是增價。」白居易「楊柳枝二十韻」：「小妓攜桃葉，新聲蹋柳枝，……樂童翻怨調，才子與妍辭。」《樂府雜錄》：「楊柳枝，白傅閒居洛邑時作，後入教坊。」白居易「宴後題府中水堂贈盧尹中丞」：「莫言楊柳枝空老」注：府妓有歌楊柳枝曲者，因以名焉。劉禹錫「酬樂天醉後狂吟十韻」：「制誥留臺閣，歌詞入管絃」。

元　稹（中唐）	元稹「重贈」：「休遣玲瓏唱我詩，我詩多是別君詞」。自註：「樂人商玲瓏能歌，歌予數十詩」。 元稹「酬友封話舊敘懷十二韻」：「憐君詩似詠，贈我筆如飛。會遣諸伶唱，篇篇入禁闈。」 《舊唐書》「元稹傳」：「穆宗皇帝在東宮，有妃嬪左右，嘗誦稹歌詩，以爲樂曲者」，又「嘗爲長慶宮詞，數十百篇，京師競相傳唱」。 《新唐書》「元稹傳」：「尤長於詩，與居易名相埒，天下傳諷，號元和體，往往播於樂府」。 《唐才子傳》：「稹詩變體，往往宮中樂色皆誦之，呼爲才子。」 元稹「酬樂天江樓夜吟稹詩因成三十韻」：「伎樂當筵唱，兒童滿巷傳。」 白居易「醉戲諸妓」：「席上爭飛使君酒，歌中多唱舍人詩」。又「聞歌者唱微之詩」：「時向歌中聞一句，未容傾耳已傷心。」又「江樓夜吟元九律詩」：「閤被歌姬乞，潛聞思婦傳」。
劉禹錫（中唐）	劉禹錫「竹枝詞序」：「余亦作竹枝九篇，俾善歌者颺之附于末」。 《雲溪友議》卷下「溫裴黜」條，載其作「楊柳枝」辭，由妓周德華歌之。
嚴　前（中唐）	白居易「聞歌妓唱嚴郎中詩因以絕句寄之」：「已寄舊政布中和，又付新詩與艷歌。」
馬　彧（中唐）	韓定辭「答馬彧」：「盛德好時銀管述，麗詞堪與雪兒歌。」
張　祜（中唐）	杜牧云祜所作「何滿子」詩：「虛唱歌辭滿六宮」。

李　賀（中唐）	李賀「花遊曲序」：「寒食日，諸王妓遊。賀入座，因採梁簡文詩調，賦花遊曲，與妓彈唱。」又「申胡子觱篥歌」序：「歌成，左右人合譟相唱。朔客大喜，擎觴起立，命花娘出幕，徘徊拜客。吾問所宜，稱善平弄。於是以弊辭配聲，與予爲壽。」《唐才子傳》：「賀之樂府諸詩，雲韶衆工諧於律呂。」
施肩吾（中唐）	孟簡「酬施先輩」：「襄陽才子得聲多，四海皆傳古鏡歌。樂府正聲三百首，梨園新入教青娥。」
李　紳（中唐）	李紳「憶被牛相留醉州中時無他賓牛公夜出眞珠輩數人」：「酒徵舊對慙衰質，曲換新辭感上宮。」註：「余有換樂曲辭，時小有傳於歌者。」
張　籍（中唐）	姚合「贈張籍」：「麟臺添集卷，樂府換歌辭。」
路　巖（中唐）	《北夢瑣言》卷三：「唐路侍中巖……移鎭渚宮日，於合江亭離筵，贈行雲等『感恩多』詞，……至今播於倡樓也。」
裴虔餘（晚唐）	《唐詩紀事》卷六十，載咸通末，裴虔餘侍李蔚遊江，篙濕近坐妓女衣，李怒，裴詩曰：「滿額鵝黃金縷衣」云云，李懽，「令謳者傳之」❷
韓　偓（晚唐）	韓偓「香奩集序」：「庚辰、辛巳之際，迄辛丑、庚子之間，所著歌詩，不啻千首，其間以綺麗得意，亦數百篇，往往在士大夫之口，或樂工配入聲律。」

由上述資料，可知這些入樂的作品，不僅止於諷誦而已，且每付歌喉吟唱。至於唱詩之人，除士大夫自唱與梨園樂工、歌童外，最大的女性族群當推唐代各式娼妓。

大致而言，宮妓所唱之作品來源有下列數種：

㈠群臣應制之作，被選入「御製曲」。例如《唐詩紀事》卷三，謂中宗正月晦日幸昆明池，賦詩，群臣應制百餘篇，命上官昭容選一首，爲「新翻御製曲」，結果宋之問詩中選。這種被君王選入之作品，交由教坊梨園專業樂工會諧絲竹後，多由宮妓吟唱，以供奉天子。

㈡文人作品獻於太常寺及內外教坊。例如李頎「送康洽入京進樂府歌」云：「新詩樂府唱堪愁，御妓應傳鳷鵲樓。西上雖因長公主，終須一見曲陽侯」。所說的就是康洽以新詩獻於京都樂府，供宮妓傳唱。

㈢文人所作播於樂府，被梨園樂妓傳唱。例如《舊唐書》「李益傳」，云其「夜上受降城聞笛」一詩，天下以爲歌辭。此詩是李益在崔寧幕府時所作，被樂工賂求，被之聲歌，獻給天子，由梨園或教坊宮妓吟唱。又如元稹「長慶宮辭」數十百篇，也是專爲宮妓所作之歌辭；王世貞《四部稿》「文章九命」條亦曰：「元稹連昌宮等辭，凡百餘章，宮人咸歌之，呼爲元才子。」再如《本事詩》「事感」條，指白居易「一樹春風萬萬枝」一首，在宣宗時，國樂常唱前詞，又如孟簡在「酬施先輩」詩裏，云施肩吾的作品是「樂府正聲」，且由「梨園新入教青娥」，這些都是宮妓歌詩的明例。

鈎稽《教坊記》這本記錄盛唐歌曲以供掖庭或教坊宮妓歌唱的專書裏，大略可推測宮妓歌唱之內容，大約有歌功頌德、彰顯蠻夷嚮慕、抒寫宮闈怨思、言酒宴歡樂、訴思鄉旅情、表宗教信仰、民間風俗、說民間故事，甚至苦戍役、反戰爭等等，範圍十分廣闊❸。至於官妓、營妓、家妓或民間職娼等之歌詩，則多在酒筵場合，唱名士才子之篇。就現存資料的記載看來，她們歌詩之內容約有下列三類：

㈠送別詩：例如「旗亭賭唱」中，妓歌王昌齡「寒江連雨夜入吳」之詩。又如《雲溪友議》卷上「餞歌序」條中，盛小叢歌李訥「繡衣奔命去情多」之詩，又同上書「襄陽傑」條裏，零陵妓歌戎昱「寶鈿香蛾翡翠裙」之詩，而「溫裴黜」條，云周德華歌楊巨源、滕邁、劉禹錫、韓琮等人之「楊柳枝」詩。又如《本事詩》「情感」條，浙西酒妓歌戎昱「好去春風湖上亭」之詩。另《太平廣記》卷二七三引《抒情詩》中，妓唱韋蟾「悲莫悲兮生別離」之詩，此外，元稹「重贈」詩云：「休遣玲瓏唱我詩，我詩多是別君詞」等等，這些都是妓唱送別詩的例子。

㈡怨情詩：如「旗亭賭唱」中，妓歌王昌齡「奉帚平明金殿開」，及歌高適「開篋淚霑臆」之詩。《雲溪友議》卷下「艷陽辭」條，劉採春歌衆名士「望夫歌」，另外，杜牧「杜秋娘詩序」中，杜秋娘歌「金縷衣」，白居易「聽詩六絕句」，妓唱「想夫憐」，《本事詩》「情感」條裏，廣陵妓唱張又新「雲雨分飛二十年」之詩等，皆是妓唱怨情詩的例子。

㈢邊塞詩：如「旗亭賭唱」中，妓歌王之渙「黃河遠上白雲間」之詩。妓唱詩人邊塞作品，在盛唐即已普遍，中唐以後，朝廷戰事不斷，因此邊塞詩入唱更爲平常，任半塘《唐聲詩》即指出中唐以後，敎坊曲中收邊塞詩或涉及邊情者有二十三首之多。這些邊塞詩的作者，大多做過幕府使吏，或在幕府生活過一段時間，彼以其生活之體驗入詩，遇軍中酒筵高會場合時，即由官妓或營妓取以入唱，這種情形在高適、岑參的詩中有相當明顯的反映，例如岑參之「嬌歌急管雜青絲，銀燭金盃映翠眉」（使君席夜送嚴河南赴長水）、「將軍醉舞不肯休，更使美人吹一曲」（裴將軍宅蘆管歌）、「秦州歌兒歌調苦，偏能立唱濮陽女」（醉後戲與趙歌兒）、高適之「戰士軍前半死生，美人帳下猶歌舞」（燕歌行）等等都是。

分散在各地的官妓、家妓、職娼等，不但在取得文士詩作之來源與內容上，都較宮妓來得直接且範圍寬廣，另外，她們歌詩時也較有個人選擇之自由，要在以能表現她們的歌藝爲主，因此在「旗亭賭唱」中，王昌齡等文士以詩入歌詞之多者爲優，但在諸妓次第呈伎時，卻不無互相競爭的意味，且以表現其腔調或歌喉之美好爲上；所以劉採春善唱「望夫歌」，就選當代才子所作而唱之，而周德華善歌「楊柳枝」，於是就擇近日名流之詠，這顯示她們各以所長，能自由選唱名士才子的詩篇，同時，也證實了王灼《碧雞漫志》所謂「李唐伶伎，取當時名士詩句入歌曲，蓋常俗也」的記載。

當然，唐妓的選詩標準與其本身文化素養有關。一般而言，有名的妓女對詩作的選擇較爲嚴苛，例如唐代詩人寫作「楊柳枝」詞者相當多，但周德華所唱僅七、八篇名流之詠，而「能逐弦吹之音，爲惻艷之詞」的溫庭筠與裴諴想要將他們自己認爲寫得不錯的詩篇，請德華一陳音韻，但德華卻「以爲浮豔之美」而「終不取焉，二君深有愧色」（《雲溪友議》卷下「溫裴黜」條），從這裏可以看出她選詩的嚴謹態度，周德華如此做，雖然得罪溫、裴二公，但她的名氣無疑也更加響亮。

在名妓唱名詩的刺激下，自然促使唐代詩人創作更好的詩歌，而歌妓們則爭唱這些作品以提昇自己的身分。例如《舊唐書》「白居易傳」云，軍使高霞寓欲聘娼妓，妓大誇曰：「我誦得白學士長恨歌，豈同他哉？」由是增價。而當白居易在宴會場合聽到諸妓見其至，指而相顧曰：「此是秦中吟、長恨歌主耳。」的話時，內心亦必難掩喜悅之情。這都顯示了唐妓歌詩與文士寫作，兩者間是彼此推轂，互相倚重、互利共榮的關係，換言之，娼妓們以能唱得文士佳篇而自高身價，文士作品則藉著到處存在的娼妓傳唱而流傳久遠。所以，唐代詩詞作品之興盛與傳播之迅速，娼妓歌唱在客觀上是起了相當重要的促進作用，而這正是唐代文學社會化的一個特殊現象。

注　釋

❶ 中宗於桃花園游宴，李嶠等各獻桃花詩之事，亦見載於《說郛》四六「景龍文館記」及《唐詩紀事》卷十。獻詩者除李嶠外，尚有趙彥昭「侍宴桃花園詠桃花應制」、徐彥伯「侍宴桃花園」、李

又（詩題同上）、蓀頵（詩題同上）、張說「桃花園馬上應制」等。

❷《太平廣記》對此事記載略有不同。卷二〇〇「李蔚」條引「抒情集」：李鎮淮南日，送布素交孫處士，舟子舉篙濺水，濕妓衣，李怒責舟子，孫乃作柳枝詞「半額微黃金縷衣」云云，李歡，「命伶人唱其辭」。

❸這是從《教坊記》所列三四三首曲名中，就有傳辭、爲唐人所歌之聲詩及唐或五代長短句詞、曲之內容，大約推測其範圍。另外，任半塘在《教坊記箋訂》「大曲名之性質與意義」之第十點，與「附錄三」——「曲名事類」中亦有詳析，可參看。

第二節　詠妓詩之風格轉變

娼妓在中國歷史上存在已久，而文士與之交往、並以之吟詠入詩之情況亦十分普遍，因此詠妓詩並非特屬於唐代文學的專有作品，在社會風氣狎冶浮靡的六朝就有不少詠妓詩歌，然而以南朝的詠妓詩而論，其不論題材內容或寫作手法等各方面，都遠比不上唐代的詠妓詩具有那麼多的特色和不同的風格。造成兩者間區別如此大的原因，應是兩朝的娼妓在此中扮演的角色有主、被動之差異；簡單地說：南朝娼妓基本上僅是在瑤席中，以其美色或歌舞表演提供當時權貴豪門之士的聲色之娛，她們只是被當成物品般的欣賞或吟詠入詩，所以南朝的詠妓詩與其他宮體詩作並無二致，在風格上並沒有攸判的區別；而唐代娼妓除了也擁有美色與音樂才能外，更具有不可多得的文學素養，雖然她們同樣都是在促進席間的歡樂氣氛，但唐妓比前朝更主動的活躍在社會、文壇上，除了自我詩歌創作外，當她們與文士交往頻仍之際，更提供了文士們在詩歌創作時所必需的生活素材和感情體驗。因此自初唐到晚唐，文士吟詠娼妓或涉及妓樂之詩篇就不下千百首之多。在數量上可說不僅超越前朝，而且從這些詠妓詩整體之風格內涵與情感寄托之方式而言，這一類作品並非千篇一律，而是隨著文士與娼妓交往的關係深淺，和在文苑上所形成狎冶風尚的大環境下，使得初、盛、中、晚唐四個時期的詠妓詩作都呈顯不同的風格特色。換句話說，唐代詠妓詩之所以踵事增華，娼妓們幕後的促發力是一重要因素❶。以下茲就唐代不同時期之詠妓詩，剖析其題材內涵與風格特色。

壹、初盛唐詠妓詩——題材單純、情感淺淡

初盛唐多觀妓詩，詩人一般處在節會筵宴的場合，取旁觀角度欣賞妓女之歌樂舞蹈，情緒較爲平淡，遣詞煉句也以直觀之描述爲主。茲舉數首以觀。例如王績（一作盧照鄰、王勣）「益州城西張超亭觀妓」：

落日明歌席，行雲逐舞人。江南飛暮雨，梁上下輕塵。冶服看疑畫，妝台望似春。
高車勿遽返，長袖欲相親。（全唐詩卷三十七）

「詠妓」詩云：

妖姬飾靚妝，窈窕出蘭房。日照當軒影，風吹滿路香。早時歌扇薄，今日舞衫長。
不應令曲誤，持此試周郎。（全唐詩卷三十七）

又如盧照鄰（一作王勣）「辛司法宅觀妓」：

南國佳人至，北堂羅薦開。長裙隨鳳管，促柱送鸞杯。雲光身後落，雪態掌中回。
到愁金谷晚，不怪玉山頹。（全唐詩卷四十二）

陳子良「賦得妓」：

金谷多歡宴，佳麗正芳菲。流霞席上滿。回雪掌中飛。明月臨歌扇，行雲接舞衣。
何必桃將李，別有待春暉。（全唐詩卷三十九）

張說「溫泉馮劉二監客舍觀妓」：

溫谷寒林薄，群遊樂事多。佳人蹀駿馬，乘月夜相過。秀色然紅黛，嬌香發綺羅。
鏡前鸞對舞，琴裏鳳傳歌。妒寵傾新意，銜恩奈老何。爲君留上客，歡笑斂雙蛾。
（全唐詩卷八十八）

沈佺期「李員外秦援宅觀妓」：

盈盈粉署郎，五日宴春光。選客虛前館，徵聲徧後堂。玉釵翠羽飾，羅袖鬱金香。

拂黛隨時廣，挑鬟出意長。囀歌遙合態。度舞暗成行。巧落梅庭裏，斜光映曉妝。

（全唐詩卷九十七）

儲光羲「夜觀妓」：

白雪宜新舞，清宵召楚妃。嬌童攜錦薦，侍女整羅衣。花映垂鬟轉，香迎步履飛。
徐徐斂長袖，雙燭送將歸。（全唐詩卷一三九）

孟浩然「美人分香」：

艷色本傾城，分香更有情。髻鬟垂欲解，眉黛拂能輕。舞學平陽態，歌翻子夜聲。
春風狹斜道，含笑待逢迎。（全唐詩卷一六〇）

又如「宴崔明府宅夜觀妓」：

畫堂觀妙妓，長夜正留賓。燭吐蓮花豔，妝成桃李春。髻鬟低舞席，衫袖掩歌唇。
汗濕偏宜粉，羅輕詎著身。調移箏柱促，歡會酒杯頻。倘使曹王見，應嫌洛浦神。
（全唐詩卷一六〇）

李白「邯鄲南亭觀妓」：

歌妓燕趙兒，魏妹弄鳴絲。粉色艷日彩，舞袖拂花枝。把酒顧美人，請歌邯鄲詞。

清箏何繚繞，度曲綠雲垂。……（全唐詩卷一七九）

以上這類觀妓詩多是把舞席歌筵上之瞬間感受形諸筆墨而已，有些是根據事後追憶，有些則是當場即興之作，所謂「刻燭限詩成」（孟浩然「寒夜張明府宅宴」）者。各詩之共同特點是平鋪直叙，缺少興寄，就連詩中之意象亦頗多相似或雷同，如舞袖、綠雲、紅黛、歌唇、雲光、雪態、流霞、行雲、回雪、鸞舞、鳳歌、嬌弦、玉指等等，顯然都是得自表層的印象，詩人對妓女色藝之欣賞，尚處于一種「間離」的狀態。甚至有些觀妓詩中，大部分的篇幅言他事，僅有寥寥數句說到妓女，例如李白「在水軍宴韋司馬樓船觀妓」，整首詩大多在說樓船揚帆順風的情景，提到觀妓時僅云「對舞青樓妓，雙鬟白玉童，行雲且莫去，留醉楚王宮。」而另一首「秋獵孟諸夜歸置酒單父東樓觀妓」詩，亦大多著墨言跨駿馬，挽雕弓，馳騁四野以獵狐兔之情形，詩末始曰：「出舞兩美人，飄颻若雲仙。留歡不知疲，清曉方來旋」。在這些作品裏，妓女只是作爲渲染宴會氣氛之一小部分的陪襯而已，妓女的歌喉、舞姿，包括妓女本身在詩人的眼中固然美好，但這種美在詩人心裏所激起的反應，與觀賞一幀丹青佳品，或面對一片湖山勝景的感受，似乎也並無太大的區別，換言之，在作品中，詩人與妓女的情感交會相當淺淡。儘管初盛唐也有極少篇的「傷妓」詩，如宋之問「傷曹娘二首」：

鳳飛樓伎絕，鸞死鏡台空。獨憐脂粉氣，猶著舞衣中。

河伯憐嬌態，馮夷要妹妓。寄言遊戲人，莫弄黃河水。（全唐詩卷五十三）

又如張說「傷妓人董氏四首」：

董氏嬌嬈性，多爲窈窕名。人隨秋月落，韻入擣衣聲。
粉蕊粘妝麗，金花竭翠條。處台無戲伴，魂影向誰嬌。
舊亭紅粉閣，宿處白雲關。春日雙飛去，秋風獨不還。
舞席沾殘粉，歌梁委舊塵。獨傷窗裏月，不見帳中人。（全唐詩卷八十九）

但這幾首傷妓詩僅是淡淡的惋惜，比起中晚唐的作者寫傷妓、悼妓詩時，感情全然融入以表達其強烈的哀悼之情，相差有十萬八千里之遙。

詳究初盛唐觀妓、傷妓詩的作者之所以大多採旁觀立場，僅淸淡描繪宴席妓女之容顏和歌舞，未曾把筆觸更深一層直入感情中心，殆與此期文士和妓女若即若離的情形有關，從這種現象也可覘見初盛唐的士林風氣。李唐由創建至國威強盛，士人都懷抱著經綸大志。因此，致君堯舜，建功立業是當時文士的主要追求，而迫切的事功願望、強烈的入世精神，乃主宰整個士林的行爲方式，至於冶遊狎妓只是他們閑暇悠游時的衆多娛樂之一而已，因此妓女與文士的交往主要侷限於社交酬酢的官場。當歌歇舞罷，酒闌燈炧，便如過眼雲煙，妓女作爲娛人的工具，只給詩人們留下了美好瞬間的回憶，但卻還遠遠沒有進入詩人的心靈世界。

在初盛唐的詩人中，詠妓詩寫得較多的是李白，其作品中較爲奇特的是，他有一些詩乃借詠妓以抒寫個人懷抱，其歌行即每每流露出對東晉謝安的追慕之情。「美酒樽中置千斛，載妓隨波任去留」(江上吟)、「攜妓東土山，悵然悲謝安，我妓今朝如花月，他妓古墳荒草寒」(東山吟)、「謝公自有東山妓，金屏笑坐如花人」(攜妓登梁王棲霞山孟氏桃園中)、「謝公正要東山妓，攜手林泉處處行」(示金陵子)、「安石東山三十春，傲然攜妓出風塵。樓中見我金陵子，何似陽臺雲雨人。」(出妓金陵子呈盧六四首之一)。詩句的表層意義，固然是寫與妓女流連的放浪不羈之態，但其深層的心理蘊涵卻蒼涼沈郁。李白曾具有不世之才，志氣宏放，抱負雄偉，然而一生坎壈侘傺，既不能申展其懷抱，一腔憤怨橫逸不可制縛，於是馳騖於詩酒謦歌、山川名勝之中，借放浪形骸，以掩其內心苦悶。其實他眞正緬懷神往的並非縱情丘壑、攜妓隱居之謝安，而恰反是運籌帷幄，談笑卻敵之謝安，猶如其於「送裴十八圖南歸嵩山二首」之二中所云「謝公終一起，相與濟蒼生」，這才是他眞正渴望的。

正是在這種心情的驅動下，李白寫下了許多表面哆艷縱恣，實際卻寄托遙深之詩篇。如「白紵辭」三首之二：

> 月寒江清夜沈沈，美人一笑千黃金。垂羅舞縠揚哀音。郢中白雪且莫吟，子夜吳歌動君心。動君心，冀君賞。歌作天池雙鴛鴦，一朝飛去青雲上。(全唐詩卷一六三)

又如「對酒」詩云：

葡萄酒，金叵羅，吳姬十五細馬馱。青黛畫眉紅錦靴，道字不正嬌唱歌。玳瑁筵中懷裏醉，芙蓉帳底奈君何。（全唐詩卷一八四）

不獨李白如此，盛唐時期的一些文士都曾流露過這種心理，如儲光羲的「長安道」云：「鳴鞭過酒肆，袨服游倡門。百萬一時盡，含情無片言。」即使如嚴謹執著的杜甫，雖時有「誰能載酒開金盞，喚取佳人舞繡筵」（江畔獨步尋花七絕句之四）的放縱，與在「陪諸貴公子丈八溝攜妓納涼晚際遇雨」、「數陪李梓州泛江有女樂在諸舫戲爲艷曲二首贈李」諸詩中流露的悠閑情懷，但他的詩集中還有更多諸如「致君堯舜上，再使風俗淳」（奉贈韋左丞丈二十二韻）、及「早據要路思捐軀」（暮秋枉裴道州手札率爾遣興寄近呈蘇溴侍御）的用世雄心，因此就因爲他們在筵席的妓樂外，還有對建功立業的強烈嚮往，所以他們觀妓詩的題材都較單純，情感也較平淡。

貳、中唐詠妓詩——內容豐富、情感濃烈

安史之亂後，國本動搖，內帑空虛，藩鎮勢成，中官擅政❷，盛唐景象已不復存在。農村經濟受破壞後，貧苦人家之女子流落煙花，妓女數量較前期爲多；而文士則因進士折桂不易，仕途迍塞舛蹇，雖思欲獻身報國，卻時嚐「殘杯與冷炙，到處潛悲辛」的苦傷，

而將這種親身經歷反映在創作上，則是關注現實，感時傷事。因此中晚唐的詠妓詩也以其內容的豐富、情感的細膩，判然區別於前期的風格。僅從詩題來看，就出現了相當數量的「送妓」、「贈妓」、「別妓」、「懷妓」、「傷妓」、「悼妓」之名目。若不是文士與娼妓有較深摯的情感交流，當不會選用這些帶有強烈感情色彩之動詞，這種現象與初盛唐時期單純之「觀妓」局面，適成鮮明對比。

歸納中唐詠妓詩相異於初盛唐者，有下列數項：

其一：對妓女歌聲舞姿與樂音之描寫，更爲生動細膩。

《全唐詩》中凡詠及妓女之篇章，沒有一首不贊美妓女的聲容技藝，但初盛唐之作品多一筆大略帶過，而中唐文士在此類詩作上則以豐富之想像，優美之語言，細膩之描摹，競試才華，紛呈異彩。例如，同是形容妓女之歌喉舞姿，楊炎的「贈元載歌妓」是：「玉山翹翠步無塵，楚腰如柳不勝春。」顧況「王郎中妓席五詠」中的「舞」、「歌」二篇則分別爲：「落花繞樹疑無影，回雪從風暗有情」、「空中幾處聞清響，欲繞行雲不遣飛。」可謂各盡其妙，各得其神。

事實上，不僅是不同作者對妓女聲容技藝有不同的描述，即使是同一詩人，他們先後寫下吟詠妓女歌喉舞姿的詩作，也各具神韻。例如白居易這類詩作最多，但前後很少有雷同之處。或用比喻：「豔動舞裙渾是火，愁凝歌黛欲生煙。有風縱道能回雪，無水何由忽吐蓮」（醉後題李馬二妓）；或用描摹：「玉管清弦聲旖旎，翠釵紅袖坐參差。……歌臉有情凝睇久，舞腰無力轉裙遲。」（與牛家妓樂雨夜合宴），或用形容：「口動櫻桃破，鬟低翡翠垂。枝柔腰裊娜，荑嫩手葳蕤。」（楊柳枝二十韻）凡此可見詩人對歌舞妓之表演觀察入微，她們的一舉一動皆足以牽動詩人情感，而不僅如初盛唐詩作中只作爲渲染筵席熱鬧氣氛的點綴而已。

再如柘枝舞在唐代極爲流行，雖然其舞姿有一定的方式，但出現在中唐詩人筆下卻不雷同。白居易的「柘枝妓」，張祜的「觀杭州柘枝」、「周員外席上觀柘枝」，章孝標的「柘枝」，劉禹錫的「觀柘枝舞」、「和樂天柘枝二首」等等❸，都以豐富的想像和生動的比喻，將柘枝舞之優美舞姿描摹得宛然如見。

此外，中唐詠妓詩中還有大量對樂妓們精湛樂器演奏之描寫，其悉心觀察入微和細膩描繪，達到了令人贊歎之程度。著名者如白居易「琵琶行」咏妓彈琵琶，盧仝的「聽蕭君姬人彈琴」寫妓彈琴，盧綸的「宴席賦得姚美人拍箏歌」狀妓彈箏，諸如此類，不論長篇歌行與短篇絕句，或細摹聲情，或粗寫感受，都竭盡狀物傳神之能事。

其二：中唐詩人之筆觸深入妓女內心世界，並流露作者愛戀悲憫之情。例如，竇鞏有「悼妓東東」詩云：

> 芳菲美艷不禁風，未到春殘已墜紅。惟有側輪車上鐸，耳邊長似叫東東。（全唐詩卷二七一）

又如崔涯「悼妓」詩：

赤板橋西小竹籬，槿花還似去年時。淡黃衫子渾無色，腸斷丁香畫雀兒。（全唐詩卷五〇五）

詩意沈痛悲悽，深深隱寓了作者對妓女的哀憫之情。

中唐傷悼妓女之詩較諸初盛唐時之數量特別多，而且感情也較爲強烈。例如楊師皐鍾愛的小妓英英過世，其他詩人乃相繼應和成詩，篇中流露的悲傷之情，猶如自己失去親人一般的哀切，劉禹錫「和楊師皐給事傷小姬英英」詩云：

見學胡琴見藝成，今朝追想幾傷情，撚弦花下呈新曲，放撥燈前謝改名。但是好花皆易落，從來尤物不長生。鸞臺夜直衣衾冷，雲雨無因入禁城。（全唐詩卷三六〇）

白居易「和楊師皐傷小姬英英」則云：

自從嬌騃一相依，共見楊花七度飛。玳瑁床空收枕席，琵琶弦斷倚屏幃。人間有夢何曾入，泉下無家豈是歸，墳上少啼留取淚，明年寒食更沾衣。（全唐詩卷四四九）

楊虞卿的「過小妓英英墓」亦曰：

蕭晨騎馬出皇都，聞說埋冤在路隅。別我已爲泉下土，思君猶似掌中珠。四弦品柱

聲初絕，三尺孤墳草已枯。蘭質蕙心何所在，焉知過者是狂夫。（全唐詩卷四八四）

姚合「楊給事師皋哭亡愛姬英英竊聞詩人多賦因而繼和」云：

眞珠爲土玉爲塵，未識遙聞鼻亦辛。天上還應收至寶，世間難得是佳人。朱弦自斷虛銀燭，紅粉潛銷冷繡裀。見說忘情唯有酒，夕陽對酒更傷神。（全唐詩卷五〇二）

不論這些文士傷悼妓女的詩是眞心實情的流露，或只是應酬性的唱和，一介地位卑微的妓女於死後，竟能得到多位有名文士之詩篇悼念，比起初盛唐的妓女而言是幸運多了。

論起中唐與衆多妓女都有交往的文士當屬白居易，他不僅蓄有家妓，而且隨著游宦處所之變更，結識了各地數以百計的青樓女子，但他始終把這些煙花女子視爲自己的風塵知己，飽含熱情地讚美她們的歌態舞姿，更滿懷同情地體味她們的悲歡欣戚，其中最使他不能忘情的是「綽綽有歌舞態，善唱楊枝」的樊素，著名的「不能忘情吟」與「楊柳枝二十韻」，是專爲樊素而作。不難想像，若無誠摯之感情，如何能寫出如此感人詩篇？

中唐的詠妓詩在多情的詩人筆下，一躍成爲篇章之主角，作者感其悲淒命運，寫出了妓女「傳記式」的詩歌，並因此引出潛藏於自己內心深處卻難以道出的悲情。例如白居易的「琵琶行」，以如怨如慕，如泣如訴之抒情筆調，抒寫琵琶妓淒苦之人生，並進而激發自己情感的共鳴：「同是天涯淪落人，相逢何必曾相識」，把處於封建社會底層的琵琶妓之遭遇，和正直卻同被壓抑的知識份子之遭遇，相提並論，互相生發，冶爲一爐，傳達出多少年來有數不清的逐臣孤子、薄命紅顏就是在這種同情心的感悟中，彼此得到慰藉，汲取勉勵並重新鼓起生命之光的意蘊。再如劉禹錫的「泰娘歌」，也在抒寫一部妓女生涯的榮枯歷史，而詩中「繁華一旦有消歇，題劍無光履聲絕」之句，隱約含藏當年他與王叔文等同議禁中，所言必從，由頗爲時人側目的意氣風發，到事敗被黜，輾轉流徙時悲涼冷清之情，似乎皆如出一轍。

中唐這種全詩用大部分篇幅，以「傳記式」的形式抒寫妓女繁華衰落生涯，並加入作者感觸，與之同悲同喜的寫作方式，是初盛唐詠妓詩所不曾出現的。除此之外，中唐文士還寫了不少贈妓詩，甚至更有多首代妓贈答賓客之作❹，不論在叙述口吻和表情達意上，都與妓女的身分十分貼切，這顯現了文士與妓女交往頻繁，情感深入，因此產生如此契合的景況。

叁、晚唐詠妓詩——描摹體態、旖旎浮艷

晚唐「傳記式」的詠妓詩，就數量上而言，明顯少於中唐。杜牧有「張好好詩」，序云「因感舊傷懷，故題詩贈之」，但這種「感舊傷懷」是純粹同情妓女遭遇，還是意另有所指，在此詩中並不曾明白表達。而另一首「杜秋娘詩」就有清楚披露，此詩借吟詠杜秋娘在短短二十七年中，經歷了憲宗、穆宗、敬宗、文宗四朝坎坷曲折的生活道路，也同時抒發他對當時朝政的感慨，並對歷史、人生和自然的變化，發出一系列的疑問，詩末云：

「己身不自曉，此外何思惟。因傾一樽酒，題作杜秋詩。愁來獨長詠，聊可以自怡」，這些話是作者借他人酒杯，澆自己胸中塊壘的證明，此與白居易「琵琶行」、劉禹錫「泰娘歌」蓋同一模式。至於韋莊「傷灼灼」詩，則並不是借詠妓以抒己情的作品，僅與中唐一般的哀妓詩相同罷了。

晚唐詠妓詩除了上述篇什與中唐相近外，其他在題材、內涵風格的表現上，則又與中唐有所差異。兩者相較，晚唐傷妓、悼妓詩之數量不但比中唐明顯少篇外，而且哀傷之情也不如前期強烈。如李群玉「和吳中丞悼笙妓」詩云：

> 麗質仙姿煙逐風，鳳凰聲斷吹臺空。多情草色怨還綠，無主杏花春自紅。墮珥尚存芳樹下，餘香漸減玉堂中。唯應去抱雲和管，從如長歸阿母宮。（全唐詩卷五六九）

不急不徐的敘來，僅是平淡之情。又如溫庭筠「和友人傷歌姬」：

> 月缺花殘莫愴然，花須終發月終圓。更能何事銷芳念，亦有濃華委逝川。一曲艷歌留婉轉，九原春草妒嬋娟。王孫莫學多情客，自古多情損少年。（全唐詩卷五七八）

詩說花開花落，月圓月缺是自然，妓女的生命結束了就如流水逝去般的平常，這些達觀的話語，令人聽來有冷漠無情之感，而詩末之句竟還著「王孫莫學多情客，自古多情損少年」一句，這簡直不像在傷妓了。

從有關之文獻記載看來，晚唐文士與妓女之交往更爲頻繁密切，而固然也有些文士對妓女的身世遭遇，懷著同情憐憫的心情，但卻也有不少是抱持著遊戲玩弄，甚至是仗勢欺人的態度，例如羅虬之於杜紅兒。據《唐才子傳》卷九載：

> 羅虬從鄜州李孝恭爲從事，狂蕩無檢束，時雕陰籍中有妓杜紅兒，善歌舞，姿色殊絕，嘗爲副戎屬意，會副戎聘鄰道，虬久慕之。至是請紅兒歌，贈以繒綵，孝恭以爲副戎所盼，爲從事歌則非禮，令勿受貺，虬不稱意，怒拂衣起。詰旦，手刃殺之。……虬追其冤，於是取古之美女有姿艷才德者，作艷句一百首，以比紅兒，當時盛傳。

《全唐詩》卷六六六的確載有羅虬「比紅兒」詩一百首，詩中洋洋灑灑羅列紅兒容貌、才藝、女德足以媲美古之名人，對其死似乎也情極哀切，令人動容，但據前引資料，羅虬僅因孝恭勸紅兒莫收禮貺，便惱羞成怒，竟以白刃相加於無辜妓女身上，則羅虬實一狂夫耳，儘管詩中以貶抑歷史上知名的國色天香來贊美紅兒，但這種刻意塑造出來的人物，只是個虛而不實的「警幻仙姝」，失去她個人的色彩，而且不論如何的美化或悔恨，也彌補不了他的暴行，因此當然這一百首傷妓詩的性質，也就和中唐文士之眞心實情不可同日而語了。

戲贈妓女的詩篇，晚唐出現不少，但內容描寫則逐漸離開對妓女歌舞才藝之稱揚，而多歌詠其身體特色，流露輕佻浮艷之風。茲舉數例以證，如李群玉「同鄭相並歌姬小飲戲贈」：

裙拖六幅湘江水，鬢聳巫山一段雲。風格只應天上有，歌聲豈合世間聞。胸前瑞雪燈斜照，眼底桃花酒半醺。不是相如憐賦客，爭教容易見文君。（全唐詩卷五六九）

馮袞「戲酒妓」：

醉眼從伊百度斜，是他家屬是他家。低聲向道人知也，隔坐剛拋豆蔻花。（全唐詩卷五九七）

鄭仁表「贈妓僊哥」：

嚴吹如何下太清，玉肌無疹六銖輕。自知不是流霞酌，願聽雲和瑟一聲。（全唐詩卷六〇七）

方干「贈美人」四首之一、三：

……粉胸半掩疑晴雪，醉眼斜迴小樣刀。才會雨雲須別去，語慚不及琵琶槽。

……常恐胸前春雪釋，惟愁座上慶雲生。若教梅尉無仙骨，爭得仙娥駐玉京。（全唐詩卷六五一）

孫棨「贈妓人王福娘」：

> 綵翠仙衣紅玉膚，輕盈年在破瓜初。霞杯醉勸劉郎賭，雲髻慵邀阿母梳。不怕寒侵緣帶寶，每憂風舉倩持裾。謾圖西子晨妝樣，西子元來未得知。（全唐詩卷七二七）

這些詩作內容絕少提及妓女歌喉舞姿之優美，卻在「雲髻」、「醉眼」、「玉肌」、「粉胸」上著墨不少，風格浮靡冶豔。

上述所舉諸詩並非特例。在晚唐，這種以妓女身體爲歌詠對象的艷詩是十分普遍的現象。像崔珏的「有贈」：「粉胸綿手白蓮香」、「粉落香肌汗未乾，兩臉夭桃從鏡發，一眸春水照人寒」、趙光遠的「詠手二首」：「妝成皓腕洗凝脂，背接紅巾掬水時。薄霧袖中拈玉斝，斜陽屏上撚青絲」、韓偓的「席上有贈」：「小雁斜侵眉柳去，媚霞橫接眼波來。鬢垂香頸雲遮藕，粉著蘭胸雪壓梅。莫道風流無宋玉，好將心力事妝臺」、「晝寢」：「撲粉更添香體滑，鮮衣唯見下裳紅。煩襟乍觸冰壺冷，倦枕徐欹寶髻鬆。何必苦勞魂與夢，王昌只在此牆東。」及「偶見背面是夕兼夢」云：「酥凝背胛玉搓肩，輕薄紅綃覆白蓮，……眼波向我無端艷，心火因君特地然。」等，幾乎都是對妓女體態的細膩摹寫。

從形式方面看，這些詩篇之詞句浮艷，意象嬌軟，似可視爲齊梁宮體詩之一股同潮。從思想內容方面看，則體氣纖嫋，柔若無骨，反映出沒落時代文人之頹廢情調。其中尤以韓偓爲然，他以宮體詩之繼承者自居，效仿徐陵編《玉臺新詠》之例，將其早年寫作之艷詩編爲專集，名之爲《香奩集》，於序中還公開宣揚這部以「綺麗得意」艷詩專集之宗旨：

柳巷青樓，未嘗糠秕，金閨繡户，始預風流。咀五色之靈芝，香生九竅；咽三危之瑞露，美動七情。若有責其不經，亦望以功掩過。

像這樣放肆的論調，在韓偓以前的詩人中從未有人提過，只有後來的「花間集序」與其遙相呼應，對更爲單純的香艷內容，表現出共同的興趣。

雖然晚唐這類香艷的文風，不可否認曾受元白「元和體」之影響❺，但元白二人都沒有無所顧忌到公開提倡艷詩的程度，而且從瀰漫晚唐朝野的那股末日頹廢情緒看來，此期之士大夫普遍喪失了元白諸人視詩爲崇高文體，有其尊嚴性的使命感❻，他們懷著沈迷酣醉之心情，在脂香粉艷的詩句中，品味藝術之快感，這種情況已和盛唐士人之浪漫不羈形同而質異，它更多地帶有末世文人及時行樂，自尋痲醉的心理病態。

總而言之，唐代妓女以娛樂他人的身分，與文士宴席同樂，登山吟詠，提供了他們創作所必需的生活素材和感情體驗，於是激發產生了唐代的詠妓詩，而且這類作品在初、盛、中、晚四個時期，都各自呈顯不同的風格內涵，不可否認的是：這些詩歌之撰作是在妓女與文士交往影響下的直接產物。

注釋

❶ 關於唐代詠妓詩風格之轉變，有學者以為此是社會變動之緣故，皆因社會經濟之影響而發生，若視之為唐妓對詩歌之貢獻影響，則猶可再斟酌。但是個人以為：任何一種文學作品既是作者在時代氛圍下之產物，那麼固然除了必須注意當時社會經濟變動等因素外，作者本身的體驗、素養，以及潛藏在作者幕後的推動激發力量也不可忽視。例如今日社會狎妓仍盛，但產生不了詠妓詩，而南朝的狎治浮靡和中晚唐事實上相去不遠，可是兩者詠妓詩作的題材內容、寫作手法和風格特色卻有不少差異。因此詠妓詩風格之變動不能概括地歸因於社會變動之緣故，而僅認為是社會經濟之影響發生。對於一向被我們習慣忽視的幕後推力也應予以同樣關注。

❷ 詳見《舊唐書》卷二〇七「宦者傳序」。

❸ 白居易「柘枝妓」見《全唐詩》卷四四六；張祜「觀杭州柘枝」與「周員外席上觀柘枝」見《全唐詩》卷五二一；章孝標「柘枝」見《全唐詩》卷五〇六；劉禹錫「觀柘枝舞二首」與「和樂天柘枝」分別見《全唐詩》卷三五四及三六〇。

❹ 中唐文士代妓贈答賓客，以白居易為最多首，如「代謝好妓答崔員外」（《全唐詩》卷四四二）、「湖上醉中代諸妓寄嚴郎中」（卷四四三）、「九日代羅樊二妓招舒著作」（卷四四四）、「代諸妓贈送周判官」（卷四四七）等，皆能適當配合妓女之身分、口吻，以表達情意。

❺ 元白的「新艷小律」在中唐廣為流行，不少人紛紛摹仿元白此類作品，而號為「元和體」。李肇《國史補》亦云：「元和以後，詩章學淺切於白居易，學淫靡於元稹，俱名元和體。」據白居易「與元九書」、元稹「敘詩寄樂天書」及《舊唐書》卷一六六「元稹傳」，可知「元和體」詩分二類：其一為次韻相酬之長篇排律，其二為杯酒光景間之小碎篇章，此類實亦包括元稹所謂艷體詩中之

短篇在內，但元稹在《元氏長慶集》最後一類詩—艷詩中，明確指出這些作品是「有干教化」的。至於白居易對其「新艷小律」則視爲「雕蟲之戲」，在面對此類詩廣爲流行時，白氏在自負之餘，不免因「時之所重，僕之所輕」而頗感遺憾。因此，「元和體」雖然對中唐以後的香艷文風產生很大的影響，但元白二人都沒有無所顧忌到公開提倡豔詩的程度，而晚唐如韓偓的「香奩詩」，則將「元和體」對瑣事和閑情的關注，完全引向艷情的趣味上。

❻元、白視詩爲崇高文體，且有其尊嚴性之言論，詳見「敘詩寄樂天書」（元集卷三十）及「與元九書」（白集卷四十五）。

第三節　妓筵酒令著辭對詞體形成之影響

有關詞之源起，歷來衆說紛紜，或以爲承自六朝樂府詩❶，或以爲乃唐人絕句之變❷，或把詞解釋爲古詩長短句之變❸，儘管各家說法不一，但都沒有超越「詞乃詩餘」之藩籬。

事實上，詞不必產生於詩之後，其形成並不完全在詩體之變化，從敦煌曲以及相關資料之顯示，均說明初盛唐時早已有長短句詞。若從音樂之角度分析，唐代長短句詞之興盛與其時之燕樂新聲有直接關係；進一步說，一般所認爲興盛於南北宋的詞，是隋唐燕樂的產物，其依調塡詞之特點，乃燕樂曲子因聲度詞之法的遺存。但在詞與曲子之間仍有不少差異，從演唱藝術的曲子，變爲文學作品的詞，中間歷經了燕樂歌辭文人化的發展階段，詞的形成過程就是透過唐代社會普遍的酒筵妓樂中，使用教坊燕樂曲子或南方音樂曲爲送酒著辭之樂曲，而逐漸奠定長短句詞之基本風格與體制，更由於妓筵歌唱而推動文人依調塡詞，中晚唐與五代詞人度詞之風大盛，於是格律齊整、曲調多樣的詞始告成熟。因此，可以說：詞是唐代曲子辭的流變，而唐代飲筵（尤其是妓席）間的酒令著辭藝術，對詞之文辭或形式上，都有相當重要的影響。可惜的是這一個背景因素，卻長久以來被論詞者忽略，本節將針對唐代音樂背景與社會盛行妓筵酒令著辭這兩個角度，同時審視詞體形成之過程。

唐代曲子辭之演進，是與當時之酒令藝術緊密結合的，而依文人參與妓筵的深淺程度可分成四個階段。

壹、初唐時期——依調著辭，初步形成詞之曲調風格

初唐沿襲隋朝已有之享樂風氣，酒筵歌舞是頗爲普遍的社會現象，當時由胡樂入華所造成之中原新俗樂曲調，主要流行於民間，用於酒筵促曲送酒，文人乃依調塡詞作爲歌舞著辭。

所謂的「著辭」，是指在酒筵上即興演唱創作的歌辭。這個由唐人所創造之詞彙，爲酒筵宴樂歌唱常用的術語，它源於依調作辭的觀念而首見於張鷟「遊仙窟」——十娘、五嫂起舞勸張生，張生遂舞而「著辭」曰：

從來巡遶四邊，忽逢兩個神仙。眉上冬天出柳，頰中旱地生蓮。千看千處嫵媚，萬看萬處嬝妍。今宵若其不得，剩命過與黃泉。

張生於此所作乃是六言體之歌舞著辭，此種形式又稱撰詞起舞，令舞或舞著辭。

初唐著辭均以六言體爲主，都出現在酒筵場合，所用之催酒曲調多用「回波樂」、「傾盃樂」、「三臺令」等「艷曲」。高宗時禮部尚書許敬宗「上恩光曲歌詞啓」云：「竊尋樂府雅歌，多皆不用六字。近代有三臺、傾盃等艷曲之例，始用六言。」而《唐詩紀事》卷四「長孫無忌」條云：「中宗詔群臣曰：『天下無事，欲與群臣共樂。』于是回波艷辭，妖冶之舞，作於文字之臣，而綱紀蕩然矣。」這兩段資料說明「回波樂」等六言艷曲，是在高宗、中宗時流行於民間並進入宮廷的。

由於「回波樂」等曲起源於北朝俗樂，乃華夷融合之樂曲，具有「急三拍」的特點，節奏鮮明，送酒辭式整齊，而因受民間酒筵上嘲謔風氣之影響，這些酒令辭往往用人名或物名爲題目，依照相同格式作辭。例如：

楊廷玉「回波樂」辭：

回波爾時廷玉，打獠取錢未足。阿姑婆見作天子，傍人不得棖觸。（《朝野僉載》卷二云：蘇州嘉興令楊廷玉，則天之表姪也，貪狠無厭，著詞曰：（如上云）。

中宗時優人「回波樂」辭：

回波爾時栲栳，怕婦也是大好。外邊只有裴談，內裏無過李老。（《本事詩》「嘲戲」云：中宗朝，御史大夫裴談崇奉釋氏，妻悍妒，談畏之如嚴君。時韋庶人頗襲武氏之風軌，中宗漸畏之。內宴唱「回波樂」詞。）

中宗時給事中李景伯「回波樂」辭：

回波爾時酒巵，兵兒志在箴規。侍宴既過三爵，諠譁竊恐非宜。（《隋唐嘉話》卷下云：景龍中，中宗遊興慶池，侍宴者遞起歌舞，並唱下兵詞，方便以求官爵。給事中李景伯亦起唱曰：（如上云。）

以上作品皆產生在中宗時代，都是酒筵場合的歌舞著辭，其共同特點爲：㈠依照統一曲調作辭㈡體制短小㈢三則之本事中所謂「著辭」、「遞起歌舞」等，乃指依調唱和著辭，而辭中「廷玉」、「栲栳」、「酒巵」之詠物特徵，則是命題的表現，這些作品在初唐酒令藝術中，是屬於與筵者依次爲令主，以歌舞或諧戲文字爲內容，且注重唱曲、度辭之「改令著辭」。

由於初唐時文人與娼妓之交往未如中晚唐般之密切頻繁，因此酒筵著辭多採自歌自舞之娛樂方式，在曲調風格上爲初步形成之時期。

貳、盛唐時期——常用胡部新聲，著辭與教坊曲相配合

盛唐之國勢與經濟漸達於鼎盛，社會上酒筵歌舞之享樂也較前期興盛。此期之特徵是：著辭與教坊曲相配合，常用邊地傳入之「胡部新聲」，用於妓筵上（尤其是教坊宮妓、內人）的送酒歌唱。李白之「清平調」和「宮中行樂詞」，是此時期之酒筵著辭代表。

據《太平廣記》卷二〇四引《松窗錄》載，開元時，玄宗與太眞妃方於禁中欣賞盛開之牡丹花，詔特選梨園弟子之尤者，得樂十六部，李龜年以歌擅一時之名，手捧檀板，押衆樂前將歌之。上曰：「賞名花，對妃子，焉用舊樂詞爲？」遂命龜年持金花牋，宣賜李白立進「清平調」辭三章：

雲想衣裳花想容，春風拂檻露華濃。若非群玉山頭見，會向瑤臺月下逢。
一枝紅艷露凝香，雲雨巫山枉斷腸。借問漢宮誰得似，可憐飛燕倚新妝。
名花傾國兩相歡，長得君王帶笑看。解釋春風無限恨，沈香亭北倚欄杆。

此辭採用七言近體詩律。又據《本事詩》「高逸」條載，玄宗嘗因宮人行樂，謂高力士曰：「對此良辰美景，豈可獨以聲伎爲娛，儻時得逸才詞人吟詠之，可以誇耀於後。」遂令詔白作五言律詩十首，命爲「宮中行樂詞」，筆跡遒利，鳳跱龍拏，律度對屬，無不精絕。辭云：

柳色黃金嫩，梨花白雪香。玉樓巢翡翠，金殿鎖鴛鴦。選妓隨雕輦，徵歌出洞房。宮中誰第一？飛燕在昭陽。（其二）

繡户香風暖，紗窗曙色新。宮花爭笑日，池草暗生春。綠樹聞歌鳥，青樓見舞人。昭陽桃李月，羅綺自相親。（其五）

由本事記載可見李白這些作品乃緣於宮中酒筵妓樂場合，玄宗欲得樂府「新辭」以配合遊樂雅事，而命李白所作的曲子辭。

盛唐樂舞隆盛，其中一項精彩節目是舞馬。玄宗曾命教舞馬四百蹄，每逢千秋節讌設酺會，舞於勤政樓下。若尋常宴會，則先奏坐部伎，次奏立部伎，次奏蹀馬（即舞馬），次奏散樂。舞馬之曲在玄宗時爲「傾盃樂」、「昇平樂」❹，這些曲調皆出自飲筵，因此奏樂時，舞馬亦須「以口銜盃，卧而復起」❺。唐代舞馬辭可以張說所作的「舞馬詞」六首爲代表：

萬玉朝宗鳳扆，千金率領龍媒。眄鼓凝驕躞蹀，聽歌弄影徘徊。聖代昇平樂。（其一）

綵旄八佾成行，時龍五色因方。屈膝銜盃赴節，傾心獻壽無疆。四海和平樂。（其三）

辭既寫實，且用特定之六言體，又有「聖代昇平樂」、「四海和平樂」等和聲頌辭，顯然是因曲著辭，這種蹀馬歌舞是著辭歌舞進入教坊後的一種歌舞變體。

由於盛唐著辭多採五言、六言、七言等近體詩律，所用之樂曲爲當時最具時代特點，廣受民衆歡迎之教坊曲，因此在音樂或文辭上，都表現出藝術化的傾向，而在此時期，文人曲子辭之創作和教坊妓之演唱有明顯關係。因爲盛唐教坊曲主要用於永新、耍娘、祁娘、宋娘、張四娘、龐三娘、顏大娘、裴大娘、御史娘、柳青娘、謝阿蠻、任氏四姑子等教坊內人宮妓之演唱，我們從唐代酒筵著辭曲中的三分之二，約四十曲源於教坊曲之情形，就可以明白教坊妓爲唐代社會貢獻了一批優秀的歌舞曲，而且由中西文化交流所造成俗樂繁榮之局面，也是通過教坊妓才得到充實和提高的，她們確立了教坊曲在酒筵藝術中之地位，同時擴大著辭曲之曲目。當君王宴樂而需要新詞時，文人即奉命爲掖庭或教坊所歌之曲子撰寫歌辭。在寫作數量上，初盛唐不及中唐多，且在寫作態度上也較趨於被動，例如張說、李白等文人只有在應制撰辭時，其作品才能直接付之筵歌，因此他們是間接與教坊或掖庭妓女接觸，曲子辭也是爲促進筵間熱鬧氣氛而創作的。

叁、中唐時期——強調曲拍改令，建立詞之豐富格律

隨著酒筵妓樂在社會上盛行，酒筵著辭成爲飲妓藝術的組成部分，此期之曲子辭已打破以送酒爲主之傳統風尙，而大量用爲抛打辭和改令辭，並且由於安史之亂改變了以宮廷爲中心之音樂交流方式，教坊被破壞後，大批樂妓流入民間，中央權力削弱與地方勢力加強的結果，使地方歌舞妓如官妓、營妓、民間職娼等取代了教坊掖庭妓女，而成爲中唐歌舞藝術的主要承擔者，原本歌舞於教坊之曲調便成爲各地妓女酒筵間常用的樂曲。例如，

安史之亂後，「六宮星散」，曾爲教坊宮妓之永新流落廣陵，於舟中歌唱「水調」，此外，大曆以來有善唱「長命西河女」之張紅紅，貞元中善歌「綠腰」之葉氏，大和以來有善唱「楊柳枝」之周德華，善唱「涼州曲」之沈阿翹、多美、金吾妓，白居易詩中則有善唱「伊州」之小玉和善唱「楊柳枝」之樊素等等，這些流行曲調大都爲教坊新俗樂曲，用於妓筵歌舞之著辭曲。而且在另一方面，各地妓女雖保持了以教坊曲作爲著辭曲主體之面貌，但因彼輩周旋於酒筵之職業「飲材」技能（即熟習酒令、擅歌舞、能度曲與有酒量、能豪飲），乃促使酒筵著辭技巧之專門化，她們重視與舞蹈之結合，於是強調曲拍與改令手段之應用，建立了包括轉應格（遞轉命題之方式）、疊句格、緣題所賦等等在內的豐富格律。

在這一時期，文人與妓女之交往比初盛唐更直接密切的結果，使當時之酒筵歌舞有二項變化：㈠送酒歌舞採用曲子形式㈡行令從罰酒爲主，到以勸酒爲主。這兩者皆導致文人曲子辭之大批湧現。例如袁郊「甘澤謠」載潞州節度使薛嵩餞別其青衣家妓「紅線」時，云「嵩以歌送紅線酒，請座客冷朝陽爲辭」，這故事反映出文人按照一定的曲調要求，即席創作勸酒歌舞的情形，類似這種在酒筵中，主人命妓歌以送酒，而請座上賓客即席度曲作辭的例子，在中唐及其後都經常出現，如妓唱「想夫憐」爲白居易送酒❻，浙西郡妓與零陵妓唱戎昱辭，以及劉禹錫「夢揚州樂妓和」、李賀「花遊曲」，《全唐詩》卷八六七所載之「妙香詞」等，都是妓女歌唱文人辭之例子。這類作品在性質上可說是文人在酒筵場合爲妓女應答歌唱而作之送酒著辭，中唐文人中以白居易最多此類作品，如「代謝好妓答崔員外」：

> 青娥小謝娘，白髮老崔郎。謾愛胸前雪，其如頭上霜。別後曹家碑背上，思量好字斷君腸。

白氏這首送酒著辭使用「五五五五七七」的辭式。

除了文人在妓筵上度曲作辭外，歌妓也會自作歌舞著辭，例如《吟窗雜錄》卷五十與楊慎《昇菴詩話補遺》，皆載有杭州名妓吳二娘於酒筵上所作的「長相思」詞：

> 深花枝，淺花枝，深淺花枝相間時，花枝難似伊。巫山高，巫山低，暮雨瀟瀟郎不歸，空房獨守時。

這是「三三七五」句式之歌舞著辭，而白居易也有「長相思」詞：

> 深畫眉，淺畫眉，蟬鬢鬅鬙雲滿衣，陽臺行雨迴。巫山高，巫山低，暮雨瀟瀟郎不歸，空房獨守時。

白詞之句式與吳二娘全同，且下片辭句亦重複。據白居易「聽彈湘妃怨」詩云：「玉軫朱絃瑟瑟徽，吳娃徵調奏湘妃。分明曲裏愁雲雨，似道蕭蕭郎不歸。」注云：「江南新詞有云：暮雨蕭蕭郎不歸。」又「寄殷協律」詩云：「吳娘暮雨蕭蕭曲，自別江南更不聞」與

「對酒自勉」詩：「夜舞吳娘袖，春歌蠻子詞」等，詩下都有「江南吳二娘曲詞云：『暮雨蕭蕭郎不歸』之句」，可知吳、白二首之下片，原出江南曲子詞，吳二娘於酒筵歌之爲「長相思」，白居易依令唱和而另撰上片，由此可見二人之作具爲酒筵歌舞著辭。

中唐妓筵酒宴還出現採集民間歌謠用入藝術歌舞之風尙。例如《尊前集》中的「紇那曲」、「欸乃曲」、「桂華曲」、「江南春」、「囉嗊曲」、「漁父」、「竹枝」等曲，這些曲調基本上出自江南民歌，有大曆以來之文人著辭，曾用爲酒筵妓歌，劉禹錫就曾用吳聲歌曲的「紇那曲」，撰作「吳聲辭」，而「桂華曲」最早有白居易辭，妓女樊素、都子曾用「一聲格轉」之法，唱之於酒筵❼；「竹枝」則有顧況、劉禹錫辭，劉辭之序稱此曲出於建平鄉野之「里中兒聯歌」，此後「竹枝」用於綺宴，成爲「吳姬」與「教坊歌兒」的「娼歌」和「艷曲」❽，這種情形顯示了中唐文人參與妓筵的普遍和酒宴歌舞與民間音樂的融合。另一方面，本爲大曲摘遍曲的小型歌舞曲也在中唐十分流行，這些曲調賦予文人詞作中「拍」的觀念，也引起酒筵著辭風尙之興盛，《尊前集》所收白居易、劉禹錫等人的「拋毬樂」、「宴桃源」，即是中唐文人爲飲妓歌舞著辭的代表。

總之，中唐以後出現如此多的文人曲子辭和社會上飲妓藝術盛行有關。始於隋而盛於玄宗之世的曲子辭創作，在初盛唐時主要還是教坊或民間樂工的事業，當時之文人曲子辭數量十分有限，其中很大部分還是以採詩入唱的方式進入曲子歌唱，而且文人曲子辭的創作也總帶些偶然性質，例如李白只是在他被宣召入宮，才有機會爲掖庭或教坊妓所歌之曲子撰寫歌辭；而中唐以後，由於文人與歌妓時常接觸，且主動參與妓筵歌舞，曲子辭之創作乃成爲他們所自覺從事的一項活動，因此文人曲子辭之數量急速增長，僅以現存之雜言曲子計，便超過三百首之數目，另外，中唐以後，文人曲子辭之所以會如此頻繁地描寫酒筵、歌妓，是因爲它們曾用作飲妓們的送酒著辭。由此可知，所謂的「娼妓文學」，實際上是到中唐以後才開始興盛起來的，這從中晚唐以青樓爲內容之愛情詩，及以仙妓爲題材之傳奇小說出現空前繁雜的景象裏，也可以輔證上述論點。

肆、晚唐五代時期——奠定輕新艷發與體制短小之規格形式

此期之特徵是社會上瀰漫著酣歌醉舞的景象，再加上妓女業昌盛的影響下，酒筵著辭成爲文人日常生活的娛樂方式，晚唐五代之曲子辭乃多產自妓筵。韓偓「裊娜」詩云：「著辭但見櫻桃破，飛盞遙聞荳蔻香。」、「別錦兒」詩亦曰：「臨去莫論交頸意，清歌休著斷腸詞。」此時酒筵著辭出自妓女之口的例子，所見多有。諸如李訥命盛小叢唱崔元範等數人與己所作之辭，鄂州妓唱韋蟾「楊柳枝」詞，路巖作「感恩多」詞贈妓行雲，「至今播於娼樓」，營妓丹霞歌著詞令「怨胡天」、廣陵妓唱張又新詞以送酒等等，文人與妓女交往之密切顯而易見。

晚唐五代之文人曲子辭既與中唐相似，大都產生於妓筵歌唱，因此奠定了曲子辭「輕新艷發」的基本風格和體制短小之規格形式。當歌妓們將唐曲子唱入酒筵時，由於因聲度

曲之需要，進一步推動文人依調填詞，影響了當時文人飲筵著辭的二項特徵：㈠在格律上，以變化節奏之結構爲令格。例如《雲溪友議》「溫裴黜」條載，溫庭筠與裴諴作「新添聲楊柳枝」七言四句辭體，在飲筵上妓女競唱其詞而「打令」（指著辭歌舞），雖然該文並未對「楊柳枝」的打令方式加以詳細介紹，但從中晚唐詩對與此情形相類似之描寫，可知此時之著辭歌舞主要也是用節奏結構的變化，如殘拍、繁節、新翻曲、赴節填詞等作爲令格，以促成酒筵歌舞之變化⑨。㈡在詞作上，多詠艷情，並用俗語或雙關語爲修辭技巧。溫、裴作品即是此類代表：

> 獨房蓮子沒人看，偷折蓮時命也拚。若有所由來借問，但道偷蓮是下官。（裴諴「新添聲楊柳枝」）
>
> 思量大是惡因緣，只得相看不得憐。願作琵琶槽郍畔，美人長抱在胸前。（同前）
>
> 井底點燈深燭伊，共郎長行莫圍棋。玲瓏骰子安紅豆，人骨相思知不知。（溫庭筠「新添聲楊柳枝」）
>
> 一尺深紅朦麴塵，舊物天生如此新。合懽桃核終堪恨，裏許元來別有人。（同前）

溫、裴之「新添楊柳枝」都同依一調，都用俗語或雙關語詠艷情，如第一首以「偷蓮」喻「偷情」，以「獨房蓮子」指獨居女子，第三首以「燭」代「囑」，以「圍棋」指「違期」，很明顯的以骰子令的一些術語比喻戀愛。他們這幾首分別以蓮子、琵琶、骰子、桃核等爲題面之詞作，是既講求曲調規定，又講求主題、題材、修辭手法的令格代表。據《雲溪友議》載，溫、裴好作此「浮艷之歌」，主要乃希望善歌「楊柳枝」之名妓周德華「一陳音韻」，在妓筵酒宴上歌唱其作品，然而周德華以兩人詞作過於浮艷，終不取唱。儘管名妓拒歌，但從溫庭筠起，這種格律精緻的著辭作品便成爲「飲筵競唱」的打令範本，且「迄今飲席，多是其詞焉」，由此可見還是有許多妓女愛唱溫、裴之詞，這或許和此期時風追逐浮華有關吧！因爲妓女唱這些作品，更能符合一般休閒者的胃口呢！

晚唐五代的酒令用曲和初盛唐有很大的差別，此時流行的曲調，是清樂風格或南方音樂，諸如「望遠行」、「上行盃」、「離別難」、「南歌子」、「遐方遠」、「鳳歸雲」、「浣溪沙」等等，都常用爲晚唐五代的著辭曲。這種音樂上的轉變，與其時經濟文化重心南移，南方妓女興盛有很大的關聯。在中唐元白詩中所提到的妓女，基本上已多爲南方妓女，到了晚唐，武宗詔取揚州酒妓入宮，此事說明到會昌年間，南方城鎭已經成爲飲妓藝術的重心，因此妓席酒筵的音樂風格，漸漸由南方新曲取代先前胡樂舊曲，且原本誼騰急促的舞蹈，也漸轉移至用婉轉舒緩，曲體規整的歌唱爲主。這時曲子辭的作者也多是南方人，即使原籍北方，其創作地點也基本上在江南（如韓偓），到了五代，除和凝一人外，曲子辭已大多爲南人所專擅。

從現存資料看來，晚唐五代度曲度詞之風都較中唐興盛。天復三年，朱全忠歸大梁，昭宗曾賜「楊柳枝」五首（《舊唐書》「昭宗紀」），同年，朱全忠又進呈五首（《資治通鑑》卷二六四)，另外，《樂府紀聞》則載唐宣宗愛唱菩薩蠻，（宰相）令狐陶假溫庭筠之手，撰三十闋以進，而薛能自稱世多傳唱的楊柳枝詞，「文字太僻，宮商不高」，「無可聽者」，遂在乾符五年作「新聲」之詞，這些都表現了當時人對這種協律和韻的新詞之崇尙。其實，當他們在飲筵妓席上使用南方新聲曲調塡詞時，也就同時使著辭令規格化，而完成詞律的建設，在此時期所產生的辭人作品範本《花間集》，及其所選用的曲目，遂成爲後世詞律和詞調的楷模，此成就之達成，妓筵著辭推波助瀾之功不可沒。然而，也正當酒筵娛樂走向文學化，典雅化時，著辭也不免於衰落命運，而詞作也逐漸離開民間群衆、歌妓，成爲詞人鋪采摛文的專門文學技巧了。

綜觀唐代長短句詞之興盛與當時之燕樂新聲，和文人在酒筵妓樂的歌舞著辭，都有相當深厚的關係，此情形已如前所述。但從現存《雲謠集》、《尊前集》、《花間集》這三者所收錄從初唐到五代詞作看來，則可發現初盛唐曲子辭和中晚唐的著辭，雖大多出自妓女之口，但兩者仍小有差異：初盛唐的曲子辭（以雲謠集爲代表），大部分以女子口脗唱出，多咏閨室之思、征婦之怨和受抛棄之苦，在這些女子形象中，妻妾成份多而妓女成份少，因而辭中較少寫豔情，中晚唐著辭（以尊前集爲代表）裏所描寫的，已多酒筵妓女歌舞之態與宴樂，也出現不少猥褻語，至於五代的詞作（以花間集爲代表），則多數綺靡，以詠豔情或描摹女子情態爲主，歐陽炯於《花間集序》曰：「綺筵公子，繡幌佳人，遞葉葉之花牋，文抽麗錦，舉纖纖之玉指，拍按香檀。不無清絕之辭，用助嬌饒之態。」——

從這些作品的呈現，可見詞的形成與唐代飲妓藝術關係匪淺。

除此之外，唐代妓女對詞之文辭形式也有深遠影響。在唐代文獻中時常出現「令」字，如「宣令」、「唱令」、「行令」，此中之「令」字，意爲命令，而「抛打令」、「瞻相令」、「爲將金谷引，添令曲未終」裏的「令」，意指酒令，至於《雲謠集》「內家嬌」所謂的「善別宮商，能調絲竹，歌令尖新」及《北里志》時常提到的「歌令」，說的都是酒令歌唱，即著辭之意。在此基礎上，還有「令舞」（應令歌舞、舞著辭）一名。當「歌令」、「令舞」等詞語出現時，表明「令」字已由酒令之意，取得酒令小曲之涵義，如白居易「就花枝」詩所云：「醉翻衫袖抛小令」，其中「令」已代指小舞與小唱，而無論就曲調或歌辭而言，唐代酒令歌曲的特徵都具有體制短小的特點，因此篇幅短小之曲子辭，在後來就被稱作「小令」。

清人《柳塘詞話》云：「唐人率多小令。」《梅墩詞話》亦曰：「詞貴柔情曼聲，第宜於小令。」而《古今詞話》「詞品上」則云：「唐宋作者止有小令曼詞，至宋中葉而有中調、長調之分。」這些論述都注意到了在酒令著辭影響下的唐代曲子辭之特色，但若再深入分析，則前說仍有其片面性，事實上，在唐代曲子辭裏，也有所謂的「長調」存在，如《雲謠集》中的「鳳歸雲」、「洞仙歌」、「內家嬌」等，每首上百字便是長調之例。然而即使如此，在唐代流行最廣泛的，仍是篇幅短的曲子，這是因爲在酒筵妓席上，爲「輕新便妓唱」、「豔曲不須長」的背景所造成的，換言之，唐著辭一方面以其篇章特點影響後世詞作，故宋詞多以短小，柔情曼聲爲本色；另一方面，從唐代酒令藝術中所產生的術語——歌令、小令、令章之「令」字，後來亦成爲代表篇幅短小的歌辭體裁名稱。此即任半塘於《教坊記箋訂》中所言：

> 著辭既皆短調，又專屬於酒令之用，已説明宋以後所謂「令詞」或「小令」者，乃緣於酒令之「令」而來。「小令」一體，在一般詞譜與詞説中，都認爲詞調之基礎，實則歌舞之旁枝而已。（升言）

考諸唐代社會伎藝，任半塘之言確爲的論。

另外，唐代還有不少著辭曲調，仍保存於宋詞之中。如「南歌子」、「傾盃樂」、「調笑」、「添聲楊柳枝」、「抛毬樂」、「離別難」、「望遠行」、「上行盃」、「掃市舞」等調名，均有宋代傳辭。凡此種種，都揭示了唐代妓筵酒令藝術對宋詞之文辭、形式、曲調等各方面所產生深遠的影響。

注釋

❶ 楊慎《詞品》卷一、朱弁《曲洧舊聞》、王世貞《弇州山人詞評》、徐釚《詞苑叢談》、王國維《戲曲考源》、近人蕭滌非《漢魏六朝樂府文學史》等，主張詞起源於六朝樂府詩。

❷ 朱熹《朱子語類》「論詩篇」、宋翔鳳《樂府餘論》、胡仔《苕溪漁隱叢話》、吳衡照《蓮子居詞話》、方成培《香研居詞麈》等，主張詞起源於唐人絕句。

❸ 汪森《詞綜序》、朱彝尊《曝書亭集》卷四十、彭孫遹《詞統源流》、李調元《西村詞話》、田同之《西圃詞說》等，認爲詞起源於遠古長短句詩，乃變風之遺。

❹ 詳見宋葛立方《韻語陽秋》卷十五。

❺ 詳見宋程大昌《程氏考古篇》卷九引「武平一景龍文館記」。

❻ 白居易妓送酒歌「想夫憐」云：「漢主離宮接露臺，秦川一半夕陽開。青山盡是朱旗繞，碧澗翻從玉殿來。」此爲王維辭，《王右丞集》卷十原題爲「和太常韋主簿五郎溫湯寓目」。白居易「聽歌六絕句」之四「想夫憐」云：「玉管朱絃莫急催，容聽歌送十分盃。長愛夫憐第二句，請君重唱夕陽開。」注曰：「王維右丞詞云：『秦川一半夕陽開』，此句尤佳！」。

❼ 詳見白居易「東城桂」、「醉後聽唱桂華曲」、「聽歌六絕句」等詩，分見《全唐詩》卷四四七，四五七，四五八。

❽ 孟郊「教坊歌兒」：「能嘶竹枝詞」，張籍「江南行」：「娼樓兩岸臨水柵，夜唱竹枝留北客。」白居易「郡樓夜宴」：「豔聽竹枝曲，香傳蓮子盃。」杜牧「見劉秀才與池州妓別」：「吳姬爭唱竹枝歌」。

❾ 元稹「元和五年予官不了罰俸西歸三月六日至陝府與吳十一兄端公崔二十二院長思愴曩遊因投五十韻」詩：「能唱犯聲歌，偏精變籌義，含詞待殘拍，促舞遞繁吹。」、「酬翰林白學士代書」詩：「狂歌繁節辭，醉舞半衫垂。」、白居易「殘酌晚宴」詩：「舞看新翻曲，歌聽自作詞。」李太玄「玉女舞霓裳」詩：「舞勢隨風散復收，歌聲似磬韻還幽。千回赴節填詞處，嬌眼如波入鬢流。」可見中晚唐之著辭歌舞，主要是用節奏結構之變化（如殘拍、繁節、新翻曲、赴節填詞）作爲令格，來造成歌舞的變化。《雲溪友議》中所云的「楊柳枝」打令方式應與此相同。

第七章　結　論

「娼」原作「倡」，古義與音樂演戲有關，其身分可兼指男女，至於「伎」字，原指「婦人小物」，到六朝以後則用爲女妓或才藝之稱。就唐代來說，時人對「娼妓」之觀念，亦指善於歌舞之女子，而「倡」、「娼」、「妓」、「伎」等字，皆曾出現於載籍中。事實上，唐人對娼妓並無固定稱謂，或因其身分而定，或以其才能不同而呼之。而唐代娼妓除了有專門獻藝而不賣身的妓女外，也有近代式商業性之獻身賣淫的職娼存在。

娼妓在中國歷史上存在已久，其扮演之角色與服務對象，亦因時代氛圍之差異而有所不同。大致而言，殷商與楚國之「巫娼」，由原本宗教歌舞服務轉爲卿士大夫之宴席世俗享樂；春秋戰國之「女閭」、「女樂」，則常被利用爲娛君待士或滅國亡宗之工具；漢魏六朝之「營妓」、「家妓」，乃提供君王貴胄聲色之娛，至於唐代之各類型娼妓則皆是專供君王權貴、文士大夫之娛樂了。

唐代妓風之昌盛更甚於前朝。其背景因素有：經濟繁榮，促使城市商業發達，於是政經中心之長安洛陽，商賈輻輳之襄陽揚州，江南勝地蘇州杭州等，都爲唐代名妓薈萃之地；而君主帝王對妓樂之倡導鼓勵，唐朝吏議之寬厚，不禁宿娼等，都促使臣僚宴集冶遊頻繁，妓樂之排場與名堂之多，足以令人大開眼界。加以初盛唐胡風薰習，對唐代女性地位之提昇，社交關係之自由開放有很大的影響力，中唐以後禮教轉嚴，束縛了上層婦女之活動，而娼妓反以賤民之身分出來彌補此一缺憾，滿足男性社會之需求，而唐代道教不重哲理思維，卻特重以房中養生術延年益壽，更造成社會蓄妓重女色之風尚。尤其唐代尊寵進士，彼輩未成名前，交往名妓以藉由她們在達官顯吏面前美言引薦；既成名後，則得意驕矜，耽於狎樂，眠花宿柳；當功名蹇滯或門第仕婚與愛情不能兼得時，更時常留戀於綽約溫柔之娼妓，以尋求精神慰藉，撫平其心理之苦痛傷痕。可以說，唐代狎妓風氣之所以興盛，就是在當時政治、社會、經濟、文化與心理觀念之互相激盪影響下而蓬勃發展的。

唐代娼妓類型遠較前代繁多而複雜，大約有宮妓、官妓、營妓、家妓、民間職業娼妓和女冠式娼妓等五種，各類型娼妓之身分會隨著擁有者之處置，或時空客觀環境之改變而轉換，並非一成不變直到老死。至於其來源，不外罪犯籍沒之妻女、世代官屬賤民女子、民間倡優樂戶與被掠奪、誘拐、遺棄之良家女子等等。雖然以宮妓而論，有內人、雲韶人、搊彈家、雜婦女四等之區分；而民間職娼亦有席糾、卑屑妓之別，她們在當時之生活待遇與其他娼妓容或有些許差異，但不論那一類型的娼妓，其以歌舞娛人的卑賤身分則始終都是一致相同的。尤其當她們遲暮以後，或被轉賣，淪落風塵，或出家爲女尼女冠，或爲假母，一改昔日自己被操控而今權利於新妓，或茫然不知所歸，終老病以死，因此，她們晚年幾乎都同樣過著淒苦孤寂的生活。

唐代娼妓招徠賓客之首要條件，並非專靠美貌，而是其伎藝才氣的展現。唐妓之才藝特色約有如下數項：在酒筵方面，她們以詼諧言談，巧妙敏捷地酬對賓客，尤其身爲席糾者更嫻熟於每種酒令章程，除擅歌舞，能度曲外，還具有善飲的酒量與雅裁能力，在與賓客遊戲笑鬧之中，增進宴席和樂歡愜之氣氛。在歌唱伎藝方面，她們除以不同之精唱技巧而呈顯舒雅、渾融、清緊、深圓之「唱聲」才能外，更有些名妓已進一步達到聲情合一之「唱情」境界。在器樂演奏方面，不論弦樂器之彈撥、管樂器之吹奏或匭鼓樂器之敲擊，妓女們皆能以熟練之指法，精湛之巧藝，傳達神妙之樂音。在舞蹈方面，表演大型宮廷隊舞則排場奢華，舞法隊形變化多端，至於小型樂舞的表演，則舞姿或敏捷剛健或舒徐柔婉，充分滿足欣賞者耳目之享受。在歌舞戲方面，舉凡「踏搖娘」、「參軍戲」、「義陽主」等，唐妓都能對其主題意識爲諧謔或嘲諷，表現得十分突出。在變文說唱方面，則聲情並茂；在竿木、筋斗、馬伎、毬伎等雜伎方面，唐妓所展現之高超技巧，更令人嘆爲觀止。在書法翰墨方面，唐妓之功力較諸男性書法家亦毫不遜色；在妝飾技能方面，唐妓更傾注心血，創造出爭奇鬥豔，豐富多彩之妝飾藝術，充分展現她們在這方面傲人的創造才能。可以說，唐代酒令藝術之發達、歌舞戲樂之隆盛、妝飾藝術之傑出，唐代娼妓精研之功勞實爲主要因素。

　　唐代娼妓通文墨者不少，在現存近二百首作品中，有些僅是娼妓順手拈來，隨口吟詠者，有些則是娼妓專力於篇什經營者，因此在作品數量上有多寡之別，題材有廣狹之分，風格各異，成就亦不同。大體而言，非專力於作詩之娼妓如關盼盼等，其作品之共同特色是以抒情爲主調，此外亦有輕豔纖巧之宮體詠物，在詩歌體式上，多採用五言、七言等絕句歌體，但也出現了獨特的「回文詩體」，在字詞設計上也頗能純熟的運用連綿、雙擬、頂眞、典故、翻疊、象徵等技巧，使作品具有形式美、聲律美，增加詩歌之強度密度與情韻。

唐妓中作詩之名家厥屬薛濤、李冶與魚玄機。薛濤之詩才深受後人肯定，有「文妖」之稱，被比之於東晉才女謝道蘊，她擅長七絕，精於徵事引詞。其酬唱詩深情寬慰，揚而不媚；其景物詩之寫作特色有二：㈠吟詠景物，託諷寄意。㈡巧構形似，寫物體志。其中尤以第一項的寫作特色，深具寫實意義，特別呈顯出薛濤之卓識與慧心。李冶擅長五言，在格對設計與字句鍛鍊上，變化多樣，神妙精巧，有「女中詩豪」、「詞場老手」之稱譽。其酬唱寄贈之篇什，詩語雋永，詞調典雅婉麗，以清幽澹逸之言，表達其相思摯情，而「從蕭叔子聽彈琴賦得三峽流泉歌」一詩，摹聲靈動，精妙傳達聲情之美；其詠物詩則物色盡而情有餘，同時摻添作者之意緒情志於其中，成就非凡。至於魚玄機著詩之態度嚴肅而認眞，每寫一詩，往往冥思苦索，精雕細琢，講求形式美感，注重錘鍊字句，因此其作品屬對工整，佳句甚多，而她在詩歌體式之繁雜多樣上，也爲其他娼妓詩人之冠，除以近體詩爲主外，還有五言排律、七言排律及聯句次韻等，在這些方面，都有相當不錯的成績表現。然而她的酬寄詩卻比薛濤、李冶等，更情意豔發，不論所寄贈的對象爲其前夫、朋友或鄰人，都深深流露其單方淒苦眷戀之情。但另有多首漫遊之詠景詩卻清楚凸顯其清新雅致之風格。魚玄機之詩集中尙有一首詠史詩，雖平鋪直敘吳越相爭之歷史故事，但用語雄健，意蘊清空，成就亦不遜於男性作家。

綜觀唐代名妓在詩歌寫作上，都各自展現不同的特色，其成就或有高低之別，但這也是因其生活境遇與文學素養之差異所致，而唐代詩詞也因爲有這些娼妓詩人的加入，始能呈現百花爭妍之景象。

唐代娼妓雖以歌舞人之身分，周旋於達官顯貴、文士大夫之飲席酒筵中，但她們在無形中對詩詞方面所產生之貢獻與影響，則深値吾人關注和肯定。當唐妓們以能唱得文士佳篇而自高身價的同時，文士的作品也藉著唐妓傳唱而流傳久遠，而且在娼妓時常需索文士篇什之激勵下，也促使唐人詩詞寫作量大幅提昇，因此就唐人作品數量之興盛繁多與傳播之快速廣遠來說，唐妓將詩詞作品入唱，無疑是促成此功之重要因素。

唐妓與文士之交往，提供唐人詩歌寫作所必需之生活素材和感情體驗，唐代詠妓詩隨著詩人與娼妓交往程度之深淺，在初、盛、中、晚唐四個時期的表現都不盡相同。概括而言，初盛唐詠妓詩之題材較單純，多以旁觀角度欣賞妓女之歌舞，情感平淡；中唐詠妓詩之題材多樣，內容細膩豐富，情感也濃郁強烈；晚唐之詠妓詩則以描摹妓女之體態爲主，呈顯旖旎浮豔之風格，較之六朝宮體有過之而無不及。蓋此期文士大夫雖與妓女交往甚密，但他們更多地帶有末世文人及時行樂，自尋麻醉之心理病態，已和初、盛、中唐之文士大夫雖浪漫尋樂，卻不忘事業功名者，在性質上有相當大的差異。

唐代妓筵酒令著辭，對詞之形式也有深遠的影響。初唐時期文人在酒筵上，用流行於民間之胡俗樂促曲送酒，這種依調塡詞的方式，初步形成了詞的曲調風格；盛唐時期，社會上酒筵歌舞之享樂較前期興盛，帝王常使教坊宮妓與內人將文士之酒筵著辭與教坊曲相配合演唱；中唐時期，隨著酒筵妓樂在社會上盛行，酒筵著辭成爲飲妓藝術的組成部份，在宴席上，強調曲拍與改令手段之應用，建立了包括轉應格、疊句格、緣題所賦等等豐富的格律，長短句式之詞於是大量出現，晚唐五代時期，隨著妓筵歌唱的需要，進一步奠定詞體「輕新豔發」與「體制短小」之規格形式。然而也正當酒筵娛樂走向文學化、典雅化時，著辭也不免於衰落命運，於是妓筵酒令著辭功成身退，而詞作也已逐漸離開民間群衆、歌妓，成爲詞人鋪采摛文的專門文學技巧了。雖然如此，但在詞的體裁中，意指篇幅短小的曲子辭——小令，其文辭與形式是受唐妓「歌令」與酒筵「令舞」之影響，另外，唐代還有不少著辭曲調，仍保存於宋詞中，凡此皆可見唐代妓筵酒令藝術對宋詞之文辭、形式、曲調等方面之影響。

總之，唐代娼妓之昌盛是當時政治、社會、經濟、文化、心理等因素互相激發下的產物，她們爲君主官吏、文士大夫侍宴侑觴，歌舞助興，但在青春年華老去後，卻得獨自度過孤寂淒苦的人生末路，難得的是她們在受盡壓迫卑視的艱困環境中，還能以其慧心巧智創造出精妙璀璨的文化藝術成果，展現傲人的藝術水準與造詣，唐代詩詞文學的昌盛與藝術的隆盛，唐妓精研之功實不可沒。今日吾人並無意於鼓勵妓樂，但對古代娼妓們之成就——尤其是唐妓的貢獻，亦有責任予以探討研究，以公平忠實地呈顯其風貌。

唐開元長安左右敎坊、宜春院與梨園位置圖

附圖(一)

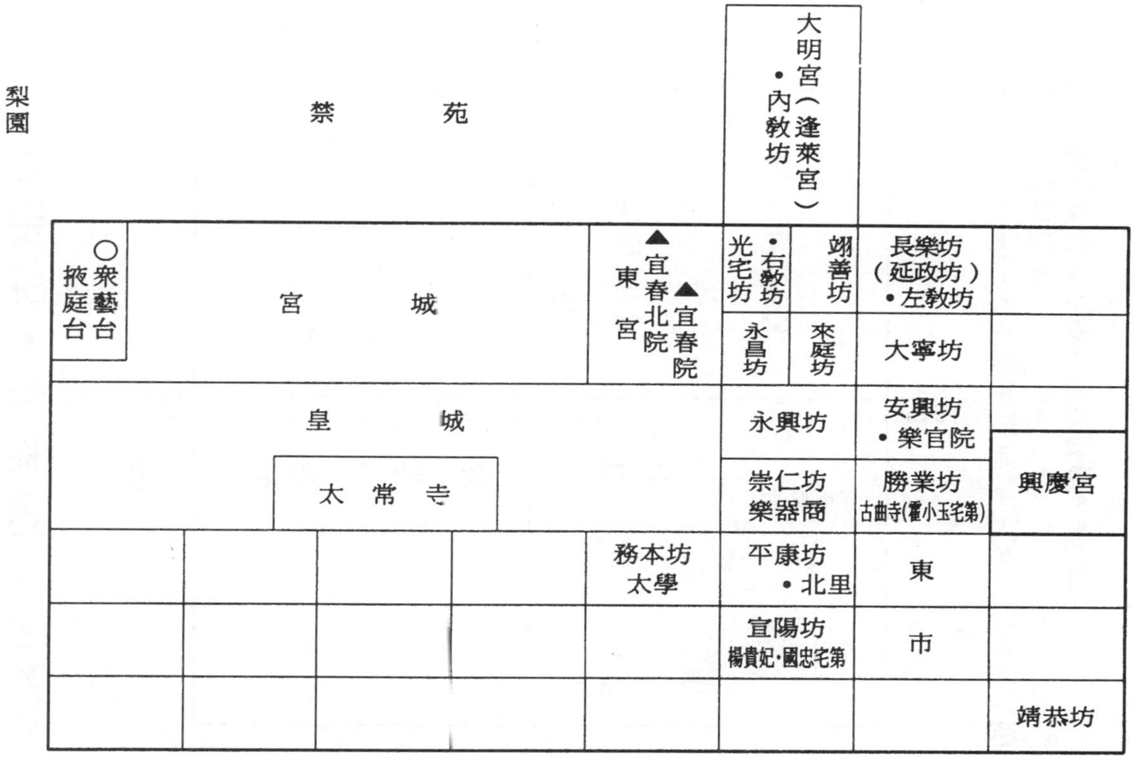

平康坊・北里圖　附圖(二)

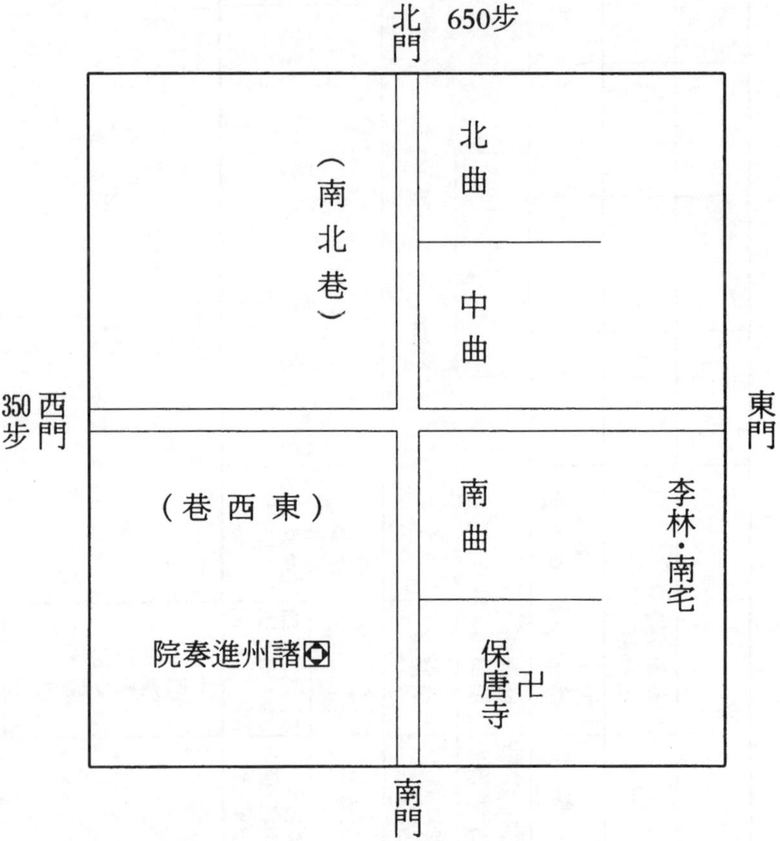

※參照≪長安志≫、≪唐兩京城坊考≫、北宋呂大防≪長安條坊圖≫
※拓本殘圖及岸邊成雄≪唐代妓館の組織≫

附錄　唐代娼妓稱謂一覽表

稱謂	出處例證
營妓	王定保《唐摭言》卷三「慈恩寺題名遊賞賦詠雜記」：「楊汝士尚書鎮東川，其子如溫及第。汝士開家宴相賀，營妓咸集」。
飲妓	孫棨《北里志》「序」：「京中飲妓，籍屬教坊」。又「海論三曲中事」：「比見東洛諸妓體裁，與諸州飲妓固不侔矣」。
宮妓	王仁裕《開元天寶遺事》「眼色媚人」條：「帝謂妃子曰：『此女（念奴）妖麗……宮妓中，帝之鍾愛也』。」
官妓	王讜《唐語林》卷三：「官妓商玲瓏、謝好巧於應對」。
聲妓	《新唐書》「太平公主列傳」：「供帳聲妓，與天子等」。
內人（前頭人）	崔令欽《教坊記》：「妓女入宜春院，謂之內人，亦曰前頭人」。

風聲婦人	王讜《唐語林》卷七：「（牛僧孺）從容謂牧曰：風聲婦人若有顧盼者，可取置之所居，不可夜中獨遊」。
官使婦人	《舊唐書》「韋堅傳」：「陝縣尉崔成甫以堅爲陝郡太守，鑿成新潭，又致揚州銅器，翻出此詞，廣集兩縣官使婦人唱之」。
教坊女樂	《舊唐書》「順宗本紀」：「出掖庭教坊女樂六百人」。
郡君	孫棨《北里志》：「今小天趙爲山，每因宴席偏眷牙娘，謂之『郡君』。」
歌妓	孟浩然「春中喜王九相尋」：「當杯已入手，歌妓莫停聲。」
妓女	李白「少年行」：「渾身裝束皆綺羅，蕙蘭相隨喧妓女，風光去處滿笙歌。」陳鴻「長恨歌傳」：「……（貴妃）……宴專席，寢專房，雖有……樂府妓女，使天子無顧眄意」。
娼妓	馮贄《雲仙雜記》「鳳窠群女」條：「姑臧太守張憲，使娼妓戴拂壺中錦仙裳」。《舊唐書》「天竺國傳」：「百姓殷樂，家有奇樂娼妓。」
倡女	李端「春遊樂」：「遊童蘇合彈，倡女蒲葵扇。」白行簡「李娃傳」：「汧國夫人李娃，長安之倡女也」。

校書	何光遠《鑒誡錄》：「薛濤者，容姿既麗，才調尤佳，言謔之間，立有酬對。大凡營妓比無校書之稱。韋南康鎮成都日，欲奏之而罷，至今呼之」。
美人	李白「秋獵孟諸夜歸置酒單父東樓觀妓」：「出舞兩美人，飄之若雲仙」。白居易「長安道」：「花枝缺處青樓開，豔歌一曲酒一盃，美人勸我急行樂，自古朱顏不再來」。
仙	蔣防「霍小玉傳」：「…李益…博求名妓，長安媒鮑十一娘曰『有一仙人，謫在下界』……」。錢起「陪郭常侍令公東亭宴集」：「詞人載筆至，仙妓出花迎」。孫棨《北里志》「王蘇蘇」條，載李標題詩贈妓：「春暮花株遶戶飛，王孫尋勝引塵衣。洞中仙子多情態，留住劉郎不放歸。」
神女	《全唐詩》卷八二〇蓮花妓「獻陳陶處士」：「蓮花爲號玉爲腮，珍重尙書遣妾來，處士不生巫峽夢，虛勞神女下陽臺」。

重要參考書目

史記	司馬遷	鼎文書局
漢書	班固	鼎文書局
晉書	房喬等	鼎文書局
宋書	梁約	鼎文書局
南齊書	蕭子顯	鼎文書局
梁書	姚思廉	鼎文書局
陳書	姚思廉	鼎文書局
魏書	魏收	鼎文書局
北齊書	李百藥	鼎文書局
周書	令狐德棻等	鼎文書局
隋書	魏徵等	鼎文書局
南史	李延壽	鼎文書局
北史	李延壽	鼎文書局
舊唐書	劉昫等	鼎文書局

新唐書	歐陽修·宋　祁	鼎文書局
資治通鑑	司馬光	宏業書局
戰國策	高　誘註	里仁書局
唐才子傳	辛文房	世界書局
唐兩京城坊考	徐　松	世界書局
大唐六典	元宗明皇帝御撰	文海出版社
唐會要	王　溥	世界書局
唐律疏議	長孫無忌等	商務印書館
郡齋讀書志	晁公武	商務印書館（四庫全書本）
直齋書錄解題	陳振孫	商務印書館（四庫全書本）
書史	米　芾	商務印書館（四庫全書本）
宣和書譜	不著撰人	商務印書館（四庫全書本）
容齋隨筆	洪　邁	商務印書館（四庫全書本）
日知錄	顧炎武	商務印書館
讀通鑑論	王船山	世界書局

廿二史劄記　趙　翼　世界書局

雲麓漫抄　趙彥衛　世界書局

冊府元龜　王欽若等　中華書局

朝野僉載　張　鷟　商務印書館（四庫全書本）

國史補　李　肇　世界書局

因話錄　趙　璘　世界書局

明皇雜錄　鄭處誨　新興書局

教坊記　崔令欽　世界書局

教坊記箋訂　任半塘　宏業書局

北里志　孫　棨　新興書局

松窗雜錄　李　濬　商務印書館（四庫全書本）

綠窗新話　不著撰人　世界書局

雲溪友議　范　攄　世界書局

玉泉子　不著撰人　商務印書館（四庫全書本）

雲仙雜記　馮　贄　商務印書館（四庫全書本）

唐摭言　王定保　世界書局

金華子　劉崇遠　商務印書館（四庫全書本）

開元天寶遺事	王仁裕	新興書局
鑑戒錄	何光遠	商務印書館（四庫全書本）
北夢瑣言	孫光憲	藝文印書館
南部新書	錢　易	商務印書館（四庫全書本）
唐語林	王　讜	世界書局
博異志	鄭還古	世界書局
杜陽雜編	蘇　鶚	新興書局
太平廣記	李　昉等	明倫出版社
述異記	任　昉	商務印書館（四庫全書本）
酉陽雜俎	段成式	新興書局
三水小牘	皇甫枚	中央圖書館藏本
樂府雜錄	段安節	藝文印書館
◎	◎	◎
昭明文選	昭明太子蕭統	藝文印書館
玉臺新詠	徐　陵	漢京文化事業出版社
中興間氣集	高仲武	商務印書館（四庫全書本）

薛濤李冶詩集	不著編輯者	商務印書館（四庫全書本）
魚玄機詩	不著編輯者	中華書局（四部備要本）
文苑英華	李　昉等	華文書局
樂府詩集	郭茂倩	里仁書局
全唐詩	清聖祖御定	文史哲出版社
全唐文	清聖祖御定	經緯書局
唐人萬首絕句選	王士禎	廣文書局
文心雕龍讀本	劉勰撰・王師更生註譯	文史哲出版社
本事詩	孟　棨	新興書局
唐詩紀事	紀有功	藝文印書館
詩人玉屑	魏慶之	商務印書館
唐音癸籤	胡震亨	世界書局
苕溪漁隱叢話	胡　仔	長安出版社
升菴詩話	楊　慎	藝文印書館
薑齋詩話	王夫之	藝文印書館

甌北詩話	趙　翼	藝文印書館
詩話類編	王會昌	廣文書局
詩藪	胡應麟	廣文書局
藝概	劉熙載	華正書局
歷代詩話	吳景旭	世界書局
歷代詩話	何文煥	漢京文化公司
歷代詩話續篇	丁福保	木鐸出版社
百種詩話類編	臺靜農主編	藝文印書館
碧雞漫志	王　灼	鼎文書局
修辭學	黃師慶萱	三民書局
字句鍛鍊法	黃永武	商務印書館
中國文學史	葉師慶炳	學生書局
中國文學史論文集	羅師聯添	學生書局
中國文學史初稿	黃師錦鋐	福記文化公司
中國文學發展史	劉大杰	華正書局

中國俗文學史	鄭振鐸	商務印書館
中國娼妓史	王書奴	萬年青叢書
中國婦女生活史	陳東源	商務印書館
中國婦女文學史	謝旡量	中華書局
中國女性的文學生活	譚正璧	河洛圖書出版社
中國婦女與文學	陶秋英	藍燈出版社
唐代婦女	高世瑜	三秦出版社
唐女詩人集三種	陳文華校注	仁愛書局
漢唐貴族與才女詩歌研究	張修蓉	文津出版社
◎	◎	◎
漢唐史論集	傅樂成	聯經出版社
隋唐史	王壽南	三民書局
唐史研究論文集	任育才	鼎文書局
唐史新論	李樹桐	中華書局
唐代政治史論集	王壽南	中華書局
唐代政教史	劉伯驥	中華書局

陳寅恪先生集	陳寅恪	里仁書局
中國社會史料叢鈔	瞿宣穎	商務印書館
歷代社會風俗事物考	尚秉和	商務印書館
唐代社會概略	黃現璠	商務印書館
唐代經濟史	陶希聖·鞠清遠	商務印書館人人文庫
唐代進士與社會	卓遵宏	國立編輯館
唐代文苑風尚	李志慧	文津出版社
晚唐的社會與文化	淡江大學中文系編	學生書局
唐代文化史	羅香林	商務印書館
唐代文化研討會論文集	唐代文化編輯委員會	文史哲出版社
唐代長安與西域文明	向　達	明文書局
◎	◎	◎
唐詩研究	胡雲翼	商務印書館
唐詩研究論文集	劉開揚等	人民文學出版社
唐詩鑑賞集	蕭滌非	五南圖書出版公司
唐詩的世界	栗　斯	木鐸出版社

晚唐風韻	葛兆光·戴燕	漢欣文化事業有限公司
玉溪詩謎	蘇雪林	商務印書館
風騷與艷情	康正果	雲龍出版社
唐代傳奇小說	劉開榮	商務印書館人人文庫
第一屆國際唐代學術會議論文集	唐代學術會議編輯委員會編	學生書局
◈	◈	◈
中國音樂史稿	楊蔭瀏	丹青圖書公司
唐代音樂史的研究	梁在平·黃志炯譯	中華書局
唐聲詩	任半塘	上海古籍出版社
敦煌曲校錄	任半塘	世界書局
敦煌曲初探	任半塘	上海文藝聯合出版社
敦煌雲謠集新書	潘師重規	石門圖書公司
中國舞蹈史初編	常任俠等	蘭臺書局
中國舞蹈史二編	歐陽予倩	蘭臺書局
唐戲弄	任半塘	漢京文化事業出版社

唐代酒令藝術	王小盾	文津出版社
唐代婦女的服飾	蔡壽美	中外圖書公司
中國名妓藝術史	嚴　明	文津出版社
中國五千年藝苑才女	殷　偉	貫雅文化事業有限公司

◘

唐宋士大夫的妓樂	樸　人	自由談　二六卷六期
唐宋時代妓女考	王桐齡	史學年報一卷一期
唐代的妓女	宋德熹	台大史研所史原十期
唐代文人和妓女的交往及其與詩歌的關係	孫菊園	文學遺產一九八九年三月
唐代狎妓風盛之背景考察	廖美雲	台中商專學報廿六期
中國唐代婦女生活研究	申美子	政大中研六十二年碩文
唐代女詩人研究	張慧娟	文化中研六十七年碩文
全唐詩婦女詩歌之內容分析	嚴紀華	政大中研七十年碩文
唐詩中的女性形象研究	李孟君	輔大中研八十年碩文
唐詩入唱考索	洪靜芳	東海中研八十年碩文

國家圖書館出版品預行編目資料

唐伎研究

廖芮茵(廖美雲)著. – 初版. – 臺北市：臺灣學生，1995
面；公分

ISBN 978-957-15-0695-1(精裝)
ISBN 978-957-15-0696-8(平裝)

1. 娼妓 – 中國 – 唐(618-907)

544.7692 84009697

唐伎研究

著作者 廖芮茵(廖美雲)
出版者 臺灣學生書局有限公司
發行人 楊雲龍
發行所 臺灣學生書局有限公司
地址 臺北市和平東路一段75巷11號
劃撥帳號 00024668
電話 (02)23928185
傳真 (02)23928105
E-mail student.book@msa.hinet.net
網址 www.studentbook.com.tw
登記證字號 行政院新聞局局版北市業字第玖捌壹號
定價 精裝新臺幣八〇〇元
平裝新臺幣五〇〇元

一九九五年九月初版
二〇二四年二月初版三刷

54403